Albrecht von Kessel · Verborgene Saat

Albrecht von Kessel

Verborgene Saat

Aufzeichnungen aus
dem Widerstand 1933 bis 1945

Herausgegeben von
Peter Steinbach

Ullstein

Satz: Fotosatz-Service Weihrauch, Würzburg
Druck und Verarbeitung: Wiener Verlag, Himberg
Printed in Austria 1992
ISBN 3 550 07209 0

Die Deutsche Bibliothek – CIP-Einheitsaufnahme

Kessel, Albrecht von:
Verborgene Saat : Aufzeichnungen aus dem Widerstand 1933 bis 1945 / Albrecht von Kessel. Hrsg. von Peter Steinbach. – Berlin ; Frankfurt/Main : Ullstein, 1992
ISBN 3-550-07209-0

INHALT

PETER STEINBACH
ALBRECHT VON KESSEL – DIPLOMAT IM WIDERSTAND

Anfang September 1959 schien das »Treibhaus« Bonn, das in diesen Tagen immer noch unter dem Eindruck der zweiten Berlin-Krise des Jahres 1958 stand, durch eine ungewöhnliche Nachricht beeindruckt: »Gesandter von Kessel tritt ab.«[1] Die damals sehr einflußreiche Tageszeitung *Die Welt* deutete an, eine derartige Entscheidung müsse wohl unvermeidlich »in den giftigen Dunstkreis politischer Intrigen, bürokratischer Ranküne und personeller Mißgunst« geraten. Um so bemerkenswerter war es, daß der augenscheinlich gut informierte Korrespondent banale und letztlich auf ganz persönlichen Ehrgeiz zurückzuführende Erklärungen dieses ungewöhnlichen und in der Öffentlichkeit weithin beachteten Rücktritts[2] mit großer Bestimmtheit ausschloß: Der Gesandte habe seinen Dienst quittiert, las man nicht nur in der *Welt,* »weil er die Politik der Bundesregierung im Ausland nicht mehr vertreten zu können glaubt«.

Dieser Rücktritt war, so schien es, ein persönliches und zugleich ein politisches Signal. Hier gab ein deutscher Spitzendiplomat, der als ein führender Sachverständiger für ostpolitische Fragen[3] galt, unwiderruflich zu verstehen, daß ihm die diplomatische Karriere nicht alles bedeutete.[4] Er wollte seinen eigenen und ganz persönlichen Anspruch auf Glaubwürdigkeit höher bewertet wissen als die sich ihm nach langen Jahren beruflicher Benachteiligung eröffnete Aussicht auf den politisch wichtigen und schwierigen und gerade deshalb ohne Frage sehr reizvollen Posten eines Deutschen Botschafters in Oslo. Dieser Posten galt als schwierig, weil in Norwegen die Besetzung durch die deutsche Wehrmacht im Frühjahr 1940 und die sich anschließende lange Besatzungsherrschaft nicht vergessen waren. Die Nachricht, daß Albrecht von Kessel als Deutscher Botschafter nach Oslo gehen solle, war im Hinblick auf seine Lebensgeschichte wenig überraschend, denn er galt nach einer durchaus als geschmacklos empfundenen

Überprüfung führender Diplomaten des sich in Gründung befindlichen Auswärtigen Amtes durch einen Untersuchungsausschuß des Deutschen Bundestages als »ein Mann des echten Widerstandes«, gegen dessen »dienstliche Haltung nichts Belastendes« vorgebracht werden konnte.[5]

Die Ernennung kam dennoch überraschend, denn die eingeweihten Bonner Korrespondenten wußten[6], daß von Kessel niemals Hehl aus seiner Kritik an der ostpolitischen Haltung der Bundesregierung – und dies hieß damals: an Adenauer[7] – gemacht hatte. Zweifellos war er sogar gerade deshalb in den Kreisen der Bonner außenpolitischen Korrespondenten besonders geschätzt, weil er als völlig unbestechlich und gradlinig galt, so sehr übrigens, daß Albrecht von Kessel schon kurze Zeit nach seinem Rücktritt als ständiger Autor der *Welt* und dann vor allem der Wochenzeitung *Die Zeit* ein sehr gesuchter und weithin anerkannter publizistischer Begleiter der deutschen Außenpolitik wurde.[8] Sie schätzten neben seiner unbestrittenen Kompetenz seine völlige Unabhängigkeit, aber auch die Art, in der er seinen persönlichen und vor allem politischen Grundkonflikt gelöst hatte.[9]

Seit langer Zeit hatte sich von Kessel dafür eingesetzt, diplomatische Beziehungen zu Polen und der Tschechoslowakei aufzunehmen, um durch eine neue Verständigungspolitik zwischen der Bundesrepublik Deutschland und den mitteleuropäischen Staaten die drohende und in den sechziger Jahren dann die westdeutschen Initiativen tatsächlich mehr als bedenklich lähmende außenpolitische Isolierung der Bundesrepublik zu vermeiden, die zum Gefangenen ihrer eigenen Doktrin vom Alleinvertretungsanspruch zu werden drohte und sich zunehmend erpreßbar machte.[10] Damit stellte er sich gegen ein außenpolitisches Dogma – gegen die »Hallstein-Doktrin«, die erst in der Großen Koalition brüchig und schließlich aufgegeben wurde. Wortführer einer Kritik an dem Alleinvertretungsanspruch der Bundesrepublik Deutschland waren die Zeitungen, in denen man vergleichsweise häufig Artikel von Kessels fand – vor allem *Die Zeit*.

Der Rücktritt von Kessels war jedoch weit mehr als nur der Ausdruck eines Sachkonflikts, denn immer wieder hatten Diplomaten persönliche Kompromisse eingehen müssen, weil sie sich zur Loyalität gegenüber ihrer Regierung entschlossen hatten. Diplomaten begriffen sich nicht zuletzt als Organe außenpolitischer Gestaltung, weniger als eigenständige Faktoren der Außenpolitik. Im 20. Jahrhundert war dieser instrumentelle, dieser dienende Charakter der Diplomaten allerdings zunehmend fragwürdig geworden, denn im Zeitalter der Weltanschauungskämpfe und Ideologien wurden die Angehörigen der Diplomatie zunehmend vor eigene Gewissensentscheidungen gestellt, nicht zuletzt im NS-Regime. Denn ging es nicht um den Bestand der Nation, um Würde und Glaubwürdigkeit, wenn man sich gegen die eigene Regierung erklärte?

Die hier angedeutete und in von Kessels Entscheidung sichtbar werdende Trennung zwischen dem eigenen, ganz persönlichen politischen Wollen und der Funktion eines Diplomaten machte ja geradezu einen Grundzug der Diplomatie aus, die sich als Instrument der Außenpolitik, aber nicht als politische, primär eigenständige Kraft[11] verstand. In der Unbedingtheit seiner Haltung und seiner persönlichen Risikofreude drückten sich persönliche Eigenschaften aus, die sich bereits mehr als zwei Jahrzehnte zuvor gezeigt und bewährt hatten: Albrecht von Kessel gehörte zu dem kleinen Kreis von Diplomaten aus der nationalsozialistischen Zeit, die dem Widerstand zuzurechnen sind.[12] Manche der im Bewußtsein der Nachkriegsöffentlichkeit bekannten - und wegen ihrer nicht selten tragisch anmutenden Verstrickung in die nationalsozialistische Außenpolitik, vor allem auch nach 1939, in der geschichtswissenschaftlichen Forschung umstrittenen[13] - Diplomaten gehörten, wie der von Kessel so sehr verehrte Staatssekretär Ernst von Weizsäcker[14], zu seinen ganz entscheidenden Mentoren.[15] Von Kessel wußte, wie stark sich von Weizsäcker von der auf Hegemonie in Europa zielenden, den Krieg nicht scheuenden nationalsozialistischen Außenpolitik distanziert hatte - deshalb akzeptierte er niemals Versuche, seinen Vorgesetzten, der der deutschen Opposition Entfaltungsräume und Einflußmöglichkeiten eröffnen wollte, unterschiedslos in eine Reihe mit den verachteten Nationalsozialisten zu rücken, wie es nach einem der wichtigsten Nürnberger Nachfolgeprozesse, dem über das Auswärtige Amt zu Gericht sitzenden »Wilhelmstraßenprozeß«, gebräuchlich zu werden schien.

Kritischer als über den von Albrecht von Kessel vor allem als »tragisch« in die Irrwege seiner Zeit verstrickt empfundenen, gleichwohl geachteten und verehrten Staatssekretär fiel sein Urteil über jene Diplomaten aus, die - bei aller graduellen Distanzierung von den Methoden nationalsozialistischer Außenpolitik – stärker dem Kern des NS-Regimes zugeordnet werden müssen, wie vor allem Konstantin von Neurath[16], der als Außenminister allerdings weitgehend in der Tradition der Weimarer Diplomatie[17] und Außenpolitik stand.[18] Ihm war von Kessel ein gutes Jahr nach dessen Kaltstellung, nach der »Zerschlagung der Resttschechei« im Frühjahr 1939, als eine Art persönlicher Referent nach Prag gefolgt – gewiß auch aus der Hoffnung heraus, ihm gegen Nationalsozialisten wie Karl Hermann Frank beistehen oder ihn als der erhofften eigenständigen Kraft politisch beeinflussen zu können.[19]

Wohl niemals seit Beginn seiner diplomatischen Karriere befand sich Albrecht von Kessel derart im Zentrum der Macht wie in seiner Prager Zeit, und deshalb ist es mehr als verständlich, daß sie ihn immer wieder beschäftigt hat – nicht zuletzt bei seiner Vorbereitung auf die »Eidesstattliche Erklärung über die Person und die politische Aktivität des ehemaligen Reichsaußenministers Konstantin Freiherr von Neurath« im Zusammenhang mit dem Nürnberger Hauptkriegsverbrecherprozeß von 1946.[20] Damals wurde von Neurath zu einer fünfzehnjährigen Gefängnisstrafe verurteilt, acht Jahre später, zwei Jahre vor seinem Tod, aber vorzeitig aus der Haft entlassen.

Für Albrecht von Kessel war von Neurath, der 1943 vermutlich infolge Hitlers Kritik an seiner zu »weichen Haltung« aus angeblichen Altersgründen in den Ruhestand versetzt worden war, kein »Nationalsozialist« in der außen- und rassenpolitisch völlig verblendeten Form. Als von Neuraths entscheidenden und verhängnisvollsten »politischen Irrtum« benannte er dessen schwachen Versuch des »defensiven Durchhaltens«[21], während sein eigener Freundeskreis viel eher darauf zielte, den verhaßten Hitler »offensiv zu bekämpfen und dabei notfalls weder vor einem Staatsstreich noch vor einem Attentat gegen Hitler zurückzuschrecken«.[22] Die Konsequenzen, die Albrecht von Kessel schließlich für die Bewertung des Handelns seines ehemaligen Vorgesetzten zog, waren gewiß ehrenwert, wenngleich sie aus rückblickender Perspektive und in ganzer Kenntnis der deutschen Besatzungspolitik im »Reichsprotektorat Böhmen und Mähren« durchaus problematisch erscheinen.[23] Albrecht von Kessel formulierte später – 1945 – in diesem Zusammenhang jedoch ganz unmißverständlich:

»Politischer Irrtum [ist] nicht strafbar. In einem Rechtsstaat jedoch, dessen Sicherung gegenwärtig unser Bestreben ist, kann ein politischer Irrtum zwar das Ende der Laufbahn für einen Politiker oder polit[ischen] Beamten bedeuten; er kann jedoch *niemals* als solcher, d.h. wenn er auf einer moralisch einwandfreien Haltung fußt, bestraft werden. Diese Erkenntnis und Praxis - man könnte geradezu von einem ›*Recht auf politischen Irrtum*‹ sprechen - hat sich in allen zivilisierten Staaten durchgesetzt.«[24]

Gerade von Kessels Stellung gegenüber Konstantin von Neurath verdeutlicht den außerordentlich engen Zusammenhang zwischen »Konfrontation und Kooperation«, Anpassung und Widerstand, der ein typisches Merkmal des Widerstands in den vierziger Jahren war. Denn obwohl von Kessel sich eindeutig dazu bekannte, von Neuraths Politik in Prag nachhaltig unterstützt zu haben - aus welchen Gründen auch immer[25] -, galt er zugleich ohne allen Zweifel als ein sehr wichtiger und vielfältige Kontakte nutzender Mitverschwörer jener Diplomaten, die - wie das wohl größte außenpolitische Talent des Widerstands gegen den Nationalsozialismus, Adam von Trott[26] - unmittelbar am Umsturzversuch des 20. Juli 1944 beteiligt waren oder schon in den vorangehenden Jahren - wie der in die Hände der Nationalsozialisten geratene Nikolaus von Halem[27] oder der ehemalige Freikorpsmann und Kommunist Beppo Römer[28] - den »entscheidenden Wurf« (von Tresckow) wagen wollten und die dazu notwendige Unterstützung der wichtigsten Regimekritiker im Zentrum der Macht eingefordert hatten, die in Regimegegnerschaft und gleichzeitiger Staatsloyalität verharrten.

Von diesen Zusammenhängen las man in den Rücktrittsmeldungen des Jahres 1959 allerdings nichts - ein Hinweis auf die in den fünfziger Jahren recht verbreitete Marginalisierung des Widerstands[29] oder auf die damals fast übliche Zurückhaltung der überlebenden Regimegegner, die unter der verbreiteten Gleichsetzung von »Verrat« und »Widerstand« litten. Albrecht von Kessel hatte sich stets zu seiner Rolle im Widerstand bekannt[30], sie allerdings niemals aus bloß karrieretaktischen Gründen ausgespielt.

Der Korrespondent der *Welt* vermied deshalb eine lebensgeschichtliche und persönlichkeitsbezogene Bewertung des Rücktritts von

Albrecht von Kessel, wie sie - zumindest aus heutiger Sicht und der Neigung zur Inflationierung des Widerstandsbegriffs - vielleicht nahegelegen hätte, sondern entschied sich für eine sachliche Skizzierung der vor allem ostpolitisch motivierten außenpolitischen Position des Gesandten, der seit seinem Eintritt in den sich mit der Gründung der Bundesrepublik Deutschland allmählich wieder formierenden Auswärtigen Dienst des in seiner Souveränität noch höchst begrenzten westdeutschen Teilstaates immer wieder durch die ausgeprägte Eigenständigkeit seines Urteils aufgefallen war und des öfteren bei seinen Vorgesetzten - nicht zuletzt bei Adenauer selbst, der sich als die entscheidende außenpolitische Kraft der Bundesrepublik verstand - Anstoß erregt hatte. Von Kessel besaß jene intellektuelle Unabhängigkeit, die ihn vor 1945 gerade zur Mitarbeit im Widerstand prädestiniert hatte. So gesehen verlief sein Leben konsequent: loyal und dennoch eigenständig, dabei stets bereit, um seiner Überzeugung willen eine gewisse berufliche Unsicherheit in Kauf zu nehmen.

Seine nicht zuletzt in seinem Rücktritt sichtbar werdende Unbeugsamkeit und Unbedingtheit erklären sicherlich, daß von Kessel, trotz außerordentlich schwieriger Verwendungen wie die Teilnahme an der Vorbereitung der Europäischen Verteidigungsgemeinschaft die angesehensten diplomatischen Spitzenpositionen in den etwa zehn Jahren seit seinem Wiedereintritt in den diplomatischen Dienst nicht erreicht hat. Nach seiner Versetzung an das erst 1951 in eine Botschaft umgewandelte Deutsche Generalkonsulat in Paris wurde von Kessel im Oktober 1950 zum Vortragenden Legationsrat ernannt. Sicherlich lag es an seiner Vertrautheit mit der Pariser Situation, wenn er bereits ein knappes Jahr später, im September 1951, zum stellvertretenden Leiter der deutschen Delegation bei der im Zusammenhang mit der deutschen Wiederbewaffnung stehenden »Konferenz für die Organisation einer deutschen Armee« in Paris ernannt worden war. Diese Aufgabe verlangte ein außerordentliches außenpolitisches Gespür für die sich unter dem Einfluß des Koreakrieges rasch verändernden Grundbedingungen der europäischen Sicherheitspolitik, aber auch den Mut zur Formulierung einer außenpolitischen Vision, die das Ergebnis einer realpolitischen Analyse sein sollte: Beides Erwartungen, die man von Kessel gegenüber deshalb hegen konnte, weil sie sich schon in seinen »Außenpolitischen Briefen«[31] niedergeschlagen hatten, die von

Kessel in Rieden bei Murnau, wo er nach 1945 eine erste Bleibe gefunden hatte, in der Zeit von 1946 bis 1950 - zunächst nach Kriegsende als Gelegenheitsarbeiten, dann aber, bei wachsender Resonanz, bewußt als Mittel außenpolitischer Veränderung - in eigener Verantwortung herausgegeben hatte.

Ein Jahr später, 1952, übernahm von Kessel die stellvertretende Leitung der deutschen Delegation des Interimsausschusses der »Konferenz für die Schaffung einer europäischen Verteidigungsgemeinschaft«, wiederum in Paris. Die hier übertragene Aufgabe entsprach sicherlich in ganz besonderer Weise dem Selbstverständnis des politischen Diplomaten Albrecht von Kessel, wobei zu bedenken ist, daß die Verwendung in Paris von vornherein - über die Vorbereitung europa- und verteidigungspolitischer Entwicklungen dieser Zeit hinaus - als ein politischer Posten bezeichnet werden muß.

Ende November 1953 wurde von Kessel auf einen ebenso wichtigen, außerordentliches politisches Fingerspitzengefühl verlangenden Posten an die Deutsche Botschaft in Washington versetzt, wieder in stellvertretender Funktion, diesmal als Gesandter. Obwohl erneut in zweiter Linie stehend, akzeptierte von Kessel seine Aufgabe, denn der Deutsche Botschafter war kein »Berufsdiplomat«, sondern begriff sich eher als Vertreter der Bundesrepublik Deutschland, die sich beharrlich, nicht zuletzt aus dem Gefühl historischer Verantwortung, den Weg in die westliche Staatengemeinschaft bahnte.

Von Kessel war mit der Aufgabenteilung einverstanden, so sehr sie seinem eigentlichen Selbstverständnis widersprach - denn offensichtlich empfand er sich zu keiner Zeit als »zweiter Mann«. Auch in dieser Haltung wird eine Erfahrung seines Lebens spürbar: Hierarchien und Dienstränge verbürgen weder Einsicht, noch schaffen sie Autorität. Seine Freunde, die im Widerstand den Tod fanden, bekleideten keine außergewöhnlichen militärischen Ränge oder Besoldungsstufen, und dennoch hatten sie sich - wie Fritz-Dietlof von der Schulenburg oder Peter Graf Yorck von Wartenburg - durch ihre Unabhängigkeit, Kompetenz und persönliche Ausstrahlung eine Führungsposition erworben, die sie schließlich den höchsten Militärs - sei es von Witzleben, Beck oder Olbricht - gleichstellte.

Hinzu kam die Vorliebe für das Gespräch, die dialogische Form des Ringens um die richtigen Positionen und reflektierten Einschätzungen. Besonders während seiner Washingtoner Zeit wird immer deutlicher spürbar, daß Albrecht von Kessel eine eigenständige, unabhängige Position im Austausch der Meinungen zu formulieren wußte – seine nicht selten sehr offenen Stellungnahmen erregten wiederholt großes Aufsehen, führten augenscheinlich aber auch zu ernsthaften Verstimmungen zwischen ihm und dem Auswärtigen Amt, nicht zuletzt auch mit Bundeskanzler Konrad Adenauer. Sie begründeten zugleich aber von Kessels Ruf, ein absolut unabhängiger Kopf zu sein. Deshalb wurde er für die Analytiker der deutschen Außenpolitik, die als außenpolitische Kommentatoren in den Redaktionen der großen deutschen Zeitungen arbeiteten und sich nicht selten zu wichtigen, von den Politikern umworbenen Meinungsmachern bei deutschen außenpolitischen Entscheidungen entwickelt hatten, zunehmend zu einem anregenden und informierten, aber auch diskussionsbereiten Gesprächspartner, der durch seine unkonventionelle Art immer wieder neues Vertrauen schaffen konnte.

Im Rücktritt des Gesandten Albrecht von Kessel äußerte sich jedoch mehr als nur eine vielleicht vorhandene und durchaus verständliche, allerdings niemals offen ausgesprochene Unzufriedenheit mit seiner Wertschätzung als Diplomat, sondern vor allem der deutliche und gewollte Protest gegen die von ihm wiederholt gegenüber seinen Angehörigen kritisierte Erstarrung des Auswärtigen Amtes, die er als eine Form der »Verrechtlichung des Denkens«[32] empfand und mit deutlicher Stoßrichtung gegen die Bonner »Zentrale« auch so bezeichnete. Von Kessel hatte sich hingegen stets viel stärker als ein auch politisch denkender Diplomat empfunden und kritisierte die Übermacht der Verwaltungsjuristen im Auswärtigen Amt – er bekannte sich zum Primat des politischen Denkens und der politischen Lösungen. Bereits zu seiner Zeit waren jedoch derartige Überlegungen nicht unumstritten, wie manche Kommentare zeigten, die seinen Rücktritt behandelten. Jene Zeitungen, die für eine politische Öffnung der Außenpolitik gegenüber dem Osten waren, unterstützten seinen Schritt, andere, die eher die Hallstein-Doktrin guthießen, kritisierten von Kessel als einen allzu politisch denkenden Diplomaten.

Wie immer man diesen Unterschied in der Bewertung seines Verhaltens interpretiert, so scheint doch deutlich zu sein, daß sich im Selbstverständnis von Kessels gerade jene Erfahrungen auswirkten, die er vor 1945 gemacht hatte. Denn als Diplomat im Widerstand zu wirken bedeutete zwangsläufig, zu seiner ganz eigenen, persönlichen Verantwortung zu stehen. So wurde in der Rücktrittsentscheidung des Jahres 1959 auch eine lebensgeschichtliche Kontinuität deutlich, die dem Korrespondenten der *Welt* nicht verborgen geblieben war - eine Kontinuität, die sich, wie man las, innerhalb von dreißig Jahren - also zwischen 1929 und 1959 - entfaltet und bewährt hatte.

Eingeweihte begriffen wahrscheinlich die Andeutungen kundiger ehemaliger Gesprächspartner, die die nicht nur aktuellen, sondern mit Sicherheit auch prinzipiellen Entscheidungsgründe in einen größeren lebensgeschichtlichen Zusammenhang einordneten:

> »Uns scheint dies das eigentlich Bedeutsame. Auch in unserer auf Sicherheit, auf Karriere bedachten Zeit, die allerorts mit Konformismus verblendet ist, gibt es also noch Männer, die ihre Überzeugung höher bewerten als den materiellen Gewinn, als Glanz und äußere Ehren. Früher galt es als elegante Lösung, einen Beamten des Auswärtigen Dienstes, der mit der Regierungspolitik nicht mehr übereinstimmte, als Botschafter ins Ausland zu schicken. Nach allem, was sich in den letzten dreißig Jahren ereignet hat, scheint der Appell an das Gewissen heute absoluter.«[33]

In der Tat hatte Albrecht von Kessel die hier angedeutete Dimension einer diplomatischen Existenz im Widerspruch - die Versetzung auf einen Posten[34] außerhalb der eigentlichen außenpolitischen Entscheidungszentren - in den dreißiger Jahren an verschiedenen Kollegen aus seinem Amt beobachten können und schließlich dann wohl auch selbst erleben müssen.[35] Viel entscheidender als die ganz persönliche Erfahrung, den schmalen Grad zwischen »Kooperation und Konfrontation« bewältigen zu müssen, wurde aber für ihn die Erfahrung existentieller Entscheidung aus der aus Überzeugung erwachsenen radikalen Kritik: Er hatte in den Jahren des Krieges nach Formen gesucht, seine Glaubwürdigkeit zu bewahren und sich eine Grundorientierung zu sichern, die außerhalb diplomatischer Karrieremuster lag und sicherlich auch die Grenzen eines zivilen und würdigen mitmenschlichen Umgangs tangierte.

Das wichtigste Zeugnis seiner Existenz zwischen Konfrontation und Kooperation liegt mit dem hier veröffentlichten Bericht »Verborgene Saat« vor. Er entstand in den Jahren 1944/45, vermutlich im Zusammenhang mit jener kurzen »Denkschrift«[36], die von Kessel in seinem Manuskript »Den Tod im Herzen« erwähnt.[37] Schrieb er die »Denkschrift« für den amerikanischen Geheimdienst offensichtlich nicht zuletzt nieder[38], um den verbreiteten Vorstellungen von einer deutschen Kollektivschuld entgegenzutreten[39] und durch die Information über die innere Opposition ein seiner Ansicht nach falsches Bild von Deutschland zu korrigieren, so wollte er zu keiner Zeit eine Gesamtgeschichte des Widerstands zeichnen. Die Niederschrift der »Verborgenen Saat« diente auch nicht seiner eigenen Entlastung, sondern muß als ein ganz persönliches Zeugnis individueller Rechenschaft interpretiert werden. Aus diesem Grunde wurde der überlieferte Text von Albrecht von Kessel als »document humain« bezeichnet, als »Bericht über meine Hoffnungen, meine Qualen und mein endgültiges Scheitern«. Die »Verborgene Saat« stellt deshalb eines der wenigen zeitursprünglichen Zeugnisse überlebender Widerstandskämpfer dar – dies begründet den außerordentlichen Quellenwert dieser Erinnerungen an den Zeitraum zwischen nationalsozialistischer »Machtergreifung« 1933 und der militärischen Niederlage des Jahres 1945, die von Kessel wie viele andere Regimegegner ersehnt und zugleich wohl auch befürchtet hatte.

Die hier fast fünfzig Jahre nach ihrer Entstehung erstmals publizierten Erinnerungen von Kessels fanden sich im Nachlaß des Diplomaten. Sie waren zunächst wohl nur für die Lektüre im engeren Familienkreis bestimmt, wurden bald aber auch engen Bekannten und Freunden zugänglich gemacht. Wohl aus frühen Diskussionen im Familien- und Freundeskreis ging eine wesentlich knapper gehaltene Fassung hervor, die sich im Privatbesitz von Detlef Graf von Schwerin befindet.[40] Sie ist im Frühjahr 1947 mit einem Vorwort versehen worden, in dem es heißt:

> »Die nachfolgenden Seiten, noch während des Krieges niedergeschrieben und seither nur auf stilistische Mängel und Irrtümer tatsächlicher Art durchgesehen, enthalten Erinnerungen. Sie schildern das Leben von einigen Deutschen, die sich der Gewaltherrschaft Hitlers in den Jahren 1933–1944 widersetzt haben. Wer in die-

sen Blättern mehr sucht als einen Ausschnitt aus dem Geschehen und ein menschliches Bekenntnis, wird enttäuscht werden.«

Hier wird die frühere, ursprüngliche, von Reflexionen der Nachkriegszeit unverfälschte Fassung abgedruckt. Bald wurde das Manuskript auch Kollegen und Freunden zugänglich gemacht, wie Ulrich Sahm berichtet, der Albrecht von Kessel seinen Kommentar als Brief übermittelte, der im Privatbesitz überliefert ist.[41] Später wurde das Manuskript auch Kollegen aus dem Auswärtigen Amt und Freunden zur Einsichtnahme überlassen und schließlich in den siebziger Jahren vervielfältigt und in einigen mit dem Ursprungsmanuskript identischen, gebundenen und numerierten Exemplaren als »persönliche Erinnerungsgabe für Freunde des Verfassers und seiner Familie« einem breiteren Kreis bekannt.

Dem umfangreichen Manuskript »Verborgene Saat« stehen einige kleinere Stücke wie das auf das Jahr 1942 datierte und zeitgeschichtlich sehr bedeutende Fragment »Umschwung in D.«[42], die ebenfalls gegen Kriegsende entstandenen, 1974 publizierten ganz persönlichen, geradezu poetisch gestimmten Aufzeichnungen[43] und andere Stücke zur Seite, darunter auch jene noch unveröffentlichte Skizzen, die sich, mit einer handschriftlichen, auf das Jahr 1973 verweisenden Widmung für Gottfried von Nostitz versehen[44], unter dem Titel »Den Tod im Herzen: Rom Juni 1943-September 1946« im Nachlaß befinden. Ein inhaltlicher Textvergleich zeigt meines Erachtens, daß alle Überlieferungen - auch die offensichtlich später niedergeschriebenen - auf die hier veröffentlichten zeitursprünglichen Aufzeichnungen zurückgehen, die gegen Kriegsende in Rom entstanden sind. Sie bieten eine sichere Einschätzung von Grundformen des Denkens und Planens im Widerstand, obwohl der ganz persönliche Entstehungsgrund unübersehbar ist: »Ich konnte mich«, schreibt von Kessel im Rückblick auf die Entstehungszeit dieses Manuskripts vom Herbst 1944 bis zum Frühjahr 1945, »mit den Gespenstern des Entsetzens und der Trauer in aller Ruhe, wie ich es gern habe, auseinandersetzen«.[45]

In dem 1973 dem »alten Freund« Gottfried von Nostitz zugeeigneten Manuskript »Den Tod im Herzen«, aus dem im Anhang einzelne Abschnitte aufgenommen worden sind, die den Text der »Verborgenen Saat« ergänzen, finden sich Reflexionen zur Tagespolitik und über die von Albrecht von Kessel so kritisch analysierten politischen Entwicklungen in den fünfziger Jahren. Es ist zu vermuten, daß von Kessel diesen Text für einen »Insider« schrieb, denn die Aufzeichnungen beginnen gleichsam übergangslos mit der Kaltstellung des Unterstaatssekretärs im Auswärtigen Amt Martin Luther, des von allen von Weizsäcker ergebenen Mitarbeitern verhaßten Nationalsozialisten, der für das Amt auch an der »Wannsee-Besprechung« vom 20. Januar 1942 über die »Endlösung der Judenfrage«[46] teilnahm und 1943 wegen des Versuchs verhaftet wurde, gemeinsam mit dem Chef des Nachrichtendienstes im Reichssicherheitshauptamt, Walter Schellenberg, Ribbentrop zu entmachten. Bei einem Vergleich einzelner Passagen aus »Den Tod im Herzen« und »Verborgene Saat« fallen einige Entsprechungen auf, die allerdings im Fall des erstgenannten Manuskripts durch gegenwartsbezogene politische Anmerkungen, etwa verbitterte Kommentare über Adenauer[47], ergänzt werden. So läßt von Kessel hier auch immer wieder seine Deutungen historischer Eindrücke aus dem Rückblick von fünfundzwanzig Jahren einfließen.

Inhaltliche Gesichtspunkte und der Wunsch, auch die den Text der »Verborgenen Saat« ergänzenden Materialien dem Interessierten zu erschließen, veranlaßten Verlag und Herausgeber, hier neben dem ungekürzten Abdruck der »Verborgenen Saat« auch einzelne Passagen aus anderen Manuskripten, vor allem aus »Den Tod im Herzen«, zu publizieren.

Der Untertitel der »Verborgenen Saat«, »Das ›Andere‹ Deutschland«, verweist auf die frühen Hoffnungen der Regimegegner, durch ihren Widerstand auch den Neubeginn Deutschlands in der ersehnten nach-nationalsozialistischen Ordnung beeinflussen zu können, und erinnert an den Titel der erstmals 1946 publizierten Auszüge aus den Tagebuchblättern von Ulrich von Hassell[48], die jetzt in einer kommentierten, umfangreicheren Ausgabe vorliegen.[49] Hinzu kommt als politisches Anliegen, durch den Hinweis auf den Widerstand Versuchen vorzubeugen, alle Deutschen kollektiv als schuldig zu erklären. In diesem Zusammenhang sei deshalb noch einmal aus dem Vorwort der 1946/47 entstandenen überarbeiteten Fassung zitiert:

»Der Opfergang der Toten verlangt, daß die Überlebenden zurücktreten; ihre Namen sind daher nicht genannt. Wer aber guten Willens ist, wird ihnen überall in deutschen Landen begegnen können. Er wird in ihnen Menschen finden, die gelernt haben, geduldig zu sein und zu warten. Die Frage der Schuld oder Verantwortung, so meinen sie im Anschluß an ein Wort Goethes, gehöre in das Gespräch eines Menschen mit Gott und jedenfalls nicht in die Tagespresse. Sie glauben, die Kräfte des Bösen seien noch nicht erschöpft, so sehr sie auch Ort und Gestalt zu wechseln verständen. Ein jeder ohne Ansehung von Rasse und Nation habe acht zu geben, daß er ihnen nicht erliege; die haßerfüllte Vergeltung nach innen oder außen sei auch eine Versuchung solcher Art. Wer Vergebung üben lerne, bekenne sich damit zu der Seligpreisung, die für der Menschheit Zukunft eine Verheißung enthält: Selig sind die Sanftmütigen, denn sie werden das Erdreich besitzen.«

Der sehr glücklich gewählte Titel »Verborgene Saat« akzentuierte die Überzeugung, daß die Geschichte des Widerstands entscheidend zur Vorgeschichte der zweiten deutschen Demokratie gehört. Insgesamt gesehen ist es berechtigt, dieses Manuskript als eine der wenigen Erinnerungen zu bezeichnen, die *aus* dem Widerstand entstanden sind, nicht *über* ihn handeln. Diese Besonderheit macht den außerordentlichen historischen Wert dieser Aufzeichnungen aus und unterscheidet sie von den frühen Gesamtdarstellungen und halbbiographischen Annäherungen Überlebender, die in den späten vierziger und frühen fünfziger Jahren erschienen sind.

In der widerstandsgeschichtlichen Forschungsliteratur finden sich an vielen Stellen einzelne, allerdings nicht immer zutreffende und zuweilen sogar verwirrende Hinweise auf Albrecht von Kessel. Erst Detlef Graf von Schwerin hat in seiner eindringlichen Untersuchung der freundschaftlich und verwandtschaftlich miteinander verbundenen »Jungen« im Widerstand auch Albrecht von Kessel in einer Lebensskizze gezeichnet und dabei der Darstellung seines persönlichen Beziehungsgeflechtes breiten Raum gewidmet.[50] Die von ihm behandelten Aspekte sollen nicht mehr im Zentrum dieser Einleitung stehen.

Albrecht Theobald von Kessel wurde am 6. November 1902 in Schlesien, in Oberglauche/Landkreis Trebnitz, als viertes und jüngstes

Kind - nach zwei Söhnen und einer Tochter - des Ehepaares Kurt von Kessel - eines langjährigen Mitgliedes der deutsch-konservativen Fraktion des Preußischen Abgeordnetenhauses und prominenten Vertreters agrarischer Interessen - und Frau Theodora geboren. Seine Mutter war nicht nur eine Cousine des damaligen, bald tief in den Ausbruch des Ersten Weltkrieges verstrickten Reichskanzlers Theobald von Bethmann Hollweg[51], sondern vor allem eine geschichtsbewußte Enkelin des preußischen Kultusministers Moritz August von Bethmann Hollweg, der von 1858 bis 1862 dem relativ liberalen Kabinett Hohenzollern-Auerswald der beginnenden »Neuen Ära« angehört hatte, mit der der damalige Prinz Wilhelm die Starre der »Reaktionszeit« zu überwinden suchte. Die Familiengeschichte wurde mit Sicherheit gepflegt, und so ist nicht zu bezweifeln, daß Albrecht von Kessel mit der Persönlichkeit seines Urgroßvaters gerade durch seine Mutter, die er stets als historisch, aber auch literarisch und naturkundlich gebildet gewürdigt hat, vertraut gemacht wurde.

Moritz August von Bethmann Hollweg gehörte zwar der dezidiert konservativen »Wochenblattpartei« an, genoß aber Respekt über die damaligen Fraktionsgrenzen hinaus und bildete so mit Vertretern des »Altliberalismus« und des bürgerlichen Konservatismus jenes Kabinett, das ein liberal-konservatives Programm zu realisieren hatte, in die Turbulenzen des preußischen Heereskonflikts geriet, der sich dann zum Verfassungskonflikt steigerte, und schließlich mit der ihm aufgetragenen »Politik der Verständigung« zwischen den innenpolitischen Kontrahenten des Konservatismus und Liberalismus scheiterte. Als sich der Konflikt mit der fortschrittlichen Fraktion des Preußischen Abgeordnetenhauses 1862 dramatisch zuspitzte, löste König Wilhelm den Preußischen Landtag auf und entließ wenige Tage später das liberal-konservative Kabinett.

Albrecht von Kessels Vater verkörperte offensichtlich einen wesentlich starreren Konservatismus als sein Urgroßvater. Im Preußischen Abgeordnetenhaus verstand er sich aber nicht ausdrücklich und vorrangig als Repräsentant der konservativen Partei, sondern vor allem als entschiedener Vertreter agrarischer und bäuerlicher Interessen. Dieses Selbstverständnis des »Agrariers« blieb auch nach dem Untergang der Monarchie spürbar.[52] Inwieweit aber der demonstrativ vertretene agrarisch geprägte Konservatismus wirklich so unpolitisch war, wie dies seine Anhänger empfunden haben mochten, wird in der Erforschung des Konservatismus wohl stets umstritten bleiben, hängt gewiß auch von dem jeweils zugrunde gelegten Verständnis von Politik, »Agrarinteresse« und »Gemeinwohl« ab, wie Hans-Jürgen Puhle[53], aber auch andere Erforscher des Agrarkonservatismus[54] gezeigt haben. Mit Sicherheit wurde Albrecht von Kessel aber weniger durch den politischen Konservatismus seines Vaters als vielmehr durch die tiefe historische Bildung und Religiosität seiner Mutter geprägt. Durch sie erschloß sich ihm die schlesische Mystik, jene sich im Pietismus steigernde Frömmigkeit, die nicht nur Weltsicht und Weltverständnis, sondern auch die Individualität prägte. Hier erschloß sich gleichsam eine andere Dimension politischer Formung, die sich von den Interessenorientierungen politischer Entscheidungen und dem Primat des Ökonomischen unterschied.

Im Mai 1919 wurde auf Initiative Kurt von Kessels der »Schlesische Landbund« gegründet, der verschiedene auf Orts- und Kreisebene entstandene Landwirtsvereinigungen sammelte und mit schlesischen Wirtschaftsverbänden zusammenführte.[55] Diese Gründung stand ganz sicher im Zeichen der Versuche, die Auswirkungen des Zusammenbruchs der Monarchie für die sich bald nach der Novemberrevolution formierende neue konservative Bewegung, die Deutschnationale Volkspartei, zu begrenzen.

Als 1920 die republikanische Ordnung durch einen Putsch beseitigt werden sollte, der zwar rasch durch einen Generalstreik gestoppt werden konnte, sich dennoch zur gefährlichen Krise der Weimarer Verfassungsordnung auswuchs, unterstützte Kurt von Kessel diese Bestrebungen und damit den Versuch des deutschnationalen Landschaftsdirektors Kapp und des Generals von Lüttwitz, die Weimarer Republik zu stürzen. Ohne Zweifel gehörte er dabei weder zu den treibenden Kräften noch zu den konservativen Politikern, die mit allen Mitteln die Republik schwächen wollten. Vielmehr liegt die Vermutung nahe, daß dieses Engagement aus der Tradition seines Selbstverständnisses als Vertreter agrarischer Interessen zu interpretieren ist. Möglicherweise fühlte er sich durch eine in langen Jahren agrarpolitischer Arbeit gewachsene Loyalität, die er gegenüber am Putschversuch beteiligten politischen Bekannten und Freunden empfand, zur Mitwirkung verpflichtet. Der politischen Stellung tat dies aber keinen

Abbruch. Im Frühjahr 1921 wurde er nach seiner Rückkehr nach Oberglauche »einstimmig« wieder in den Vorstand seines »Schlesischen Landbundes« gewählt[56], dessen Mitglieder, zumindest im Mittelschlesischen Bundesbezirk, den Umsturz begrüßt hatten.

Es mag an dieser schwarzen Stunde des sich zum Deutschnationalismus entwickelnden Konservatismus gelegen haben, daß Albrecht von Kessel später die Unterscheidung politischer Richtungen niemals sehr wichtig war, zumindest nicht der Urteilsbildung vorausging. Dabei ist unbestreitbar, daß seine Erziehung tief in konservativen Wertvorstellungen gründete, wie aus den überlieferten Manuskripten ersichtlich wird.

Die niederschlesische Gutsbesitzerfamilie Kurt von Kessel galt innerhalb des schlesischen Adels als vermögend, obwohl das Rittergut Glauche mit etwa 500 Hektar Bewirtschaftungsfläche nicht zu den größeren Gütern gehörte. Es erlaubte allerdings ein standesgemäßes Leben, nicht zuletzt infolge der besonders guten Bodenverhältnisse im Gebiet der Trebnitzer Hügel. Finanziell wohlhabend war die Familie ohne Zweifel jedoch durch die Angelika-von-Kesselsche-Familienstiftung, die auf einem umfangreichen Aktienbesitz gegründet war, aus dem eine Vielzahl kultureller und sozialer Verpflichtungen erfüllt wurden. So erhielten alle Schulkinder aus Glauche das Schulgeld aus den Stiftungsmitteln. Albrecht von Kessel besuchte ein Internat, wie es der Tradition des schlesischen Adels entsprach, der seine Kinder im Anschluß an den Hausunterricht, der in den ersten Schuljahren erteilt wurde, gern auf eine externe Schule schickte.

Die Familie von Kessel war evangelischen Glaubens, auch hier ganz in der Tradition des niederschlesischen Adels gründend, im Gegensatz zum überwiegend katholischen Adel Oberschlesiens. Aus langer konfessionsgeschichtlicher Tradition galten die Kreise Trebnitz und Oels, wo sich der Wohnsitz der Familie von Peter Graf Yorck von Wartenburg befand, als Zentren des deutlich ausgeprägten niederschlesischen Pietismus und Mystizismus. Es lag gewiß auch an diesem religiösen Hintergrund, daß Albrecht von Kessel immer wieder betont hat, wie stark seine ersten Erinnerungen durch familiäre Bindungen geprägt worden sind.[57] Dabei erwähnte er nicht nur seine Geschwister, die er überlebte, sondern bezog später deren Kinder, um die er sich stets besonders kümmerte, mit ein.

Schlesien bedeutete für Albrecht von Kessel persönlich stets sehr viel mehr als Preußen, das für ihn »ausgelöschter Staat und bedrohter Stand«[58] war und dennoch durch »Haltung und Stil« in die Gestaltung der Gegenwart hineinragte. In Schlesien, dieser Provinz Preußens, sah er eine Brücke zwischen der preußischen Lebensstrenge und der österreichischen Leichtigkeit, wohl auch eine Verbindung zu Mittel- und Osteuropa. Er nahm also jene geopolitische Funktionsbestimmung vorweg, die heute, nach der Selbstbefreiung der Staaten Zwischeneuropas aus dem Gefüge des Ostblocks – die von Kessel stets ersehnt hatte –, als Mitteleuropagedanke vielleicht zu helfen vermag, eine Verbindung zwischen dem alten Mittel- und Zwischeneuropa zu schaffen. Doch Schlesien bedeutete für von Kessel mehr als ein geopolitisch bedeutsamer Ort: In diesem Landstrich verkörperte sich für ihn ein Lebensgefühl, in dem man vielleicht sogar einen weiteren Schlüssel zu seinem Rücktritt im Jahr 1959 finden kann.

Als Kind wurde Albrecht von Kessel[59] zunächst von einem Hauslehrer unterrichtet, bis er im Herbst 1919, ein Jahr nach der deutschen Niederlage im Ersten Weltkrieg, auf das humanistisch orientierte Internat Roßleben in Thüringen geschickt wurde, das zu den Traditionsschulen des evangelischen schlesischen Adels gehörte. In Roßleben an der Unstrut lag der Beginn jener weittragenden Kontakte und Freundschaften, die von Kessel mit den späteren Widerstandskämpfern Peter Graf Yorck von Wartenburg, Ulrich-Wilhelm Graf von Schwerin und Nikolaus von Halem, aber auch mit Botho von Wussow verband.[60]

Überschattet wurde das Ende der Schulzeit durch den Tod des Vaters im Jahre 1921, der immer wieder das geringe Interesse seines zu Asthma neigenden Sohnes an der Landwirtschaft kritisiert hatte und ihm wohl insgeheim vorwarf, kein »robuster Landjunge«[61] zu sein. Doch wird man nicht von einer starken Spannung im Vater-Sohn-Verhältnis sprechen können – bei aller Hinneigung des Sohnes zur Mutter. So wird in »Das stille Gut« ein insgesamt harmonisches Bild des Familienlebens gezeichnet.

Im Jahre 1922 legte Albrecht von Kessel die Reifeprüfung ab und begann unmittelbar anschließend mit dem Studium der Rechtswissenschaft – zunächst in München, dann in Breslau, wo er 1926 das erste juristische Staatsexamen ablegte. Während des Studiums erschloß sich ihm ein wachsender Freundeskreis, der sein weiteres Leben und vor allem seinen Weg in den Widerstand beeinflußte. Im Frühjahr 1927 begann der dreijährige Vorbereitungskurs für den Auswärtigen Dienst, gemeinsam mit dem nur einige Monate jüngeren Eduard Brücklmeier, mit dem sich Albrecht von Kessel eng verbunden fühlte, und mit Gottfried (»Gogo«) von Nostitz-Drzewiecki.

Eduard Brücklmeier, der von Kessel später gern, wohl in Anspielung auf eine frühe Verwendung des Freundes in Ceylon, mit dem Spitznamen »Colombo«[62] angeredet wurde, und von Kessel verband über alle Verfolgungsmaßnahmen des NS-Regimes hinweg bis in die Zeit der schmählichen Ermordung von Brücklmeier im Jahre 1944 eine unauflösliche Freundschaft, und manche ihrer Schritte in die Politik und in den Widerstand erfolgten augenscheinlich nach langer gemeinsamer Diskussion, so vermutlich auch der im Spätsommer 1934 umgesetzte Entschluß, gleichzeitig einen Antrag auf Aufnahme in die NSDAP zu stellen.[63] Vermutlich wirkte sich dabei die in den Jahren sich konsolidierender nationalsozialistischer Herrschaft immer wieder von Regimegegnern[64] diskutierte Erkenntnis aus, daß ohne den bekundeten Willen zur Parteimitgliedschaft die Möglichkeiten einer Einflußnahme auf die Gestaltung nationalsozialistischer Politik außerordentlich begrenzt waren. Keinesfalls ist der Parteiaufnahmeantrag als Ausdruck innerer Übereinstimmung mit den nationalsozialistischen Zielen zu interpretieren. Für diese Deutung spricht auch, daß andere Regimegegner, die später in der vordersten Linie des Widerstandes standen, fast gleichzeitig ganz ähnliche Anträge stellten. Übrigens wurde von Kessels Antrag nicht entsprochen, mehr noch: Etwa zehn Jahre später wurde seine Parteimitgliedschaft abgelehnt. Und Brücklmeier mußte bereits ein Jahr nach seinem Antrag auf Aufnahme in die Partei Hitlers die Peinlichkeit seiner persönlichen Denunziation durch die NSDAP-Auslandsorganisation überstehen, die ihm Ende 1935 die mißbräuchliche Verwendung von Hilfsmitteln zugunsten der deutschen Minderheit in Polen vorwarf.

Als weiterer späterer Regimegegner trat Ende der zwanziger Jahre Adam von Trott zu Solz, die wohl größte außenpolitische Begabung des Widerstands überhaupt, als weitaus Jüngerer – 1907 geboren, war er eine ganze Studentengeneration jünger als von Kessel und von Nostitz – in diesen Freundeskreis ein. Von Trott war in dieser Zeit noch Student der Rechtswissenschaft in Berlin und wuchs erst allmählich in jenes persönliche Beziehungsgefüge hinein, das er bald durch seine Ausstrahlungskraft und Intelligenz prägen konnte. In dieser Zeit entstand auch von Kessels Verbindung zu Ernst von Weizsäcker, dem späteren Staatssekretär des Auswärtigen Amtes, der den jungen Diplomaten nach der erfolgreich bestandenen diplomatisch-konsularischen Prüfung Mitte Dezember 1929 immer wieder in seinen eigenen Tätigkeitsbereich versetzen ließ.

Der Abschluß der diplomatischen Ausbildung bedeutete für Brücklmeier und von Kessel zunächst die Trennung. Während von Kessel 1930 erste Erfahrungen in Rom am Quirinal erwerben sollte, wurde Brücklmeier an das Konsulat in Bagdad, wenig später nach Teheran versetzt, wo er unter Friedrich Werner Graf von der Schulenburg, dem späteren Deutschen Botschafter in Moskau, Dienst tat. Diese Zusammenarbeit beeinflußte Brücklmeier entscheidend; später bekam er durch Schulenburg Kontakt zu Carl Friedrich Goerdeler.

Albrecht von Kessel arbeitete in Rom erstmals in unmittelbarer Zuordnung zu Ernst von Weizsäcker. Diese Begegnung wurde für sein weiteres Leben und nicht zuletzt auch für sein Verhältnis zur Opposition gegen den Nationalsozialismus, die sich zum Widerstand steigerte, entscheidend. Das Jahrzehnt zwischen Abschluß des diplomatischen Vorbereitungsdienstes und Kriegsausbruch läßt sich im Rückblick deuten als eine beeindruckende und folgenreiche Ausweitung von Lebens- und Gesprächskreisen, als die Bildung eines Netzes, das nicht nur der Informationsgewinnung und -vermittlung diente, sondern den weiteren Verlauf des Lebens tief beeinflussen mußte. Hier entstanden Kreise von Menschen, denen man sich persönlich ebensowenig wie intellektuell entziehen konnte – gleichgültig, wohin einen die künftigen dienstlichen Abordnungen auch trugen. Im Jahre 1932 wechselte Albrecht von Kessel an das Generalkonsulat Kattowitz, während sein Freund Eduard Brücklmeier für ein Jahr an das Konsulat Colombo/Ceylon abgeordnet wurde. 1933 wurde dieser dann ebenfalls an das Generalkonsulat Kattowitz versetzt, so daß die beiden Freunde nun etwa zwei Jahre in einer gemeinsamen Dienststelle arbeiteten.

Auf ihrem Dienstposten in Kattowitz wurden sie gleichsam »hautnah« mit den Schwierigkeiten des deutsch-polnischen Verhältnisses konfrontiert. Im Zentrum des oberschlesischen Industriegebietes waren die Gegensätze zwischen Deutschen und Polen unmittelbar spürbar. Andererseits mußte die deutsch-polnische Annäherung, die Hitler gemeinsam mit Marschall Pilsudski betrieb und die schließlich am 26. Januar 1934 zum Abschluß eines deutsch-polnischen Nichtangriffspaktes und Freundschaftsvertrages führte, unterstützt und begleitet werden. Für von Kessel waren die Erfahrungen, die er in Kattowitz sammelte, von grundsätzlicher Bedeutung. Er gewann ein tiefes Verständnis für die Bedeutung, aber auch für die Relativität von Nationalitäten- und Grenzkonflikten. So drängt sich der Eindruck auf, daß schon in diesen frühen Erfahrungen der Keim für seine spätere deutschland- und ostpolitische Haltung liegt, die ihn dann Ende der fünfziger Jahre in den Gegensatz zu Adenauer führte. Grenzen spielten für von Kessel seit dieser Zeit augenscheinlich nicht mehr die Rolle, die ihnen im traditionellen Völkerrecht zukam. Sie trennten nicht nur, sondern stellten auch grenzüberschreitende Verbindungen zwischen Menschen her.[65]

Der Ende Oktober 1934 zum Legationssekretär ernannte von Kessel wurde im April 1935 an das Generalkonsulat Memel versetzt, während Brücklmeier seit Anfang 1936 unter dem damaligen Deutschen Botschafter in London und späteren – seit 1938 – nationalsozialistischen Außenminister Joachim von Ribbentrop seinen Dienst in Großbritannien begann. Albrecht von Kessel folgte im November 1935 Ernst von Weizsäcker an die Gesandtschaft Bern. Dieser Wechsel zeigt, daß er die Aufmerksamkeit und Anerkennung seines Vorgesetzten gefunden hatte. Eine allein lebensgeschichtliche oder gar karrierebedingte Deutung dieser Verbindung, die für Albrecht von Kessel eine bis weit in die fünfziger Jahre hineinreichende Bedeutung und auch Konsequenz hatte, griffe allerdings zu kurz. Denn Ernst von Weizsäcker verkörperte für von Kessel immer eine bestimmte Sicht internationaler Politik, eine Art »Schule«.

Damit erweiterte sich in der Mitte der dreißiger Jahre unmittelbar, aber auch indirekt das Blickfeld des jungen und vielversprechenden Diplomaten. Unmittelbar durch die Gespräche mit Ernst von Weizsäcker beeinflußt, hatte er indirekt durch Brücklmeier Zugang zu dessen Antipoden von Ribbentrop[66], der sich später zum wichtigsten Widersacher von Weizsäckers entwickelte.[67] Vor allem aber gewann von Kessel durch Brücklmeier Zugang zu Erich Kordt und damit zu einem wichtigen Kollegen, der ihm auf seine Weise die Distanzierung vom Regime der Nationalsozialisten erleichterte. Kordt hatte Kontakt mit den sich Ende der dreißiger Jahre herausbildenden oppositionellen Berliner Kreisen, nicht nur im Auswärtigen Amt, sondern wohl auch über diesen Funktionskreis hinaus.[68] Denn seit Anfang 1938 bildete sich der Kern einer umsturzbereiten Militäropposition heraus, zu der manche der Offiziere gehörten, die dann in den vierziger Jahren den »entscheidenden Wurf« (von Tresckow) vorbereiteten. In seinen Selbstzeugnissen hat von Kessel immer wieder betont, daß er sehr früh - Mitte der dreißiger Jahre - zu diesem Kreis entschlossener Regimegegner stieß. Seine Datierung scheint dabei etwas ungenau zu sein, denn er gab mehrfach das Jahr 1936, in den Materialien für die Zeugenaussage im Verfahren gegen von Neurath auch 1937, als entscheidend an. Zu dieser Zeit begannen sich aber erst jene Gruppen zu formieren, die er dann ohne Zweifel unterstützte.[69]

Kennzeichen dieser Gruppen war zum einen die sich zum prinzipiellen Gegensatz steigernde Ablehnung des NS-Regimes, das man nicht mehr für von innen beeinflußbar hielt; deshalb radikalisierte sich in dieser Zeit die »Denkschriften-« und »Militäropposition« zum Versuch, Hitler auszuschalten - sei es durch einen Anschlag, sei es durch seine Verhaftung mit anschließendem Prozeß. Daneben gab es Bestrebungen, die auf den Krieg zutreibende deutsche Politik von außen zu beeinflussen. Dabei versuchte man vor allem das britische Außenministerium zu veranlassen, durch möglichst entschiedene und glaubwürdige Reaktionen auf deutsche Vorstellungen - Forderungen wie Angebote - den Eindruck einer für Deutschland und vor allem auch für Hitlers Positionen riskanten Entschlossenheit zu wekken. Ablehnende oder gar drohende Reaktionen der britischen Seite sollten der deutschen Führung die außerordentliche Kriegsgefahr vor Augen führen, die in Europa durch die rücksichtslose Forderung nach Erfüllung deutscher Interessen drohte. Die deutsche Opposition begriff diese ungewöhnlichen politischen Interventionsversuche als gebotenes Mittel einer als unvermeidlich empfundenen Kriegsverhinderungsstrategie, ja sogar als vielleicht letztmöglichen Versuch der

Kriegsverhütung. In diesen Aktivitäten deutscher Diplomaten ist jene politische Qualität einer aktiven, also nicht nur »verwaltenden« Außenpolitik spürbar, die nach dem Krieg die Sicht Albrecht von Kessels mitbeeinflußte. Unbestreitbar ist, daß das Jahr 1938 in einem ganz ungewöhnlichen Maße die Stunde der Diplomaten war, so wie sechs Jahre später der Umsturzversuch die Stunde der Militärs bedeuten mußte.[70]

Unverkennbar ist, daß die oppositionellen Diplomaten[71] sich von einer starken, nicht zuletzt auch interessenbedingt selbstbewußten und demonstrativ entschlossenen Haltung Großbritanniens positive, das heißt den Krieg vermeidende Rückwirkungen auf die deutschen Entscheidungen erhofften, die man in Kreisen der sich allmählich ausbildenden Militäropposition immer klarsichtiger als Schritte in einen Krieg interpretierte, der die Substanz des deutschen Nationalstaates zerstören mußte. Vielleicht lag es an dieser nationalstaatlichen Grundorientierung, daß die Ansprechpartner im Foreign Office so lähmend zurückhaltend reagierten; mit Sicherheit erklären sich aber viele der kritischen Würdigungen der Historiker der Nachkriegszeit aus der nationalstaatlich geprägten Wertstruktur der Rechtfertigungsargumentation der deutschen Opposition dieser Zeit. Dabei wird übersehen, daß bereits seit der ersten Stunde nationalsozialistischer Herrschaft der »Bestand« (Beck) Deutschlands nicht nur zur Diskussion stand, sondern höchstgradig gefährdet war.

In der Tat hatte die nationalsozialistische Führung bereits am 3. Februar 1933, also in den allerersten Tagen nach der »Machtergreifung«, vor der Reichswehrführung im Bendlerblock offen eine kriegerische Auseinandersetzung prophezeit, um die Versailler Friedensordnung zu revidieren, um den innenpolitischen »Pazifismus« zu schwächen und nicht zuletzt auch um »Lebensraum« im Osten zu gewinnen.[72] Auch die wirtschaftspolitisch verordneten »Vierjahrespläne« dienten der Gewinnung deutscher Kriegsfähigkeit. Im November 1937 hatte Hitler dann auch vor führenden Offizieren seinen Kriegswillen dokumentiert und dadurch für eine entschiedene Distanzierung jener Gruppen gesorgt, die befürchteten, Deutschland werde diesen von Hitler zielstrebig entfesselten Krieg[73] nicht überstehen und somit werde die Zerstörung des deutschen Nationalstaates sowie des europäischen Systems leichtfertig riskiert.

Den sich allmählich im Auswärtigen Amt an der Berliner Wilhelmstraße und an einzelnen Botschaften - vor allem London und dann Moskau[74] - herausbildenden Kreisen von Regimekritikern blieben diese Zusammenhänge zunächst noch weitgehend verborgen. Als dann aber seit Sommer 1938 die Kriegs- und Eroberungsziele des Regimes immer offensichtlicher wurden, formierte sich aus der Kritik und der Distanz allmählich eine Position reflektierter Nonkonformität, ein Gefühl der Gemeinsamkeit aller Kritiker, das nicht selten in einen Widerstand mündete, der seinen höchsten und reinsten Ausdruck in der aktiven Konspiration fand, die schließlich »ohne Dekkung« durch andere Institutionen, aber auch ohne Rücksicht auf die eigene Person und die nächsten Angehörigen erfolgte.

Allerdings wäre die Vorstellung falsch, daß sich diese Opposition gradlinig und konsequent entwickelte.[75] Vielmehr scheint es so, als ob sie aus vielen, immer neuen Anfängen erwuchs. Rückschläge waren hinzunehmen, zu verarbeiten und auszugleichen. Sie hatten nicht selten ihre Erklärung in verfehlten Reaktionen potentieller Ansprechpartner, etwa 1938, als das Münchener Abkommen als ein schwerer Rückschlag für die Planungen der deutschen »Opposition« gedeutet wurde: London und Paris, auf das man allerdings kaum Hoffnungen setzen mochte, hatten in München Hitlers Expansionspläne zumindest graduell akzeptiert und so dessen Triumph ermöglicht, der keineswegs die von den »Appeasement-Politikern« so sehr erhoffte Konsolidierung des internationalen Systems[76], sondern lediglich eine Steigerung nationalsozialistischer Expansionspläne zu neuer Maßlosigkeit brachte.

Neben den politischen Rückschlägen war vor allem immer wieder die Zerstörung von Geflechten der Bekanntschaft, der Freundschaft und der Kollegialität auszugleichen. Enge Verbindungen, die Voraussetzung jedes Handelns, konnten gleichsam über Nacht durch Versetzungen zerstört werden. Ihr Neuaufbau durch kunstvoll eingefädelte Personalanforderungen dauerte oftmals Monate. Kontinuität verkörperte sich vor allem im Willen, Verbindung zu halten, sich auszutauschen und jeweils dort, wohin es den jeweiligen Regimegegner verschlagen hatte, neue Gesinnungsfreunde zu suchen. Dieses ständige Werben barg in sich allerdings ein hohes Risiko, denn immer wieder drohte die Gefahr, daß Spitzel in das Netz des Vertrauens eindrangen.

Angesichts dieser Gefährdungen wird deutlich, in welch starkem Maße die Regimegegner darauf angewiesen waren, persönliche Loyalitäten zu stabilisieren, die in Familienbeziehungen, Studienfreundschaften oder Lehrgangs- und Ausbildungsbekanntschaften gründen mochten.[77]

Es ist in diesem Zusammenhang bemerkenswert, daß die alten Verbindungen zwischen von Kessel und anderen Regimegegnern wie Ulrich-Wilhelm Graf von Schwerin-Schwanenfeld und vor allem Eduard Brücklmeier, der unmittelbar nach Kriegsbeginn wegen einer angeblich defätistischen Äußerung den Diplomatischen Dienst quittieren mußte, niemals gefährdet waren.[78] Im Gegenteil: Brücklmeier wurde von General Friedrich Olbricht, dem Schöpfer der Pläne zur Umsturzoperation »Walküre«, als außenpolitischer Gesprächspartner besonders geschätzt.[79]

Anfang 1937 kehrte Albrecht von Kessel in die Zentrale des Auswärtigen Amtes nach Berlin zurück und arbeitete zunächst im Referat Protokoll, ein gutes Jahr später - gerade während der sich immer gefährlicher entwickelnden Sudetenkrise des Jahres 1938 - dann im Büro des 1938 neu ernannten Staatssekretärs im Auswärtigen Amt, Ernst von Weizsäcker, der bereits 1936 die Politische Abteilung in der Wilhelmstraße übernommen hatte. Persönlich entscheidender als die »Große Politik der Kabinette«, die schließlich mit dem Münchener Abkommen für Hitler einen weiteren außerordentlichen außenpolitischen Erfolg brachte, war jedoch für von Kessel Anfang Februar 1938 der faktische »Sturz« des Außenministers Konstantin Freiherr von Neurath, der bereits dem Kabinett v. Papen als Außenminister angehört und nach 1933 nicht zuletzt wegen seiner guten Kenntnis der britischen Politik zur internationalen Anerkennung des NS-Regimes beigetragen hatte. Beim Abschluß deutsch-britischer Abkommen hatte er stets eine wichtige Rolle gespielt und sein Teil dazu beitragen können, die außenpolitischen Folgen der deutschen Rüstungspolitik und der Rheinlandbesetzung durch Wehrmachtsverbände im Jahre 1936 zu minimieren. Hitler verharrte gegenüber von Neurath, der erst 1937 Mitglied der NSDAP geworden war, in deutlicher Distanz, denn er verkörperte für ihn augenscheinlich einen Teil der alten diplomatischen Schule, die Hitler ebenso verachtete wie andere Kräfte der alten Führungsschichten - Offiziere ebenso wie Angehörige des Adels.

Neurath wurde im Zuge der durch die sogenannte Fritsch-Krise ausgelösten Kabinettsumbildung im Februar 1938 durch von Ribbentrop ersetzt und gehörte seitdem Hitlers Regierung mit dem Titel »Präsident des Geheimen Kabinettsrats« als Minister ohne Geschäftsbereich an. Nach dem Einmarsch deutscher Truppen in der Tschechoslowakei im März 1939 wurde von Neurath als »Reichsprotektor in Böhmen und Mähren« eingesetzt, stand jedoch stets im Schatten seines Staatssekretärs, des strammen Nationalsozialisten und späteren Generalgouverneurs Hans Frank, der sich als entschiedener Anhänger des Rassegedankens profilieren wollte und in der Unterdrückung der »Ostvölker« ebenso ein Ziel nationalsozialistischer Politik sah wie in der von ihm schon sehr früh geforderten »Endlösung der Judenfrage«.[80]

Albrecht von Kessel, der im November 1938 der persönliche Referent von Neuraths geworden und einige Monate später zum Legationsrat II. Klasse ernannt worden war, konnte in der unmittelbaren Umgebung des »Reichsprotektors« die Auswirkungen der deutschen Herrschaft in der »Resttschechei« in einer ihn tief bewegenden Weise beobachten, bis er Mitte Juli 1939 wieder in die Berliner Zentrale des Auswärtigen Amtes und das Büro Ernst von Weizsäckers zurückkehrte. Dabei wirkte sich ohne Zweifel die Enttäuschung über die schwache Position aus, die von Neurath in Prag für sich selbst akzeptiert hatte, ganz im Gegensatz zu den Erwartungen von Kessels. Allerdings ist aus dem Rückblick unbestreitbar, daß von Kessels Konzept zur Durchsetzung einer von ihm erhofften und auch mehrfach in ihren Konturen bestimmten neuen europäischen Politik[81] gerade im »Protektorat« angesichts der weitgehenden und skrupellosen Herrschaftspläne des Nationalsozialismus unrealistisch war. Denn dieses angebliche Schutzgebiet war von Anbeginn als Vorfeld des sich in Konturen abzeichnenden nationalsozialistischen Ostimperiums konzipiert – hier herrschten SD und SS durch die ihnen unterstellten Polizeibehörden, auf die von Neurath keinen Zugriff hatte. Er stimmte so in einer von Kessel erschütternden und abstoßenden Weise den Herrschaftsansprüchen von Himmler und Heydrich zu; letzterer wurde als Nachfolger von Neuraths schließlich das Opfer eines Mordanschlags. Neurath akzeptierte die unbegrenzte Handlungskompetenz von SD und Gestapo, von Polizei und SS im »Protektorat Böhmen und Mähren«, das auf diese Weise denkbar eng in den deutschen Herrschaftsbereich eingegliedert wurde. Gerade diese Unterwerfung machte in den Augen von Kessels deutlich, daß die nationalsozialistische Besatzungspolitik alle Grundlagen eines von ihm erhofften Zusammenlebens unterschiedlicher Nationen und Staaten in Europa zerstörte. Diese Eindrücke wurden bald nach Kriegsbeginn durch Nachrichten über die Unterdrückung von »Fremdvölkern« verstärkt, die zunehmend im Kriegsverlauf nach Berlin gelangten und eine bedeutende Rechtfertigung des Widerstands ausmachten.[82]

Die Rückkehr nach Berlin machte Albrecht von Kessel nach wenigen Monaten zum unmittelbaren Zeugen des Kriegsbeginns. Mit seiner Versetzung in die Berliner Zentrale begann die Zeit der intensivsten Teilnahme an den Diskussionen der Regimegegner. Diese Erfahrungen finden ihren Niederschlag in dem Manuskript »Verborgene Saat«. Nach der Rückkehr aus Prag gelang es von Kessel, trotz verschiedener Versetzungen auf Auslandsposten die Verbindungen zu seinen Freunden aus dem Widerstand zu halten - davon zeugen vereinzelte Briefe, die in seinem Nachlaß erhalten sind.

Anfang Januar 1940 wurde von Kessel für etwa vier Monate an das Deutsche Konsulat nach Genf versetzt, damals ein wichtiger Platz für internationale Kontakte, die seit Ausbruch des Krieges immer seltener geworden waren. Er kehrte aber im späten Frühjahr desselben Jahres bereits in das Auswärtige Amt nach Berlin zurück, um den Arbeitsbereich seines Freundes von Nostitz, der sich den Zorn seines Ministers von Ribbentrop zugezogen hatte, im Referat Politik/Militär zu übernehmen. Anfang Februar 1941 wurde von Kessel dann - diesmal offensichtlich im Zusammenhang mit der umfassenden »Reinigung« des Auswärtigen Amtes durch die Nationalsozialisten, deren prominentestes Opfer Ernst von Weizsäcker wurde - erneut nach Genf abgestellt. Von dort aus wechselte er im Sommer 1943 an die Gesandtschaft beim Heiligen Stuhl, wo von Weizsäcker nach seiner Entmachtung als Staatssekretär Gesandter geworden war. Ende 1943 wurde von Kessel, der augenscheinlich wegen seiner Distanz gegenüber der NSDAP Beförderungsnachteile[83] erleiden mußte, zum Legationsrat I. Klasse ernannt.

Albrecht von Kessel durchlebte in Italien eine kritische Zeit, die sich stärker als in dem Text »Verborgene Saat« in den ebenfalls als

Manuskript überlieferten, später niedergeschriebenen Erinnerungen »Den Tod im Herzen« niederschlug. Der Umsturz in Italien, die Befreiung Mussolinis durch deutsche SS-Leute unter Skorzeny, die Besetzung des noch nicht von alliierten Verbänden zurückeroberten Mittel- und Norditaliens durch deutsche Truppen, die Evakuierung der deutschen Behörden bei der Eroberung Roms durch alliierte Truppen, die von Kessel gefangennahmen, internierten und schließlich in den Vatikanstaat entließen, nicht zuletzt auch die heftigen Kämpfe in Italien bestimmten jedoch nicht allein seine Gedanken. Sie gingen immer wieder zurück nach Berlin zu seinen Freunden, von denen die besten nach dem mißglückten Attentat vom 20. Juli 1944 verfolgt, inhaftiert, entehrt und schließlich ermordet wurden. Unter ihnen befanden sich neben Eduard Brücklmeier auch Adam von Trott zu Solz, den von Kessel noch wenige Wochen vor dem Umsturzversuch in Venedig traf[84], Peter Graf Yorck von Wartenburg, neben Helmuth James Graf von Moltke die treibende Kraft des Kreisauer Freundeskreises, Ulrich-Wilhelm Graf Schwerin von Schwanenfeld, der bereits sehr früh - lange vor Ausbruch des Zweiten Weltkrieges - durch Oster und von Witzleben in den Kreis der auf Aktion drängenden Militäropposition eingeführt worden war. Eine wichtige Rolle kam dann in den vierziger Jahren vor allem Fritz-Dietlof von der Schulenburg zu, der Ende der dreißiger Jahre jedoch noch nicht als entschiedener Angehöriger des Widerstands bezeichnet werden kann. Aus diesem Freundeskreis standen Schwerin und Schulenburg Albrecht von Kessel als seine Cousins auch verwandtschaftlich besonders nahe.

Als in den späten Julitagen die Nachrichten vom gescheiterten Umsturzversuch und von den Verurteilungen der Regimegegner - unter ihnen Hans-Bernd von Haeften, Adam von Trott, Peter Graf Yorck, Fritz-Dietlof von der Schulenburg und später dann Helmuth James Graf von Moltke - nach Rom gelangten[85], war von Kessel rasch bewußt geworden, daß er durch seine Versetzungen in die Schweiz und dann - im Gefolge von Ernst von Weizsäcker - nach Italien endgültig jede Chance, wie er es empfand, verloren hatte, in den nun so schmählich gedemütigten engsten Kreis derjenigen einbezogen zu sein, die ganz bewußt durch ihre Entscheidung gegen Hitler und seinen Staat das »Nessushemd« (von Tresckow) der aktiven Regimegegner angezogen hatten. Jener Kreis von Unbedingten, die bald ganz entscheidend durch Persönlichkeiten wie Fritz-Dietlof Graf von der Schulenburg[86] geprägt und auch immer wieder angetrieben, von diesem alle in seinen Bann ziehenden Regimegegner aber auch nachhaltig für ihr ganzes weiteres Leben bestimmt wurden - sofern sie unentdeckt blieben oder überleben konnten -, hatte er ein Jahr vor dem »entscheidenden Wurf« verlassen müssen. Gerade unter dem Eindruck dieses Verlustes waren die Stunden im Kreis seiner konspirierenden und über das »Danach« nicht nur nachdenkenden, sondern es gestaltenden Freunde so kostbar, daß er sich wohl niemals von der Erinnerung an seine Berlin-Aufenthalte löste, die ihm Ernst von Weizsäcker ermöglicht hatte.

In diesen so seltenen und als so wertvoll empfundenen Stunden des Austausches, des Streites und der über alle Gegensätze hinweg immer wieder errungenen neuen und festen Gemeinsamkeit war jene »verborgene Saat« spürbar, der sich Albrecht von Kessel nach 1945 verpflichtet fühlte. Auf diese Weise glich er als Überlebender die zuweilen so klar von ihm artikulierte Benachteiligung aus, die seine Versetzung nach Italien für ihn bedeuten mußte. Hatte er schon wegen seiner Tätigkeit in Rom, die ihn aus den sich innerhalb des Auswärtigen Amtes zusammenbrauenden Gefahren befreite, keine aktive Funktion bei dem ersehnten Umsturzversuch übernehmen können, so wollte er als Überlebender dafür Sorge tragen, daß die »Saat aufgehen« konnte. Dies bedeutete nicht, Deutschland durch den Hinweis auf den Widerstand reinzuwaschen. Lehnte von Kessel auch immer die Kollektivschuldthese ab, so konnte er sich ebenso entschieden gegen Versuche der Selbstentlastung wenden.[87]

Man hat den Eindruck, in seinen Selbstzweifeln, die sich zu radikalen Infragestellungen seines eigenen Handelns steigern konnten, sagte sich Albrecht von Kessel immer wieder, er habe vielleicht im Unterschied zu seinen Freunden, die von den Nationalsozialisten hingemordet wurden, eine Überlebenschance gehabt, nur weil er so weit vom Zentrum des Umsturzversuches entfernt war. Jede neue Nachricht von der Verurteilung und Ermordung seiner Freunde bereitete ihm deshalb besondere Pein und verstärkte sein später immer wieder geäußertes Gefühl, unverdient überlebt zu haben, ja in der Endphase des Krieges zum Leben verurteilt worden zu sein. Hinzu kam die politische Verzweiflung, denn der Widerstand sollte die Selbstbefreiung der Deutschen vorbereiten und schließlich ermöglichen. Diese Chance, das wußte von Kessel, als er im Rundfunk die Meldung vom Fehlschlag des Attentats vernahm, war am Abend des 20. Juli 1944 wohl endgültig vergangen.[88]

Möglicherweise erklärt das Gefühl der Abgeschlossenheit die Intensität, mit der er sich am Jahreswechsel 1944/45 an die Abfassung des Erlebten machte. Zu diesem Zeitpunkt waren seine engsten Freunde - Ulrich-Wilhelm Graf Schwerin, Peter Graf Yorck, Eduard Brücklmeier, Adam von Trott - und weitere führende Regimegegner, die er im Sommer 1944 in Berlin beim Ausgleich ihrer unterschiedlichen Zielvorstellungen beobachten konnte, bereits ermordet. Die Niederschrift ersetzte vielleicht den Dialog, wurde vielleicht aber auch als ein Wettlauf gegen die Zeit verstanden. Denn von Kessel war eingeweiht und mußte eigentlich jederzeit mit seiner Entdeckung und Ausschaltung rechnen.

Zwar schien er in Rom und zumal im Vatikan nicht dem Zugriff möglicher Verfolger preisgegeben - unverwundbar war er freilich nicht. Denn seine Angehörigen befanden sich in Deutschland. So konnte er allein, vergleichsweise gefahrlos im Hinblick auf seine Person, für sich, vor allem aber für andere niederschreiben, was er zum Widerstand zu sagen hatte. Der Gestapo blieben seine Verbindungen zum Umsturzversuch des 20. Juli 1944 verborgen, und deshalb taucht sein Name, obwohl er an wichtigen Auseinandersetzungen teilgenommen hatte, als Teilnehmer von Diskussionen der »Grafenrunde« in den entsprechenden Verhörprotokollen der Sonderkommission Kaltenbrunner nicht auf, die schon bald von den akribisch recherchierenden und dabei auch vor den als verschärfte Verhöre bezeichneten Folterungen der Verhafteten nicht zurückschreckenden Untersuchungsbeamten so präzise erstellt wurden. Seine Aufzeichnungen belegen zweifelsfrei, daß von Kessel intensiven und offenen, vertraulichen Kontakt zu den Mitgliedern dieser Gruppe hatte. Er war über interne Diskussionen und Differenzen innerhalb des Widerstandes sehr gut informiert, und deshalb berichtete er früh über die Konflikte zwischen »der älteren und der jüngeren Generation«[89], die man sogar als einen grundlegenden Gegensatz innerhalb des Widerstands deuten wollte.[90]

Unbestreitbar ist allerdings auch, daß die Botschaften in Rom und am Heiligen Stuhl keine entscheidenden Vorposten des aktiven Widerstands sein konnten. Im Unterschied zur Schweiz, zu Schweden, Spanien und Portugal gab es hier kaum einen Austausch zwischen Mitarbeitern der verschiedenen Geheimdienste, die – wie aus den später niedergeschriebenen Reflexionen von Gisevius[91] deutlich wird – eine merkwürdige Dunkel- und Zwischenzone des Widerstands darstellten. Wichtig waren Kontakte zur katholischen Kirche, und diese wurden genutzt. Zugleich boten sich für von Kessel Möglichkeiten des Nachdenkens über die Weichenstellungen deutscher Politik nach dem Ende des Ersten Weltkrieges und der Regierungsübernahme Hitlers. Er hat sie, wie das hier publizierte Manuskript zeigt, genutzt. Denn nur selten finden sich aus dem Umfeld des Widerstands historische, literarische und politische Texte ähnlicher Qualität, die neben der Weite konzeptionellen außenpolitischen Denkens auch die Enge manchen politischen Urteils spiegeln. Dabei darf sich der Leser durch zeittypische Begriffe – wie jener der »jüdischen Plutokratie« – oder Sichtweisen nicht in seinem Urteil beirren lassen. Gerade Einschätzungen und Urteile, die manchen Deutungen unserer Zeit und auch der modernen Geschichtswissenschaft zu widersprechen scheinen, erhöhen den Wert dieser Erinnerungen, denn allzu oft wurden zeitursprüngliche Reflexionen aus dem Widerstand im Zeitverlauf überarbeitet und den jeweiligen Zeitverhältnissen angepaßt. Am deutlichsten wird dies in den Darstellungen von Schlabrendorffs[92], die sich geradezu den Stimmungen der öffentlichen Meinung hinzugeben scheinen und so erheblich dazu beitragen, den Widerstand dem durch die jeweiligen Zeitumstände gefärbten Urteil auszuliefern.

Es wäre sicherlich mehr als unangemessen, wollte sich der Historiker zum Zensor des von Albrecht von Kessel überlieferten Textes machen. Denn zum einen kann und darf es hier gar nicht darauf ankommen zu entscheiden, ob der Verfasser in allen Nuancen seiner Darstellung, seiner Interpretation und vor allem seines Urteils im geschichtswissenschaftlichen Sinn Recht hat. Viel wichtiger scheint es mir zu sein, daß der Leser erkennt und akzeptiert, daß er hier einen zeitursprünglichen Text vor sich hat, der alle gedankliche Schärfe, aber auch die Grenzen und Verengungen des Denkens seiner Entstehungszeit spiegelt. Nur wer sich auf den Text als Quelle – nicht zuletzt der zeitverhafteten Wahrnehmung und Verarbeitung - einläßt, wird die Ausführungen als Zugang zu der Zeit, in der sich der Widerstand gegen den Nationalsozialismus entfalten mußte und zu bewähren hatte, lesen und würdigen, vielleicht auch schätzen können.

Für Albrecht von Kessel bedeuteten die Erfahrungen, Begegnungen und Freundschaften der Jahre 1933 bis 1945 mehr als nur eine Durchgangsstation seines Lebens. 1945 hatte er nicht nur seinen Beruf, sondern auch seine schlesische Heimat, vor allem aber unwiderbringlich seine engsten Freunde verloren. Über die sich anschließenden Lebensabschnitte hat er keine Erinnerungen hinterlassen - weder über seine Rückkehr nach Deutschland noch über seine Versuche, auch ohne Auswärtiges Amt durch Stellungnahmen, Korrespondenzen und schließlich ein hektographiertes Mitteilungsblatt die sich in der Phase des beginnenden Kalten Krieges allmählich immer deutlicher abzeichnenden Konturen einer neuen deutschen Außenpolitik mitzubestimmen.

1950 wurde er wieder in den Auswärtigen Dienst berufen - noch vor der offiziellen Gründung des Auswärtigen Amtes. Er war von 1950 bis 1953 am Aufbau der Deutschen Botschaft in Paris beteiligt und wurde 1953 dann nach Washington versetzt. Sein Interesse an deutscher Ostpolitik erlahmte auch zu dieser Zeit nicht. Vielleicht wurde er aus diesem Grund 1958, nach seiner Abordnung in die Bonner Zentrale, in die damals bestehende Planungsgruppe abgeordnet, die über Möglichkeiten nachzudenken hatte, die Berlin-Krise zu entschärfen. Dabei stand für von Kessel fest, daß die drohende Konflikt- und Kriegsgefahr nur durch ostpolitische Initiativen zu entschärfen war. Damit war er seiner Zeit weit voraus. Vielleicht erklärt seine intellektuelle Unabhängigkeit, unabdingbar für den Mitarbeiter einer Planungsgruppe, die Leichtigkeit, mit der von Kessel dann in Verbindung mit außenpolitischen Kommentatoren und Journalisten stand, die seit den späten fünfziger Jahren immer wieder neue außenpolitische Konzeptionen entwickelten und so die Fundamente einer neuen außenpolitischen Orientierung schufen, ohne die die Veränderungen der siebziger und achtziger Jahre nicht denkbar wären.

Als von Kessel erkannte, daß er sich mit seinen außen- und vor allem ostpolitischen Vorstellungen nicht durchsetzen konnte, bat er um seine Versetzung in den Ruhestand. Seit dem 1. Oktober 1959 fühlte er sich unabhängig. Niemals später hat er diesen Schritt beklagt. Ihm ging es nicht um Karriere, auch nicht um das Ansehen, das ein Amt oder ein Posten mit sich bringt. Sicherlich wirkte in diesem unbedingten Willen zur Unabhängigkeit, der Voraussetzung seiner Glaubwürdigkeit war, die Erfahrung aus den Jahren 1933 bis 1945 nach, die Begegnung mit Freunden, die ihren Weg 1943 und 1944 in aller Konsequenz zu Ende gingen. Überraschend ist in diesem Zusammenhang allerdings, daß er so wenig dafür tat, den ihm seit langer Zeit gut bekannten Rudolf von Scheliha[93], einen ebenfalls aus Schlesien stammenden Kollegen aus dem Diplomatischen Dienst, der 1942 zur Widerstandsgruppe Harnack/Schulze-Boysen gestoßen war und als angeblicher Spion und Verräter von den Nationalsozialisten entehrt und ermordet wurde, zu rehabilitieren. Hier blieb von Kessel bemerkenswert befangen in den Vorurteilen und Verzerrungen der fünfziger Jahre, die sich das Urteil über Scheliha nicht selten sogar von den Verfolgern aus den Diensten der Gestapo vorgeben ließen.

Im Unterschied zu manchen Zeitungen und Zeitschriften, die im Frühherbst des Jahres 1959 ausführlich über den Schritt des zum Osloer Botschafter bestimmten Albrecht von Kessel berichteten und ihn als diplomatiegeschichtliches und außenpolitisches Ereignis kommentierten, verstand er seine Entscheidung nicht vorrangig als Demonstration – dazu war seine Position innerhalb der Hierarchie des Amtes trotz des hohen Ansehens, das er sich erworben hatte, bei weitem zu gering. Zweifellos ging es ihm darum, eine Konsequenz zu ziehen. Außenpolitik durfte seines Erachtens nicht von vornherein für die Gestaltung einer zukünftigen Friedensordnung entscheidende Felder der internationalen Beziehungen aussparen und sich zur Gefangenen einer Doktrin machen. So ist seine Ansicht überliefert, eine »Außenpolitik, die bestimmte Bereiche ausspare, nämlich Deutschlands östliche Nachbarn, verdiene diesen Namen nicht«.[94] Es bedeutete ihm eine große Genugtuung, daß dieses Signal in Deutschland und im Ausland, selbst in den gegenüber ostpolitischen Initiativen der deutschen Seite zurückhaltenden Vereinigten Staaten, verstanden wurde. Dabei darf man nicht übersehen, daß sich in der Mitte der fünfziger Jahre vielleicht erstmals die Chance bot, mit den mitteleuropäischen Staaten in ein nicht von der osteuropäischen Supermacht dominiertes Gespräch zu kommen.

Von Kessel wurde in den sechziger Jahren zu einem gesuchten und immer mit Aufmerksamkeit gelesenen Kommentator deutscher Außenpolitik. Unter der Großen Koalition, die eine neue Ostpolitik einleitete und damit seine Anregungen aufnahm, erhielt von Kessel dann die verdiente öffentliche Anerkennung: das Große Verdienstkreuz mit Stern der Bundesrepublik Deutschland. Die Einleitung einer aktiven deutschen Ostpolitik, die in eine neue europäische Sicherheitspolitik eingebettet war, konnte er noch erleben. Mitte der siebziger Jahre wurde er von einem Mitarbeiter des Auswärtigen Amtes durch die damalige DDR gefahren. Immer wieder betonte er, daß sich in der Außenpolitik auch das »Selbstverständnis« einer Zeit ausdrücke. Deshalb seien die Instrumente der auswärtigen Politik auch Reflex der »Kultiviertheit und der Verrohung« einer Zeit: »Außenpolitik war ... die auf Vertrauen gegründete Zusammenarbeit [zu] gemeinsamen Zielen Verpflichteter, unabhängig von Nationalität, Lebensalter und Dienststellung.«

Den sich 1980 zuerst in Polen, dann seit 1985 in der Sowjetunion, schließlich in Ungarn ankündigenden Umbruch Europas erlebte Albrecht von Kessel ebensowenig wie die Selbstbefreiung der Gesellschaft der DDR im Herbst 1989. Die »Vollendung der deutschen Einheit«, die zu verwirklichen die Präambel des Grundgesetzes der deutschen Politik 1949 auftrug, hatte sich Albrecht von Kessel stets gewünscht. Er begriff sich durchaus als ein nationalbewußter Deutscher, um so unbefangener, je deutlicher er zu machen wußte, daß er sich vor dem Hintergrund seiner eigenen Erfahrungen zu dieser Grundorientierung bekennen durfte. Denn in der Präambel des Grundgesetzes verkörperte sich seines Erachtens auch ein wichtiger Teil der Substanz des Nationalstaates, welche der Widerstand gegen das Hitler-Regime sichern wollte. Auch die Erfüllung dieses Auftrages durfte er nicht mehr erleben.

Albrecht von Kessel starb am 15. April 1976 in Bonn im Alter von vierundsiebzig Jahren.

Anmerkungen

1 Vgl. *Die Welt* vom 2. September 1959.

2 Vgl. etwa den Niederschlag dieses Rücktritts in der internationalen Presse: *New York Times* vom 8. September 1959; *The Sun* vom 5. September 1959; *The Times* vom 3. September 1959; *Neue Zürcher Zeitung* vom 3. September 1959.

3 So las man in einem Kommentar der *Frankfurter Allgemeinen Zeitung* vom 11. September 1959: »... das Reservoir an den in Ostfragen erfahrenen und urteilsfähigen und überdies mit anderen nützlichen Talenten bedachten Diplomaten ist bei uns überaus klein. Die Kontinuität ist lange unterbrochen gewesen; das merkt man; und der Ausfall läßt sich nicht mit Amateuren wettmachen.«

4 Im Nachrichtenmagazin *Der Spiegel* vom 16. September 1959, sonst keineswegs dem Auswärtigen Amt besonders wohlgesonnen, las man folgende Passage: »Er [d.h. von Kessel] wolle ein Zeichen für die jüngeren Beamten des Auswärtigen Dienstes geben, nicht um der eigenen Karriere willen auf die eigene Meinung zu verzichten. Er hoffe, daß seine Entscheidung ... dazu beitrage, Westdeutschlands Jungdiplomaten zu widerspruchsbereiten Beamten zu erziehen.«

5 »Schriftlicher Bericht des Untersuchungsausschusses (47. Ausschuß) gemäß Antrag der Fraktion der SPD betreffend Prüfung, ob durch die Personalpolitik Mißstände im Auswärtigen Dienst eingetreten sind«, Drucksache des Deutschen Bundestages Nr. 3465/1949, S. 22.

6 »... insbesondere christdemokratische Bundestagsabgeordnete hatten sich mehrfach darüber beklagt, daß der Diplomat abweichende Ansichten offen vertrete und sich auch bei Gesprächen mit Amerikanern nur wenig Zurückhaltung auferlegte.« *Der Spiegel* vom 16. September 1959.

7 Dies stellte neben dem Nachrichtenmagazin *Der Spiegel* insbesondere der Kommentator der Münchener *Abendzeitung* heraus. Vgl. *Abendzeitung* vom 5. September 1959.

8 Dieser Aspekt kann hier nicht intensiver behandelt werden, so sehr sich eine Analyse seiner Artikel lohnen würde. Eine große Sammlung befindet sich in seinem Nachlaß.

9 Die zahlreichen Artikel aus der Feder von Albrecht von Kessel befinden sich in seinem Nachlaß, der von seinem Neffen Kurt von Kessel verwaltet wird. Es wäre mehr als lohnend, diese verschiedenen Artikel wissenschaftlich zu untersuchen.

10 Die Münchener *Abendzeitung* vom 5. September 1959 betonte in diesem Zusammenhang die politisch-moralische Dimension dieses Interesses: »In ihrer politischen Einstellung gegenüber dem Osten haben sich der Bundeskanzler und die meisten Regierungsmitglieder in den letzten Jahren immer weiter vom Ausgangspunkt der heutigen weltpolitischen Lage entfernt: dem Überfall Hitlers auf die Tschechoslowakei, auf Polen und auf die UdSSR. Sie scheinen glatt vergessen zu haben, daß es an uns Deutschen ist, für bessere Beziehungen zu unseren östlichen Nachbarn zu sorgen.« – In diesem Zusammenhang soll auch auf den Kommentar des Hamburger *Sonntagsblatts* vom 13. September 1959 hingewiesen werden, der mit den Worten endete: »... die Bundesregierung sollte ihn [d.h. von Kessel] im Auge behalten und das an ihm hochschätzen, was ihr im Augenblick vielleicht Unbequemlichkeiten macht. Er wäre eines Tages ein ausgezeichneter Botschafter in Warschau.«

11 Aus diesem Verständnis resultierten dann auch einige verhalten distanzierte Bemerkungen in den Kommentaren zum Rücktritt des Gesandten, etwa von Axel Seeberg im Hamburger *Sonntagsblatt* vom 13. September 1959; sie wurden aber ausgeglichen durch die Würdigung der *Frankfurter Allgemeinen Zeitung,* die hervorhob, daß der Diplomatische Dienst auf eigenständige Urteilsbildung angewiesen sei.

12 Dies betonte ganz entschieden, wenngleich historisch nicht ganz zuverlässig, die Münchener *Abendzeitung* vom 5. September 1959: »Schon im Dritten Reich gehörte er [d.h. von Kessel] zum Widerstandskreis um den Generalobersten Ludwig Beck, und wenn er den 20. Juli 1944 überlebt hat, dann nur, weil er inzwischen auf einem schwer erreichbaren, vom Ausland stark beobachteten diplomatischen Posten gelandet war: in der deutschen Botschaft im Vatikan.«

13 Diskussionen entzündeten sich dabei weniger an der Frage, ob die führenden deutschen Diplomaten in die Vorbereitung des Angriffskrieges einbezogen worden waren, als vielmehr an der Frage, ob sie über das Ausmaß des sehr früh geplanten und seit etwa Sommer 1941 definitiv beschlossenen, seit November 1942 dann zielstrebig koordinierten und realisierten Völkermords an den Juden informiert waren und genügend wirksame Schritte zur Behinderung oder gar Verhinderung der »Endlösung« unternahmen. Ihren Anfang nahm diese Diskussion vor allem im sogenannten »Wilhelmstraßenprozeß«, ein Nachfolgeprozeß des Nürnberger Militärtribunals.

14 Die Diskussion über Staatssekretär Ernst von Weizsäcker kann hier nicht nachgezeichnet werden. Besonders zugespitzt findet sich die Kontroverse zwischen Leonidas E. Hill, der die Tagebücher von Ernst von Weizsäcker edierte, und Rainer A. Blasius in dem Tagungsband: Jürgen Schmädeke/Peter Steinbach (Hg.), Der Widerstand gegen den Nationalsozialismus, München 1985, S. 664 ff. Vgl. ferner Rainer A. Blasius, Für Großdeutschland - gegen den großen Krieg: Staatssekretär Ernst Freiherr von Weizsäcker in den Krisen um die Tschechoslowakei und Polen 1938/39, Köln und Wien 1981; Marion Thielenhaus, Zwischen Anpassung und Widerstand: Deutsche Diplomaten 1938-1941 - Die politischen Aktivitäten der Beamtengruppe um Ernst von Weizsäcker im Auswärtigen Amt, Paderborn 1984. Vgl. ferner Rainer A. Blasius, Ein konservativer Patriot im Dienste Hitlers - Ernst Freiherr von Weizsäcker, in: Werner Filmer und Heribert Schwan (Hg.), Richard von Weizsäcker: Profile eines Mannes, Düsseldorf und Wien 1984, S. 313 ff.

15 Vgl. auch die »Eidesstattliche Erklärung« von Ernst von Weizsäcker vom 7. Dezember 1946, die im Zusammenhang mit dem routinemäßig eröffneten Entnazifizierungsverfahren gegen Albrecht von Kessel steht. Das Verfahren endete am 7. Januar 1948 mit dem Spruch der Stuttgarter 6. Spruchkammer, daß von Kessel als entlastet gelten müsse und die Verfahrenskosten von der Staatskasse zu tragen seien. Nachlaß von Kessel.

16 J.L. Heineman, Hitler's First Foreign Minister: Constantin Freiherr von Neurath, Los Angeles und London 1979.

17 Von Kessel erklärte später: »Es verdient festgehalten zu werden, daß die deutsche Außenpolitik, solange Neurath im Amt war, sich auf eine in der Sache *gerechtfertigte* Revision des Versailler Vertrages beschränkte, wenn auch die Form infolge des persönlichen Eingreifens von Hitler nicht immer gewahrt wurde. Erst nach Neuraths Abschied wurde die deutsche Außenpolitik recht eigentlich national-

sozialistisch und artete 1939 in einen nackten Imperialismus aus.« Damit deutete von Kessel an, daß beim Übergang von der Weimarer Republik zum NS-Regime die Revisionsbestrebungen eine sehr wichtige Verbindungsklammer der Diplomatie darstellten, die die Kontinuität des Wollens und Handelns führender Diplomaten erklärt. Dieses Darstellungs- und Erklärungsmotiv, das nicht selten sogar im historischen Sinn zu einem Interpretationsmotiv wird, prägt auch die Darstellung der Außenpolitik in »Verborgene Saat«.

18 Von Kessel bekräftigte mehrfach, von Neurath habe versucht, den »Einbruch« der NSDAP »in den alten Beamten-Apparat und damit ihre Einflußnahme auf die Außenpolitik zu verhindern«.

19 Vgl. »Gesichtspunkte über die Aufgabe des Reichsprotektors in Böhmen und Mähren«, dessen Autor mit großer Wahrscheinlichkeit Albrecht von Kessel war. Institut für Zeitgeschichte MA 713; ich verdanke Detlef von Schwerin, Berlin, den Hinweis auf dieses Manuskript.

20 Vgl. die entsprechende »Zusammenstellung von Material« für diese Zeugenaussage (handschriftl. datiert auf 1946/47) im Nachlaß von Kessel; Anhang, S. 283 ff.

21 Von Kessel interpretierte von Neuraths Taktik als eine Art »Stellungskrieg« gegen Hitler. In unserem Zusammenhang kommt es nicht auf eine geschichtswissenschaftliche Diskussion dieses Konzepts an, sondern allein darauf, deutlich zu machen, wie von Kessel damals Neuraths Intentionen charakterisierte.

22 Vgl. A. v. Kessel, »Zusammenstellung von Material«, Anhang, S. 283 ff.

23 Vgl. etwa die von Kessel zugeschriebene Denkschrift über die Lage im »Reichsprotektorat« aus den Akten des Staatssekretärs des Auswärtigen Amtes, Institut für Zeitgeschichte MA 713.

24 A. v. Kessel, »Zusammenstellung von Material«, Anhang, S. 283 ff.

25 Ebda.

26 Vgl. Henry O. Malone, Adam von Trott zu Solz: Werdegang eines Verschwörers 1909–1938, Berlin 1986. Trott kannte von Kessel als Verbindungsbruder der »Göttinger Sachsen« und lernte durch ihn Gottfried von Nostitz kennen. Als weiterer Attaché muß Josias von Rantzau erwähnt werden. Vgl. Malone, Trott, S. 43 und 55.

27 Klaus von der Groeben, Nikolaus Christoph Graf von Halem im Widerstand gegen das Dritte Reich, Wien und Köln 1990.

28 Oswald Bindrich und Susanne Römer, Beppo Römer: Ein Leben zwischen Revolution und Nation, Berlin 1991, darin auch: Peter Steinbach, Beppo Römer in der Geschichte des Widerstands gegen den Nationalsozialismus, S. 7 ff.

29 Vgl. Peter Steinbach, Widerstandsdiskussionen und Widerstandsforschung im Spannungsfeld politischer Entwicklungen, in: Kirchliche Zeitgeschichte 1, 1988, H. 1, S. 29–50, bes. S. 31 f.

30 Dabei wirkte sich zunächst ganz unübersehbar eine Absicht aus, durch den Hinweis auf die eigene Rolle im Widerstand seine Glaubwürdigkeit in den Prozessen gegen Hauptkriegsverbrecher zu bekräftigen. Ganz deutlich wird dies in den überlieferten Materialien zur Aussage im Verfahren gegen von Neurath, siehe Anhang, S. 283 ff.

31 Auch diese hektographierten »Außenpolitischen Briefe« befinden sich im Nachlaß von Kessel, ebenso wie eine Sammlung von Zeitungsartikeln.

32 Dies berichtet sein Neffe Kurt von Kessel in einem Schreiben an den Verfasser vom 10. Januar 1992.

33 Vgl. *Die Welt* vom 2. September 1959, übrigens die erste Meldung vom Rücktritt überhaupt.
34 Hier ist natürlich zuallererst an die Versetzung des Staatssekretärs Ernst von Weizsäcker im Jahre 1943 zu denken.
35 Vgl. Eidesstattliche Erklärung von Ernst von Weizsäcker vom 7. Dezember 1946, Nachlaß von Kessel.
36 Diese Denkschrift hatte nur einen Umfang von wenigen Seiten und wurde von Albrecht von Kessel dem Politischen Archiv des Auswärtigen Amtes überlassen.
37 »Den Tod im Herzen«, unveröffentlichtes Manuskript, Nachlaß von Kessel, S. 145.
38 Das Originalmanuskript »Verborgene Saat« wurde bereits in Rom mit der Schreibmaschine geschrieben und dort auch gebunden. Dieses Original wurde augenscheinlich in einem Zug niedergeschrieben, spätere Ergänzungen sind nicht erkennbar.
39 Vielleicht erklärt dieser Hinweis die Titelgebung.
40 Es umfaßt 126 einzeilig beschriebene Seiten und wird am Ende in Übereinstimmung mit dem Original datiert auf »September 1944 bis April 1945«. Ein Textvergleich, den Detlef Graf von Schwerin freundlicherweise ermöglicht hat, zeigt Abweichungen, vor allem eine Reduktion des biographisch-farbigen, persönlichen Elementes. Bemerkenswert ist die Datierung (»Rieden bei Murnau, im Frühjahr 1947«), die sich jedoch auf das knappe Vorwort zu beziehen scheint. Auch der Untertitel wurde geändert: Heißt es in der in Rom 1944/45 entstandenen Originalfassung »Das ›Andere‹ Deutschland«, so lautet der Untertitel der späteren Fassung »Erinnerungen eines Deutschen aus den Jahren 1933–1944«.
41 Dieses Manuskript befindet sich im Privatarchiv von Botschafter Ulrich Sahm, Bodenwerder, und wurde mir freundlicherweise zur Einsichtnahme zur Verfügung gestellt.
42 Vgl. Detlef Graf von Schwerin, Die Jungen des 20. Juli 1944, Berlin 1991, S. 259 ff., und ders., »Dann sind's die besten Köpfe, die man henkt«: Die junge Generation im deutschen Widerstand, München 1991, S. 447 ff.
43 Albrecht von Kessel, Das stille Gut, Bad Godesberg 1974. Dieser Text ging auf eine Anregung von Ernst von Curtius zurück, vgl. »Den Tod im Herzen«, unveröffentlichtes MS, S. 146.
44 »Für Gogo, meinen ältesten und treuesten Freund«, Godesberg 1973.
45 »Den Tod im Herzen«, unveröffentlichtes MS, S. 147.
46 Vgl. Kurt Pätzold und Erika Schwarz (Hg.), Tagesordnung: Judenmord. Die Wannsee-Konferenz am 20. Januar 1942, Berlin 1992, S. 227 ff. Allg. zu diesem Komplex Christopher R. Browning, The Final Solution and the German Foreign Office. A Study of Referat D III of Abteilung Deutschland 1940–1943, New York 1978. Vgl. auch Hans-Jürgen Döscher, Das Auswärtige Amt im Dritten Reich, Berlin 1986.
47 Vgl. »Den Tod im Herzen«, unveröffentlichtes MS, S. 77; dort heißt es: »Adenauer war, das muß man heute hinzufügen, grundlegend anderer Auffassung. Er rührte sich nicht und bewahrte, obwohl auf kurze Zeit von den Nazis verhaftet, also gegenüber den Alliierten im Besitz eines ›Impfscheins‹, seine politische Jungfräulichkeit. Im Gegensatz zu Trott und seinen Freunden war er deshalb den westlichen Alliierten ein unersetzlicher Verhandlungspartner und machte

ihnen zu ihrer zeitweiligen Beruhigung die Teilung Deutschlands schmackhaft . . .«

48 Ulrich von Hassell, Vom andern Deutschland: Aus den nachgelassenen Tagebüchern 1938–1944, Freiburg 1946.

49 Friedrich Freiherr Hiller von Gaertringen (Hg.), Die Hassell-Tagebücher, nach der Handschrift revidierte und erweiterte Ausgabe, Berlin 1988.

50 Vgl. Schwerin, Die Jungen des 20. Juli 1944, S. 35 ff.

51 Vgl. Fritz Fischer, Griff nach der Weltmacht, Düsseldorf 1961; ders., Krieg der Illusionen, Düsseldorf 1969; zur Diskussion über den Beginn des Ersten Weltkriegs Wolfgang Schieder (Hg.), Erster Weltkrieg: Ursachen, Entstehung und Kriegsziele, Köln und Berlin 1969. Siehe auch Theobald von Bethmann Hollweg, Betrachtungen zum Weltkriege, Berlin 1919–1921.

52 Martin Schumacher, Land und Politik: Eine Untersuchung über politische Parteien und agrarische Interessen 1914–1923, Düsseldorf 1978, S. 480.

53 Hans-Jürgen Puhle, Agrarische Interessenpolitik und preußischer Konservatismus im wilhelminischen Reich (1893–1914): Ein Beitrag zur Analyse des Nationalismus in Deutschland am Beispiel des Bundes der Landwirte und der Deutsch-Konservativen Partei, Bonn-Bad Godesberg 2. Aufl. 1976.

54 Hannelore Horn, Der Kampf um den Bau des Mittellandkanals, Köln-Opladen 1964.

55 Jens Flemming, Landwirtschaftliche Interessen und Demokratie: Ländliche Gesellschaft, Agrarverbände und Staat 1890–1925, Bonn-Bad Godesberg 1978, S. 211.

56 Schumacher, Land und Politik, S. 258.

57 Vgl. den undatierten maschinenschriftlichen Lebenslauf in seinem Nachlaß.

58 Vgl. seinen Rezensionsaufsatz »Gedanken über Preußen«, in: *Die Zeit* Nr. 43 vom 22. Oktober 1965.

59 Vgl. Albrecht von Kessel, Das stille Gut, eine wunderbare Schilderung entscheidender Jugendeindrücke.

60 Diese Verbindung arbeitet überzeugend und beeindruckend Detlef Graf von Schwerin heraus, auf den ich hier nachdrücklich verweisen muß.

61 Schwerin, »Dann sind's die besten Köpfe . . .«, S. 29.

62 Vgl. einzelne Briefe im Nachlaß von Kessel.

63 In seinem Entnazifizierungsverfahren erklärte Albrecht von Kessel allerdings, er sei ohne sein Wissen von seinem Vorgesetzten für die Aufnahme in die NSDAP vorgeschlagen worden. Vgl. die Begründung der 6. Stuttgarter Spruchkammer vom 7. Januar 1948, Blatt 2.

64 Es lassen sich viele Belege für einen Parteibeitritt regimekritischer Beamter ganz unterschiedlicher Richtungen finden.

65 Dies kommt auch in dem undatierten maschinenschriftlichen Lebenslauf zum Ausdruck, der sich im Nachlaß von Kessel findet und nach dessen Tod im Jahre 1976 von Wolfgang von Buch verfaßt wurde, wobei Formulierungen von Albrecht von Kessel eingeflossen sind.

66 Wolfgang Michalka, Ribbentrop und die deutsche Weltpolitik 1933–1940, München 1980; Peter Longerich, Propagandisten im Krieg. Die Presseabteilung des Auswärtigen Amtes unter Ribbentrop, München 1987.

67 Vgl. zum Gesamtzusammenhang nationalsozialistischer Außenpolitik Marie-Luise Recker, Die Außenpolitik des Dritten Reiches, München 1990.

68 Erich Kordt, Nicht aus den Akten. Die Wilhelmstraße in Frieden und Krieg, Stuttgart 1950.

69 Ich denke, hier läßt sich eine große Schwierigkeit der Widerstandsgeschichte greifen, die in besonderer Weise auf Zeugnisse angewiesen ist, die nicht selten erst nach längerer Zeit aus der Erinnerung formuliert wurden. So findet sich in den Materialien, die der Vorbereitung der Zeugenaussage im Fall von Neurath dienen sollten, eine Bemerkung, der zufolge von Kessel sich sogar als Mitglied der »Gruppe jüngerer Aktivisten« sah, »die später als ›Kreisauer Kreis‹ bekannt geworden ist, dessen Anfänge bis in das Jahr 1936 zurückreichen«. Dabei handelt es sich mit großer Sicherheit um einen Erinnerungs- oder Deutungsfehler. Hingegen ist die Angabe, daß sich in den von ihm unterstützten Widerstandskreisen bereits 1938 Diskussionen über Staatsstreiche und Attentatspläne nachweisen lassen, zutreffend.

70 Vgl. zum Gesamtzusammenhang Klaus-Jürgen Müller, Die nationalkonservative Opposition vor dem Zweiten Weltkrieg. Zum Problem ihrer begrifflichen Erfassung, in: Militärgeschichte - Probleme, Thesen, Wege, hg. vom Militärgeschichtlichen Forschungsamt, Stuttgart 1982, S. 215 ff.

71 In diesem Zusammenhang hat Gerhard Schulz, Nationalpatriotismus im Widerstand, in: Vierteljahrshefte für Zeitgeschichte 32, 1984, S. 331 ff. (hier S. 341), von »Widerstand aus dem Ressort« gesprochen.

72 Vgl. Hans-Adolf Jacobsen und Werner Jochmann (Hg.), Ausgewählte Dokumente zur Geschichte des Nationalsozialismus 1933–1945, Bielefeld 1961, auch: Grundriß der Geschichte, Dokumente 2, Stuttgart 1985, S. 162. Vgl. ferner Wolfgang Michalka (Hg.), Nationalsozialistische Außenpolitik, Darmstadt 1978.

73 Walther Hofer, Die Entfesselung des Zweiten Weltkrieges. Eine Studie über die Internationalen Beziehungen im Sommer 1939, Frankfurt/M., 3. Aufl. 1964; vgl. ferner Gottfried Niedhardt (Hg.), Kriegsbeginn 1939: Entfesselung oder Ausbruch des Zweiten Weltkriegs, Darmstadt 1976.

74 Vgl. dazu Ingeborg Fleischhauer, Diplomatischer Widerstand gegen »Unternehmen Barbarossa«: Die Friedensbemühungen der Deutschen Botschaft Moskau 1939–1941, Berlin und Frankfurt/M. 1991.

75 Vgl. Peter Steinbach, Widerstand gegen den Nationalsozialismus: Geschichte und Deutung im Spannungsfeld der Traditionsbildung, in: Rudolf Lill und Heinrich Oberreuter (Hg.), Machtverfall und Machtergreifung: Aufstieg und Herrschaft des Nationalsozialismus, München 1983, S. 305 ff.

76 Vgl. dazu Klaus Hildebrand u.a. (Hg.), 1939: An der Schwelle zum Weltkrieg: Die Entfesselung des Zweiten Weltkrieges und das internationale System, Berlin 1990.

77 Vgl. dazu Peter Steinbach, Gruppen, Zentren und Ziele des deutschen Widerstands, in: Rudolf Lill und Heinrich Oberreuter (Hg.), 20. Juli: Portraits des Widerstands, Düsseldorf und Wien 1984, S. 29 ff.

78 Dazu wieder Schwerin, Die Jungen des 20. Juli 1944, passim; ders., »Dann sind's die besten Köpfe . . .«, passim.

79 Vgl. dazu auch die knappe Skizze bei Schwerin, Die Jungen des 20. Juli 1944, a.a.O., S. 33 f.

80 Vgl. die Schlußrede von Hans Frank in der Sitzung der Regierung des Generalgouvernements am 16. Dezember 1941, etwa vier Wochen vor der Wannsee-Besprechung, auf der der zu dieser Zeit längst beschlossene Völkermord an den

Juden Europas »koordiniert« werden sollte - übrigens unter Beteiligung des Auswärtigen Amtes. Vgl. Kurt Pätzold, »Die vorbereitenden Arbeiten sind eingeleitet.« Zum 50. Jahrestag der »Wannsee-Konferenz« vom 20. Januar 1942, in: Aus Politik und Zeitgeschichte vom 3. Januar 1992, S. 14 ff.

81 Vgl. dazu die Kapitel des Anhangs, die von Kessels Prager Zeit und seine dortigen Überlegungen dokumentieren.

82 Dies läßt sich an Widerstandskämpfern wie Caesar von Hofacker, Albrecht Ritter Mertz von Quirnheim und an Regimegegnern wie Hans von Herwarth aufzeigen, bedürfte aber noch einer systematischen Untersuchung.

83 Ernst von Weizsäcker sprach deshalb nach dem Kriege sogar von einem »Fall Kessel«; diesem machte seine berufliche Benachteiligung aber nichts aus - im Gegenteil, er sah darin eine Bestätigung seiner eigenen Position, wie er indirekt mehrfach in seinem nachgelassenen Manuskript »Den Tod im Herzen« deutlich macht.

84 Eine eindringliche Beschreibung dieser Begegnung befindet sich im nachgelassenen Manuskript »Den Tod im Herzen«.

85 Vgl. dazu die Ergänzungen im Anhang, die Teil des nachgelassenen Manuskripts »Den Tod im Herzen« sind.

86 Vgl. Ulrich Heinemann, Ein konservativer Rebell: Fritz-Dietlof von der Schulenburg und der 20. Juli, Berlin 1990.

87 Siehe Auszug aus dem nachgelassenen Manuskript »Den Tod im Herzen« im Anhang, S. 278 f.

88 Siehe auch Auszug aus »Den Tod im Herzen« im Anhang, S. 278 f.

89 Vgl. »Den Tod im Herzen«, Anhang, S. 271 ff.

90 Vgl. allg. Wolfgang Schieder, Zwei Generationen im militärischen Widerstand gegen Hitler, in: Jürgen Schmädeke und Peter Steinbach (Hg.), Der Widerstand gegen den Nationalsozialismus: Die deutsche Gesellschaft und der Widerstand gegen Hitler, München 1985, S. 436 ff.

91 Hans Bernd Gisevius, Bis zum bitteren Ende, München 1982 (Neuauflage), zuerst Zürich 1946.

92 Die beste Ausgabe bietet die von Walter Bussmann betreute Fassung von Fabian von Schlabrendorff, Offiziere gegen Hitler, Berlin 1984.

93 Vgl. Ulrich Sahm, Rudolf von Scheliha 1897-1942: Ein deutscher Diplomat gegen Hitler, München 1990, S. 182.

94 Vgl. »Entwurf eines Lebenslaufs von Albrecht von Kessel«, Nachlaß von Kessel, undatiert, S. 5.

ALBRECHT VON KESSEL
VERBORGENE SAAT

Das »Andere« Deutschland

Wahrlich, wahrlich, ich sage Euch:
Es sei denn, daß das Weizenkorn in die
Erde falle und ersterbe, so bleibt's allein;
wo es aber erstirbet, so bringet's viel
Früchte.

Ev. Joh. 12.24

Dem Andenken meiner Freunde

Eduard Brücklmeier
Ulrich-Wilhelm Graf von Schwerin
Adam von Trott zu Solz
Peter Graf Yorck von Wartenburg

und aller derer, die im Kampf gegen den Tyrannen und im Glauben an ein in Freiheit und Gerechtigkeit blühendes Vaterland im Sommer 1944 in den Tod gegangen sind.

EINLEITUNG*

In Schlesien auf dem Land geboren, bin ich 1927 im Alter von 25 Jahren in das Auswärtige Amt eingetreten. Ich bekannte mich innerpolitisch zu gemäßigt konservativen Anschauungen, wie sie damals von dem fortschrittlichen Flügel des »Stahlhelms«[1] vertreten wurden, während Hugenberg die eigentliche konservative Partei, die Deutschnationalen, in ein zu reaktionäres, kapitalistisches Fahrwasser gesteuert hatte. In der Außenpolitik brachte ich dem Kurs Brüning Vertrauen entgegen, er schien mir würdiger und erfolgverheißender als die allzu glatten Methoden Stresemann's, die sich überlebt hatten. Ich habe Brüning kurz in Rom erlebt und von seinen menschlichen Qualitäten einen starken Eindruck mitgenommen. Um so mehr bedauerte ich es, wegen innerpolitischer Fragen in Gegensatz zu ihm zu geraten. Seine Aufforderung, das wirtschaftliche Chaos »abzusitzen« und den Hunger mit frommer Gelassenheit zu ertragen, mußte aufreizend wirken. Er war sicher allen zweifelhaften Schlichen abgeneigt und doch ließ er die in Preußen herrschende Linkskoalition, deren Landtagsmehrheit auf ein bis zwei Stimmen beruhte, schalten und walten und die längst fälligen Neuwahlen immer wieder hinausschieben. Diese Zustände in Preußen wirkten sich wie eine heißgelaufene Bremse auf die gesamte deutsche Staatsmaschinerie aus - Brüning erkannte das, setzte sich aber nicht durch. Von der gleichen Passivität war seine Haltung gegenüber dem Nationalsozialismus eingegeben - er war ein Mann der Einsicht, nicht des Handelns. Ich war damals wie heute der Ansicht, daß der Politiker im Zeitalter der Massen aktivistisch sein muß, daß nur Taten, die auch als solche für das blöde Auge der Menge erkennbar sind, das Chaos, das uns seit 30 Jahren in immer neuen For-

* Die Wiedergabe des Textes folgt bis auf geringfügige Korrekturen der Orthographie und Interpunktion des Originals. Die Ergänzungen in eckigen Klammern und die Anmerkungen am Ende des Textes wurden vom Herausgeber hinzugefügt.

men bedroht, zu bändigen vermögen. Man darf sich so wenig wie möglich in die Defensive drängen lassen, vor allem, wenn man es mit Leuten zu tun hat, wie Hitler und seiner Rotte.

An den dauernden Bestand der Weimarer Republik habe ich nie geglaubt, dieser »Nachtwächterstaat«, wie ihn die extremen Liberalisten predigten, war für mich ein Gegenstand des Bedauerns, höchstens als Notbehelf in Übergangszeiten brauchbar. Andererseits hatte der Nationalsozialismus für mich, der ich den Hitlerputsch im Jahre 1923 in München mit angesehen hatte, einen zweifelhaften Beigeschmack. Da man indessen Parlamentarismus spielte, mußten auch seine Regeln beachtet werden, d.h. die Nationalsozialisten zur Mitarbeit an der Regierung herangezogen werden – nötigenfalls gegen ihren eigenen Willen mit der Alternative: Eintritt in die Regierung oder Auflösung und Verbot der Partei. Anstattdessen wurden sie politisch und, was noch weit gefährlicher war, gesellschaftlich boykottiert. Die Jugend, die sich nach neuen Idealen und kraftvoller Aktivität sehnte, scharte sich um das Hakenkreuzbanner, dagegen wurde zwischen den regierenden Parteien und Schichten und dem Nationalsozialismus der Abgrund immer tiefer. Die Berliner »Gesellschaft« erklärte, lieber Kommunisten als Nazis in ihrem Hause sehen zu wollen. Sehr bezeichnend war es auch, daß ein typischer Vertreter der Vorkriegsdiplomatie mich eines Tages fragte, was die Jugend im Nationalsozialismus sähe, daß sie ihm so zuströme. Ich antwortete, im einzelnen könne ich das nicht erklären, sei ja auch selber kein Nationalsozialist, doch seien junge Menschen immer von Idealismus erfüllt und fänden für diesen gegenwärtig bei den schwunglosen bürgerlichen Parteien keine Heimstätte. Darauf mein Gesprächspartner: »Idealismus? Das sagt mir gar nichts.« Worauf ich etwas böse antwortete, dann müßte ich mich, wenigstens in dieser Beziehung, doch als Nationalsozialisten bekennen. Das Abreißen aller Fäden zu dieser aufsteigenden Macht erschien mir so unklug und unfair, daß ich zeitweise sogar schwankte, ob ich nicht mein Unbehagen und Mißtrauen überwinden und der NSDAP beitreten solle, obwohl ich bis dahin jede Zugehörigkeit zu einer politischen Partei grundsätzlich abgelehnt hatte. Es muß dies wohl im Frühjahr 1932 gewesen sein. Indessen kam es bald darauf zu dem sogenannten Potempa-Prozeß[2], bei welchem Nazis wegen Hinschlachtung eines Angehörigen der polnischen Minderheit zum Tode verurteilt wurden.

Hatte schon die Untat als solche mich mit Abscheu erfüllt, so bedeutete der Umstand, daß Hitler sich in einem öffentlichen Telegramm hinter die Mörder stellte, für mich das Ende aller oben geschilderten Erwägungen. Brünings Abgang im Sommer 1932 verursachte mir unklugerweise ein Aufatmen, sein quietistisches Preußentum und sein katholischer Pietismus hatten mich jungen Menschen enttäuscht. Daß Papen die Preußische Regierung endlich nach Hause zu jagen wagte, fand ich ausgezeichnet - weniger, daß er sein Kabinett aus lauter Adligen zusammensetzte. Die ablehnende Haltung der bürgerlichen Mitte zu ihm habe ich nie verstanden; sah sie nicht, daß er das letzte Bollwerk gegen Nationalsozialismus und Kommunismus darstellte? Nur die »Frankfurter Zeit« hat darin eine rühmliche Ausnahme gemacht. Mein Interesse wandte sich zu jener Zeit dem sogenannten »Tatkreis«[3] zu, der sich aus Planwirtschaftlern und Sozialisten konservativer Prägung zusammensetzte und die Zeitschrift »Die Tat« herausgab. Schleicher stand dieser Gruppe bekanntlich nahe. Die Zeitschrift selbst befriedigte mich allerdings nicht ganz, mein Verständnis für theoretische Systeme und intellektuelle Konstruktionen auf dem Gebiet der Politik ist immer gering gewesen. Der Herbst 1932 stand im Zeichen zunehmender Auflösung unseres staatlichen und wirtschaftlichen Lebens; Papen's Experiment hatte sich als unseriös erwiesen, Schleicher war ein Theoretiker und fand auch persönlich keinerlei Anklang.

Als ich mich Sylvester 1932, damals schon von Kattowitz aus, wohin ich im September von Rom versetzt worden war, mit meinem Freund in Berlin traf, entwarfen wir in unseren Gesprächen ein düsteres Bild der Lage. Brüning und Papen hatten die Lage nicht meistern können, Schleicher war dabei, abzuwirtschaften. Den bürgerlichen Parteien, dessen waren wir uns einig, fehlte es nicht nur an Schwung und Ideen, sondern, schlimmer als das, an jeder eigentlichen Substanz. Der Nationalsozialismus hatte Rückschläge erlitten und seinen Nimbus bei den Massen offensichtlich verloren. Den Sozialisten trauten wir ebenso wenig zu wie den Bürgerlichen. Blieb also, bei beschleunigtem Tempo der allgemeinen Verelendung und Zersetzung, ein Vakuum - wer würde es ausfüllen? Wir hielten in Gedanken Ausschau, entdeckten aber niemanden. Ich war in der Stimmung: »Schlimmer kann es nicht mehr kommen, es muß etwas geschehen.« Diesen leichtsinnigen Wunsch habe ich später bitter bereuen müssen – einen Monat später war Adolf Hitler an der Macht.

Seit jenem Sylvesterabend sind 12 Jahre vergangen, 12 Jahre, in denen Adolf Hitler Deutschland beherrscht hat. Er hat in dieser Zeit das Land ins Verderben geführt, das Volk durch Verbrechen und Terror entwürdigt und moralisch fast gebrochen; außerdem hat er es in den Augen der übrigen Welt zu einem Monstrum an Hinterhältigkeit, Mordlust und Barbarei gemacht. Europa hat er verwüstet und der abendländischen Kultur einen Schlag versetzt, von dem sie sich vielleicht nie wieder erholen wird. Die Deutschen, die ihn ehrlich und gut beraten wollten, hat er genasführt und hohnlachend beiseite geschoben. Aber auch wir, die wir ihn seit Jahren bekämpfen und ihn beseitigen wollen, sind von Fehlschlag zu Fehlschlag geschritten und bisher elend gescheitert. Wird das Böse und Schlechte, in seiner Gestalt personifiziert, das Regiment in Händen halten, bis unser aller Stunde schlägt? *Das deutsche Volk hat gefehlt und mit ihm jeder Einzelne von uns – ein derartiges Schicksal aber haben wir nicht verdient.* Auch hat Deutschland bei der Erhaltung des Abendlandes noch Aufgaben zu erfüllen, die kein anderes Volk ihm abnehmen kann. So möchte ich diesen Aufzeichnungen, die von unseren Fehlschlägen sprechen, aber auch davon, wie sehr ein rätselhaftes Schicksal gegen uns gewesen ist, die Worte eines Mannes voranstellen, dessen bitterer Lebensweg mit der Freiheit und Größe seines Volkes geendet ist – die Worte Wilhelms von Oranien:

Point n'est besoin d'espérer pour entreprendre
ni de réussir pour persévérer.

I. ANFÄNGE DES WIDERSTANDES (1933-1937)

1. Der Reichstag brennt

Der 30. Januar 1933, die Machtergreifung Hitler's, wurde von mir nicht in seiner folgenschweren Bedeutung erkannt; ich empfand ihn lediglich als interessanten Abschnitt in einer weiterlaufenden Entwicklung. Einige Wochen später begann ich klarer zu sehen und zwar aus folgendem Anlaß: Eines Abends saß ich mit anderen Gästen in dem Gesellschaftsraum eines Hotels in Oberstdorf im Allgäu. Das Radio wurde angestellt und plötzlich kam die Meldung durch, die Kommunisten hätten den Reichstag angezündet. Meine erste Reaktion war Widerwillen gegen die bramarbasierende Form dieser Meldung, ihr falsches Pathos und ihre verlogene Sentimentalität. Es war wohl das erste Mal, daß mir die Diktion der neuen Herren so recht ins Bewußtsein drang. Gleichzeitig und halb unbewußt stellte sich mir die Frage, warum die Kommunisten dieses Gebäude eigentlich angezündet hätten und was an dem Reichstag so wichtig und so schön sei, wie es uns erzählt wurde. Aus diesen Erwägungen wurde ich rasch durch das herausgerissen, was um mich her vorging. Die anderen Gäste, darunter viele Frauen, waren in einen Zustand pathologischer Erregung geraten und gaben die seltsamsten Töne von sich, aus denen ich nur wenige verständliche Worte herausschälen konnte. »Der wunderbare Reichstag«, so hieß es, »Da sieht man, was die Kommunisten mit uns vorhatten«, »Vor all' dem hat uns unser Führer gerettet« usw. Die Redensarten waren abgeschmackt genug, das Erschreckende aber waren das Aussehen und die Bewegungen dieser Menschen. Ich hatte das Gefühl, unter lauter Nervenkranke geraten zu sein und besinne mich, als ob es gestern gewesen wäre, daß mich in diesem Augenblick zum ersten Mal jene unsagbare Mischung von Ekel und Angst überfallen hat, die für mich zu einer ständigen Begleiterscheinung der kommenden Jahre wurde. Ich war da mit etwas in Berührung gekommen, das mich irgendwie in meiner menschlichen Würde verletzte, mir körperlichen Ekel verursachte und mir ein undefinierbares Gefühl der Angst vermittelte. Die Reaktion von ein paar Bürgersleuten auf eine Rundfunkmeldung hatte das alles in mir hervorgerufen - ich stand vor einem bedrückenden Rätsel. Ein paar Tage darauf brachten die Wahlen eine eklatante Niederlage der konservativen Elemente - ohne sie war auch mit der bürgerlichen Mitte und der Sozialdemokratie nicht mehr zu rechnen. Und dann brach wie ein Sturzbach das ekelhafte Schauspiel der freiwilligen Gleichschaltung[4] über uns herein. Vom Karnickelzüchterverein über die stolzen Industrie-Konzerne bis herauf zu den Universitäten - und da fast am würdelosesten - drängte sich das deutsche Bürgertum (im weitesten Sinne gemeint) zur Vergewaltigung. Ohne wirklichen Druck, meist nur auf die Vermutung eines solchen hin, wurde überall der Sachkenner, die Kapazität entfernt und durch einen nationalsozialistischen Hohlkopf oder Lumpen ersetzt. Es war Masochismus als Massenphänomen - eine müde gewordene Schicht, die von der Peitsche letzte Lustgefühle erhofft.

Als ich mich auf der Rückreise nach Kattowitz mit meinem Vetter Schwerin in Berlin traf, bot die Stadt ein revolutionäres Bild: bei Tag Übergriffe gegen die Juden und Vertreter der Linken, bei Nacht Besäufnis - das war die nutzbringende Tätigkeit, die die zahllosen Gruppen und Grüppchen von umherziehenden SA-Männern entfaltete. Man hoffte, der Polizeipräsident von Levetzow würde bald durchgreifen. Meine Gespräche mit Schwerin waren sorgenvoll. Einer von uns gebrauchte die Redensart: »Wenn das so weitergeht, landen wir beim Fascismus.« Aber es ging nicht so weiter. Die Gelage hörten allmählich auf, die überschäumenden jungen Leute gingen brav und gutmütig wieder an ihre Arbeit, wer sich wirklich nicht beruhigen und einreihen wollte, wurde am 30. Juni des nächsten Jahres erschossen, von Übergriffen war nicht mehr viel die Rede, alles wurde geordnet und legalisiert - in erster Linie der Terror.

2. Generalkonsulat Kattowitz

Ehe ich mit diesem Thema fortfahre, möchte ich noch die Umgebung schildern, in der ich mich damals bewegte. Ich habe an keinem Posten mehr und schwierigere Arbeit gehabt als am Generalkonsulat in Kattowitz. Uns lag der doppelte Schutz der reichsdeutschen Interessen und der Belange der deutschen Minderheit in Polnisch-Oberschlesien ob. Die Reichsdeutschen machten uns weniger Mühe und Sorge als die Minderheit, die von den polnischen Stellen, an damaligen Maßstäben gemessen, in jeder Weise schikaniert und verfolgt wurde. Der Genfer Vertrag über Oberschlesien[5] sicherte ihr zwar theoretische Gleichberechtigung zu, die Weltwirtschaftskrise jedoch, die in dem dortigen Industriebezirk schwere Verheerungen anrichtete, führte zu Massen-Entlassungen, von denen durch einen merkwürdigen »Zufall« immer nur die deutschen Arbeiter betroffen wurden. Waren diese erst einmal arbeitslos, so schwand ihnen jede Hoffnung, jemals wieder eingestellt zu werden. Die polnische Arbeitslosen-Unterstützung war gleichbedeutend mit einer schweren Hungerkur. Auch sie war theoretisch für Polen und Deutsche gleich hoch, nur erhielten die polnischen Arbeitslosen von halbamtlicher Seite erhebliche Zuschüsse an Nahrungsmitteln und Kleidung, während die Deutschen leer ausgingen. Im Winter 1933/34 stand sozusagen kein einziger deutscher Gruben- oder Hüttenarbeiter mehr in Arbeit. Gegen die deutschen Industriellen und Gutsbesitzer ging man mit Steuerprozessen sehr fragwürdigen Charakters vor, die polnischen Erfolge waren allerdings auf diesem Gebiet nicht so total wie in der Arbeiterfrage. Vorgetragen wurde diese Offensive gegen alles Deutsche von dem rabiaten polnischen Kleinbürger, der im gesamten Staatsleben den entscheidenden Einfluß ausübte, während Aristokraten und Landbevölkerung abseits standen und gemäßigtere Ansichten vertraten. Polen hat – ich sage das in aller Nüchternheit – mit diesen Methoden eine Drachensaat gesät, ebenso wie mit der gewaltsamen Austreibung von rund einer Million Deutscher aus Westpreußen und Posen. Wenn aber Unrecht mit größerem Unrecht vergolten wird, was soll dann aus Europa werden? Diese Frage lastete schon damals auf uns allen.

Ich habe Oberschlesien lieb gewonnen; seine großen Wälder, seine in der Weite verlorenen Bauernhäuser, am südlichen Horizont die Kette der Beskiden hatten für mich den geheimnisvollen Zauber des Ostens. Das Industriegebiet in seiner Mitte war von einer ins Grandiose gesteigerten Häßlichkeit. Die sogenannten »Magnaten« nahmen es in der Mehrzahl mit ihren Pflichten ernst wie Preußen, verfügten aber über die Lebenskunst von Österreichern und waren wie Große

Herren in einem Kolonialland. Eine leise Melancholie und das Wissen, daß ihre Zeit unwiederbringlich vorüber, lag auf den meisten von ihnen. Sie hatten schöne, kraftvolle Frauen, die das Land zierten und von der Bevölkerung gekannt und geliebt wurden. Für das Deutschtum waren sie das wirtschaftliche Rückgrat, die kämpfende Truppe wurde von den Arbeitern gestellt, ungekrönter Heerführer der Minderheit war ob seiner starken Persönlichkeit Dr. Ulitz, dessen ich in Freundschaft und Hochachtung gedenke. Das kulturelle Leben der Minderheit beruhte in hohem Maße auf der Opferwilligkeit der deutschen Juden, die Theater, Film und Buchhandel am Leben erhielten und die Freien Berufe gegen den Ansturm des Polentums verteidigten. Als seinerzeit der erste polnische Woiwode seinen Einzug in Kattowitz hielt, entsandten alle Vereine, Körperschaften, Parteien und die Kirchen Delegationen zur Begrüßung des neuen Herrn. Die Einzigen, die nicht erschienen, waren die Ältesten der Synagogengemeinde. Die Juden wollten eine feste Schranke zwischen sich und dem Polnischen Staat ziehen, auch wollten sie nicht mit ihren ostjüdischen Vettern verwechselt werden. Für viele von ihnen hatten die altpreußischen Ideale noch nichts an Glanz und Aktualität verloren. Die unteren Volksschichten litten schwer unter ihrer Zweisprachigkeit, denn sie sprachen deutsch oft nur gebrochen, andererseits wurde ihr »wasserpolnischer« Dialekt von den Großpolen verachtet. Ihr Bildungsstand ließ daher viel zu wünschen übrig, sie ersetzten dies aber durch natürliche Begabung und außerordentliche Phantasie. Letzteres hatte zur Folge, daß die Grenzen zwischen Wahrheit und Dichtung oft sehr labil waren. Für mich war das große Erlebnis der unmittelbare Kontakt mit den Arbeitern, unter denen ich reizende und hervorragende Menschen kennengelernt habe. Materiell konnten wir ihnen keine ausreichende Hilfe gewähren, dafür betrachteten sie uns junge Leute am Konsulat - wir waren deren drei - als Beichtväter, Seelsorger, Schlichter und Rechtsberater, zu denen sie mit all den kleinen und großen Nöten ihres persönlichen, ja persönlichsten Lebens kommen durften. Mein Schlesiertum und sein Dialekt schufen mir eine natürliche Vertrauensgrundlage. Ich habe diese seelsorgerische Tätigkeit mit Leidenschaft ausgeübt, mich allerdings körperlich und seelisch dabei stark verausgabt. Immerhin erntete ich dafür rührendes Zutrauen.

Um das Unsagbare dieses Landstriches und seiner Bewohner deutlicher zu machen, will ich noch drei Geschichten aus jener Zeit erzählen:

Eines Tages erschien bei mir ein kleiner verschüchterter Mann, drehte verlegen die Mütze in der Hand und sah sich verloren in meinem Zimmer um. Ich bot ihm einen Stuhl an und gab ihm eine Zigarette, worauf er, mühsam nach den Worten suchend, meinte, er gehöre eigentlich gar nicht hierher. Er sei polnischer Staatsangehöriger, müsse also zum Volksbund (der Minderheitsorganisation) gehen; dort aber könne man ihm doch nicht helfen, das wisse er schon - ich wohl auch nicht, aber immerhin wolle er sich mal aussprechen. Nachdem er diesen langen Satz und diese schwierige Gedankenführung richtig zustande gebracht hatte, sog er genießerisch an der geschenkten Zigarette und es dauerte eine Weile, bis er auf das eigentliche Thema kam. »Ja«, meinte er, »ich bin nämlich seit zwanzig Jahren am Zinkwerk in Hohenlohe-Hütte beschäftigt gewesen. Und wie ich nun vor zwei Jahren meinen Jungen in die deutsche Schule geschickt habe statt in die polnische, da bin ich nämlich sofort entlassen worden. Nun, und seitdem leben wir von Arbeitslosen-Unterstützung, wir fünf, da haben wir 37 Zloty (17 Mark) monatlich. Das ist wohl nicht genug. Aber jetzt nämlich ist der zweite Junge so weit, daß er in die Schule muß, in die deutsche natürlich, denn, nämlich wir wollen keine Polacken werden.« Dann schüttelte er leise den Kopf, als wollte er noch einmal bekräftigen, kein Pole zu sein, und schloß: »Wir sind doch Deutsche - das wollte ich nur erzählen - weiter nichts - aber nämlich, das ist alles schwer.«

Ein junger Kaufmannslehrling, der in seiner Freizeit die Deutschen auf dem flachen Lande betreute, trifft an den Quellen der Weichsel eine alte Frau, die durch's Land zieht. Er fragt sie auf polnisch, ob sie deutsch verstehe, worauf sie antwortet: »Leider nicht, denn polnisch spricht man von Oschwientschim bis Kalisch - aber deutsch ist eine heilige Sprache.«

Ein deutscher Gutsbesitzer muß bei dem eleganten Ulanenregiment in Teschen seine Reserveübung machen. Eines Abends sitzt man zusammen, trinkt und kommt auf Politik und den Polnischen Staat zu sprechen. Melancholisch schließt ein vornehmer Pole das Gespräch mit der Bemerkung ab: »Am glücklichsten waren wir doch, als wir auf den sonnigen Boulevards von Paris über unser Verlorenes Vaterland weinen konnten.«

Im Frühjahr 1933 spitzten sich die Verhältnisse in Deutsch-Oberschlesien weiter zu, denn die Parteihäuptlinge in Breslau und Oppeln hätten am liebsten einen frisch-fröhlichen Krieg gegen Polen angefangen. Es waren dieselben Leute, die im Jahr darauf, als Hitler seinen Vertrag mit Polen[6] abschloß, die Reize der Außenpolitik entdeckten. Sie warfen daraufhin das Steuer herum, liefen den Polen nach und waren nur zu bereit, den Volkstumskampf abzubrechen und die Minderheit zu verraten. Wozu sie sich allerdings nicht bereit fanden, war die Fortsetzung der großzügigen und klugen Politik, die Severing[7] gegenüber der polnischen Minderheit in Deutschland eingeschlagen und auf Grund deren das ganze Problem mehr und mehr an Bedeutung verloren hatte. Diese Entwicklung machte jetzt einem planlosen und scharfen Vorgehen Platz. Auch sonst wurden die Zustände in Deutsch-Oberschlesien immer schlimmer. Man begann die Juden zu verfolgen, die katholische Kirche zu schikanieren. Sozialdemokraten wurden mit Kommunisten in einen Topf geworfen, d.h. eingesperrt, und bald kamen auch die Mitglieder des Stahlhelms an die Reihe, den sein Führer, Franz Seldte[8], um das Linsengericht eines Ministersessels an die Nazis ausgeliefert hatte. Der Stellvertreter Seldte's, Duesterberg[9], mußte ausscheiden, angeblich wegen jüdischer Versippung, in Wirklichkeit, weil er ein kluger und aufrechter Mann war. Er starb bald darauf, ob eines natürlichen Todes, vermag ich nicht zu sagen. Bei den Deutschnationalen hatte der Reichstagsabgeordnete und Balte Baron von Freytagh-Loringhoven[10] die Rolle des Judas übernommen. Hugenberg zog sich vergrämt zurück, wer in der Partei sonst hervorgetreten war, kam als Reaktionär auf die schwarze Liste. Überhaupt erging es den konservativen Elementen schlechter als gewissen liberalen Kreisen, die sich leichter umzustellen verstanden. Diese innerpolitische Entwicklung sollte nun auch auf die Minderheit übertragen werden – es zogen schwere Zeiten für unser Generalkonsulat herauf. Unter den etwa 45 Mitgliedern dieser Behörde befand sich, wenn man von einem Amtsdiener absieht, kein Nationalsozialist. Wir waren gewöhnt, unsere Arbeit nach altgewohnten Grundsätzen durchzuführen, d.h. so, wie es Recht und Anstand und die Würde des deutschen Volkes verlangten. Jetzt wurde uns bedeutet, daß auch wir die Juden zu schikanieren, die Katholiken und Sozialisten zu meiden hatten. Kopfschütteln, vorsichtige passive Resistenz und geschicktes Lavieren war die auf zwei bis drei Jahre ganz erfolgreiche Taktik der Älteren, dann hatten die Nazis sich durchgesetzt.

Unter meinen Altersgenossen verband mich eine enge Kampfgemeinschaft mit Brücklmeier, der zu Anfang des Jahres 1933 aus Ceylon nach Kattowitz versetzt worden war. Von seinem bayrischen Vater, einem Anwalt am Reichsgericht, hatte er ein lebhaftes Temperament und Neigung zur Opposition geerbt. Er stand dem Beamtentum fremd gegenüber, hatte eine rasche Auffassungsgabe und war der beste Kamerad, den man sich vorstellen kann. Auch ich habe mich nie als Beamter gefühlt, obwohl es mir nicht schwer fällt, mich äußerlich einzufügen. Ich hatte meinen Beruf aus leidenschaftlichem Interesse für Politik, insbesondere Außenpolitik ergriffen, Vaterlandsliebe hatte mich den Zusammenbruch des Jahres 1918 bitter empfinden lassen; der Staatsdienst lag mir als jüngstem Sohn traditionsgemäß nah. Meine äußere Unabhängigkeit war ich bereit, Einschränkungen zu unterwerfen - jedermann muß das tun - meine innere Unabhängigkeit einem Berufsethos zu unterwerfen, wie das unter Deutschen so oft geschieht, oder mir gar meine Ansichten vorschreiben zu lassen, war mir eine ungeheuerliche Vorstellung. Da wir in vielem die gleichen Anlagen und Auffassungen hatten und alle Erlebnisse teilten, so standen Brücklmeier und ich bald unzertrennlich in einer Front. Einige Monate haben auch wir an die Möglichkeit einer inneren Entwicklung des Nationalsozialismus geglaubt. Spätestens um die Jahreswende 1933/34, vielleicht schon früher, hatte sich unsere abwartende Haltung in Haß verwandelt, der um so glühender war, als wir ihn nicht zeigen durften. Hitler mußte - mit welchen Mitteln auch immer - beseitigt, seine Umgebung ausgerottet werden, wenn das deutsche Volk seine physische und moralische Existenz retten sollte.

In allen Einzelheiten der Entwicklung, das weiß ich nur zu genau, habe ich mich immer und immer wieder geirrt. In der großen Linie war ein Irrtum nicht möglich. Im Sommer 1934 fragte mich mein 16jähriger Neffe, was ich von der Zukunft halte. Meine Antwort war: »Wenn wir Hitler nicht bald umbringen, treibt er uns in den Krieg - und der geht so aus, daß es besser ist, vorher Selbstmord zu verüben.« Um die gleiche Zeit stellte mir meine Mutter die gleiche Frage: »Ein

Meer von Blut und Tränen« war meine lakonische Antwort. Worauf sich diese meine Prognose gründete, möchte ich näher ausführen.

3. Hitler enthüllt sein Gesicht

Das Programm der Nationalsozialistischen Partei hat mich kalt gelassen. Seine vernünftigen Punkte, z.B. diejenigen sozialistischer Natur, waren aus fremden Quellen, aus den Erfahrungen der Sozialdemokratie und der Gewerkschaften sowie aus preußischen Traditionen geschöpft; es kam darauf an, ob sie ehrlich durchgeführt wurden. Daß unser Volk rassisch nicht auf der Höhe war, ließ sich nicht leugnen; als Landkind wußte ich jedoch, wie schwer selbst die Züchtung von hochwertigem Vieh ist. Ich glaube indessen, daß beim Menschen das Psychische die größte Rolle spielt und daß, wenn man einem Volk ein bestimmtes Schönheitsideal dauernd vorhält, es sich diesem, wenigstens bis zu einem gewissen Grade, anzupassen vermag. Man vergleiche nur auf alten Photographien, wie sich das Aussehen einer Gruppe von Männern oder Frauen innerhalb von wenigen Jahrzehnten zu ändern vermag. Der Ende der 20er Jahre gezeigte Film »Wege zu Kraft und Schönheit«[11] war nicht nur ein Riesenerfolg, sondern eine rassenhygienische Tat. In der Judenfrage hielt ich einen weiteren Zustrom aus dem Osten und Südosten für durchaus unerwünscht, ebenso die massenweise Einbürgerung der in der Nachkriegszeit bereits Eingewanderten. Letztere wieder zur Auswanderung aus Deutschland zu zwingen, schien mir sogar im Interesse der assimilierten deutschen Juden zu liegen, was übrigens von manchen unter ihnen offen ausgesprochen wurde. Das Parteiprogramm brauchte also bei vernünftiger Anwendung nicht schlecht zu wirken, es unterschied sich darin nicht von ähnlichen Kundgebungen anderer Organisationen, sondern war höchstens kürzer und wirkungsvoller abgefaßt.

Die Behandlung der außenpolitischen Probleme durch Hitler wies zwar von Anfang an bedenkliche Symptome auf, diese hätten indessen nicht genügt, um mich eine so ablehnende Haltung beziehen zu lassen. Die Außenpolitik spielte ja bekanntlich in den ersten 1½ Jahren nach der Machtergreifung eine untergeordnete Rolle.

Der Krebsschaden lag für mich auf einem anderen Gebiet und zwar auf dem der Moral und des Rechtes. Ich war gewöhnt, für das Recht einzutreten oder ihm – wir sind allzumal Sünder – wenigstens Achtung zu zollen.[12] Jetzt wurde mir bedeutet, das Wort Recht sei nur ein Synonym für den persönlichen Nutzen und Vorteil Adolf Hitler's und seiner Spießgesellen, was man propagandistisch geschickt, aber darum nicht weniger eindeutig mit der Formel »Recht ist, was dem deutschen Volke nützt« ausdrückte. Damit war jede Rechtsordnung über den Haufen geworfen. Wenn diese Tatsache nicht sehr ins Auge fiel, so lag das an dem ruhigen Temperament und der angeborenen Disziplin des gesamten Volkes. Den Schwachen zu schonen, denen, die Unrecht leiden, beizustehen, hat mir stets als ein Beweis innerer Kraft und als ihr schönstes Privileg gegolten. Von jetzt ab stand der, welcher ritterlich war und in der Humanität ein, vielleicht sogar *das* Ideal der freien Persönlichkeit sah, mit einem Fuß im Konzentrationslager, ebenso der, welcher in der christlichen Tradition einen Grundpfeiler unserer Kultur erblickte. Hinter der Spitzengruppe der Gewalthaber tauchte der wildgewordene Spießer auf, der die Gelegenheit benutzen wollte, alles, was er nicht verstand, als staatsfeindlich verbieten zu lassen. Häuslichkeit, das freiheitliche und doch feste Band des Familiensinns, wirkliche Bildung, welche den Menschen prägt, ein selbstgewählter Freundeskreis, das alles war verdächtig, weil man es nicht kannte. Erlaubt war es dagegen, das muß betont werden, Geld zu verdienen. Sofern man einen bestimmten Prozentsatz des Gewinns wieder an die Parteistellen abführte, wurde nach den Methoden, mit denen man ihn erzielt hatte, nicht viel gefragt. Wer sich um die materiellen Güter riß, bei dem war die Gefahr einer moralischen Reaktion nicht groß, man konnte ihn gewähren lassen. So war alles darauf abgestellt, das deutsche Volk moralisch zu verderben, um es leichter beherrschen zu können. Stieß man trotzdem auf Schwierigkeiten oder Widerstand, so setzte mit großer Präzision der Terror ein.

Dieser Terror war, wie alles Wesentliche an der nationalsozialistischen Revolution, diszipliniert und unauffällig. Aus einer großen Gruppe von Menschen wird ein Einzelner festgenommen. Erst verschwindet er auf Wochen und Monate. Vielleicht bekommt man am Ende dieser Zeit die Urne mit seiner Asche in's Haus geliefert – vielleicht hört man etwas von ihm. Meist vernimmt man dann, er sei zwar anfangs mißhandelt worden, jetzt aber sei er im Konzentrationslager und es gehe ihm »verhältnismäßig gut«. Einer ist getroffen - Tausende vergehen vor Angst. Diese Methode ist ebenso wirksam wie die Massenmorde der Französischen und Russischen Revolution; sie ist, wenn man so will, noch gemeiner, weil sie nicht ein Akt der Leidenschaft, sondern der kalten Überlegung ist; sie ist einfach, denn ihre Wirkung auf die Umwelt bleibt die gleiche, ob es sich um einen Schuldigen oder Unschuldigen handelt.

Hand in Hand mit dem Terror ging eine totale Monopolisierung des Nachrichtenwesens. Rundfunk und Film, Zeitungen, Zeitschriften und Bücher wurden von Anfang an schärfstens kontrolliert, später immer mehr auf Eigenproduktion der Partei umgestellt. Die Wirkungen, die sich daraus ergaben, sind schwer zu beschreiben, für einen Außenstehenden, insbesondere einen Ausländer, überhaupt nicht zu begreifen. Sie wurden mit der Zeit unabsehbar, führten zu einer Verdummung der Masse und zur völligen Desorientierung des politisch gebildeten Individuums. Wer nicht das seltene Glück hatte, die Dinge ab und zu vom Ausland aus betrachten und sich ein abgerundetes Bild der Lage machen zu können, fiel ratlos von einem Extrem ins andere.

Revolutionäre Unordnung, Barrikaden und die Guillotine hätte das deutsche Volk nicht ertragen, von dem stillen, würgenden Terror und der Unterdrückung der Wahrheit merkte es wenig. So brachte es der nationalsozialistischen Revolution in den ersten Jahren seinen kindlichen guten Glauben, seinen jugendlichen Schwung und seine Tüchtigkeit als Morgengabe dar. Als die Enttäuschung - nach zwei bis drei Jahren - ernsthaft einsetzte, auch der Kurzsichtige den Abgrund sich auftun sah, war es zu spät: der staatliche und, was wichtiger, der technische Apparat befand sich bis in seine feinsten Verästelungen in der Hand von Spitzeln und Schergen, ein Aufstand der Massen war nicht mehr zu organisieren.

Immerhin zeitigte die gutgläubige Mitarbeit fast des gesamten Volks überraschende Folgen. Probleme, deren man jahrzehntelang nicht Herr werden konnte, wie Arbeitslosigkeit und Landwirtschaftskrise wurden jetzt im Nu gelöst. Manche dieser Lösungen hatten ihre bedenklichen Seiten, aber eine vernünftige Regierung wäre dieser gewiß Herr geworden. Nur der Krieg, auf den der Nationalsozialismus zusteuerte, läßt solche Mängel nachträglich als unheilbar erscheinen. Was verwirklicht wurde, war nicht etwa nationalsozialistisches Gedankengut, obgleich das natürlich behauptet wurde, sondern waren langgehegte Projekte von Sachverständigen oder, wie der allgemeine Arbeitsdienst, Programmpunkte des Stahlhelms. Der Beitrag der Nazis erschöpfte sich in der nie ernsthaft zur Diskussion stehenden »Brechung der Zinsknechtschaft«, der Bauwut Hitler's und der Organisation »Kraft durch Freude«, die einen gesunden Kern enthielt.

Der stimmungsmäßige und der wirtschaftliche Aufschwung waren in den ersten Jahren nach 1933 riesengroß. Überhaupt konnte der naive Durchschnittsmensch, der sich um Politik nicht kümmerte, ein wenig abseits lebte und nur seinen eigenen Interessen nachging, die fürchterlichen Symptome, von denen oben gesprochen wurde, leicht übersehen und den Anbruch des Goldenen Zeitalters vermuten. Er selbst verdiente gut und bemerkte weit und breit die gleiche Prosperität. Gewiß verlangten die örtlichen Vertreter der Partei häufig »freiwillige« Beiträge, gewiß legten sie auch sonst oft ein überhebliches Benehmen an den Tag, aber was hatte das schon zu bedeuten? Arbeitslosigkeit und Not waren gebannt, man selber konnte sich wieder jeden Luxus erlauben. Zwar gab es mit den neuen Beamten auf den Behörden manchmal Anstände, aber im großen Ganzen herrschte doch überall tadellose Ordnung. Wenn man etwa einmal an einem Aufmarsch teilnehmen mußte, stöhnte und kritisierte man zwar, stellte aber gleichzeitig mit Befriedigung fest, daß man als altgedienter Soldat immer noch besser marschierte als die »jungen Flegel von der SA«. Man konnte als Deutscher wieder sein Haupt erheben, denn Hitler hatte die entehrenden Bestimmungen des Versailler Vertrages öffentlich für null und nichtig erklärt, ohne auf nennenswerten Widerstand bei den ehemaligen Ententemächten zu stoßen; man war also endlich von diesem Makel befreit. Was die Juden anbelangte, so hatte man sich früher oft darüber ärgern müssen, daß sie sich so breit machten. Wenn es ihnen jetzt einmal schlechter ging und sie vielleicht sogar auswandern mußten, so war das nicht so schlimm. Wegen der Devisenlage war es bedauerlicherweise unmöglich, daß sie ihr ganzes Vermögen mitnahmen, aber sie würden anderswo schon rasch wieder zu Geld kommen. Gepeinigt sollten sie allerdings nicht werden, und wenn das wirklich einmal geschehen sollte, wie zuweilen gemunkelt wurde, so war das sicher nicht im Sinne Hitler's. Die Zeitungen waren langweilig geworden, wie die »Deutsche Allgemeine Zeitung«, oder unsympathisch wie der »Völkische Beobachter« und das »Schwarze Korps« oder widerwärtig wie der »Stürmer« - man brauchte sie ja aber nicht zu lesen. Schließlich hatte man früher die »Weltbühne« oder die »Rote Fahne« auch nicht gelesen. Reiste man, so war alles tadellos pünktlich und sauber. Gewiß räkelte sich in dem einzigen Abteil Erster Klasse ein feister, schlecht rasierter Mann in brauner Uniform - aber der hatte nicht viel zu sagen, die wirkliche Arbeit im Staat wurde ja doch von den alten Beamten geleistet und außerdem - fuhr man selber zweiter oder dritter Klasse. Dann sah man noch junge Leute in schwarzer Uniform, adrett und korrekt, ja liebenswürdig. Daß sie ein wenig zu hübsch aussahen und ob einer unterdrückten Vergangenheit einen kalten lauernden Blick hatten, das zu bemerken erforderte einen höheren Grad der Aufmerksamkeit, als man aufzubringen gewillt war - man war ja Bürger und wollte keine Gespenster sehen. Die Kurorte waren mit eleganten Gästen überfüllt, in der Großstadt gab es ausgezeichnete Konzerte und Theateraufführungen, man hätte schon ein besonderer Sachkenner und Genießer sein müssen, um den Unterschied gegen früher zu bemerken. Und selbst wenn man ihn bemerkte, wollte man ihn gern in Kauf nehmen, dafür waren ja gewisse fragwürdige Experimente und Exzesse der früheren Zeit weggefallen. Ging man in eine Buchhandlung, so fand man eine Unzahl von Neuerscheinungen: Kunstliteratur mit ausgezeichneten Abbildungen, Bücher über ältere und neuere Geschichte, von der modernen wollte man ohnehin nichts wissen, die hatte man zu seinem Leidwesen miterlebt, und Romane soviel man wollte, allerdings meist von ausländischen Autoren. Aber das war ja nur zu begrüßen, da erfuhr man einmal etwas über das Ausland, in das man wegen mangelnder Devisen nicht mehr reisen konnte. Nein - man selber war nicht Nazi und wollte es auch gar nicht sein, aber in dem von Hitler regierten Deutschland ließ es sich ebenso gut leben wie in dem Deutschland vor 1914.

Das etwa wäre das Bild, das sich viele Hunderttausende von deutschen Bürgern in den Jahren nach der Machtergreifung von der Lage machten. Ein Ausländer, etwa ein Engländer, der nicht zu lange in Deutschland blieb und nicht zufällig besonders judenfreundlich oder sonst voreingenommen war, hätte diesem Bild sogar noch einige rosarote Töne hinzugefügt; erst von 1938 an hätte er bezüglich der immer brutaler werdenden Außenpolitik Hitler's und besonders bezüglich der dummdreisten Taktlosigkeit Ribbentrop's[13] gewisse - im Grunde sehr ahnungslose - Vorbehalte gemacht.

Was in diesen ersten Jahren mit oder wider Willen des Volkes geschah, ist durch die tiefe Sehnsucht, welche die Soldaten des Weltkrieges und die Jugend nach einer »deutschen Revolution« erfüllte, zu erklären. Sie erinnerten sich der Augusttage des Jahres 1914, die ein neues Deutschland anzukündigen schienen und stellten fest, daß die Ereignisse der Jahre 1918/19 diese Hoffnung in einen stümperhaften Abklatsch des westlichen Parlamentarismus umgefälscht hatten. Da sie gleichzeitig vaterländisch und sozialistisch - in einem nicht-marxistischen Sinne - gesonnen waren, berechtigte sie das Aushängeschild der neuen Machthaber zu allen Hoffnungen. Das Wort »Revolution« hatte einen verführerischen Klang für die gebildete Jugend; das Tragische war nur, daß es in dieser Schicht keine Revolutionäre gab und man die Durchführung des Umsturzes andern überließ. Außerdem dichtete man der Bürokratie bei der tiefeingewurzelten Hochachtung, die dem Beamten entgegengebracht wurde und bei dem naiven Glauben, daß »jede ehrliche Arbeit ihren Lohn findet«, eine politische Rolle im Sinne konservativen Maßhaltens an, die diese auszuüben längst nicht mehr in der Lage war. Endlich waren wir alle in den weltlich-optimistischen Anschauungen des 19. Jahrhunderts erzogen und aufgewachsen, wonach es genügte, für seine eigene Person das, was man als den wesentlichen Inhalt der Zehn Gebote bezeichnete, zu befolgen, d.h. nicht zu morden, zu stehlen und zu betrügen, um den Sieg des Guten auf dieser Welt automatisch sicherzustellen. Daß das Gute den höchsten Einsatz an Leib und Leben, Geld und Gut erfordere, um den Kräften des Bösen auch nur die Waage halten zu können, wäre den meisten damals als die Lehre eines fanatischen Priesters oder eines verbitterten Pessimisten erschienen.

Ich habe absichtlich vermieden, auf die philosophischen und historischen Grundlagen des Nationalsozialismus einzugehen. Mir kam es hier nur darauf an, die einzelnen Aspekte der Lage zu schildern, wie sie sich dem politisch interessierten Beobachter etwa um die Jahreswende 1933/34 darstellte.

4. Der Freundeskreis der »Anderen«

Für mich war, wie gesagt, das Ergebnis dieser Beobachtungen der Entschluß, die Gewaltherrschaft der Nazis mit allen Mitteln zu bekämpfen. Ich wußte, daß dieser Entschluß lebensgefährlich war, wußte auch, daß meine Möglichkeiten minimal waren. Trotzdem handelte es sich dabei um ein so persönliches Anliegen, um etwas, was aus den Tiefen meines Blutes aufstieg, daß ich mich ihm mit einem, wenn man so will, überheblichen Optimismus hingab. Von dem Zentrum des Geschehens - Berlin - war ich getrennt, über nennenswerte Verbindungen verfügte ich nicht, es blieb mir also nichts anderes übrig, als in meinem kleinen Kreis zu wirken. Wo ich nur konnte, versuchte ich meine Bekannten aufzuhetzen. Ich gebrauche diesen Ausdruck absichtlich, denn gegen die Demagogie und den Fanatismus der Nazis konnte man auch seinerseits nur mit fanatischen Methoden ankämpfen. Die Geister begannen bereits sich zu scheiden; die wenigen wirklichen Nazis erkannte man rasch, mit allen anderen konnte man in der einen oder anderen Weise reden. Meist waren meine Gesprächspartner mit meinen Anschauungen, die ich durch Anführung der ersten erwiesenen Greueltaten begründete, grundsätzlich einverstanden, fanden aber meine Schlußfolgerungen zu radikal; man müsse abwarten und die Hoffnung nicht aufgeben. Ich suchte daher während meiner Dienst- und Urlaubsreisen mit Freunden aus der Schul- und Studentenzeit in Verbindung zu treten. Meine Altersgenossen aus dem Auswärtigen Amt waren leider meist auf Posten im Ausland, sie konnten also, wenigstens damals, nicht viel beisteuern, sondern uns nur über die außenpolitische Lage und die Anschauungen des Auslandes über den Nationalsozialismus unterrichten.

Meine Freunde innerhalb Deutschlands machten die gleiche Entwicklung durch wie ich und bewegten sich von der Skepsis rasch hinüber zur totalen Ablehnung, ich erlebte in dieser Beziehung keine Enttäuschung. Mit zwei von ihnen war ich schon von der »Klosterschule« Roßleben her eng verbunden, mit meinem Vetter Ulrich-Wilhelm Schwerin und Peter Yorck [von Wartenburg].[14] Schwerin besaß ein Gut im Polnischen Korridor[15] und hatte sich zu dessen Bewahrung vor der Liquidation mit zahllosen Stellen in Polen und Deutschland auseinandersetzen müssen; außerdem hatte er innerhalb der deutschen Minderheit in Westpreußen als Vertreter der gemäßigten jüngeren Generation eine Rolle gespielt. Schließlich war er mit der Tochter des Danziger Präsidenten Sahm[16] verheiratet, der zeitweise bis nach Genf hin politisch hervorgetreten war. Diese Erfahrungen und Einblicke in die verschiedenen nationalen und internationalen Sphären, sein gleichzeitig leidenschaftliches und doch unromantisches Interesse für Politik hatten Schwerin für seine Aufgabe geschult. Persönlich hatte er nichts vom Landjunker an sich, sondern war ein Großer Herr, norddeutsch herbe und preußisch schlicht. Sein gesunder Menschenverstand ließ ihn nie im Stich. Bei großer Herzensgüte und Reinheit des Wollens blieb er äußerlich verschlossen und stieß oft auf entsprechende Verschlossenheit bei anderen, gewann dafür aber Freunde auf Leben und Tod. Peter Yorck, zweiter Sohn aus Kleinoels [Schlesien], war in den Preußischen Verwaltungsdienst eingetreten und nach mehrjähriger Tätigkeit am Oberpräsidium in Breslau an das Preiskommissariat nach Berlin gekommen. Er galt bei seinen Vorgesetzten und Kollegen nicht nur als sehr tüchtiger Arbeiter, sondern als Koryphäe auf dem Gebiet der Inneren Verwaltung und des Verfassungsrechts; indessen wurden seine sozialistischen Neigungen bestaunt und zuweilen beanstandet. Auch in ihm war nichts vom Landjunker, so sehr ihm als direktem Nachkommen des Feldmarschalls die wirklichen preußischen Ideale ins Blut übergegangen waren. Den Traditionen seiner Familie entsprechend war er von umfassender Bildung und tiefer, sein Leben bestimmender Frömmigkeit, auch hatte er von dort eine etwas schwermütige Querköpfigkeit geerbt, die sich jedoch mit rührender Bescheidenheit und Güte verband.

Wir drei Schulfreunde und Brücklmeier bildeten also den ersten Kern des Kreises, der ein Jahrzehnt lang zusammenhielt, bis er durch den Fehlschlag des 20. Juli 1944 vernichtet wurde.

Unsere Aktivität hat in diesen Jahren drei Phasen durchgemacht, die zwar nicht scharf von einander zu trennen sind, aber den einzelnen Perioden ihr Gesicht verliehen:

Von 1933–37 glaubten wir, es genüge, die Majorität des deutschen Volkes von den verbrecherischen Neigungen und Absichten der Nazis zu überzeugen, um das Regime gleichsam automatisch zu stürzen. Bei der Verbreitung unserer Auffassungen kamen uns die Zeitumstände scheinbar auf's glücklichste entgegen, doch mußten wir uns allmählich überzeugen, daß mit derartig »demokratischen« Methoden nichts auszurichten war - der Terror und in seinem Gefolge die Atomisierung der Gesellschaft taten ihr Werk; das deutsche Volk war zwar zusehends anti-nationalsozialistisch geworden, wurde aber dafür nur noch von Angst und Fatalismus bestimmt.

Die zweite Phase war gekennzeichnet durch den Plan, die Wehrmacht und insbesondere das Heer mit dem Generalstab zu einem Sturz des Regimes zu veranlassen. Die Neigung dazu war vorhanden, warum dieser Plan trotzdem nicht zur Ausführung kam, wird den Hauptteil der nachstehenden Ausführungen ausmachen. Diese Phase erreichte ihren Höhepunkt in den Jahren 1938/39 und fand ihr Ende nach der Konferenz von Casablanca, als die von Roosevelt und Churchill ausposaunte Formel von der bedingungslosen Kapitulation jede Umsturzbewegung mit dem Makel des Landesverrats versah und der Möglichkeit ihrer zentralen Organisation den Todesstoß versetzte.

In der dritten Phase ging es darum, eine möglichst große Anzahl von Heerführern zu einer wohlwollenden Duldung der Vorbereitungen zu einem Umsturz und zur aktiven Mitarbeit nach Beseitigung Hitlers zu veranlassen, das Gerippe einer ganz Deutschland umfassenden zivilen Organisation zu schaffen, die von den ersten Tagen an der neuen Regierung an die Hand gehen konnte und schließlich von einer zahlenmäßig kleinen Gruppe ein Attentat auf Hitler ausführen zu lassen und gleichzeitig seine Mitarbeiter zu beseitigen. Dieser Plan scheiterte am 20. Juli 1944.

Im Sommer 1934 enthüllte die Schreckensherrschaft Adolf Hitler's ihr wahres Gesicht; der 30. Juni[17] und der Wiener Putsch[18], der zur Ermordung von Dollfuß führte, werden zu den schwärzesten Tagen unserer Geschichte zählen. Die Hoffnung, daß der 30. Juni eine Wendung zum Guten bedeuten oder den Zusammenbruch des Regimes nach sich ziehen könnte, war kurzlebig. Die Landsknechte, deren wüstes Treiben zu auffällig geworden war, wurden umgebracht. Man benützte die Gelegenheit, um auch andere unbequeme Elemente zu beseitigen; wie viele es gewesen sind, wird man wohl nie erfahren. Es war bei dieser Gelegenheit, daß sich die nationalsozialistische Sitte einbürgerte, die Urne mit der angeblichen Asche des Ermordeten den Angehörigen ins Haus zu schicken. Es ist mir sogar ein Fall bekannt geworden, wo die Witwe des Beseitigten eine lebenslängliche Pension erhielt: Welch' ein Beweis für die hochherzige Gesinnung Adolf Hitler's und sein tiefes Mitgefühl für Witwen und Waisen! Ein eisiges Schweigen breitete sich über dem ganzen Land aus. Es war etwas so Grauenhaftes geschehen, daß man nicht darüber sprechen konnte, aber in den Herzen von Millionen heilte die Wunde, von der Schmach dieses Tages geschlagen, nie wieder aus. Und nie wieder konnte von jenem Tage an Adolf Hitler daran denken, vor das deutsche Volk zur freien ungefälschten Wahl hinzutreten, die Majorität lehnte ihn ab. Aber was scherte ihn das, die SS hatte ihre Bewährungsprobe glänzend bestanden. Ein gewagtes Wort des Französischen Botschafters, François-Poncet, faßt die Entwicklung, die die deutsche Innenpolitik in $1\frac{1}{2}$ Jahren durchlaufen hatte, folgendermaßen zusammen:

> »Le trente janvier était la victoire des Boches
> sur les Allemands, le trente juin la victoire
> des sadistes sur les pédérastes.«

Was wenige Wochen darauf in Wien geschah, war eine Fortsetzung der gleichen Mordserie - noch aber gab es in Österreich gesunde Abwehrkräfte, noch wies die Organisation des Verbrechens gewisse Mängel auf - aber auch die Österreicher würden lernen.

5. Memel

Meine Zeit in Kattowitz fand im Herbst 1934 durch eine lange Krankheit ihr Ende. Als ich im Januar 1935 wieder gesund war, erwiesen sich die Versprechungen des Auswärtigen Amtes, mir einen leichteren und angenehmeren Posten zu geben, als hinfällig. Ich wurde nach Berlin berufen, wo ich bis Mai im Memelreferat aushelfen mußte, um dann nach Memel selbst gesandt zu werden. Für meine Tätigkeit in Kattowitz, die mir Anerkennung eingebracht hatte, wurde ich durch einen weiteren schwierigen Posten bestraft.

In Berlin war ein Freund von mir aus dem Ausland eingetroffen. Er eröffnete mir, mit dem Nationalsozialismus werde es in wenigen Wochen aus sein, die Wehrmacht werde das Regime beseitigen. Da er mit Canaris[19], dem Leiter der Spionage-Abwehr in Verbindung stand, schenkte ich seiner Prognose Glauben und war bester Stimmung. Es wurde dies die erste einer langen Reihe von Enttäuschungen, die mir aus der Verbindung mit Canaris und den mit ihm befreundeten Militärs erwuchsen, Enttäuschungen, gegen die ich nie abgehärtet wurde, weil ich die Hoffnung nicht aufgeben wollte. Das Verhältnis zwischen Partei und Heer war zu jener Zeit tatsächlich gespannt, und die Kinder sangen auf der Straße folgenden Abzählreim:

Heil Hitler ist ein schöner Gruß
Die Reichswehr steht Gewehr bei Fuß
Bald gibt es einen neuen Krach
Dann sagt man wieder Guten Tag.

Aber Hitler sollte dieser Gefahr bald Herr werden: durch Wiedereinführung der allgemeinen Wehrpflicht[20] bestach er einen Teil der aktiven Offiziere mit unerhörten Aufstiegsmöglichkeiten, und soweit diese Bestechung nicht gelang, zerschlug er die alten Kadres und füllte sie mit altgedienten Offizieren auf, die 1919 hatten entlassen werden müssen und jetzt ihm persönlich den Wiedereintritt in den geliebten Beruf zu danken hatten. Statt Geschäften nachgehen zu müssen, von denen sie nicht viel verstanden und die sie verachteten, konnten sie ihrer wirklichen Neigung folgen, guten Glaubens, »durch den Wiederaufbau der stolzen Armee eine vaterländische Tat zu begehen«. Von dem alten Geist, der einst das preußische und später das deutsche Offizierskorps geprägt und der als Gegengewicht gegen Pflichtbewußtsein und Disziplin das persönliche Verantwortungsgefühl und den Mannesstolz gekannt hatte, war bald in der Wehrmacht als Ganzem nichts mehr zu spüren. Die Masse überwucherte die Qualität, aus Soldaten mit soldatischem Ethos wurden Militärs, d.h. ehrgeizige Organisatoren ohne menschliche Verbindung mit ihrer Truppe und dem täglichen Leben ihres Volkes.

Im Mai 1935 brach ich also – ziemlich verbittert über die Methoden des Auswärtigen Amts – nach Memel auf. Dort war die Lage dank der Tätigkeit eines gleichaltrigen Kollegen völlig verfahren. Dieser hatte sich seine Sporen im Auswärtigen Dienst durch eifriges Tanzen mit Frau Stresemann verdient; nun brauchte er für die neue Ära ein anderes Alibi. Er suchte und fand dies darin, die Memelländer im nationalsozialistischen Sinne gleichzuschalten und sie zu Aufmärschen sowie zur Einführung von Hakenkreuzabzeichen zu veranlassen. Der Erfolg ließ nicht lange auf sich warten: Er wurde bevorzugt an die Botschaft in London versetzt, die Führer der Memelländer wanderten ins litauische Zuchthaus, wo sie die Durchführung ihres Prozesses abwarten konnten. Gleichzeitig schrieben die Litauer für den Herbst Neuwahlen zum Memelländischen Landtag aus, sie wollten sich diese gute Gelegenheit angesichts der Verwirrung in den deutschen Reihen nicht entgehen lassen.

Diese Entwicklung schlug große Wellen, der Generalkonsul mußte immer wieder wochenlang in Berlin bleiben, um zum Vortrag bei Hitler bereit zu sein. Infolgedessen war ich die längste Zeit in Memel Alleinherrscher zusammen mit einem ebenso netten wie gescheiten Attaché. Die sechs Sommer- und Herbstmonate, die ich in Memel verbrachte, entwickelten sich angenehmer, als ich erwartet hatte.

Die Lage der Memelländer war ungleich besser als die der deutschen Minderheit in Oberschlesien. Sie hatten über 90% der Bevölkerung des Landes hinter sich. Der litauische Kleinstaat konnte sich ein so schroffes Vorgehen wie Polen nicht erlauben, so sehr er auch die Gelegenheit zu Eingriffen in die memelländische Autonomie wahrnahm. Anstelle des Hungers herrschte Überfluß an Lebensmitteln, vor allem seit Deutschland wegen der politischen Spannung die Grenze gesperrt hatte. So konnten die Bauern bei einer Demonstration in der Kleinstadt Heydekrug ihre unverkäufliche Butter dazu benutzen, dem litauischen Landrat die Fenster seiner Wohnung einzuwerfen. Das Problem der Arbeitslosigkeit existierte sozusagen nicht, da die Bevölkerung sich aus Bauern und Fischern, dem städtischen Bürgertum und wenigen Besitzern mittelgroßer Güter zusammensetzt. Der Memelländer ist zäh, wortkarg und mißtrauisch, in seiner Grundeinstellung sehr verläßlich, so gern und begabt er auch in weniger wichtigen Dingen lügt. Der Phantasiereichtum und die Vielseitigkeit des Oberschlesiers gehen ihm ab, dafür ist er zivilisierter. In einem war das Verhalten beider Stämme gleich: in dem Vertrauen zu demjenigen, der menschlich mit ihnen sprach und sich entschlossen zeigte, ihr Recht gegen jedermann zu verteidigen; eine feste Hand, auch ihnen selber gegenüber, war ihnen der beste Beweis der Zuverlässigkeit. Der eigentliche Führer der Memelländer war Studienrat Schreiber.[21] Da er, wie viele Angehörige des ostpreußischen Bürgertums Mitglied einer Loge gewesen war und sich bei den Nazis durch seine kluge, maßvolle Haltung unbeliebt gemacht hatte, konnte man ihn politisch nicht herausstellen, doch liefen die meisten Fäden in seiner Hand zusammen. Er war ein feiner, überlegener Mensch, der mich oft gut beraten hat. Er und Ulitz sind mir ein Beweis dafür, wieviel politische Substanz in den Provinzen brach liegt und nur unter außergewöhnlichen Umständen zur Geltung kommen kann, weil der öde Zentralismus, in den wir seit Jahrzehnten immer tiefer hineingesteuert sind, ihren eigentlichen Tätigkeitsbereich, die Selbstverwaltung, beschränkt oder aufgehoben hat.

Die Lage in Memel ermöglichte es mir, dem Auswärtigen Amt anhand von einigen schlagenden Beweisen klar zu machen, daß sich die Vorgänge von Berlin aus weder rasch genug beurteilen noch im einzelnen beeinflussen ließen: Die Generallinie, die man einhalten wolle, sei mir bekannt, man solle mich also schalten und walten lassen. Erfreulicherweise zeigte der Sachbearbeiter für die baltischen und skandinavischen Fragen für meinen Standpunkt volles Verständnis, er liebte den Papierkrieg ebensowenig wie ich und hatte die zahlreichen und langen Berichte meines Vorgängers ohnehin nicht gelesen. Das Auswärtige Amt erhielt also von mir jeden zweiten Tag ein Telegramm, Berichte ersparte ich mir, Kleinkram gab es im Gegensatz zu Kattowitz nicht viel, die Arbeit ließ sich also in den Vormittags- und Abendstunden bewältigen, in der Zwischenzeit hielt nur ein Beamter auf dem Generalkonsulat »Stallwache«. Um ½1 Uhr aß ich in meinem altmodisch netten Hotel zu Mittag – Spickaal, Räucherlachs, Haffzander und Kalbsbraten in ewiger Wiederkehr – kurz nach 1 Uhr traf man sich auf der Fähre, um auf die Nehrung überzusetzen. Dort wurde bis gegen 6 Uhr gebadet und geschlafen. Kam wirklich einmal ein Telegramm aus Berlin – die meisten trafen abends ein –, so rief der diensttuende Beamte das kleine Hotel auf der Nehrung an, ein Bote lief auf der Suche nach mir den Strand entlang und ehe das Telegramm entziffert war, traf ich auf dem Büro ein. Morgens allerdings mußte ich pünktlich sein, denn mein Hotel lag auf dem Südufer der Dange (sprich Danje), mein Büro aber auf dem Nordufer und gegen 9 Uhr 15 wurde die einzige Brücke hochgezogen, über die ich zu meinem Arbeitsplatz gelangen konnte. Dann lief ein Holzdampfer aus Rußland die Dange herauf, ein drolliger Anblick, da der kleine Fluß zwar tief aber schmal ist und flache Ufer hat. So gewann man den Eindruck, daß der Dampfer, der den Wasserlauf ganz ausfüllte und hoch darüber hinausragte, auf Rollen mitten durch die Stadt führe. Es war, wie gesagt, besser, diesen Anblick vom Nordufer aus zu genießen, anderenfalls konnte es langen Aufenthalt und Unmöglichkeit, ins Büro zu gelangen, bedeuten. Ich habe aber den Anschluß immer erreicht, zuweilen allerdings nur mit großen Sprüngen und dank der freundlichen Rücksichtnahme der Brückenwärter. Denn morgens gab es zweimal in der Woche den entzückendsten Blumenmarkt, den man sich vorstellen kann, und dazu verkauften Bäuerinnen, schwere blonde Frauen mit schönen, sehr weiblichen Zügen, selbstgesponnenes Leinen - da vertat und vergaß man die Zeit. Gegen Abend wurde noch einmal tüchtig am Schreibtisch gearbeitet, und dann ging es bis in die späte Nacht hinein an die eigentliche Aufgabe, an die Gespräche mit den führenden Memelländern. Da galt es zu diskutieren, zu beraten, auszugleichen, aber vor allem gut zuzuhören und die Dinge wichtig zu nehmen. Denn erst dann durfte man sich die Äußerung erlauben, im Grunde seien die Dinge doch nicht wichtig, es gelte nur in aller Ruhe seinen Mann zu stehen, im Vertrauen auf das Recht und im Bewußtsein, einem alten und großen Volk anzugehören. Und im Grunde waren diese Menschen immer von rührender Einsicht und Geduld, selbst an jenem Abend, als die Schreckensnachricht eintraf, daß das Gericht in Kowno einige der Parteiführer zum Tode[22], andere zu langjährigen Zuchthausstrafen verurteilt habe. Es waren böse Stunden. Gottseidank hat sich die von mir mit eiserner Stirn und schwachen Trostgründen gestellte Prognose, in wenigen Monaten würden alle Verurteilten freikommen, bewahrheitet. Da die Memelländer im Herbst, von allen Schikanen und technischen Kniffen der Litauer unbeirrt, für die deutsche Liste stimmten und der Landtag wieder eine 92-prozentige deutsche Mehrheit aufwies, brach die Regierung in Kowno den aussichtslos gewordenen Kampf ab und schloß im Frühjahr einen Kompromiß mit Deutschland, der im Grunde alle Fragen auf denjenigen Stand zurückführte, den sie vor der nationalsozialistischen Kampagne meines Vorgängers inne gehabt hatten. Der Sturm im Wasserglas, der Memel in das Blickfeld der Welt rückte und zu den Wahlen sogar Vertreter aller internationalen Nachrichten-Agenturen und der Weltpresse »an die Ufer der Dange«, wie es im »Dampfboot«, der memelländischen Zeitung so schön hieß, führte, hatte sich gelegt. Schon im November, als ich Memel verließ, um nach Bern zu gehen, glätteten sich die Wogen.

Doch all dies Geschehen in seiner Bedeutungsschwere für die Betroffenen, seinen kleinen, ja engen Maßstäben für die Außenstehenden und seinen klassischen Symptomen - denn die Spielregeln der Politik haben für Weltreiche und für einen von Bürgern, Bauern und Fischern bewohnten Küstenstreifen gleichermaßen Geltung -, dies Geschehen erhielt für mich seine Abrundung durch die Bühne, auf der es sich abspielte, durch die Landschaft.

Ich weiß nicht, ob dem »Johannes« eigentlich ein Platz in diesem Buch gebührt, da er aber ein echter Memelländer war und ich ihn gern hatte, so mag ich ihn nicht übergehen. Dieser alte Elch kam jeden Sommer aus dem eigentlichen Revier weiter im Süden die Nehrung heraufgezogen, um an dem Badeleben der Memeler Stadtbevölkerung teilzunehmen. Er war ein bedächtiger Herr mit riesigen Schaufeln, der zwischen den niedrigen Kiefern am Hotel Sandkrug lag, den Strand entlangtrollte und wohl auch ein fremdes, ältliches Fräulein, das auf seinem Liegestuhl eingeschlummert war, zu Tode erschrecken konnte, wenn er ihm über die Schultern sah. In jenem unruhigen Jahr 1935 war auch er auf neue Ideen gekommen und hatte, entgegen seinen sonstigen Gepflogenheiten, Frau und Kind in die Sommerfrische mitgebracht. Sei es nun, daß die neuen Ideen ihn auch sonst nervös gemacht hatten, sei es, daß er beweisen wollte, ein ritterlicher Ehegatte und Familienvater zu sein, er begann die Passanten zu belästigen. So mußte denn die oberste Behörde des Memelgebietes, das Direktorium, dem die Jagd auf der Nehrung zustand, seine gesamte Jägerei aufbieten, um Johannes nebst Gattin und Tochter wieder in die Gegend von Nidden, 40 km südlich Memel, wo er beheimatet war, zurückzutreiben. Er ließ es sich nicht nehmen, bald auf's neue in unserer Mitte aufzutauchen, diesmal indessen ohne Anhang und von den friedlichsten Absichten beseelt. Zu jener Zeit habe auch ich ihn kennen gelernt. Hoffentlich ist er nicht inzwischen dem NS-Nimrod Hermann Göring zum Opfer gefallen.

Das Festland erinnert mit seinen weiten Flächen, seinem schönen Vieh und den eingehegten Weiden oft an Holland. Daneben gibt es ausgedehnte Hochmoore, seltsam und geheimnisvoll. Das Haff, auf dem der Dampfer nach Königsberg verkehrte, auf dem wir segelten und auf dem die kurischen Fischerboote mit ihren holzgeschnitzten Wimpeln zum Zanderfang ausliefen, ist voller Reize, die Nehrung aber ein wahres Paradies. Stundenlang konnte man in aller Einsamkeit auf ihr wandern, zur Rechten die Ostsee, die dort wild und großartig sein kann, zur Linken das liebliche Haff mit den weißen Dörfern am Festlandufer. Da geht der Weg auf und ab durch niedrige Kiefern und Birken, ein starker Bock tritt heraus, ein fetter Dachs schiebt sich flach über den besonnten Weg, Fischreiher steigen mit schweren Flügelschlägen auf. Im Zwielicht der nordischen Sommernächte zieht der Elch wie ein Rätsel der Urzeit im Paßgang über die Lichtung. Abends, wenn die Sonne zu zögern scheint, glühen die Farben auf wie unter südlichem Himmel und fließen glasig in purpurne Halbschatten hinüber:

> »Zeitloses Nu, wo Landschaft geistig wird und
> Traum zu Wesen«. (George)

6. Mitarbeit?

Aber das Leben in Memel bestand nicht nur aus dem Genuß der Landschaft und befriedigender Arbeit – dahinter tauchte wie immer die Partei mit ihren drohenden Fangarmen auf und dem Gespenst der Zukunft, dem sie uns entgegentrieb. Im allgemeinen gab es weniger Schwierigkeiten mit ihr als sonst, da sie sich bei ihrem Vorgehen in Memel gerade die Finger verbrannt hatte; nur die Hitlerjugend trieb einigen Unfug, dessen man aber Herr werden konnte. Ich fand hierbei einen unerwarteten Bundesgenossen im SD (Sicherheitsdienst), der seine Zentralstelle für die Bearbeitung der Memel-Angelegenheiten in Tilsit hatte. Der SD trat damit zum ersten Mal in mein Blickfeld. Es war dies ein anderer Menschentypus als die Ortsgruppen-, Kreis- oder Landesleiter. Während die letzteren manierenlose, überhebliche Spießer waren oder schamlose Bonzen voller Minderwertigkeitskomplexe, waren die SD-Vertreter[23] sehr diszipliniert, meist höflich, aber von äußerster Kälte und voll verhaltenen Mißtrauens. Sie dünkten sich über die immer mehr zur Formel erstarrende Partei-Etikette erhaben und fühlten sich stark genug, mit einem Diplomaten alter Schule auf sachlicher Ebene zu verkehren. Bei den verschiedensten Gelegenheiten haben sie mich in den kommenden Jahren vor den Schikanen der kleinen Parteileute geschützt. Welchem Umstand ich dieses Wohlwollen zu danken hatte, weiß ich nicht, vielleicht meinen kritischen Äußerungen über Ribbentrop, den sie ablehnten, oder meinem zur Schau getragenen Zynismus gegenüber bürgerlichen Lebensformen. Selbstverständlich habe ich ihnen nie einen Dienst geleistet; doch gewöhnte ich mich im Laufe der Jahre an den Gedanken, daß sie mir solange Handlungsfreiheit gestatten würden, bis sie mich reif für lebenslängliches Konzentrationslager oder Schlimmeres glaubten; schon dieses bedingte Gewährenlassen bedeutete indessen eine Erleichterung meiner Lage. Abgesehen hiervon habe ich mancher dieser Robespierre-Gestalten, dieser Mörder aus mißverstandenem Idealismus, eine gewisse Achtung nicht versagen können. Auf ihre Ausschaltung wird zu achten sein, falls Europa beabsichtigt, wieder zu humanen Lebensformen zurückzukehren.

Selbstverständlich hat die Frage eines Ausscheidens aus dem Auswärtigen Amt und damit aus dem Staatsdienst mich lange beschäftigt. Gerade in Memel habe ich mir diesen Gedanken immer wieder durch den Kopf gehen lassen. Es lag nahe, diesen Schritt zu tun, er entsprach im Grunde meinem unmittelbaren Gefühl, so sehr ich auch an meinem Beruf und dem Auswärtigen Amt hing. Erst nach langen Überlegungen habe ich mich auf den gegenteiligen Standpunkt festgelegt und zwar aus folgenden Gründen: Wenn ich meinen Abschied nahm, konnte ich mich der Tyrannei Hitler's nur durch Auswanderung entziehen, damit aber wäre meine seelische Existenz untergraben gewesen; denn auf die Dauer könnte ich ein Leben fern der Heimat kaum ertragen. Blieb ich aber in Deutschland, so war ich als Privatmann dem Tun und Treiben der Nazis mehr ausgeliefert, hatte weniger Möglichkeiten, ihnen entgegenzutreten, sie zu umspielen und ihnen Opfer zu entreißen, als wenn ich Beamter blieb. Außerdem konnte ich in meiner Stellung Kenntnisse erwerben, die sich vielleicht in besseren Zeiten verwerten ließen, und dem Ausland gegenüber die Grundrechte des deutschen Volkes vertreten, die unabdingbar waren, mochte da kommen, was wolle. Rückschauend betrachtet, glaube ich richtig gehandelt zu haben, als ich im Auswärtigen Amt zu verbleiben beschloß. Ab 1938 wurde den Beamten ohnehin das Ausscheiden kategorisch verboten, es sei denn, daß man als Grund Siechtum oder ähnliches anführen konnte, eine Entwicklung, die bei Kriegsausbruch ihren Abschluß in der Mobilisation mit ihrer vollständigen Ausschaltung der Bewegungsfreiheit fand.

Aber noch ein weiteres Thema hat mich zehn Jahre lang beschäftigt: das meines Eintritts in die Partei. Im Sommer 1933 vertraten die älteren konservativen Elemente im Auswärtigen Amt die Theorie, möglichst viele von uns, und zwar gerade die Jüngeren, sollten die Mitgliedschaft erwerben, sei es auch nur, um die sehr schwache Stellung unserer Behörde im neuen Staatsgefüge zu stärken. Viele meiner Kollegen haben besten Glaubens und Wollens diesen Weg beschritten. Auch ich habe ihn nicht grundsätzlich abgelehnt, indessen machte ich Vorbehalte. Als ehemaliges Mitglied des Stahlhelms hatte ich, wenigstens in der Theorie, Anspruch auf bevorzugte Aufnahme in die Partei, wenn ich bis zum 30. September 1933 einen entsprechenden Antrag stellte. Nach langem Zögern habe ich mich entschlossen, diese Gelegenheit wahrzunehmen, wollte mich aber nicht mit Haut und Haaren verkaufen und wählte daher die Formulierung, ich stelle den Antrag auf Aufnahme in die NSDAP als ehemaliges Mitglied des Stahlhelms und hielte mich umsomehr dazu berechtigt, als ich stets »nationale und konservative Anschauungen« vertreten hätte. Da ich damals bereits schwere Zweifel an der Ehrlichkeit der Nazis hegte, war ich sehr gespannt, wie sie auf dieses mein Bekenntnis reagieren würden. Es erfolgte jedoch gar nichts, ich erhielt niemals eine Zusage – aber auch keine Ablehnung. Dieser Schwebezustand hat sich über elf Jahre ausgedehnt, ich bin nie rechtskräftiges Mitglied der Partei geworden. In den ersten zwei bis drei Jahren ist mir das eher unangenehm gewesen, das möchte ich offen zugeben. Nicht nur, daß meine Beförderung immer mehr ins Stocken geriet, ich stieß auch sonst auf zahllose sichtbare und unsichtbare Schranken. Nach einiger Zeit aber lernte ich diesen Zustand als Privileg betrachten, als Symbol meiner Unabhängigkeit. Es galt allerdings eine offene Ablehnung durch die Partei zu vermeiden, denn eine solche hätte eventuell mein zwangsweises Ausscheiden aus dem Dienst, sicher aber eine offene Kompromittierung nicht nur meiner selbst sondern auch meiner Gönner und

Freunde im Amt bedeutet. Es hat mich daher ab 1937 manche schwierige Überlegung gekostet, diesen Schwebezustand aufrecht zu erhalten. Zweimal war ich noch genötigt, Eintrittsgesuche zu stellen, das eine brachte ich dadurch zum Scheitern, daß ich es an die falsche Adresse sandte, das zweite schlug fehl, weil ich »nicht die Zeit fand«, einer Aufforderung des Sachbearbeiters in der Auslandsorganisation der NSDAP, ihn zu besuchen, Folge zu leisten. Ich möchte noch einmal betonen, daß ich mir keine Gewissensbisse gemacht hätte, Pg.[24] zu werden; Tausende von Menschen, die ebenso dachten wie ich, gehörten der Partei an. Aber ich fand ein sportliches Vergnügen darin, mich nicht einfangen zu lassen, selbst wenn es mit gewissen Opfern verknüpft war. Mit mir ist es meines Wissens nur noch drei bis vier anderen aktiven Mitgliedern des Auswärtigen Dienstes gelungen, nicht in die Partei eintreten zu müssen.

Eine Zeit lang schien es, als sollte es noch zu einer Auseinandersetzung kommen, die man nicht mit einem taktischen Kompromiß hätte beenden können: und zwar in der Frage der Zugehörigkeit zur Christlichen Kirche. In den Jahren 1937/38 tauchte wiederholt das Gerücht auf, Hitler werde von allen Staats- und Parteibeamten den offiziellen Austritt aus der Kirche verlangen. Sei es nun, daß er an diesem Punkt einen zu starken Widerstand fühlte, sei es, daß die außenpolitischen Probleme allmählich alle anderen Erwägungen in den Schatten rückten, die Frage wurde nicht akut. Der Kampf der Nazis gegen das Christentum[25], von ihnen als Vorgehen gegen Auswüchse der Kirche bezeichnet, bewegte unseren Freundeskreis ohnehin auf's tiefste. Bereits in Kattowitz wurde mir die Bedeutung dieses Problems bewußt, als die Nazis unter mehr oder weniger geschickt gewählten Vorwänden ein Kesseltreiben gegen die Katholiken begannen. Ich glaube zwar nicht an die Möglichkeit einer Verschmelzung der beiden Konfessionen, bin aber von meinem Elternhaus her, wo wir zwanzig Jahre lang eine katholische Elsässerin als Erzieherin hatten, die von uns Kindern heiß geliebt wurde, und wo immer ein Teil der Dienstboten der Katholischen Kirche angehörte, daran gewöhnt, die gemeinsame christliche Grundlage der beiden Bekenntnisse in den Vordergrund zu stellen und das Trennende zwar als geschichtliche Gegebenheit hinzunehmen, aber als zweitrangig anzusehen. Ich hatte deshalb von vornherein die Auffassung, daß der Feldzug der Nazis gegen die Katholiken auch uns Protestanten anging, und ich möchte hoffen, daß der inzwischen Seite an Seite durchgefochtene Kampf gegen die Mächte der Finsternis den beiden Kirchen verständnisvolle Hochachtung voreinander eingeflößt hat. Ich besinne mich noch genau, daß mir zwei katholische Freunde im Jahre 1933 voll Genugtuung erklärten, ihre Kirche werde den eben beginnenden Kampf siegreich bestehen, sollte aber Hitler auf den Gedanken kommen, die Evangelische Kirche auf's Korn zu nehmen, so werde er leichtes Spiel haben. Auf ihren Gesichtern malte sich ungläubiges Staunen, als ich ihnen widersprach und erklärte, sie sollten über dem allerdings reichlich verworrenen, ja desolaten äußeren Zustand unserer verschiedenen Landeskirchen die in ihnen vorhandene lebendige Substanz nicht vergessen, die jede Bewährungsprobe überstehen werde. Wenige Monate später war der Name Niemöller's[26] in aller Munde und ist in den trostlosen Jahren der Angst und Erniedrigung für Hunderttausende zu einem Symbol und einem inneren Halt geworden, gleichwie auf katholischer Seite der Name des Bischofs Graf Galen. In der ersten Periode des Kirchenkampfes habe ich innerlich ganz auf Seiten der Bekennenden Kirche gestanden, später erwuchsen für meinen Geschmack zu viel theologische Eiferer aus ihren Reihen. Immerhin ist sie eine der ganz wenigen Gruppen in unserem Vaterland gewesen, die sich ihrer Haltung in den vergangenen elf Jahren nicht zu schämen braucht und das historische Verdienst hat, durch ihren Kampf dem gesamten protestantischen Christentum neuen Lebensatem eingehaucht zu haben. In der gleichen Weise wird auch der Katholizismus in Deutschland aus dem Abwehrkampf in seiner Substanz verstärkt hervorgehen.

7. Glückliches Bern

Als meine Zeit in Memel zu Ende ging, erfüllte das Auswärtige Amt seine im Vorjahr gegebene Zusage eines guten Postens und stellte mir eine Versetzung nach Paris, Brüssel oder Bern zur Wahl. Ich entschied mich für Bern, da ich die Schweiz seit meiner Kindheit gut kannte und lieb gewonnen hatte, das Klima mir für meine Gesundheit zusagte und ich vor allem einmal in eine ruhige politische Atmosphäre kommen wollte. Anfang November 1935 trat ich den neuen Posten an. Der

Wechsel war groß; ein behagliches abgewogenes Dasein nahm mich in sein langsames Dahingleiten auf, nichts deutete darauf hin, daß in anderen Winkeln unseres Erdteils seit Jahren bittere Auseinandersetzungen im Gange waren, daß sich im Nachbarland Dinge anbahnten, die unser aller Schicksal bestimmen würden. Zwar stand die Presse voller Nachrichten über deutsche Zustände, zwar stieß der Nationalsozialismus auf einhellige Ablehnung, aber das Alltagsleben wurde davon ebensowenig beeinflußt wie die Gemütsruhe. Das große stammverwandte Nachbarvolk verletzte die Regeln des bürgerlichen Anstands und des gesunden Menschenverstandes, brachte, wie schon so oft, Unruhe in den von der Vorsehung bestimmten störungsfreien Ablauf der Dinge. Man bekam ein leichtes, fast angenehmes Gruseln, man dünkte sich, ohne es sich recht gestehen zu wollen, denn das wäre unmoralisch gewesen, besser als der große Bruder - kurz, man entsetzte sich über die Vorgänge, setzte sich aber nicht mit ihnen auseinander. Der einzelne Deutsche hatte unter der Mißstimmung wenig oder gar nicht zu leiden; ich fühlte mich von freundlichen, entspannten Menschen, von angenehmen Dingen umgeben und sah mich in die mir seit Jahren ungewohnte Lage versetzt, dem Privatleben eine gewichtige Stelle im Dasein einräumen zu können.

Alle Umstände spielten in der glücklichsten Weise zusammen. Denn auch an der Gesandtschaft wurde ein Leben geführt, wie es meinen Wünschen entgegenkam: kurz nach 9 Uhr morgens begann meine Arbeit, die neu war, aber mir leicht erschien. Etwas später erschien der Gesandtschaftsrat Dankwort, auf seinem Gesicht ein behaglich wohlwollendes Lächeln, von dem ein Viertel mir, dreiviertel seinem irischen Terrier »Puck« galten, um ½11 Uhr klappte die kleine weiße Gartentür unter meinem Fenster, was bedeutete, daß der Gesandte, Herr von Weizsäcker, aus dem Wohngebäude herüberkam ins Büro. Wenn nichts besonderes vorlag - und das war die Regel -, geschah es, daß Herr von Weizsäcker mich gegen ½12 Uhr anrief, ob wir zusammen spazieren gehen wollten. Auf dem Weg durch die Elfenau, in der sich Parkanlagen in die idyllische Hügellandschaft verloren, wurden rasch einige dienstliche Angelegenheiten besprochen, dann aber sah ich mich in einen platonischen Dialog über die gesamte Weltpolitik, ihre Bezüge und Bedeutung verwickelt, wo ich Rede und Antwort zu stehen hatte und in Verwirrung geriet, wie weiland die Schüler des

Sokrates. Statt mich, dem Ertrinken nahe, mit den andrängenden Problemen des einzelnen Tages herumschlagen zu müssen, um sie mit List oder Gewalt in wenigen Stunden zu lösen, lernte ich das Zusammen- und Widerspiel der Mächte betrachten und sinnend dem leisen oder lauten Atmen des Völkergeschehens lauschen. Theoretisches Wissen aus der Zeit meiner Ausbildung sah ich lebendig werden und zur praktischen Vollendung gebracht.

Hatte ich mich in den vergangenen Jahren wie ein Vagabund schlecht und recht durchgeschlagen, so tat sich mir jetzt als eine Art sonniger, windstiller Hafen das Weizsäcker'sche Haus auf. Ob wir im Sommer in der Aare schwammen oder in die Vorberge der Berner Alpen hinauszogen, ob wir uns vorlasen in der ländlichen Stille des Gartens oder uns bis tief in die Winternacht hinein vor dem Kamin in angeregten Diskussionen verfingen, immer war es ein Gefühl des Geborgenseins, das mich beglückte.

Leider wurde diese Harmonie gestört, als der Landesgruppenleiter der NSDAP in der Schweiz, Gustloff[27], ermordet wurde. Es begann ein widerwärtiges Treiben der kleinen Nazi-Funktionäre in der Schweiz, welche die Gelegenheit für gekommen erachteten, die Aufmerksamkeit der Machthaber im Reich auf sich zu lenken. Da man einen Schuldigen brauchte und die Schweizer dazu nicht herhalten wollten, fand man ihn in der Person von Gesandtschaftsrat Dankwort, der zum »Reaktionär« gestempelt und nach Triest strafversetzt wurde. Sein Nachfolger wurde Herr von Bibra, der sich rühmte, er habe auf seinem vorhergehenden Posten in Prag SS-Leute über die Grenze geschmuggelt, um einen Emigranten in Königssaal »umlegen« zu lassen. Wäre er nicht so feige gewesen, so hätten seine verbrecherischen Anlagen ihm die besten Aufstiegsmöglichkeiten innerhalb der Nazi-»Herrenschicht« eröffnet, so blieb er eine zweitrangige Figur. Als Herr von Weizsäcker im Sommer 1936 nach Berlin berufen wurde, ging die gute Zeit ihrem Ende entgegen. Ich begann meine Versetzung nach Berlin zu betreiben. Im Februar 1937 wurde ich ins Auswärtige Amt einberufen.

Von Bern aus hatte ich enge Verbindung mit dem sich vergrößernden Kreis der Gesinnungsgenossen in der Heimat zu halten versucht. Auf Grund seiner weit verzweigten Beziehungen war er gut unterrichtet, aber noch zu locker organisiert, um nach einem abgestimmten

Plan handeln oder wirklich Einfluß ausüben zu können. Die Eindrükke, die ich von meinen Urlaubsreisen zurückbrachte, waren die schlechtesten. Wie ein losgerissenes Floß, so schien es mir schon damals, steuerten wir rascher und rascher dem Abgrund zu; alles schien vorbestimmt, es herrschte eine erdrückende Atmosphäre des Fatalismus.

8. Und die Welt sieht zu

Wie vorauszusehen, verlegte Hitler seine Aktivität mehr und mehr auf außenpolitisches Gebiet, im Innern hatte er geschulte Handlanger genug, die sein Zerstörungswerk selbständig fortsetzen konnten. Die Sommertage der Olympiade, wo die deutsche Jugend ihren unnachahmlichen Zauber in ritterlichem Wettkampf bewies, war für ihn nur ein Mittel, die führende Schicht in allen Ländern Europas noch einmal einzuschläfern. Das abessynische Abenteuer Mussolini's hatte im Frühjahr seinen Abschluß gefunden, trotz persönlicher Antipathie hatte Hitler ihm dabei den Rücken gedeckt. Jetzt stürzten sich beide gemeinsam in die nächste Unternehmung, die Entsendung von »Freiwilligen« nach Spanien.[28] Im Januar 1935 hatten die Franzosen, statt rechtzeitig auf das ohnehin verlorene Saargebiet zu verzichten, den sicheren deutschen Abstimmungssieg zu einem Erfolg der Nazis umgemünzt, dagegen bei der Wiedereinführung der Allgemeinen Wehrpflicht nur Schwäche gezeigt. Im März 1936 konnte Hitler die entmilitarisierte Rheinlandzone besetzen; England und Frankreich beschränkten sich auf diplomatische Rückzugsgefechte. Es begann die Periode, in der Hitler von den Westmächten einen Erfolg nach dem anderen wie einen Tribut zu Füßen gelegt bekam.

Die Westmächte hatten wegen des Versailler Vertrages ein schlechtes Gewissen und außerdem wollten sie Ruhe haben: von ihrer Seite würde man Hitler nicht reizen, mochte das deutsche Volk allein sehen, wie es mit ihm fertig würde. Mein Versuch, einem Engländer, mit dem ich mich in Bern angefreundet hatte, das Unsinnige dieses Verfahrens klar zu machen, hatte wenig Erfolg. Mein Argument, jeder innerdeutsche Widerstand gegen Hitler müsse angesichts der englischen Haltung automatisch zusammenbrechen, rief in ihm die mißtrauische Vorstellung wach, ein reaktionärer preußischer Junker wolle die ihm unbequemen Nazis durch eine englische Intervention beseitigen, ohne sich selber die Finger dabei zu verbrennen. Davon konnte natürlich keine Rede sein. Es mußte im Interesse des deutschen Volkes wie Europas verhindert werden, daß Hitler, durch englische Schwächezeichen ermutigt, einen Krieg vom Zaun brach. Das aber vermochte ich meinem englischen Bekannten nicht klar zu machen. Auch er sah sorgenvoll in die Zukunft, versuchte sich aber dabei zu beruhigen, die Engländer brauchten zu jedem Entschluß eine gewisse Zeit, hätten sie ihn aber einmal gefaßt, so führten sie ihn auch mit äußerster Energie durch. Wir hatten dies Gespräch - ein erstes unter vielen, die ich in der Folgezeit mit den verschiedensten Engländern führte - im Winter 1936/37 in Bern. Mir stand der Blick in die Zukunft nicht offen, sonst hätte ich ihm sagen können, daß die Durchführung des Entschlusses im Winter 1941/42 begann, als Hitler's Macht vom Nordkap bis nach Ägypten, von den Pyrenäen bis an den Kaukasus reichte, und England es außerdem nur dem Feldherrn-Wahnsinn unseres »Führers« zu danken hatte, daß es überhaupt noch in die Lage kam, einen Entschluß zu fassen. Gegenwärtig aber, im Herbst 1944, wird dieser Entschluß, koste es, was es wolle, zu Ende geführt - wenn Stalin's Truppen erst in Narvik, Kiel, Fiume und Saloniki stehen, werden sich die Engländer wohl erneut darauf besinnen, ob es vielleicht an der Zeit sei, einen Entschluß zu fassen.

Um Brüning und mit ihm das »Gute« Deutschland an der Macht zu halten, hätte es nur einer freundlichen Geste bedurft; um Hitler auf kurze Frist bei Laune zu halten, gaben England und Frankreich die Grundlagen der europäischen Ordnung, die doch vor allem ihrem eigenen Interesse diente, preis. Im Frühjahr 1935 hätte eine vernünftige Proklamation an das Deutsche Volk und ein französisches Infanterie-Regiment, auf die Rheinbrücken in Marsch gesetzt, genügt, um dem Spuk ein Ende zu machen. Heute soll das deutsche Volk in seiner Gesamtheit dafür büßen, daß sich die führenden Männer der damaligen Welt von einem dämonischen Spieler ins Bockshorn jagen ließen.

Ich bedauere es jetzt oft, mir kein Archiv derjenigen ausländischen Pressestimmen oder Abdrucke von Unterhaus-Debatten angelegt zu haben, in denen Hitler ganz offen oder in kaum verhüllter Form als Genie und Retter Deutschlands gepriesen und den eigenen Politikern als Beispiel vorgehalten wurde. Durch derartige Lobhudeleien zeichneten sich insbesondere diejenigen englischen Zeitungen aus, die sich heute an sadistischen Rachegesängen gegen das deutsche Volk gar nicht genug tun können.

Ich habe zu Beginn geschrieben, das deutsche Volk habe gefehlt und mit ihm jeder einzelne von uns. Wie aber stand es denn in den anderen Ländern, was hatten sie an Leistungen, an gesunder Substanz aufzuweisen? Man hatte in einer Mischung von Kriegshysterie und Siegestaumel den Versailler Vertrag fabriziert. Daß er in seinen territorialen und wirtschaftlichen Bestimmungen, vor allem aber wegen seiner moralischen Ächtung Deutschlands für uns unerträglich war, ist bekannt. Hat er etwa den Entente-Mächten wirklichen Nutzen gebracht? Ist etwa der Völkerbund zu einer heilsamen Rolle berufen gewesen, hat er auch nur ein wichtiges Problem zu lösen vermocht? Gelang es den Engländern, ihrer Arbeitslosigkeit Herr zu werden und ihr wirtschaftliches und soziales Leben damit wieder auf eine gesunde Grundlage zu stellen? Verfügten die Franzosen über eine stabile und starke Regierung, welche der zahllosen Schwierigkeiten, die sich in der Zeit seit 1919 in ihrem Lande ergeben hatten, Herr werden konnte? Diese Fragen aufwerfen, heißt sie verneinen.

Die Geschichtsschreibung wird wahrscheinlich das Jahrhundert von 1848 bis heute als die liberale Epoche bezeichnen. Wenn man von einer Reihe konservativer englischer Staatsmänner und von Bismarck absieht, ist unser Erdteil in der Tat von Liberalen verschiedener Schattierungen regiert worden; das Jahr 1918 bedeutet in dieser Hinsicht keinen wirklichen Abschnitt. Die deutsche und die habsburgische Monarchie waren zwar ihrer Herkunft nach nicht liberal gewesen, hatten sich aber dieser zeitgemäßen Tendenz mehr und mehr anbequemt. Nach Kriegsende brauchte man diese Richtung daher nur etwas zu verstärken, um eine parlamentarische Republik nach französischem Muster zu erhalten; konservative Kräfte kamen nicht mehr zum Zuge, sozialistische noch nicht. Es wäre ungerecht, über den Liberalismus in toto den Stab brechen zu wollen; er hatte einst ein humanes, in geistigen Dingen sehr freizügiges Jahrhundert heraufführen helfen, es lebte sich angenehm, wenn man den wohlhabenden Schichten angehörte; seine politischen Vertreter waren im allgemeinen von einer gewissen Bonhomie erfüllt. Allerdings gewöhnte man sich immer mehr daran, die Rangordnung der Werte und sozialen Bindungen verfallen zu lassen und, um dem bequemen Leben der gegenwärtigen Stunde zu frönen, abendländisches Erbgut zu vertun. Man verjubelte leichtfertig die moralische Substanz. Ein Kriterium für die eigenen Handlungen fand man nicht in den leise warnenden Stimmen der Konservativen, nicht in den dumpfen Ansprüchen der sozialistischen Arbeiter, sondern in dem lauten Gekläffe der ewigen Radikalen, die statt der schon übergroßen sogenannten »Freiheit« die offene Zügellosigkeit, statt der langsamen Auflösung rasche Zersetzung propagierten. Es war ein berauschendes Gift, das der Radikalismus über unseren Kontinent brachte und das von den intellektuellen Schichten aller Länder gierig eingeatmet wurde.

> Und haben endlich wohl genug den
> Üppigen Schlummer gebüßt die Völker?
> Wer hub es an? Wer brachte den Fluch?
> Von heut ist's nicht und nicht von gestern,
> und die zuerst das Maß verloren, unsre Väter
> Wußten es nicht, und es trieb ihr Geist sie.
> (Hölderlin)

Es ist mir immer als eine unsinnige Vorstellung erschienen, dies alles hätte ad infinitum so weitergehen können in Saus und Braus, wenn nicht durch einen bloßen Zufall ein gewisser Adolf Hitler, in Österreich geboren und in Deutschland zur Macht gelangt, mit raffinierten Tricks diese prosperierende Welt aus den Angeln gehoben hätte. Das heißt ihm zu wenig – und zu viel Ehre antun, zu wenig insofern, als er nicht ein Produkt des Zufalls ist, sondern eine Ausgeburt dieser Weltenstunde, zu viel, als auch seine Dämonie nicht ausgereicht hätte, Europa an den Rand des Abgrundes zu führen, wenn Europa nicht für diese Prüfung reif gewesen wäre. Ein Schulfreund von mir, [Nikolaus] Christoph von Halem, der seit zwei Jahren in den Klauen der Gestapo ist und deren wiederholtes Foltern in größter Seelenstärke ausgehalten hat, erklärte immer, Hitler sei eine inferiore Erscheinung, im rechten Augenblick auf der Bildfläche erschienen, und bezeichnete ihn als den »Postboten des Chaos«.

9. Bei Hitler im Berghof

Nach Berlin bin ich im Februar 1937 gern zurückgegangen. Diese Stadt hat auf mich immer einen besonderen Zauber ausgeübt. Die Süddeutschen empfinden sie als zu preußisch, während die eigentlichen Preußen, die Ostelbier, ihr vorwerfen, sie habe mit allen Traditionen gebrochen. Tatsächlich scheint mir Berlin im Geistigen fast ebenso weit von Potsdam wie von Weimar, München oder Frankfurt entfernt. Auch geographisch gesehen ist seine Lage im Grunde undefinierbar, es liegt irgendwo in der nordostdeutschen Tiefebene, denn wer wüßte schon etwas von der Spree, wenn sie nicht durch Berlin flösse? Aber das Klima ist anfeuernd, als ob der Wind, der von der fernen See herüberstreicht, alles Schwere und Dumpfe fortbliese. Nach einem Goethe'schen Wort waren die Berliner zu seiner Zeit ein verwegenes Geschlecht, und das sind sie bis heute geblieben. Ohne viel Bindungen durch Landschaft und Geschichte konnte sich die Stadt in den letzten Jahrzehnten dem Abenteuer ihres Aufstiegs hingeben, und in demselben Geist der Hingabe schien sie mir im Dezember 1943 dem Schicksal ihrer völligen Zerstörung entgegenzusehen. Es ist eine Stadt der Heimatlosen, der Vagabunden und Bohémiens, die sich verschwenden wollen an einen Beruf, ein Vergnügen oder an eine Irrfahrt auf allen Meeren des Geistes.

Für mich war die Rückkehr nach Berlin die langersehnte Gelegenheit, neue Verbindungen aufzunehmen und festzustellen, wer an einflußreichen Persönlichkeiten die Auffassungen unseres kleinen Freundeskreises teilte. Da sich jene Aktivität jedoch erst im Laufe des nächsten Jahres abrundete, möchte ich hier die Erlebnisse schildern, die ich auf Grund meiner Tätigkeit im Auswärtigen Amt hatte. Ich war dem Protokoll zugeteilt worden, also derjenigen Abteilung, welcher die Betreuung der ausländischen Diplomaten in Berlin und die Vermittlung des gesellschaftlichen Verkehrs zwischen ihnen und den deutschen Regierungskreisen obliegt. Da mir offizielle Gesellschaften nicht liegen und der engere Verkehr mit Ausländern angesichts der Fremdenfeindlichkeit des Nationalsozialismus eine neue Belastung meines politischen Rufes bedeuten konnte, so hielt ich mich sehr zurück und habe im allgemeinen keine näheren Beziehungen zu den Diplomaten aufgenommen. Umso wichtiger war mir die andere Seite meiner Tätigkeit. Da bei allen offiziellen Veranstaltungen des Dritten Reiches, zu denen Ausländer eingeladen wurden, auch das Protokoll beteiligt war, konnte ich mir zwanglos und unauffällig unsere Machthaber ansehen, zuweilen sogar mit ihnen in Kontakt treten. Aus den bekannten Propagandagründen riß die Reihe der Feiern und Aufmärsche nicht ab. Eine besondere Gelegenheit ergab sich aber für mich, als für Ende September 1937 ein Besuch Mussolini's[29] in Deutschland in Aussicht genommen wurde. Die Vorbereitungen hierfür waren im Protokoll zentralisiert, es gab viel Arbeit, aber gleichzeitig die Möglichkeit, die ersten Einblicke in das persönliche Gefüge unseres Regimes zu tun. In der zweiten Augusthälfte begleitete ich den Chef des Protokolls, Herrn von Bülow-Schwante, nach Berchtesgaden, um Hitler über das von uns entworfene Programm für den Mussolini-Besuch zu unterrichten. Ich habe diese Reise in großer Spannung, ja Aufregung angetreten. Ich sollte den Mann kennenlernen, der zahllosen Menschen ein Abgott war und der einen entscheidenden Einfluß nicht nur auf das deutsche Schicksal nahm, sondern auch auf die Zukunft unseres ganzen Kontinents auszuüben begann. Ich würde ihm gegenüberstehen, den ich als Personifizierung aller bösen Gewalten ansah, und sagte mir, es sei gut, seine Feinde genau zu kennen - aber, und das war das schwerste für mich, ich würde nicht die technischen Mittel haben, ihn aus dem Weg zu räumen.

In der Frage des Tyrannenmordes habe ich eine absolute Stellung eingenommen und nie diejenigen aus unserem Kreis - es waren deren nur zwei - verstanden, die erklärten, man dürfe einen Menschen nicht töten, selbst wenn er, wie sie selber zugäben, den Tod tausendfach verdient habe. Das Verhältnis zur Obrigkeit habe ich stets als ein auf Gegenseitigkeit aufgebautes angesehen. Wenn eine tyrannische Obrigkeit ihre Verpflichtung in eklatanter und unmoralischer Weise verletzt und durch Erpressung, Nötigung und Freiheitsberaubung ihre Untertanen daran hindert, sie auf verfassungsmäßigem Weg zur Rechenschaft zu ziehen, so ist jeder Untertan berechtigt, im Namen der Gesamtheit Notwehr zu üben und den Tyrannen zu töten. So sehr ich auch den politischen Mord verabscheue, so sind mir nie Zweifel gekommen, daß es Fälle der Notwehr gibt, und daß ein solcher bei Hitler und seinen Gehilfen vorlag. Ich wäre schon damals bereit gewesen, mein Leben zu opfern, wenn ich eine annehmbare Chance gehabt hätte, Hitler zu beseitigen. Wozu ich mich nie habe aufraffen können, war, ein Revolver-Attentat zu versuchen, denn dabei ist, wie mir Sachverständige versicherten, die Chance des Gelingens gleich 1:20. Ein mißlungenes Attentat aber bedeutete, wie die Folgezeit gelehrt hat, Folterqualen und Tod nicht nur für den Attentäter, sondern auch seine ganze nähere Umgebung. Diese Auseinandersetzung mag manchem, der diese Zeilen liest, abstoßend erscheinen, manchem, der vielleicht eine Stunde vorher die Frage gestellt hat, warum sich niemand im ganzen deutschen Volk gefunden hat, Hitler rechtzeitig zu beseitigen. Der Tyrannenmord ist im Gegensatz zu den aus Schulbüchern geschöpften Vorstellungen keine romantische Angelegenheit. Nur zum kleinsten Teil besteht er, wenigstens heute, aus dem Entschluß, sein Leben bei einer solchen Tat zu opfern, zum weitaus größeren Teil liegen die Schwierigkeiten darin, überhaupt in die Umgebung eines Mannes wie Hitler zu gelangen und gleichzeitig mit wirksamen Mitteln zur Begehung der Tat ausgerüstet zu sein, Mitteln, deren Beschaffung allein bei einem Polizeisystem wie dem unseren mit den größten Gefahren verbunden ist. Die technische Vorbereitung spielt also hierbei, wie bei zahlreichen anderen Vorgängen des modernen Lebens, die entscheidende Rolle. Mit dem »Dolch im Gewande« ist es nicht getan.

Eines Vormittags also gegen 11 Uhr trafen Herr von Bülow-Schwante und ich auf dem Obersalzberg ein und fuhren zuerst zu Göring, der dort oberhalb des »Berghofes« ein Haus besitzt. Es war ein reizendes Anwesen, ein modernes bayrisches Bauernhaus, nicht groß, aber komfortabel, mit einem Schwimmbecken davor und mit geschmackvollen Dingen gemütlich eingerichtet. Alles machte einen wohlhabenden, aber normalen, ja ansprechenden Eindruck. Während Herr von Bülow-Schwante zu Göring in den Oberstock ging, wo er dann, wie er mir nachher nicht gerade erbaut erzählte, vom »Dicken« im Pyjama (es war inzwischen fast 12 Uhr geworden) empfangen wurde, vertrieb ich mir eine Zeitlang die Weile durch eine Unterhaltung mit einer sechs-jährigen Nichte des Hohen Herrn. Dann aber setzte ich mich ins Auto und las zum Trost Wiechmann's Buch: »Die treuen Begleiter«, in welchem der Verfasser sagt, er habe von seinem Elternhaus zwei geistige Vermächtnisse mitgenommen, das Wort Gottes in all seiner Schlichtheit und die Liebe zu deutschen Gedichten. Ich habe das kleine Buch, das mir meine Mutter gerade geschickt hatte, in jener Stunde des Wartens mit Ergriffenheit gelesen.

Gegen 1 Uhr fuhren wir zu Hitler's Residenz, dem »Berghof« herunter, die wie ein schlecht proportioniertes großes Hotel im bayrischen Bauernhausstil wirkt. Auch im Innern trägt das Gebäude den Charakter eines kalten Hotels ohne jede persönliche Note. Bemerkenswert ist höchstens ein sehr großer Raum zu ebener Erde, dessen einziges überdimensionales Fenster einen schönen Blick auf den Untersberg freigibt. Dieser Raum, mit ein paar guten Bildern, darunter einem Feuerbach, einem herrlichen französischen Gobelin aus dem späten XVII. Jahrhundert, billigsten anilinbunten Teppichen und scheußlichen Klubsesseln ausgestattet, ist das Zentrum des Berghofs und, wenn man so will, des gesamten Dritten Reiches. Denn hier verbringt Hitler, mit Ausnahme weniger Stunden, den Tag inmitten der Seinen, hier hält er, der Gespräche unter vier Augen eigentlich nicht kennt und für den zurückgezogene Arbeit am Schreibtisch eine Ausnahme bildet, unter ständigem Kommen und Gehen der Begleiter seine Besprechungen ab. Die Pläne werden nicht etwa in der Stille eines Studierzimmers geschmiedet und ausgearbeitet, sondern tauchen in dieser Feldlager-Atmosphäre bei einem zusammenhanglosen Gespräch auf, an dem sich auch der zufällig Anwesende beteiligen kann, tauchen auf, um je nach Eingebung und Laune wie Sumpfblasen zu vergehen oder aufgegriffen und in einem logisch meist undefinierbaren Zeitpunkt schlagartig verwirklicht zu werden.

In diesen Raum wurden wir geführt, um Hitler zu erwarten, der, wie üblich, erst unlängst aufgestanden war, da er den Vorabend bis gegen drei Uhr morgens inmitten der Seinen verbracht hatte. Er erschien bald. Seine Jacke aus feinstem Tuch mit goldenen Litzen ließ die Lieblingsfarbe der Nazis noch bedenklicher als sonst erscheinen, sein Hemd war blütenweiß, man sagt, daß er es mehrmals am Tage wechselt, da er leicht in nervösen Schweiß gerät. Die schwarze Hose war normal und unauffällig, hob aber die Farbe der Jacke noch mehr hervor. Sein Äußeres machte einen unerwartet gepflegten Eindruck. Die Schulterblätter des leicht gebeugten Rückens zeichneten sich durch die Uniform hindurch ab. Mit seinen Händen wußte er nichts anzufangen, bleich und seltsam leblos hingen sie herab, um in Augenblicken der nervösen Spannung ins Zucken zu geraten und sich mit gespreizten Fingern zu entfalten – feuchte viereckige Hände, weder vergeistigt noch durch Arbeit geformt, mit spatenförmigen Nägeln, die aufs äußerste abgebissen waren, durch die ihnen zuteil gewordene Pflege besonders peinlich wirkend. Und dann das Gesicht – gespenstisch und leblos, wie schon die Hände, alle Züge verwischt bis auf die in einer unerklärlichen Weise abstoßende Partie um die Nase und die zu lang geratene Oberlippe und die von schweren Lidern bedeckten Augen, in denen eine düstere Besessenheit haust. In sich gekehrte Augen, in denen manchmal etwas Lauerndes oder Verschlagenes ist, nie ein freudiger oder gebietender Blick. Trotzdem ist von ihnen viel gesprochen worden, man hat sie als schön oder bezwingend gepriesen. Mag sein, daß von ihnen die Kraft ausgeht, welche die Menschen betört und schwächt. Ich habe mich nie mit Hypnose oder Magnetismus beschäftigt und vermag nicht zu beurteilen, welchen Einfluß sie auf das menschliche Leben zu nehmen vermögen, auf Erscheinungen der Telepathie bin ich wohl häufig gestoßen, aber aus Zufall und ohne ihnen nachzugehen. Immerhin kennt jeder von uns Menschen, deren bloße Anwesenheit die Umgebung mit Spannungen lädt, andere, deren Erscheinen heitere Harmonie verbreitet. Nie habe ich die Kraft solch' einer unfaßbaren Ausstrahlung so stark gespürt wie bei Hitler, und vermag nicht zu glauben, daß dies Gefühl bei mir auf Einbildung oder Vorurteil beruht. Ein Raum, in dem er weilt, scheint mir von bösen Kräften gesättigt, die ich körperlich spüren würde, auch wenn man mich mit verbundenen Augen hineinführte und ich nichts von Hitler's Anwesenheit wüßte.

Nach einer kurzen Begrüßung setzten wir uns um einen Tisch: Hitler, Himmler[30], Bormann[31], Meißner[32], Herr von Bülow-Schwante[33] und ich. Von Himmler habe ich erst später einen etwas deutlicheren Eindruck gewonnen. Bormann, klobig und untersetzt, war die Verkörperung von Brutalität und Tücke. Meißner, zu dessen Kennzeichnung man erzählt, ihm als einzigen sei es gelungen, die Sintflut außerhalb der Arche Noah zu überleben, wirkte, von den Nazis als verächtlicher Fremdkörper behandelt, jovial, falsch und beflissen. Herr von Bülow-Schwante trug seine Sache militärisch knapp und zugleich verbindlich vor. Hitler, in einer schattigen Ecke sitzend, fiel sichtlich zusammen und kaute an seinen Nägeln. Über einen Punkt in unserem Programm entstand eine Debatte: Es handelte sich darum, wie man den zweiten Abend von Mussolini's Berliner Aufenthalt gestalten solle. Der Vorschlag des Protokolls war vielleicht nicht ganz einleuchtend, der Beitrag der anderen aber auch nicht. Plötzlich fuhr Hitler auf und sagte: »Ich sehe das«, und schilderte, wie der Abend zu gestalten wäre. Dieses Bild war rein visuell aufgebaut, er entwickelte es nicht logisch, sondern gab die Eindrücke der einzelnen Phasen, wie er sie offenbar vor sich sah, wieder. Daß sein Vorschlag bei weitem der beste war, ist nicht wesentlich; interessant war lediglich, der Vision eines Propheten beigewohnt zu haben. Ich habe später durch einwandfreie Zeugen noch mehrmals von derartigen »Gesichten« gehört. Auf eines werde ich im Laufe meiner Erzählung zurückkommen.

Wir gingen anschließend zu Tisch, wo es für uns Sterbliche ein gutes aber knapp bemessenes und einfaches Essen gab. Hitler nährte sich von einem Gemüsebrei; ein Glas Tee in einem jener Nickelgestelle, wie man sie von Bahnhofswartesälen kennt, stand vor ihm, daneben Hors d'œuvre-Schüsselchen mit verschiedenen Nüssen und Rosinen. »Unser Führer« bekam etwas affenartiges, wenn er in diese kleinen Schüsseln hineingriff und dann an den Nüssen herumknabberte.

Bei der Reise Mussolini's durch Deutschland habe ich Hitler noch öfter aus der Nähe beobachten können, ebenso im Jahre 1938 bei verschiedenen Gelegenheiten, u.a. bei einem langen Gespräch mit Mackenzie King[34], wo ich Einblicke in seine politische Taktik gewann. In den Tagen vor Kriegsausbruch habe ich ihn sowohl in Berchtesgaden wie in Berlin sehr eindringlich erlebt. Was ich über ihn aussagen kann, wird trotzdem immer ein Fragment bleiben, ein Ausschnitt, auf meinen subjektiven Eindrücken fußend.

Ich habe mir natürlich oft die Frage vorgelegt, was Hitler für ein Mensch sei und auf welchen Eigenschaften sich seine meteorhafte Laufbahn gründe. Da er eine mir völlig fremde, ja konträre Erscheinung ist, kann ich nicht hoffen, sein Rätsel zu lösen. Einige Anhaltspunkte möchte ich aber doch zu geben versuchen. Vorausschicken möchte ich, daß ich an ihm keine der guten oder schlechten Eigenschaften unseres Volkes gefunden habe; daß er uns so fremd ist, hat sicher zu seinen Erfolgen beigetragen, ebenso wie Napoleons wohl schwächerer fremder Einschlag zu seiner Laufbahn in Frankreich. Unter Tschechen habe ich manche von Hitler's Zügen und Eigenschaften angetroffen, Slawisches in einer weichen, fast femininen Ausprägung.

In erster Linie habe ich Hitler immer als Visionär oder besser als einen dämonisch Besessenen empfunden. Er wird selber von den Kräften, die er ausstrahlt, beherrscht, sie leiten seinen schicksalshaften Lebensweg. Alle Motive, die er für seine Handlungen anführt, erscheinen mir als nachträgliche Begründungen, auch wenn er selbst an sie glauben sollte. Das deutsche Volk, das er zu lieben vorgibt - an diesen Vorwand glaubt er offensichtlich selber nicht - ist ihm ein Mittel zur Erfüllung seiner »Mission«, und diese Mission wiederum besteht für ihn darin, seine dunklen Triebe auszuleben. Anders als bei Mussolini, der logisch und - wenigstens zu Anfang - diszipliniert die Macht und ihren Glanz anstrebte, bleiben Hitler's Wünsche vage.

In zweiter Linie hat man es bei ihm mit einem Menschen zu tun, der völlig amoralisch ist. Ich halte ihn nicht für einen Verbrecher im landläufigen Sinne, der das Böse anstelle des Guten wählt, das Unrecht anstelle des Rechts. Ich glaube vielmehr, daß er einen solchen Unterschied gar nicht kennt, Gut und Böse, Recht und Unrecht, Wahrheit und Lüge sind ihm verschiedene, im Grunde gleichwertige Methoden, deren man sich wahlweise bedient. Er sagt z.B. die Wahrheit, wenn er damit einen Überraschungserfolg erzielen kann. Im Mittelalter hat man Naturen wie die seinige offensichtlich besser erkannt, sie dem Arm der weltlichen Justiz entzogen und der Kirche für den Scheiterhaufen überantwortet.

Schließlich glaube ich an ihm einen vollkommenen Mangel an Sinnlichkeit, wenn man von deren allerprimitivstem und gröbstem Ausdruck absieht, bemerkt zu haben. Den Gerüchten über seine Erlebnisse auf diesem Gebiet vermag ich wenig Glauben zu schenken; sicher sind die feineren Ausstrahlungen der Sinnlichkeit wie Liebe, Freundschaft, Sympathie, Schönheitssinn und Lebensfreude ihm völlig fremd. Die Bilder, auf denen er mit Kindern zu sehen ist, sind gestellt; Spitzweg interessiert ihn, weil er ihn um seine malerische Fertigkeit beneidet, seine Bauten sind Ausfluß eines Machttriebes, daher phantasielos und brutal, auf derselben Ebene liegt seine Vorliebe für Wagner und den Badenweiler Marsch. Von menschlichen Beziehungen ist nie die Rede gewesen. In seinen Wohnungen in Berchtesgaden, München und Berlin habe ich nicht den leisesten Hauch persönlicher Atmosphäre angetroffen. Gegen Pferde hat er eine tiefe Abneigung, an Essen und Trinken hat er keine Freude, Rauchen verabscheut er.

Alle diese menschlichen Möglichkeiten sind bei ihm von anderen Kräften absorbiert, auf andere Ziele hingelenkt. Dieser Wesenszug ist mir eine Erklärung für eine andere seiner Eigenschaften: wer diese Art von Sinnlichkeit nicht kennt, kennt auch keine äußere Eitelkeit, und wer nicht eitel ist, bleibt im allgemeinen unbefangen. Ich habe Hitler verschiedentlich in Situationen beobachtet, wo er die lockeren Manieren eines Grandseigneurs an den Tag legte, z.B. als er auf dem Weg zum Speisesaal eine Sitzordnung regelte, die eines französischen Protokollchefs würdig war, oder einen General, der bei einer Parade in der Aufregung falsch gelaufen war, mit soviel liebenswürdigem Takt an seinen Platz zurückbrachte, daß diesem sein Fehler gar nicht zum Bewußtsein kam. Nur auf dem Gebiet der Rasse kennt er – mit Recht – Minderwertigkeitsgefühle, daher seine Rassentheorie und seine unglückliche Liebe zu den Engländern.

Furchtbar sind die Verzerrungen, denen er die deutsche Sprache in Wort und Schrift unterwirft. Sein Organ ist guttural, sein heimatlicher Dialekt, um persönliche Besonderheiten vermehrt, löst alles in eine Art Gehuste und Gepoltere auf; kurze Vokale spricht er lang aus und umgekehrt, sagt z.B. »Diplomatten« und »Kolle«. Seine ersten Eindrücke deutscher Satzfügung hat er offensichtlich aus dem umständlichen, von Fremdworten strotzenden K.u.K.-Kanzleistil gewonnen, einem System, das er mit dem Eifer des Halbgebildeten ins Barbarische entstellt hat. Infolgedessen wird man von ihm mit einem Schwall von Sätzen, Nebensätzen, Verschachtelungen und Fremdworten überschüttet und hat die größte Mühe zu folgen. Erhöht werden diese äußeren Schwierigkeiten durch die Tatsache, daß er an alle Probleme aus einem Gesichtswinkel herangeht, der mit Logik nichts gemein hat – mit überraschenden Wendungen voll Schlauheit und mit reichlich dosierten Lügen langt er schließlich doch an jenem Schluß an, den er sich vorgenommen. Alles dies macht seine Reden und Schriften für den Gebildeten zu einem unentwirrbaren Dickicht, das allen Gesetzen des Geschmacks, der Logik und des Anstands widerspricht, für den Halbgebildeten dagegen sind sie voll geheimer Weisheit und blitzartiger Erleuchtung. Die Natur hat ihn überhaupt reichlich mit Gaben beschenkt. Endet sein Trance-Zustand, so verfügt er immer noch über Schliche und Methoden, um die ihn der gerissenste Pferdeschacherer in einer polnischen Kleinstadt beneiden könnte, und sieht er erschöpft und verfallen aus, so wird die Menge, vor die er in einem solchen Zustand hintritt, behaupten, seine dunklen traurigen Augen strahlten Güte aus, sein Rücken sei gebeugt, weil er ihrer aller Sorgen trage. Seine ganzen Fähigkeiten entwickelt er beim Verhandeln, sein Rezept ist ein eigenes, und die Partner ahnen selten, welchen Gefahren sie sich aussetzen, wenn sie sich überhaupt mit ihm einlassen. Er beginnt mit einem langen Monolog, den er je nach Laune über Stunden auszudehnen vermag. Von Logik und Konsequenz nicht gehemmt, sprudelt er seine seltsamen Theorien vor, es ist schwer zu entscheiden, wo der subjektive gute Glaube beginnt oder aufhört. Sein Gesprächspartner, der nicht zu Worte kommt, meint betroffen, einem Irren gegenüberzustehen. Plötzlich beginnt Hitler den Monolog durch eine materielle Diskussion zu ersetzen, sein Gegenüber atmet auf und ist nur zu bereit, die Gelegenheit zu einem wirklichen Gespräch zu ergreifen. Er merkt daher oft gar nicht, daß Hitler's Worte ein unentwirrbares Gemisch von Lüge und Drohung sind, auch das Gespräch voller Fallstricke ist. Bleibt jedoch der Gesprächspartner auch jetzt noch reserviert, so appelliert Hitler an sein besseres Ich, wird sentimental und beruft sich auf die Solidarität der Europäer, spricht Völkerbundssprache. Man muß schon fest im Sattel sitzen, um über alle diese Gräben zu kommen. Chamberlain und Henderson waren dazu nicht in der Lage, dagegen erreichte François-Poncet manches durch seinen kühlen Witz. Die Italiener gewöhnten sich mit der Zeit daran, Hitler's Reden schweigend und ohne offenen Widerspruch hinzunehmen und schließlich, als sei nichts geschehen, ihre eigenen Wünsche in geschlossener Rede vorzubringen.

10. Mussolini-Besuch

Der Besuch Mussolini's in Deutschland war für das nationalsozialistische Regime eine willkommene Gelegenheit, seine Meisterschaft in der Organisation glanzvoller Massenszenen erneut zu beweisen und sich dem Rausch seiner Dynamik in vollen Zügen hinzugeben. Das Programm war überbesetzt, die Kette der Aufmärsche, Manöver, Massenkundgebungen und Empfänge riß nicht ab. Da ich die Fahrt im Sonderzug Mussolini's mitmachte, bekam ich viel zu sehen und möchte einiges davon schildern. Die deutsche Begleitung Mussolini's setzte sich aus dem Reichsminister Frank[35], unserem Botschafter in Rom, Herrn von Hassell[36], ferner Herrn von Bülow-Schwante und mir zusammen. Frank, der Erfinder des Schlagwortes »Recht ist, was dem deutschen Volke nützt«, Totengräber der deutschen Justiz und späterer Generalgouverneur in Polen, war sogar im Kreis der Nazis eine einmalige Erscheinung: von einer grotesken Eitelkeit, haltlos, opportunistisch, verlogen und raffgierig, war er eine der verächtlichsten Gestalten, die mir begegnet sind. Er hatte manches mit Ribbentrop gemein. Heß[37], der gleichfalls zeitweise in unserem Zug mitfuhr, war zwar eine der sympathischeren Erscheinungen unter den Nazis, wirkte eher bescheiden und wohlerzogen, auch fehlte ihm der Hang zur Grausamkeit, doch war er schwach und dumm. Himmler, dem ich in diesen Tagen öfters begegnete, erschien mir als der Typ des fanatischen Oberlehrers. Sein Organisationstalent, seine persönliche Integrität und - sit venia verbo - sein Idealismus, der mit größter Kälte und Grausamkeit gepaart war, ließen eine schrankenlose Laufbahn ahnen, doch hätte er dazu, da sein Verstand und seine Entschlußkraft offenbar nicht ganz ausreichten und er sich anscheinend von der Treue zu Hitler nicht losmachen konnte, eines überlegenen Helfershelfers wie Heydrich[38] bedurft. Als dieser ihm später über den Kopf wuchs und er ihn, wie mir versichert wurde, mit Einwilligung Hitlers beseitigen ließ[39], schnitt er damit auch seine eigenen Chancen ab.

In München erlebte ich eine jener grotesken Szenen, die einem in der Umgebung Hitler's häufig zustießen und einen mit einer Mischung von Ekel und Verlegenheit erfüllten: Mussolini besuchte Hitler in seiner Privatwohnung, die aus der Zeit vor der Machtergreifung stammte und nun beibehalten wurde, sei es aus Sentimentalität, sei es, um die Bescheidenheit des Gewaltigen zu dokumentieren. Was ich von den Zimmern zu sehen bekam, wirkte spießig und kalt. Während Hitler und Mussolini ihr erstes Gespräch unter vier Augen hatten und die italienischen Begleiter in der Eingangshalle Platz nahmen, versammelten sich die Vertrauten Hitler's, Adjutanten, Ordonnanzen, Chauffeure, aber auch Größen im angeblichen Rang eines Generals oder Staatssekretärs in undefinierbarem Gemisch in einer Art Abstellraum neben der Küche. Ein Beherzter drang in die Speisekammer und »organisierte« Schnaps und Sekt. Wir begannen ein kleines Gelage – es war etwa 12 Uhr mittags. Ein Glas Sekt half mir die Übermüdung und die abstoßenden Eindrücke überwinden, ich betrachtete meine Umgebung, diese Versammlung verkommener bayrischer Spießer und aufgeblasener Taugenichtse, die sich als Revolutionäre fühlten, mit Galgenhumor und schaffte mir – wie später so oft – durch Fluchen und schlechte Witze ein Alibi. Glücklicherweise war kein Italiener anwesend, ich hätte mich sonst noch mehr geschämt. Übrigens hätten auch die SS-Führer für solch ein Treiben kein Verständnis aufgebracht.

Nachmittags fand auf dem Königsplatz ein Vorbeimarsch militärischer Parteiformationen statt. Ich hatte mich dicht an das Podium, auf dem Hitler und Mussolini standen, herangeschoben und konnte sie gut beobachten. Hitler fühlte sich offensichtlich unbehaglich, er schien in der warmen Sonne zu frieren, und seine Hände in den grauen Handschuhen aus Gazellenleder zuckten nervös hin und her. Ich hatte das Gefühl, er nähme Mussolini, der kraftvoll und gezügelt wie ein Condottiere neben ihm stand, seine bei aller südlichen Eitelkeit doch unbefangene Vitalität übel. Von einem persönlichen Kontakt oder gar Sympathie war zwischen den Beiden nichts zu spüren. Erst später, als Hitler auf Grund großer Erfolge seinen Minderwertigkeitskomplex überwand, scheint er für seinen italienischen Partner wohlwollendere Gefühle aufgebracht zu haben. Auf Mussolini's Gesicht zeichnete sich während des Vorbeimarsches eine merkwürdige Wandlung ab. War er während der ersten Tagesstunden hochmütig und leise verächtlich gewesen, hatte er auch noch auf dem Podest anfangs eine blasierte Miene aufgesetzt, so änderte sich das zusehends. In endlosem Zug marschierte die Elite der bayrischen Jugend an ihm vorbei, hochgewachsen, mit strahlenden Augen, diszipliniert und gelockert zugleich, ein Anblick, der auch den Skeptiker erfreuen konnte. Mussolini war zuerst interessiert, dann gefesselt, schließlich passioniert – ich glaubte auf seinem Gesicht den Entschluß ablesen zu können, sich mit diesem Volk zusammen zu tun, in ihm den Ausgleich zu finden für so manche Schwäche der eigenen Landsleute. Ich bin die Vermutung nicht los geworden, daß in dieser Stunde die »Achse«[40] geboren wurde, wobei Mussolini sich in Unterschätzung Hitler's der Illusion hingab, die Leitung des zu bildenden Blocks in der Hand behalten zu können. Am nächsten Tag wurden uns bei den Manövern in

Mecklenburg der Vorstoß massierter Tanks und eine zum Tiefangriff ansetzende Flugzeugformation gezeigt. Ich stand voll Bangen unter der Menge auf dem »Feldherrnhügel« und sah mir die Gesichter unserer Militärs an: Blomberg[41], ein wenig zu elegant, eine Spur zu liebenswürdig, schien mir seinen Spitznamen »der Gummilöwe« zu verdienen, Fritsch[42], der mir erst spät zu Bewußtsein kam, gefiel mir mit seinem halb kühlen, halb dreisten Gesicht besser.

II. AUSSENPOLITISCHE KRISEN (1938–1939)

11. Blombergkrise und »Anschluss«

Im Anschluß an die Mussolini-Reise mußte ich aus Gesundheitsgründen fast ein halbes Jahr lang auf Urlaub gehen und konnte daher die Vorgänge nur aus den Zeitungen verfolgen. Kurz vor meiner Rückkehr in den Dienst kam es am 4. Februar 1938 zur Blombergkrise. Er wurde entlassen, weil er sich in den Kopf gesetzt hatte, ein junges Mädchen zweifelhaften Rufes zu heiraten; zwar war es nicht schade um ihn, doch war, was nachher kam, noch schlechter. Der Posten des Kriegsministers wurde kassiert, er hätte, von einer Persönlichkeit besetzt, zu einem Kraftzentrum werden können. Stattdessen wurde die Stelle eines »Chefs des Oberkommandos der Wehrmacht« geschaffen, eine Verwaltungszentrale, die Keitel, ein törichter, von allen verachteter Lakai, einnahm. Noch schlimmer war der Sturz von Fritsch, des Oberkommandierenden des Heeres. Brauchitsch[43], der an seine Stelle rückte, war ein zweiter Blomberg, elegant, liebenswürdig und schwach. Er wollte sich von seiner Frau scheiden lassen, um eine andere zu heiraten. Seine erste Frau bestand aber auf einer Abfindung in Höhe der Generalspension; für Brauchitsch war diese Bedingung unerfüllbar. Da sprang Hitler ein, schenkte ihm das Geld und ermöglichte so die Erfüllung seines »Traumes vom Glück«. Zahlreiche andere Generäle und hohe Offiziere wurden überraschend entlassen. Auch auf das Auswärtige Amt griff die Krise über. Neurath, der sich noch eben sehr fest im Sattel gewähnt hatte, wurde verabschiedet und mit dem fiktiven Posten eines »Chefs des Geheimen Kabinettsrats« getröstet. Es war ein herber Schlag für ihn. Er war beileibe kein Nazi, neigte aber zu einem bequemen egozentrischen Optimismus, der die Probleme nicht in ihrer grundsätzlichen Schwere erkennen, sondern ihnen mit Schlauheit aus dem Wege gehen wollte. Aus dieser Einstellung heraus hatte er jede Veränderung oder gar Reform des Auswärtigen Amtes, auch wo sie dringend am Platze gewesen wäre, unterbunden, aber ebensosehr auch jeden Widerstand gegen die Nazis verhindert. Er brachte die Behörde dadurch in Verruf und nahm ihr gleichzeitig jede Schlagkraft. Sein Schwiegersohn, Herr von Mackensen[44], war einer jener Neu-Preußen wilhelminischer Prägung, in seinem Äußeren korrekt, arbeitsam und steif, zuweilen unliebenswürdig wie ein altmärkischer Junker, in Wirklichkeit aber ohne innere Kraft. Er glaubte nur seiner Pflicht als Beamter zu genügen, indem er alles gläubig bejahte und bewunderte, was sein jeweiliger König, Kaiser oder Führer zu tun für gut befand.

Neurath's Abgang veranlaßte Herrn von Mackensen, den Staatssekretärs-Posten aufzugeben und als Botschafter nach Rom zu gehen. Dieser Posten war frei geworden, weil Herr von Hassell infolge seiner Opposition gegen ein zu enges deutsch-italienisches Bündnis in Ungnade gefallen war. Er wandte sich dagegen, daß die beiden ihre Länder beherrschenden Parteien im Rausch gegenseitiger Lobhudelei von einer Schicksalsgemeinschaft sprachen, die alle historischen, geographischen und wirtschaftlichen Gegebenheiten außer Acht ließ. Auf der Reise Mussolini's war ich viel mit ihm zusammen gewesen und hatte die Ungeniertheit, mit der er auf seinem Gesicht tiefste Verachtung für das Nazi-Getriebe zur Schau trug, erfreut beobachtet. Seine temperamentvolle Unmittelbarkeit schien eines besonderen Schutzengels sicher zu sein. Eines Tages, als wir zusammen im Speisewagen saßen und Frank, der zwischen ihm und Ciano Platz genommen hatte, mit letzterem eine Konversation in gebrochenem Italienisch führte, wandte sich Hassell nach einem Seitenblick auf ihn an mich und fragte ganz laut: »Ist Ihnen schon jemals so ein Vieh wie der da begegnet?« Ich stand unter seinem Charme und freute mich, daß sich endlich einmal jemand fand, der die Rolle des Kindes in Andersen's Märchen von des Kaisers neuen Kleidern übernahm und ganz schlicht die Wahrheit sagte. Allerdings sah ich voraus, daß seine Laufbahn ein plötzliches Ende nehmen und er einem gefügigen Werkzeug Platz machen würde.

In dem ganzen Wechsel war eine einzige Personalveränderung zu begrüßen: Die Ernennung von Herrn von Weizsäcker zum Staatssekretär im Auswärtigen Amt. Jeder, der ihn kannte, wußte, daß er sein ganzes Können, seine ganze Zähigkeit und all den Kredit, den er in den Augen des Auslandes genoß, in den Dienst einer organischen, friedfertigen Außenpolitik stellen würde. Jeder, der die Verhältnisse in Deutschland übersah, wußte indessen auch, daß Herr von Weizsäkker einer der letzten nicht parteigebundenen Zivilisten war, der noch an einflußreicher Stelle saß und deshalb nur dann auf eine erfolgreiche Durchführung seiner Aufgabe hoffen konnte, wenn ihm das Militär dabei seine offene oder heimliche Unterstützung lieh. Der zivile Sektor unseres staatlichen Lebens existierte praktisch nicht mehr oder vegetierte nur noch im Verborgenen; die Partei hatte alle leitenden Stellen an sich gerissen und die niederen Regionen mit Spitzeln durchsetzt und geknebelt. Welches außenpolitische Tempo Hitler einzuschlagen beabsichtigte, ließ sich an der Tatsache ablesen, daß Neurath durch Ribbentrop ersetzt wurde. Ich habe den Namen Ribbentrop in den Jahren 1927/30 öfters zu hören bekommen, vielleicht habe ich damals sogar diesen am jüdisch-plutokratischen Gesellschaftshimmel Berlins aufsteigenden Stern zu Gesicht bekommen, ohne ihn allerdings zu realisieren. Sohn anscheinend achtbarer, in beschränkten Verhältnissen lebender Eltern fühlte er in sich einen Drang zum Höheren. Ein entfernter Onkel hatte einst den persönlichen Adel verliehen bekommen, der von der Witwe, wie es im Kaiserlichen Deutschland aus Courtoisie gestattet war, gleichfalls geführt wurde. Damals war die Übertragung eines erblichen Adelstitels durch Adoption unzulässig, die Übertragung des persönlichen Adels natürlich ausgeschlossen. Als jedoch die Republik diese Einschränkungen aufhob, ließ Joachim Ribbentrop sich von seiner angeblich adligen, verwitweten und entfernten Tante adoptieren. Der erste Schritt war getan, der zweite folgte, als Joachim *von* Ribbentrop die bösartige Tochter der Wiesbadener Familie Henkel, eines angesehenen, vor allem aber wohlhabenden Hauses, heimführte. Seinen Aufstieg durch Vermehrung seines Wissens und solide Arbeit zu unterbauen, fühlte er sich allerdings nicht bemüßigt. Noch im Jahre 1940 erzählte man sich lachend im Büro des Reichsaußenministers, Frau von Ribbentrop habe bei einem ihrer berüchtigten Wutanfälle ihren Mann angeschrieen: »Du hast nichts und kannst nichts, gib Dir wenigstens Mühe!« Als Mann seiner Frau ging er nach Amerika, vertrieb Sekt, lernte ein gewisses Auftreten, Fremdsprachen flogen ihm zu. Als es in

Deutschland besser ging, kehrte er zurück und versuchte, wie schon gesagt, durch Aufnahme gesellschaftlicher Beziehungen zu Juden und Judengenossen vorwärts zu kommen. Er war aufs tiefste in seinem Ehrgeiz und seiner Eitelkeit verletzt, als dies nicht gelang: denn auch in den erwähnten Kreisen verlangte man neben Snobismus gewisse sachliche Fähigkeiten, zum mindesten aber die, arbeiten zu können. Sein Verletztsein, seine Minderwertigkeitskomplexe schlugen in einen hysterischen Haß gegen alles Bestehende um - er fand ein Ventil dafür in Hitler's Umgebung. Er, der weder national noch sozialistisch war, weder Revolutionär noch Landsknecht, stieß 1932 zu den Nazis. Als ich zum ersten Mal davon hörte, konnte ich mich eines Grinsens nicht erwehren, was zeigt, daß ich das Humanistische Gymnasium vergeblich besucht und Catilina vergessen hatte. Bei den Nazis wurde er mit offenen Armen aufgenommen, denn er verfügte über ein Geheimnis: die Kenntnis fremder Sprachen. Alle Größen des Regimes haben ihn bald hassen gelernt, doch erschien ihnen dieser hysterische Snob nicht wirklich gefährlich, weil er ein Einzelgänger blieb. Hitler vermutete in ihm anfangs einen Informator über das unbekannte Etwas, das sich Ausland nennt, er hielt ihn später, weil ihm Ribbentrop jeden Wunsch von den Augen ablas und ihm hündisch schmeichelte. Als sich die »traumwandlerische Sicherheit« Hitler's auch auf außenpolitische Probleme zu erstrecken begann, konnte er nicht mehr zugeben, daß Ribbentrop ihn falsch beraten habe, zudem regelte sich das Verhältnis zum Ausland ohnehin nur noch auf dem Schlachtfeld, endlich hätte eine Verabschiedung Ribbentrop's als Konzession an England ausgelegt werden können - er blieb also auf seinem Posten. Immer wieder macht Hitler sich in aller Öffentlichkeit über seinen Außenminister lustig, er kann ihn trotzdem gebrauchen, sei es auch nur, um durch die Intrigen und Zänkereien dieses unerzogenen Gesellen eine zu große Einigkeit unter seinen sonstigen Beratern zu verhindern.

Wesen und Bedeutung der Februar-Krise des Jahres 1938 habe ich erst später richtig erkannt. Ihre erste Ursache, das war von Anfang an klar, hatte sie in dem zunehmenden Unbehagen, ja Unmut, die das deutsche Volk über das nationalsozialistische Regime empfand. Hitler nahm daraufhin wieder, wie schon im Juni 1934, eine sich anbahnende Krise vorweg. Die Gestaltung, die er ihr gab, war diesmal weniger auf Verschärfung des innerpolitischen Kurses gerichtet, wie ich fälschlich annahm, sondern darauf, alle Hemmnisse, die sich seinen außenpolitisch-militärischen Experimenten in den Weg stellen könnten, rechtzeitig aus dem Weg zu räumen. Es ist ihm das, wie die Entwicklung im Sommer 1938 gezeigt hat, nicht in ausreichendem Maß gelungen. Das Ruhebedürfnis und die Friedensliebe des deutschen Volkes erwiesen sich als stärker und gaben jenen Männern, die für den Frieden arbeiteten, in erster Linie also Herrn von Weizsäcker, im August/September noch einmal eine wirkliche Chance, die sie wahrnahmen.

Auf die Februarkrise folgte der Anschluß Österreichs.[45] Ich bin seit jeher großdeutsch gesonnen gewesen. Mit dem Zusammenbruch der Donau-Monarchie, den jeder europäische Politiker mit gesundem Menschenverstand bedauern, aber auch als vollendete Tatsache anerkennen muß, waren die Deutschen in Österreich politisch heimatlos geworden. Die »Republik Österreich«, dieses aus dem Konkurs gerettete Restgut, war nicht lebensfähig und wird es nie sein. Alle stammesmäßigen historischen und wirtschaftlichen Gründe sprechen für den Anschluß und zwar sowohl auf Seiten der Österreicher wie auf Seiten der Reichsdeutschen. Es gibt Entwicklungen, die man bejahen muß, gleichgültig, wie man gefühlsmäßig dazu steht. Es kommt nur darauf an, dieser Entwicklung mit Realismus und Takt den Weg zu ebnen. Ich halte einen richtig durchgeführten Anschluß für eine Friedensgarantie, während die zwangsweise Trennung nationalistische Aspirationen hervorrufen muß. In einem gemeinsamen Reich auf föderalistischer Grundlage wird ein »Gleichgewicht der Mächte« zwischen dem Süden und Norden, Österreich und Preußen, Politik und Organisation, Katholizismus und Protestantismus entstehen, das unser innerstaatliches Leben wieder bereichern und unsere Nachbarn von dem Alpdruck der zentralistischen Dynamik befreien würde.

Was im März 1938 geschehen ist, war das Gegenteil alles Wünschenswerten, war ein Attentat auf politischen Takt und historischen Realismus. Die Degradierung Österreichs zur »Ostmark« haben auch wir Norddeutschen als Schandfleck in unserer Geschichte empfunden. Wenn man andererseits in Österreich neuerdings die Behauptung aufstellt, Preußen sei an diesem sogenannten Anschluß und seinen Folgen schuld, so versuche ich mich vergeblich zu besinnen, welche Norddeutschen, Ostelbier oder Protestanten - dies wären doch wohl einige Kriterien des Preußentums - an den Vorgängen in Österreich, beginnend mit der Ermordung von Dollfuß[46], beteiligt waren. Konnten nicht jene bornierten Ostelbier, die in der Beherrschung Preußens durch den Österreicher Hitler, in der Durchsetzung der preußischen Verwaltung mit landfremden Elementen, deren Dialekt kaum verständlich war, eine verspätete »Rache für Sadowa« erblickten, stichhaltigere Argumente für ihre These anführen? Doch ist Nationalsozialismus für jeden, der einen deutschen Namen trägt, sich als Erben der gesamtdeutschen Geschichte und Kultur fühlt, ein zu grauenhaftes Erlebnis, um als Plattform für zweitrangige Stammes-Häkeleien zu dienen. Die weltgeschichtliche Stunde, der Generationen von Deutschen seit der Paulskirche in heißer Sehnsucht entgegengesehen haben, war mit Bitterkeit durchsetzt, von düsteren Ahnungen überschattet.

12. Der Generalstab wird Mittelpunkt der Opposition

Hatte Hitler die Februarkrise zur Verstärkung seiner Macht vor allem gegenüber den Militärs benützt, so konnte er nach dem reibungslosen Vollzug des Anschlusses diesen Kreisen gegenüber darauf hinweisen, daß er wieder einmal Recht behalten habe. Seine Popularität hat auch aus diesem Ereignis keinen entscheidenden Zuwachs erfahren, um so mehr dagegen sein Prestige. Die Ansicht, daß er zwar der Vertreter des bösen Prinzips sei, aber vom Schicksal auf rätselhafte Weise gefördert werde und jeder Widerstand gegen ihn zwecklos sei, griff immer weiter um sich. Nur die nationalistischen Kreise, die sich vor allem aus dem Kleinbürgertum und gewissen ländlichen Schichten rekrutierten, sahen in ihm mehr und mehr den nationalen Messias. Gewiß stellten diese extremen Nationalisten eine verschwindende Minderheit dar, aber da sie als einzige Auffassungen vertraten, die man äußern durfte, weil sie dem Regime genehm waren, so erhob sich ihre gellende Stimme über das leise und verängstigte Murren der großen Masse des Volkes. Immerhin zeichnete sich der Weg in den Abgrund des Krieges jetzt mit solcher Deutlichkeit ab, daß die Opposition präzisere Formen annahm und sich fester zusammenschloß. Die Hoffnung auf eine Erhebung des Gesamtvolkes war durch den Terror zunichte gemacht, die zivilen Kreise der Opposition mußten daher, da sie sich weder organisieren konnten noch über Machtmittel verfügten, Anschluß an das letzte noch vorhandene Bollwerk, die Wehrmacht, suchen.

Innerhalb der Wehrmacht spielte die Marine weder zahlen- noch machtmäßig eine große Rolle, die Luftwaffe, als selbständiger Wehrmachtsteil erst vom Dritten Reich geschaffen, war im großen Ganzen nationalsozialistisch eingestellt. Es blieb also als Hort konservativer Traditionen lediglich das Heer und innerhalb des Heeres wiederum der Generalstab. Dieser war, seiner Aufgabe gemäß, aus geistig hochstehenden, mit ihrem Arbeitsgebiet seit langem verwachsenen Offizieren zusammengesetzt und von der überall eindringenden Flut nationalsozialistischer oder opportunistischer Emporkömmlinge ziemlich verschont geblieben. Demgemäß verkörperte er eine Auslese deutschen Soldatentums. Maßvoll und nüchtern erwog man dort die Lage, erkannte sie in ihrer ganzen Schwere und trat den teils auflösenden, teils abenteuerlichen Tendenzen der neuen Machthaber, wo man nur konnte, entgegen. So kam es zu der fast absurd anmutenden Entwicklung, daß gerade der deutsche Generalstab jede einzelne Phase der militärisch-kriegerischen Entwicklung abgelehnt hat. Als die Kriegswolken im Sommer 1938 drohend am Himmel aufzogen, nahm der damalige Generalstabschef, General Beck[47], den Abschied und zwar nicht nur, weil er die Chancen eines solchen Krieges für schlecht hielt, sondern weil er auch die Methoden, die seinen Ausbruch herbeizuführen drohten, moralisch verurteilte. Auch sein Nachfolger, General Halder, stemmte sich gegen den Krieg, und als dieser ausbrach, gegen seine Durchführung gegenüber den Westmächten. Jede Ausweitung des Kriegstheaters fand den Generalstab in Opposition. Diese Opposition beschränkte sich logischerweise nicht nur auf militärisch-technische Fragen, sondern wuchs sich bald zu einer grundsätzlichen Gegnerschaft gegen das Regime aus. Zwar wird ein Generalstab seiner Natur nach weder zum Putsch noch zur Revolution neigen, immerhin kann man rückblickend ohne Übertreibung feststellen, daß das Schicksal Deutschlands und Europas anders verlaufen wäre, wenn der deutsche Generalstab eine direkte Kommandogewalt über die aktive Truppe besessen hätte.

Im allgemeinen hat der Generalstab es vermieden, mit den oppositionellen Gruppen im Lande selber in Verbindung zu treten. Er schob zu diesem Zweck die Spionage-Abwehr vor, deren Aufgabenkreis nicht so streng abgegrenzt war und die füglich behaupten konnte, sich über die Stimmung des In- und Auslandes unterrichten zu müssen. Zwar hat der Sicherheitsdienst, d.h. vor allem wohl Heydrich, die Abwehr ständig mit besonderem, und wie man feststellen muß, durchaus berechtigtem Mißtrauen beobachtet, doch ist es ihm bis in die Jahre 1943/44 niemals gelungen, die vielen Schleier des Geheimnisses, mit denen sich die Abwehr umgab, wirklich zu lüften und ihr eine regimefeindliche Aktivität nachzuweisen.

Unser Kreis ist durch die Vermittlung von Schwerin erstmalig etwa 1937 mit ihr in Fühlung getreten. Lange Jahre hindurch war unsere Zusammenarbeit die allerengste. Dies hat sich erst 1943 ein wenig gelockert, was seinen Grund sowohl in der Entwicklung der Lage wie auch in gewissen sachlichen Vorbehalten hatte, unserer persönlichen Wertschätzung für den Chef der Abwehr, Canaris, und seinen Vertreter, Oster[48], aber niemals Eintrag getan hat. Die Verbindung wurde aufgenommen über den damaligen Major, späteren General Oster. Dieser verband die frische Offenheit eines Kavallerie-Offiziers mit dem Ethos eines wahren Edelmannes und einem glühenden Haß gegen den Nationalsozialismus. Sein Optimismus, der auf einem unerschütterlichen Glauben an den Sieg des Guten beruhte, und seine Arbeitskraft halfen ihm, jede Enttäuschung, jeden Rückschlag überwinden. Er brachte im Lauf der Zeit die verschiedenen oppositionellen Persönlichkeiten und Kreise miteinander in Verbindung und ist ihnen allen ein loyaler, hilfsbereiter Kamerad gewesen.

Canaris, beweglich, listenreich und feinfühlig, voll Interesse für außenpolitische Probleme und meist ausgezeichnet unterrichtet, war der geborene Chef eines »Deuxième Bureau«. Daneben war er ein gütiger Mensch, der bei jeder sich bietenden Chance der Gestapo ihre Opfer entriß. Uns, den Vertretern einer jüngeren Generation, ist er stets mit besonderem Wohlwollen entgegengetreten. Haß gegen die Nazis verband sich bei ihm mit einer angeborenen Neigung zur Verschwörung: wo eine solche im Entstehen schien, war er darüber unterrichtet, an ihr beteiligt. Allerdings hatte er nach dem Urteil mancher meiner Freunde auch die Fehler seines Berufes: etwas Spielerisches, das sich nicht festlegen will, sondern mit allen Möglichkeiten jongliert.

Mit der Zeit haben sich um die Abwehr und damit um den Generalstab alle Gruppen der Opposition herumkristallisiert. Da war als Einzelgänger, weil er mit niemandem recht auskam, niemand sich ganz auf ihn verlassen wollte, Schacht[49] mit seinem Gefolgsmann G[isevius].[50], einem begabten Revolutionär, der dabei gleichzeitig die hochkapitalistischen Neigungen seines Herrn und Meisters teilte. Dann bildete sich eine kleine Gruppe um P[opitz].[51], zu der so interessante Persönlichkeiten wie A. H[aushofer].[52] und Rechtsanwalt L[angbehn].[53] gehörten. Sie verschmolz bald mit unserem Kreis. Mehr im Hintergrund stand eine Gruppe von großen Landedelleuten wie Hrbg. [Hardenberg][54] usw. Besonders nahe stand seit jeher der Abwehr der Kreis der ehemaligen Nazis mit dem Polizeipräsidenten von Berlin, Graf Helldorff[55], an der Spitze. Dieser hat die bedenkliche Rolle, die er nach der Machtergreifung und vor allem bei dem Reichstagsbrand gespielt hatte, durch tätige Reue in acht Jahren der Illegalität mehr als wett gemacht. Zu seinem Kreis gehörten u.a. Go. Bi.[56] sowie, wenigstens zu Anfang, Fritz Dietlof [Graf von der] Schulenburg[57], der damals Vize-Polizeipräsident von Berlin war. Sohn des bekannten Generals und durch seine Mutter mein Vetter zweiten Grades, hatte er, wie seine Brüder auch, extreme politische Ansichten vertreten und war deshalb frühzeitig zu den Nazis übergeschwenkt. Er begann seine Laufbahn als Landrat in Ostpreußen, wo er die Magnaten durch seinen Sozialismus vor den Kopf stieß und als der »Rote Fritz« bezeichnet wurde. Aber auch mit dem Gauleiter Koch[58] und den meisten anderen Parteistellen bekam er bald Händel, da ihm zwar das Blut eines Frondeurs in den Adern rollte, er aber Rechtlosigkeit und Terror zutiefst verabscheute. Als nun gar die SS eine führende Rolle im Staat zu spielen begann und gegen das Christentum vorging, war es mit Schulenburg's Nationalsozialismus aus. Mit dem ganzen Schwung seiner starken Persönlichkeit stellte er sich in den Dienst unserer Sache und ist stets einer der Aktivisten in unserem Kreis gewesen. Wir hatten als Kinder zusammen gespielt, uns dann aus den Augen verloren, nun standen wir wieder in einer Reihe. So verschieden wir in unseren Anlagen und in unserem Werdegang waren, so einig waren wir uns in der Parole unseres Kampfes: »Schlagt ihn tot, das Weltgericht / Fragt nach

Euren Gründen nicht.« Nicht gerade groß, mit einem verwegenen Gesicht voller Schmisse, in dem eine Hakennase etwas schief saß, klemmte er zum Ärger der Nazis, sobald er mit ihnen zusammensaß, ein Monokel vor sein hellblaues Auge. Romantisch, ziemlich wild und insgeheim sentimental, übte er auf seine Umgebung – und vor allem im Krieg auf seine jüngeren Kameraden – einen großen Zauber aus. Auf dem Gebiet der Inneren Verwaltung war er, was er gern verbarg, da er als faul gelten wollte, ein großer Sachkenner und wurde immer wieder zur Säuberung und Neuorganisation in Unordnung geratener Behörden herangezogen, wobei er dann in aller Frische und mit dem harmlosesten Gesicht Nazi-Günstlinge hinauswarf und durch »Reaktionäre« ersetzte.

Die vorstehende Aufzählung oppositioneller Kreise, illegaler Gruppen, erhebt natürlich in keiner Weise den Anspruch auf Vollständigkeit, auch änderte sich ihre Zusammensetzung im Lauf der nächsten Jahre, worauf später zurückzukommen sein wird. Zwei Punkte verdienen jedoch schon jetzt hervorgehoben zu werden: Mein engerer Freundeskreis, mit Schwerin, Yorck, Brücklmeier und Schulenburg, entwickelte und erweiterte sich mit der Zeit zum eigentlichen Kraftzentrum der zivilen Opposition, dem alle anderen Gruppen sich anschlossen. Er fußte schließlich in seiner Zusammensetzung auf einem Bund von Offizieren, Geistlichen beider Konfessionen, Arbeitern, Beamten und Aristokraten. Demgegenüber muß mit Bedauern festgestellt werden, daß die eigentlich bürgerlichen Elemente aus Handel und Industrie, aus der Bankwelt und von den Universitäten dem Regime zwar ablehnend gegenüberstanden, sich aber nie zur Bildung einer eigenen oppositionellen Gruppe oder auch nur zur Zusammenarbeit mit anderen Kreisen aufgerafft haben. Es darf daher nicht wunder nehmen, wenn dem Bürgertum in unserem Kreis eine schlechte Prognose gestellt wurde.

Anfang Mai 1938 besuchte Hitler mit einem Gefolge von mehr als 200 Personen Mussolini in Italien.[59] Mir fiel die Sysiphusarbeit zu, die Frauen verschiedener Machthaber auf dieser Reise zu begleiten. Großsprecherisch, anspruchsvoll und taktlos ergoß sich unsere Kohorte über Rom; stündlich hätte ich vor Scham über das Auftreten der Nazis, welches dasjenige der unerzogensten Faszisten weit in den Schatten stellte, in den Erdboden versinken mögen. Im übrigen entging ich nur mit Mühe der Gnade Ribbentrop's und damit einer »großen« Karriere: er wollte mich zu seinem persönlichen Dolmetscher machen, und es bedurfte meiner wiederholten energischen Ablehnung unter Hinweis auf meine mangelnden italienischen Sprachkenntnisse, um dies zu vermeiden. Anderenfalls wäre ich heute vielleicht Gesandter wie derjenige, der an meiner Stelle diese Aufgabe übernahm. Ribbentrop hat mir diese Ablehnung anscheinend nie verziehen, mich jedenfalls von da an mit seiner Abneigung beehrt.

Kaum aus Rom zurückgekehrt, spürten wir die ersten Anzeichen der heraufziehenden deutsch-tschechischen Krise. Das Frühjahr über hatte ich in dem interessanten und für unsere Zwecke besonders wichtigen militärpolitischen Referat gearbeitet, das die Verbindung zur Wehrmacht hielt. Im Juni berief mich Herr von Weizsäcker in sein Vorzimmer, wo ich bis Oktober blieb. Ich konnte so die Sudetenkrise und ihren Abschluß durch das Münchener Abkommen aus nächster Nähe miterleben. Über die einzelnen Phasen der Entwicklung und die dabei entfaltete diplomatische Aktivität werden später die Akten Auskunft geben, ich kann mich daher darauf beschränken, einige der Akteure, die ich persönlich kennenlernte, und einige Einzelheiten, die ich miterlebte, zu schildern und so die Atmosphäre wiederzugeben, in der sich alles abspielte.

Es war im Grunde selbstverständlich, daß die Sudetendeutschen den Wunsch hegten, von der tschechischen Herrschaft freizukommen und sich mit dem Reich zu vereinigen, ebenso selbstverständlich war es, daß man deutscherseits diesen Wunsch zu erfüllen versuchte. Die Tschechen hatten fast zwanzig Jahre Zeit gehabt, ihr Verhältnis zu den Deutschen innerhalb ihrer Grenzen und darüber hinaus zum Deutschen Reich zu regeln. Zu Zeiten der Weimarer Republik wäre es für Benesch, wenn er der Staatsmann gewesen wäre, für den er sich hielt, ein Leichtes gewesen, mit Deutschland und Österreich in eine für sein Land höchst vorteilhafte wirtschaftliche und kulturelle Zusammenarbeit zu treten. Die Tschechoslowakei hätte sich zu einem in seiner Selbständigkeit konsolidierten blühenden Staatswesen nach Art der Schweiz entwickeln können. Anstattdessen diktierte er seinem tüchtigen und im Grunde realistischen Volk eine falsche Rolle zu, um seiner persönlichen Eitelkeit und Sucht zum Intrigenspiel zu genügen. Nun ging es ans Bezahlen der Rechnung und da das Deutsche Reich sich inzwischen gleichfalls einen »Staatsmann«, der zudem auch seinerseits ein halber Tscheche war, verschrieben hatte, wurde die Rechnung hoch und immer höher.

13. Drei Botschafter: Attolico, Poncet, Henderson

In den Sommermonaten des Jahres 1938 begegnete man auf den Gängen des Auswärtigen Amtes häufig einem hochgewachsenen älteren Herrn, mit grauen, sich kräuselnden Haaren, einer etwas breiten, flachen Nase und wulstigen Lippen im geröteten Gesicht, starke Gläser vor den kurzsichtigen Augen. Er machte den Eindruck eines vornehmen alten Professors, der aus Vergeßlichkeit ohne Hut, Stock oder Mantel ausgegangen war und sich obendrein in seiner Zerstreutheit in ein ihm fremdes Gebäude verirrt hatte. Es war der Königlich Italienische Botschafter Attolico, der den Staatssekretär besuchen kam. Je länger man ihn beobachtete, desto mehr lernte man seine stille feine Klugheit schätzen und konnte sich ausmalen, welche Sorgen ihm sein flegelhafter Außenminister Ciano und sein dynamisch-theatralischer Regierungschef Mussolini bereiteten. Trotzdem gelang es ihm in jenem Sommer, in engster Zusammenarbeit mit Herrn von Weizsäcker, Mussolini zu einer Politik des Friedens und der Mäßigung zu überreden. Mussolini sah allmählich ein, daß aus einem Krieg um Sudetendeutschland nichts für ihn herausspringen würde, daß er dagegen in der Rolle des ehrlichen Maklers einen Prestige-Erfolg einheimsen und seine Abenteuer in Abessynien und Spanien vergessen machen könnte. So konnte Attolico die schönste Aufgabe, die es für einen Diplomaten gibt, erfolgreich lösen, d.h. der Sache des Friedens und gleichzeitig dem Ansehen seines Landes dienen.

François-Poncet, der Französische Botschafter, trug auf seinem gescheiten Gesicht mit dem kleinen Schnurrbart ein kühles, etwas süffisantes Lächeln zur Schau. Angetan mit schwarzer Jacke und gestreiften Hosen war er der echte, ein wenig eitle Vertreter der Dritten Republik, die noch nicht vergessen hatte, welche Mühe es ihrer zivilen Bürgerlichkeit einst kostete, sich gegen die adligen Vertreter der alten Monarchien durchzusetzen, die Titel und Orden salopp wie ein buntes Taschentuch zu tragen wußten. Aber so sehr auch seine Untergebenen über die Eigenheiten ihres Chefs klagten, so war François-

Poncet doch mehr als ein französischer Bourgeois des XIX. Jahrhunderts. Er hatte eine unerschütterliche Ruhe und ein unbestechliches Urteil und sah vielleicht als einziger fremder Diplomat ganz klar und ohne Ressentiment die Zukunft voraus. Seine Berichte, die zwei Jahre später von deutschen Truppen auf dem Abstellgleis eines kleinen französischen Bahnhofs erbeutet wurden, verbergen unter ihrer ein wenig zu brillanten Form die Angst des Patrioten und Europäers vor der unausweichlichen Katastrophe. Er, der die deutsche Sprache spielend beherrschte und sich unter Deutschen wohl fühlte, wußte, daß dem Unheil mit Haß und Wut nicht beizukommen war. Er als einziger trat Hitler unbefangen entgegen und behandelte ihn als das, was er war, als genialen Irren, dessen Wahnvorstellungen er mit einem eleganten, kühlen Witz zu durchstoßen versuchte. Er hat damit manchen Erfolg erzielt, und es war ein Fehler der Französischen Regierung, ihn von Berlin abzuberufen.

Der dritte im Bunde, Sir Nevile Henderson, hatte die drahtige Figur eines Jägers und Sportmanns, sein Gesicht mit dem dunklen, kurzgeschnittenen Schnurrbart war von der Sonne gebräunt, sein starkes dunkles Haar lag glatt auf dem schmalen Schädel. Sommer und Winter schien er denselben braunen Anzug, denselben dunkelroten Pullover zu tragen, der in der Farbe zu der großen Nelke, die in seinem Knopfloch stak, paßte. Er war von bestem Willen beseelt und versuchte, alle Rätsel zu lösen, die ihn umgaben, und deren waren viele. Denn nichts lag der geschlossenen Welt dieses englischen Konservativen ferner als eine Revolution mit ihren verschiedenen Phasen der Romantik, des Irrsinns und der Bosheit. Man hat Henderson zu Unrecht als einfältig bezeichnet; wenn er mit normalen Menschen zusammen kam, wußte er genau, was vorging. Göring's Natur zu begreifen, reichte seine Psychologie noch aus. Darüber hinaus suchte er durch Geduld und Wohlwollen zu ersetzen, was ihm an Phantasie abging – ein tragischer Irrtum. Es war ein Fehler Englands, einen Botschafter nach Berlin zu entsenden, dem man Interesse für den Nationalsozialismus nachsagte. Zu Hitler gehört kein Salon-Nazi, zu Stalin kein Salon-Kommunist, das imponiert den Diktatoren gar nicht. Sie achten dann immer nur auf die Nuance des Verständnisses oder gar der Ergebenheit, die gerade noch fehlt, während ein kühler Beobachter schon mit einer Andeutung des Wohlwollens auskommen kann. So erschien

Henderson den Nazis als ein Schwächling, den man mit Drohungen gefügig machen müsse. Ribbentrop hatte sich in dieser Beziehung sein eigenes kindisches Spiel ausgedacht: erfuhr er, daß Henderson sich für eine bestimmte Stunde bei Herrn von Weizsäcker angesagt hatte, so rief er diesen in letzter Minute zu sich und hielt ihn eine halbe Stunde zurück, nur um die Genugtuung zu spüren, daß der Königlich Britische Botschafter darauf warten mußte, vom Staatssekretär empfangen zu werden. Henderson hatte für derartige Methoden nur ein kühles Lächeln, unterhielt sich mit mir, der ich in solchen Fällen zu ihm ins Wartezimmer ging, über Landleben und Jagd und tröstete erst mich und dann den Staatssekretär über die Unmanier unseres Ministers. Ich habe in der Zeit vom Juni 1938 bis August 1939, wo ich ihn oft erlebte, wachsende Sympathie für ihn empfunden, hätte nur gern gesehen, daß er den guten Rat, den man ihm unter der Hand zu geben versuchte, nicht so starrköpfig beiseite schob.

14. Nürnberger Parteitag im Schatten der Sudetenkrise

Die Sommermonate Juli bis September 1938 waren voll dramatischer Spannung, unsere Stimmung bewegte sich zwischen kühnsten Hoffnungen und bangster Enttäuschung. Im Amt fand sich die Gruppe meiner Altersgenossen fast ohne Ausnahme zusammen, um die Friedenspolitik mit allen uns zur Verfügung stehenden Mitteln zu unterstützen und Ribbentrop's Pläne zu sabotieren. Wenn unser Einfluß auch nicht groß war, so darf man die Macht, die eine solche geschlossene Front auf ein Ministerium auszuüben vermag, nicht unterschätzen. Schon als junger Mensch hatte ich im Scherz die Theorie vertreten, die Attachés, sofern sie zusammenhielten, vermöchten die Außenpolitik zu bestimmen, welche die Geheimräte dann als ihre eigene ausführten. Über unsere Generation hatte Himmler sich einmal geäußert, die Weltkriegsteilnehmer seien ausgezeichnet, ebenso die Jugend, nur auf die Jahrgänge, die nach Kriegsende erwachsen geworden seien, sei kein Verlaß. Meine Antwort, als mir dieser Ausspruch berichtet wurde, war, das sei auch ganz natürlich, wir seien jung genug, um noch zu wollen, und alt genug, um schon zu denken. Diese Jahrgänge also waren es in der Hauptsache, die sich um H[errn].

v. W[eizsäcker]. scharten, in dem sie ihren geistigen Führer sahen, und wohl niemals in der Geschichte des Auswärtigen Amtes hat ein Staatssekretär über eine so feste Phalanx von Anhängern verfügt. Ein Teil dieser Gruppe ließ sich indessen an dieser Unterstützung der Friedenspolitik nicht genügen, sondern schloß sich mit meinem Freundeskreis zusammen, um auf den Sturz des Regimes hinzuarbeiten. Von da an gab es im Auswärtigen Amt immer einen Kreis von Illegalen.

Um die gleiche Zeit machte ich eine bedeutungsvolle Bekanntschaft in der Person des Generals von Witzleben, der damals das Armeekorps in Berlin kommandierte. Mein Vetter Schwerin, der in seiner stillen, fast gelehrtenhaften Art gerade bei den höheren Militärs schnell Anklang fand, führte mich bei ihm ein. Ich habe den General in jenem Sommer drei- oder viermal besucht, um ihm ein Bild von der außenpolitischen Lage zu geben, für die er sich lebhaft interessierte. Er war mittelgroß und hatte einen breiten Schädel mit einem im Verhältnis dazu fast zarten Gesicht und schönen Augen. Er sprach mit leiser Stimme und war von jener vollendeten Liebenswürdigkeit, wie ich sie in meiner Kindheit an alten Offizieren aus der Zeit Wilhelms I. erlebt hatte. Daher erweckte er im ersten Augenblick gar nicht den Eindruck eines aktiven Soldaten, doch wußte er die militärischen Prärogativen in angemessenen Grenzen zäh zu verteidigen. Alles, was er sagte, schien mir von großem Ernst getragen, und ich glaube auch heute noch, er hätte im September 1938 zu einem Schlage gegen Hitler und sein Regime ausgeholt, wenn es damals wirklich zum Kriege gekommen wäre.

In der zweiten Augusthälfte wurde es auch den größten Optimisten klar, daß Hitler es in der Sudetenfrage auf eine Machtprobe ankommen lassen würde. Der eigentliche Führer der Sudetendeutschen, Konrad Henlein, war ein wohlmeinender Mann ohne große Geistesgaben, der sich notfalls mit einem Kompromiß zufrieden gegeben hätte, um das Vaterland nicht durch einen Krieg zu gefährden. Er verfiel darüber bei den Nazis fast in Ungnade, während sein radikaler Stellvertreter, Karl Hermann Frank, immer mehr an Einfluß gewann und im Auftrag Hitlers dafür sorgte, daß das Problem auf Siedehitze gehalten wurde.

Am 5. September begann in Nürnberg der Parteitag, an dem ich bisher niemals teilgenommen hatte, obwohl das sonst für Mitglieder des Auswärtigen Amtes in weitem Umfang üblich war und man scheel angesehen wurde, wenn man in dieser Beziehung nicht genügend Eifer an den Tag legte. Ich hätte nichts dagegen gehabt, mir diese Veranstaltung, von der auch ein Gegner des Regimes nur lernen konnte, anzusehen, wollte mich aber nicht in einer Eigenschaft hinbegeben, die es irgendeinem kleinen Bonzen erlaubt hätte, mich herumzukommandieren. Nun hatte ich Gelegenheit, in dienstlicher Eigenschaft als Begleiter von Herrn von Weizsäcker hinzufahren. Die Autoreise werde ich immer im Gedächtnis behalten, weil ich dabei Zeit fand, über die Lage in all ihrer Düsterkeit nachzusinnen und wieder einmal um den Entschluß zu ringen, persönlich etwas gegen Hitler zu unternehmen. Ich kam deshalb auch nicht zum Genuß der Fahrt, die zwar bei Regenwetter begann, uns dann aber an einem milden Spätsommer-Nachmittag auf die Höhen des Fichtelgebirges führte, wo sich vor unseren Augen eine Caspar-David-Friedrich-Landschaft nach der anderen entrollte. Aus Nürnberg, wo wir mit den Ehrengästen im Grandhotel wohnten, während die fremden Diplomaten mit ihrem inzwischen weltbekannt gewordenen Quartier in Schlafwagen-Zügen vorlieb nehmen mußten und die Nazis im Hotel Deutsches Haus untergebracht waren, habe ich ein etwas undeutliches Gemisch von Eindrücken bewahrt. Unleugbar war die abendliche Massenversammlung der Politischen Leiter die großartigste, ja schönste Inscenierung, die ich erlebt habe. In fast völliger Dunkelheit umhertappend, mußten die Zuschauer auf der riesigen Freitribüne ihren Platz suchen. Abgesehen von dem Lärm, den sie dabei verursachten, und einigen halblauten Gesprächen herrschte völlige Stille. Plötzlich setzte Musik ein und aus Hunderten von Scheinwerfern strahlte Licht auf, das wie in Pfeilern nach oben schoß und sich über der Mitte des Platzes, den man nun mit einem Mal sah, vereinigte und so ein ungeheures Gewölbe bildete. Der offizielle Ausdruck »Lichtdom« entspricht genau dem Eindruck, den diese Beleuchtung vermittelte – ein ephemeres Aufleben gotischen Gestaltungsdranges, erreicht mit technischen Mitteln unseres Jahrhunderts. Gleichzeitig wurden Tausende von Fahnen auf einer fernen Estrade gegenüber der Tribüne angestrahlt, das Rot des Tuches und das Gold der Spitzen loderte gegen den dunklen Nachthimmel gespenstisch auf. Wieder schwieg die Musik plötzlich, und quer über den ungeheuren Platz schritt ein einzelner Mann, in weitem Abstand von wenigen anderen begleitet - es war Hitler, der sich auf die Rednertribüne begab, um eine Ansprache zu halten. Bei seinem ersten Wort war der Zauber, der einen zu umfangen drohte, verflogen und das Trugbild der Hölle offenbar.

Eines Nachmittags stand ich auf dem Balkon meines Zimmers und sah den Arbeitsdienst vorbeimarschieren, Kolonnen und aber Kolonnen dieser wunderbaren deutschen Jungens mit geschultertem blanken Spaten - ich sah sie im Geist für die Wahnideen eines Einzelnen auf den Schlachtfeldern Europas verenden; Verzweiflung überkam mich, und ich versteckte mich in meinem dunklen Zimmer. Tröstlich war ein abendliches Kirchenkonzert in der altehrwürdigen Lorenzkirche, dem ich gemeinsam mit einem Freund andächtig lauschte. Damit aber auch die groteske Seite in diesem Bilderstrauß nicht fehle, müßte ich imstande sein, zwei Gruppen zu schildern: die englischen Lords einerseits, die Nazis andererseits. Leider entpuppten sich die englischen Ehrengäste mit ihren hochtrabenden Namen, einer war der direkte Nachkomme des Indien-Eroberers Clive, als typische Vertreter einer zum Untergang verurteilten europäischen Oberschicht, d.h. sie waren nicht imstande zu verstehen, was vorging. Sie meinten, das sei etwas Neues und Großartiges, so wie man etwa einen Superfilm als neu und großartig bezeichnet. Ob es gut sei, diese Frage legten sich die meisten schon gar nicht mehr vor, denn der Besuch des Superfilms hatte ja nichts gekostet. Hatten sie etwas tiefere Gedanken, so blieben sie je nach Charakteranlage dabei stehen, daß die deutsche Jugend wunderbar sei oder daß man im Hintergrunde dieses Schauspiels eine potentielle Gefahr für England ahnen könne, deren man durch appeasement Herr werden müsse. Die Gescheitesten waren noch die, denen eine neue soziale Gesinnung und Haltung auffiel, die man allen in Nürnberg versammelten Deutschen anmerken könne. Daß der nationalsozialistische Parteitag festlicher Ausdruck einer revolutionären Zeitenwende war, der man nicht ausweichen konnte, sondern mit der man sich, wenn man den Frieden bewahren wollte, ernsthaft beschäftigen und auseinandersetzen, ja, gegen die man rechtzeitig in geschlossener Phalanx zusammenstehen mußte, das kam wohl nur den wenigsten - wenn überhaupt einem - in den Sinn. Sie feilten schon im Geist an den kleinen Geschichten, die sie daheim bei der Tee-Gesellschaft oder im Klub zum Besten geben würden. Wer sich über diesen internationalen Typ von Menschen, dem man in Europa landauf, landab begegnet, näher orientieren will, achte auf das, was er jetzt über die Neuheit und Großartigkeit des russischen Superfilms auf Tee-Gesellschaften, in Klubs oder in den Spalten »seriöser« und »anständiger« Zeitungen produziert.

Fast noch grotesker wirkten die Nazis, die es mit der Angst bekamen. Sie merkten, daß Hitler auf einen Krieg zusteuerte, der vom deutschen Volk abgelehnt wurde, und befürchteten ein rasches Ende ihrer Herrlichkeit. Sie trugen nicht nur lange Gesichter zur Schau, sondern wandten sich an uns alte Mitglieder des Amtes um Aufklärung über die außenpolitische Lage. Wir verfehlten nicht, sie ihnen in düsteren Farben zu schildern, wenn sie aber begannen, uns Konfidenzen über ihr ins Wanken geratene Vertrauen in Hitler zu machen, brachen wir das Gespräch vorsichtshalber ab. Selbst wenn es sich um keine Provokation handelte, waren wir sicher, daß sie uns mit ihrem Haß verfolgen würden, wenn die Lage sich für sie besserte, weil wir sie in Momenten der Schwäche überrascht hatten. Ernsthaft zu bekehren waren sie ohnehin nicht.

Kurz vor dem Ende des Parteitages fiel mir eine Aufgabe zu, die für einen Patrioten nicht leicht war. Das Diplomatische Korps hatte den Staatssekretär zu einem Abendessen in sein D-Zug-Quartier eingeladen. Er war schon unterwegs dorthin, als Frau Attolico bei Frau von Weizsäcker erschien, um ihr zu erzählen, Henderson habe gegenüber ihrem Mann die Ansicht vertreten, die Kriegsgefahr sei endgültig gebannt. Wieso er zu dieser Auffassung kam, weiß ich nicht, vielleicht meinte er, Hitler habe mit einer wilden Rede seine Abenteuerlust abreagiert, vielleicht war er auch nur von irgendeinem Nazi belogen worden. Jedenfalls befand er sich in einem völligen Irrtum, denn wir wußten, daß Hitler sich an demselben Tag eingehend mit Vorbereitungen für eine Mobilmachung befaßt hatte. Es war eine entscheidende Stunde: denn ließ man den Engländer bei seinem guten Glauben und ließ es London infolgedessen in den nächsten Tagen an der erforderlichen Vermittlung und Warnung fehlen, so konnte Hitler ungehindert den Krieg zusammenbrauen, an dem sein Herz hing. Das mußte im Interesse des Vaterlandes und ganz Europas verhindert werden. Ich fuhr deshalb rasch mit dem Auto in das Diplomatenquartier heraus, unterrichtete Herrn von Weizsäcker, den ich herausbitten ließ, und begab mich dann zu Harrison, dem zweiten Sekretär der Englischen Botschaft, der Henderson nach Nürnberg begleitet hatte. Ich lud ihn in einen der für die Diplomaten bereitgestellten Speisewagen ein und führte, während sich am übernächsten Tisch einige SS-Leute breit machten, die aber sicher kein englisch verstanden, bei mehreren Gläsern Whisky ein langes Gespräch mit ihm. Ich setzte ihm auseinander, als deutscher Patriot verträte auch ich die Anschauung, es sei das Beste, alle Deutschen innerhalb der Reichsgrenzen zu vereinen. Eine solche Entwicklung werde sich gleichzeitig zugunsten Europas auswirken, indem dadurch all die leidigen Minderheitenfragen mit ihrem Konfliktstoff aus der Welt geschafft würden. Als guter Deutscher und als guter Europäer, der ich gleichfalls sei, wünschte ich jedoch, dieses Programm unbedingt auf friedlichem Wege verwirklicht zu sehen und nicht mittels revolutionärer oder gar kriegerischer Experimente, gegen die ich mich, wie die Mehrheit des in seinen Entschlüssen allerdings nicht mehr freien deutschen Volkes, unbedingt stemmen wolle. Nach dieser Einleitung sprach ich über Hitler's neueste Pläne. Harrison nahm meine Eröffnungen in guter Haltung und mit menschlichem Verständnis auf, schien aber tief erschüttert. Ich beschwor ihn, England möge seine vage Appeasement-Politik aufgeben, zwar größtmögliches Verständnis für unsere historisch und ethnographisch begründeten Aspirationen zeigen, aber eine klare Stellung zu Hitler beziehen und sich nicht dem Wahn hingeben, dessen Gier durch das Vorwerfen von immer neuen Bissen zu stillen. Die Britische Regierung müsse eine scharfe Trennung zwischen dem Regime und dem Volk machen, sonst gäbe es ein Unglück. Nachdem wir uns getrennt hatten, hatte er, wie ich feststellen konnte, noch bis tief in die Nacht hinein eine Unterhaltung mit Henderson, wobei beide im Freien auf und ab gingen. Harrison selber hat sich mir gegenüber mit größtem Takt betragen und ist nie wieder auch nur andeutungsweise auf unser Gespräch zurückgekommen. Nur ein Jahr später fand ich am Tage des Kriegsausbruchs seine Visitenkarte mit Abschiedsgrüßen und guten Wünschen auf meinem Schreibtisch liegen.

Die allgemeine Abfahrt von Nürnberg stand sichtlich im Zeichen stärksten Katers und beginnender Auflösung – kurz vor dem Aufbruch und während ich mein erstes Frühstück einnahm, setzte sich ein mittelgroßer blonder Mann an meinen Tisch. Er war etwa meines Alters, gehörte zum Büro Ribbentrop, der privaten Dienststelle unseres Meisters, wirkte aber im Gegensatz zu seinen »zackigen« Kollegen leicht bohémienhaft. Wie ich später hörte, war er eine Art Wandervogel und nachher Zeichenlehrer gewesen. Mit einer sympathischen Mischung von Melancholie und Witz setzte er mir auseinander, es gehe mit Europa zu Ende. Diese schöne kultivierte Welt sei zum Untergang verurteilt. Sein Ideal sei eine deutsch-französische Verständigung, ja Verschmelzung gewesen, etwa auf den Traditionen Karls des Großen fußend. Ich fand es nett und überraschend, daß ein Mensch aus diesem Lager sich das Schicksal unserer Kultur zu Herzen nahm, wenn mir auch seine Ideen reichlich romantisch erschienen. So warf ich scherzend ein: »Was wollen Sie mit Karl dem Großen - der ist doch nichts weiter als ein Sachsenschlächter« - worauf es in seinem Gesicht aufblitzte und er schlagfertig erwiderte: »Ach was, Sachsenschlächter, der hat eben auch seinen 30. Juni gehabt!« Mein Gesprächspartner hieß, wie ich erst anschließend erfuhr, Abetz[60] und wurde später Deutscher Botschafter in Paris.

15. München

Am 13. September kehrten wir nach Berlin zurück, am 14. abends fuhren wir schon wieder nach Berchtesgaden, wo Chamberlain sich zum Besuch bei Hitler angesagt hatte. Ich habe Chamberlain nur kurz gesehen, hatte von ihm den Eindruck eines ernsthaften, wohlmeinenden Mannes, der aber weder brutal noch schlau genug war, um mit Hitler paktieren zu können. Das deutsche Volk hat ihn als Bewahrer des Friedens spontan ins Herz geschlossen, und noch im nächsten Jahr hörte man die einfachen Leute in der Berliner Straßen- und Untergrundbahn immer wieder im Ton der Anerkennung und Sympathie von ihm sprechen. Solange ich mich besinnen kann, hat nie ein Ausländer sich in Deutschland einer solchen Popularität erfreut wie er. Zwischen seinem Besuch in Berchtesgaden und der Unterredung in Godesberg lagen sieben Tage, in denen sich die Lage weiter verschärfte. Henlein erhielt ständig Weisungen aus Berlin, die ihn zu radikalem Vorgehen antrieben. Andererseits wurde die Zusammenarbeit zwischen dem Staatssekretär, Attolico und Henderson zur Erhaltung des Friedens enger und enger.

Es muß wohl um jene Zeit oder ein wenig früher gewesen sein, daß der Chef des deutschen Generalstabes, General Beck, seinen Abschied nahm[61], der aber erst im Oktober oder November veröffentlicht wurde, um nicht den Eindruck aufkommen zu lassen, der Generalstabschef sei aus Opposition gegen Hitler's Politik in der Sudetenfrage fortgegangen. Seine Haltung war mutig und folgerichtig, und die von ihm gegebene Begründung, ein Generalstabschef müsse rechtzeitig den Abschied nehmen, denn ein Rücktritt unmittelbar vor Kriegsausbruch wirke wie Fahnenflucht, fand unser aller Anerkennung.

Wenige Monate nach seinem Abschied war Beck der von allen Gruppen und Kreisen anerkannte Führer der Opposition. Er hat sich dieser gefährlichen und mühevollen Aufgabe mit einer Weisheit und Zähigkeit unterzogen, die höchste Bewunderung verdient. Wo immer innerhalb der Opposition ein Gegensatz aufzuklaffen drohte - davon wird später noch zu reden sein -, hat er ihn mit Takt und Energie überbrückt. Wenn Enttäuschung über Fehlschläge sich breit machte, war er es, der alle mit ruhigen Worten aufrichtete. Er ließ jedem Alter, jedem Stand sein Recht, nie hatten die Zivilisten über Zurücksetzung gegenüber den Militärs, nie die Arbeiter über Bevorzugung der bürgerlichen Kreise zu klagen. Er sah die Probleme alle und wies ihnen den richtigen Platz im Gesamtbild zu. Wenn wir Angehörigen des Auswärtigen Amts ihm eine außenpolitische Frage vorlegen ließen, konnten wir sicher sein, daß er sie mit großem Ernst, ja mit intuitiver Sicherheit prüfte und, wenn nötig, entschied. Es befällt mich selten das Gefühl des Bedauerns, einen Menschen nicht kennengelernt zu haben: bei ihm habe ich es. Immer wieder schlugen meine Freunde mir vor, ihn aufzusuchen, man sei eines guten Empfanges sicher, und immer wieder habe ich aus einer Vorsicht, die mir nachträglich übertrieben erscheint, darauf verzichtet.

Zurückblickend drängt sich mir die Frage auf, ob es nicht besser gewesen wäre, ob es Beck's Aufgabe nicht erleichtert hätte, wenn er im Amt geblieben wäre und die Opposition von dort aus geleitet hätte. Aber vielleicht wäre ihm das vor seinem Gewissen unmöglich gewesen - und im übrigen sind derartige, nachträglich auftauchende Fragen müßig.

Nach Godesberg[62] und zur Münchener Konferenz[63] konnte ich Herrn von Weizsäcker nicht begleiten, weil mein Kollege, der schon seit Jahren den Posten im Vorzimmer des Staatssekretärs inne hatte, verständlicherweise bei solchen Anlässen zugegen sein wollte. Mir wurde der Verzicht dadurch erleichtert, daß ich auf diese Weise der näheren Umgebung Hitler's und Ribbentrop's und der damit verbundenen Gefahr entging und außerdem die innerpolitische Entwicklung in Berlin, vor allem bei den Soldaten, genauer verfolgen konnte. Auch während der Abwesenheit des Staatssekretärs gab es viel zu tun, vor allem mußte man sich abends und nachts für telefonische Anrufe bereithalten. Daß die Dinge in Godesberg schlecht standen, konnte ich einem Anruf entnehmen, der mich abends spät erreichte. Danach war in Godesberg die Nachricht eingetroffen, in Eger seien drei Sudetendeutsche von der tschechischen Polizei erschossen worden. Mein Gesprächspartner am Telefon, es war irgendein neues nationalsozialistisches Mitglied des Auswärtigen Amts, sagte mir, ich müsse die Nachricht sofort nachprüfen, und deutete mir an, es werde zu einem Abbruch der Godesberger Gespräche kommen, falls sie sich bestätige. Man merkte seinen Worten an, wie sehr er auf eine derartige Entwicklung hoffte. Ich meinerseits war entschlossen, ihm dies Vergnügen nach Möglichkeit zu verderben - aber das war nicht leicht. Nach Eger und Prag bekam ich keine Telefonverbindung, und eine glatte Lüge war auch nicht möglich. Nach einer Stunde erschien zufällig ein Mann im Amt, der Prag am Morgen verlassen hatte; auf seiner Aussage fußend, konnte ich ein halbes Dementi durchgeben. Gegen ein Uhr morgens erreichte ich endlich unsere Gesandtschaft in Prag, die von einem Zwischenfall in Eger nichts wußte, und sie meinte, sie hätte wohl etwas davon gehört, wenn er tatsächlich stattgefunden habe. Auch dieses Dementi war natürlich nicht hieb- und stichfest, immerhin gab ich es als feststehend nach Godesberg durch. Der ganze Vorfall war ein Nichts, trotzdem haben derartige Einzelheiten gewisse Schriftsteller zu der Behauptung veranlaßt, der Gang der Weltgeschichte hänge in erster Linie von Kleinigkeiten und sinnlosen Zufällen ab. Das ist eine ebenso verantwortungslose wie falsche Theorie. Es gibt allerdings Momente, wo Politiker sich in einen lang vorbereiteten Zustand der blinden Gereiztheit und Hysterie hineinmanövriert haben und man alles tun muß, um die Kleinigkeiten und Zufälle aus dem Wege zu räumen, die zu einer Explosion führen können. Die Explosionsgefahr ist dann aber immer das Ergebnis einer langen Vorbereitungszeit.

In den fünf Tagen zwischen Godesberg und München war die Möglichkeit einer Katastrophe ständig gegeben. Trotzdem fuhr ich, von einer Mischung von Trotz, dem Gefühl der Machtlosigkeit und einer unausgepflegten Grippe bewogen, über das Wochenende nach Thüringen auf's Land. Ich wohnte bei Freunden in einem verwunschenen Schloß, machte weite Spaziergänge durch die herbstlichen Buchenwälder und hörte in den lauen Abendstunden die Hirsche schreien. In einer milden Sternennacht lag ich, während das Gespräch versickerte, den Blick gen Himmel gewandt, im Freien auf der breiten Burgmauer und dachte über die Vielschichtigkeit des menschlichen Lebens nach. Wie alles Entsetzliche, das ich kommen sah, mich nicht an einer Hingabe an den Augenblick hinderte - wie Liebe uns überfällt, Freundschaft uns stützt und die Natur, dieses um mich in der Dunkelheit atmende Land, uns in einen sicheren, immer gegenwärtigen Mantel hüllt. - Als wir in das Haus zurückgingen, fand ich das Telegramm eines Freundes vor, das mir in verdeckter Sprache für den nächsten Tag die Krise ankündigte und mich nach Berlin rief.

Am 28. September früh um 5 Uhr fuhr ich von Weimar ab und war gegen 9 Uhr im Auswärtigen Amt. Brücklmeier, der 1935 aus Kattowitz nach London versetzt worden war und den Ribbentrop von dort in sein Büro ins Auswärtige Amt mitgenommen hatte, saß nach schlafloser Nacht gereizt und verzweifelt an seinem Schreibtisch. Ein anderer Freund von mir zuckte nur die Achseln und meinte, es sei aus, was allerdings die Soldaten machen würden, wisse man nicht. Herr von Weizsäcker, der mich zu sich rief, war im Begriff, sich in die Reichskanzlei zu begeben. Er sagte mir, es bestände noch eine kleine Chance - von Mussolini stehe noch ein Wort aus. Ich überlegte mir, was ich zu tun hätte, stellte fest, daß es für Gespräche mit der Abwehr oder General von Witzleben zu spät sei - sie mußten ohnehin wissen, was zu tun sei. Infolgedessen wählte ich einen ganz unheroischen Ausweg und beschloß, mich nicht in aufgeregte Unterhaltungen einzulassen, sondern vor Kriegsausbruch noch einmal ordentlich auszuschlafen. Meine Wohnung lag so zentral, daß ich durch einen Telefonanruf innerhalb einer Viertelstunde ins Amt gerufen werden konnte.

Ich ging also nach Hause und schlief wirklich, bis das Läuten des Telefons mich weckte und ein Freund mir sagte, ich solle meine Uniform einpacken. Das konnte nur eine Konferenz und damit die Erhaltung des Friedens bedeuten; ich stürzte ins Amt, wo ich lauter entspannte Gesichter sah, alles traf Vorbereitungen für die Abfahrt - was war geschehen?

Am Abend des 27. September war auf Anordnung Hitler's eine feldmarschmäßig ausgerüstete Division durch die Straßen Berlins gezogen. Anstelle der begeisterten Ovationen an die Truppen, die Hitler erwartet hatte, gab es überall versteinerte Gesichter und Totenstille. Ja, als die Division die Wilhelmstraße entlang marschierte und Hitler auf den Balkon der Reichskanzlei heraustrat, hatte ihm die Menge zum ersten Mal seit 1933 nicht zugejubelt und die Heilrufe einiger bezahlter Schreier auf dem Wilhelmsplatz hatten in der eisigen Atmosphäre fast lächerlich gewirkt. Hitler war davon angeblich - ich berichte das alles auf Grund von Erzählungen, da ich an jenem Abend noch nicht in Berlin war - sehr beeindruckt gewesen, und Goebbels, der im Gegensatz zu Himmler und Ribbentrop nicht zur Partei der Kriegstreiber gehört haben soll, habe diesen Eindruck durch weitere Erzählungen über die ablehnende Haltung der Bevölkerung noch zu verstärken gesucht. Dieses Erlebnis wirkte am Morgen des 28. September noch nach, als Hitler seine endgültigen Entschlüsse fassen mußte (die Entscheidung ließ sich aus militärisch-technischen Gründen nicht länger hinauszögern), und zugleich erschienen an jenem Morgen wie am Schluß einer Komödie alle Akteure auf der Bühne: da trat zuerst François-Poncet mit den Worten auf: »Herr Reichskanzler, Sie wissen, daß ich immer Ihr guter Stern gewesen bin«, und redete zum Frieden. Dann erschienen Göring und Neurath, denen Herr von Weizsäkker einen Kompromißvorschlag an die Hand gegeben hatte. Und endlich, von Attolico's fester, charaktervoller Haltung bestimmt, griff auch Mussolini mit einer persönlichen Botschaft ein und machte den Vorschlag einer Viererkonferenz der Europäischen Großmächte. Dies gab den Ausschlag, das Eis war gebrochen, und Hitler fand sich zu Verhandlungen bereit. Der von Herrn von Weizsäcker vorbereitete Kompromißvorschlag fand vor seinen Augen Gnade, und es kam jetzt nur noch darauf an, ihn Mussolini als Verhandlungsgrundlage in die Hände zu spielen, was auch geschah. Der Erfolg der auf den 29. September nach München einberufenen Viermächtekonferenz war damit von vorneherein gesichert. Die Kriegspartei hatte eine eklatante Niederlage erlitten, und es half Ribbentrop nichts, daß er noch am Abend des 28. in einer Besprechung mit dem Staatssekretär und dem Leiter der Rechtsabteilung des Auswärtigen Amts versuchte, das von Hitler genehmigte Programm zu verschärfen oder umzustoßen - er kam damit zu spät. Am nächsten Tage sprachen die Ovationen, die Chamberlain und Daladier von der Münchener Bevölkerung erhielten, eine deutliche Sprache, das deutsche Volk konnte seinen Friedenswillen noch ein letztes Mal zum Ausdruck bringen. München war in der langen Reihe der internationalen Konferenzen seit Locarno die erste, in der ein politisches Problem wirklich geregelt und nicht nur zur Diskussion gestellt wurde. Die deutschen Forderungen wurden, soweit sie irgend zu verantworten waren, erfüllt; andererseits war bei ehrlicher Innehaltung des Vertragswerks die Tschechoslowakei in ihren ethnographischen Grenzen gesichert. Die Westmächte hatten große Opfer an Prestige bringen müssen, immerhin war es ihnen gelungen, Hitler an den Verhandlungstisch zu bringen, ihm eine Unterschrift zu entreißen und den Frieden zu wahren. Im innerdeutschen Mächtespiel war München ein Sieg des Auswärtigen Amts mit Herrn von Weizsäcker an der Spitze über die Partei mit ihren Kriegstreibern. Der Friede war gerettet, eine Stunde des Glücks leuchtete auf.

Und doch haben einige unter uns die Lage schon damals unter einem sehr anderen Aspekt angesehen. Als am 28. mittags die Annahme des italienischen Konferenz-Vorschlages durch Hitler bekannt wurde, sagte mir ein Freund: »Das ist immerhin die zweitbeste Lösung.« Er brauchte nicht hinzuzufügen, daß er die Beseitigung Hitlers für die beste und einzig dauerhafte Regelung hielt. Nachträglich sind sogar Stimmen laut geworden, die einen sofortigen Kriegsausbruch der durch München erreichten Vertagung der Katastrophe auf ein Jahr den Vorzug geben wollten - ich halte eine solche Meinung für leichtfertig, ja verbrecherisch. Einen, wie sich erwiesen hat, unnötigen Krieg führen zu wollen, »weil er doch einmal ausbrechen werde« - über ein solches Programm vermag ich nicht zu diskutieren. Etwas anderes ist es um die Frage, ob München nicht unter innerpolitischen Gesichtspunkten als verhängnisvoll angesehen werden muß. Wo überall im Lande Einzelne oder Gruppen, Zivilisten oder Militärs ihre warnende Stimme erhoben hatten, wurden sie nun verlacht; auch die breite Masse begann sich ihrer Kriegsfurcht zu schämen, als habe sie sich geirrt. Die Hintergründe kannte fast niemand, und die Partei sowie die Ewig-Lauen erklärten den Abgrund, an dem man nur um Haaresbreite vorbeigerutscht war, für ein Hirngespinst: Hitler habe nie auch nur einen Augenblick mit dem Krieg gerechnet oder gar mit dem Gedanken an ihn gespielt, sondern nur alle Chancen bis zum äußersten ausgenutzt. Die Ereignisse seien nichts weiter gewesen als eine neue Etappe auf dem bekannten friedlichen Weg zur Aushöhlung des Versailler Vertrages: Wiedereinführung der Wehrpflicht, Wiederbesetzung des Rheinlandes, Anschluß an Österreich - und jetzt Vereinigung der Sudetendeutschen mit dem Reich. Das etwa war die offiziöse Version, die leider weiten Anklang fand. »Wen die Götter verderben wollen, den schlagen sie mit Blindheit.« Niemand hatte sich gefunden, Hitler zu Beginn der Krise zu beseitigen. Man habe ja noch Zeit bis unmittelbar vor Kriegsausbruch, meinten die Militärs. Nun kam es zwar nicht zum Kriege, aber zu einer weiteren Etappe auf dem Weg zur Blindheit, zum Fatalismus - und damit zum unabwendbaren Verderben. - Das war der andere Aspekt von München.

16. Winter des Missvergnügens

Auf die aufregenden Septemberwochen folgten Tage der allgemeinen Erschöpfung. Von unterrichteter Seite wurde mir versichert, auch die Nazis, sogar Hitler eingeschlossen, würden vorläufig Ruhe halten. Doch schon auf der Botschafterkonferenz, die in unmittelbarem Anschluß an München unter dem Vorsitz des Staatssekretärs in Berlin zusammentrat, um die neuen Grenzen zwischen Deutschland und der Tschechoslowakei festzusetzen, zeigten sich Symptome, die auf das Gegenteil hindeuteten. Der von Keitel zu dieser Konferenz entsandte Vertreter der Wehrmacht, Warlimont, war besinnungslos ehrgeizig, schwamm ganz im Fahrwasser der Nazis und stellte, angeblich aus strategischen Gründen, die unsinnigsten Gebietsforderungen, die das vorgesehene ethnographische Prinzip über den Haufen warf. Drang er damit nicht durch, so appellierte er sofort über Keitel an Hitler und das Auswärtige Amt wurde angewiesen, seine Extratouren zu unterstützen. Kurze Zeit darauf hielt Hitler in Saarbrücken eine wilde Rede, in der seine ganze Erbitterung darüber, daß er sich in Verhandlungen hatte einlassen, unter einen Vertrag seinen Namen hatte setzen müssen, zum Ausdruck kam. Im In- und Ausland wirkte diese Kundgebung wie ein Donnerschlag, der Traum von München war ausgeträumt. Um das Maß des Unheils voll zu machen, ermordete ein jüdischer Emigrant ein Mitglied der Deutschen Botschaft in Paris, Herrn vom Rath. Das war für Hitler, der anscheinend befürchtete, die Lage im Innern könnte sich in konservativer Richtung konsolidieren, das Signal, um ein allgemeines Judenpogrom anzuordnen - und man nenne mir eine größere Stadt auf dem Erdenrund, wo sich keine Leute finden, solch einer Parole der konzessionierten Plünderung und Menschenjagd mit Frohlocken Folge zu leisten. Ein weiterer Tag der Schande war damit für unser Volk heraufgezogen; die Szenen, die sich in den Groß- und Mittelstädten in aller Öffentlichkeit abspielten, möchte ich mit dem Schweigen des Abscheus übergehen. Doch möchte ich andererseits erwähnen, daß Tausende und Abertausende von Deutschen es sich von jenem Tag an zur Pflicht gemacht haben, trotz der damit verbundenen, wachsenden Gefahren den Juden, wo sie nur konnten, zu helfen. Noch im Jahre 1943 lebten in Berlin unzählige Juden - ernsthafte Quellen sprachen von 20 bis 30.000 - bei ihren »arischen« Nachbarn und Freunden versteckt[64], obwohl jeder, der sie unterstützte, damit seinerseits der Ächtung und dem Konzentrationslager verfiel. Das schwierigste Problem war in den Kriegsjahren bei der allgemeinen Rationierung ihre Ernährung, da sie natürlich nicht angemeldet werden konnten und daher auch keine Lebensmittelkarten erhielten. Aber, da der Deutsche bekanntlich zu organisieren versteht, so funktionierte auch das Sammeln von Spenden für die unglücklichen Verfolgten, und der Heldenmut, der bei diesen Aktionen von unzähligen Namenlosen aus allen Volksschichten entwickelt wurde, fällt wie ein versöhnender Lichtstrahl in die Finsternis unserer Tage.

Die Monate, die auf die Konferenz in München folgten, wurden für mich auch persönlich ein »Winter meines Mißvergnügens«. Da die Arbeit im Büro des Staatssekretärs nachließ, mußte ich meinen dortigen Posten, der nur als vorübergehend gedacht war, leider aufgeben; ich war also sozusagen stellungslos. Hatte sich meine Haltung und meine mangelnde Parteizugehörigkeit bisher nur auf meine Karriere ausgewirkt, so begannen sich jetzt auch Schwierigkeiten bezüglich meiner Beschäftigung anzudeuten, die im Lauf des nächsten Jahres immer mehr hervortraten. Natürlich hätte ich immer in einem dunklen Winkel der Rechtsabteilung unterschlüpfen und Aktenstaub schlucken können, das war aber ein bitterer Entschluß. Andererseits hätte mir bei dem Wohlwollen, das man mir entgegenbrachte, auch der Weg ins Ausland an eine Gesandtschaft offen gestanden; ich wollte mich aber nur sehr ungern von meinen Freunden trennen. Als deshalb der bisherige Vertreter des Auswärtigen Amts bei Neurath fortging, um einen Gesandtenposten zu übernehmen, und mir die Nachfolge angetragen wurde, nahm ich diesen Posten, wenn auch zögernd und mit geringen Illusionen an. Immerhin hoffte ich, durch eigene Initiative und gutes Zureden Neurath bewegen zu können, mehr einflußreiche Persönlichkeiten zu sehen und sich dadurch wieder stärker in die Politik einzuschalten. Diese Hoffnung erwies sich als ein Fehlschluß, der alte Herr war auf Erhaltung seiner Bequemlichkeit und eine gewisse Wahrung seines äußeren Prestiges bedacht - mehr war nicht zu erreichen.

Aber darüber hinaus waren es andere Dinge, die mich bedrückten: ich hatte mich immer wieder über die Dauer des geschichtlichen Ablaufs und damit auch des Kampfes gegen die Nazis getäuscht. Probleme, die auf eine Entscheidung hinzudrängen schienen, etwa die Devisen- und Ernährungsfrage, die bereits mitten im Frieden zu getarnten Rationierungen auf dem Lebensmittelmarkt führten (Kanonen statt Butter), fanden stets eine neue Überbrückungslösung. Das Regime hatte sowohl die innerpolitische Krise im Februar wie die außenpolitische im September des Jahres überstanden. Die nächste außenpolitische Krise würde nicht lange auf sich warten lassen. Aber würde dann bei den Militärs aus dem Spiel mit dem Gedanken an eine Revolte ein wirklicher Entschluß erwachsen? Das war die große Frage. Und auch ich selber, wie sollte ich mich verhalten? Das Spiel mit dem Feuer machte mich zuweilen mürbe und nervös - ich hatte oft Angst. Ich wußte, daß die Gestapo viel dümmer war, als gemeinhin angenommen wurde; was man nicht statistisch erfassen konnte, entging ihnen leicht. Am Telefon nahm ich mich ebenso in acht wie mit schriftlichen Äußerungen. Trotzdem, wenn sie mich, durch einen Zufall stutzig gemacht, beobachten ließ, mir lange genug einen Provokateur auf den Hals schickte, würde sie mich erwischen. Ich konnte nicht immer vorsichtig sein: einerseits machte ich mir oft schwere Vorwürfe wegen meiner Unbeherrschtheit, andererseits sagte ich mir, daß übergroße Vorsicht zu nichts führe, daß eine gewisse Kühnheit befreiend auf die Mitmenschen wirke. Aber durfte ich sie mir leisten, war ich sicher, lange Verhöre, ja Foltern und eine unbegrenzte Haft seelisch gut zu überstehen? Und wenn ich diese Frage nicht bejahen konnte, mußte ich dann nicht jede Aktivität unterlassen, mich ganz still und bescheiden zurückziehen? Denn dann gefährdete ich ja nicht nur mich, sondern auch meine Freunde. Das waren Probleme, die an die Grundlage meiner geistigen Existenz rührten und die meine Freunde, so wenig wir darüber sprachen, gewiß auch für ihre Person empfanden. Unser Weg ging ins Ungewisse, ja ins Dunkle, das mußten wir wissen.

Der Posten bei Neurath trug mir in jenem Herbst wenigstens eine Reise nach Ankara ein, wohin wir uns zum Staatsbegräbnis von Kemal Pascha begaben. Konstantinopel sah ich leider sowohl auf der Hin- wie auf der Rückfahrt bei stürmischem, wolkigem Wetter, es blieb daher eine leichte Enttäuschung in mir haften. Der Hafen war verödet, die Paläste der Großen standen leer oder wurden als Speicher benützt, die Bevölkerung war verarmt und durch europäische Kleidung, die in Lumpen um sie herumhing, entwürdigt. Ich bedauere es, solch ein Gesamtbild mitgenommen zu haben, denn noch sehe ich die großen Moscheen sich in einer klaren Viertelstunde gegen den goldenen Abendhimmel abheben, noch träufelt in meiner Erinnerung der geheimnisvolle grünlich goldene Glanz der Mosaiken aus den ungeheuren Gewölben der Haghia Sofia auf mich nieder, aber der Eindruck der Verlassenheit und des Verfalls verließ mich auch hier nicht; verödete Gotteshäuser als Museen hergerichtet, haben für mich etwas besonders Tragisches an sich. Erst wenn sie zur Ruine werden und die Natur unmerklich aber zäh als Erbin der dahingerafften eitlen Menschengeschlechter wieder in sie einzieht, bringt sie die Sühne des Frevels in ihrem Gefolge mit. Als tags darauf der Zug sich langsam durch die anatolische Hochebene wand, umfing mich zum ersten Mal der verführerische Zauber Asiens. Es waren nicht nur die Ufer des Golfs von Ismid mit ihrer südlichen Fülle, die mich verlockten, sondern die grenzenlose, nur selten von einem Hirten oder Reiter unterbrochene

ie Mutter, Theodora, geb. von
ethmann Hollweg (1871–1944)

Der Vater, Kurt (1862–1921)

eburtshaus in Oberglauche/Schlesien

Albrecht von Kessel, etwa 1914

1941 in Genf

lit Staatssekretär Ernst von Weizsäcker in Bern, 1936

Nach der Münchener Konferenz: Der italienische Botschafter Bernardo Attolico, Staatssekretär Ernst von Weizsäcker, der britische Botschafter Neville Henderson un der französische Botschafter André François-Poncet (von links) vor dem Abflug aus München nach Berlin am 30. September 1938

Einsamkeit der öden karstigen Täler des Innern. Ich hätte aussteigen mögen und davonziehen, um alles zu vergessen . . . An Ankara, diese amerikanische Betonwüstenei, habe ich eine peinliche Erinnerung, die durch das kleine malerische Altstadtviertel um die Akropolis und die großartigen Reste des Augustustempels, in den sein Testament eingemeißelt ist, kaum gemildert wird.

Hätte Hitler über die Konzeption einer vernünftigen und organischen deutschen Außenpolitik verfügt, so hätte er im Herbst 1938 eine Revision der deutschen Ostgrenzen betrieben. In ihrer durch den Versailler Vertrag festgesetzten Form waren sie unhaltbar. Jeder deutsche Politiker, welche Anschauungen er auch immer vertrat, mußte versuchen, da Abhilfe zu schaffen, d.h. in erster Linie den Korridor zu beseitigen, in zweiter Linie Teile der Provinz Posen und Ostoberschlesien bis auf einige Landkreise aus ethnographischen Gründen zurückzugewinnen. Polen hätte, wenn es nicht gelang, eine polnisch-litauische Union zu verwirklichen und damit bei Memel einen eigenen Zugang zur Ostsee für den polnisch-litauischen Staat zu schaffen, mit einem eigenen Freihafen bei Gdingen-Gotenhafen oder Danzig und weitgehenden Verkehrsprivilegien in Westpreußen abgefunden werden müssen. Angesichts der romantischen Unvernunft der Polen wäre es sicher auch damals schwierig gewesen, solch' eine Lösung durchzusetzen. Immerhin war der Zeitpunkt so günstig wie noch nie. Deutschland hatte unerhört an Prestige gewonnen, Polen dagegen war isoliert, ja wegen seines Verhaltens bei der Sudetenkrise bei seinen alten Freunden geächtet. Es hatte nämlich die Schwächen der Tschechoslowakei trotz stammesmäßiger, historischer und politischer Bindungen benutzt, um dem Nachbarstaat im Bunde mit den Nazis das sogenannte Olsagebiet, d.h. Teile des alten österreichischen Schlesien mit Teschen als Hauptstadt, zu entreißen. Dieser Raubzug hatte nicht nur in Prag, sondern auch in Paris auf's äußerste verstimmt, in London herrschte ohnehin keine polenfreundliche Stimmung, von Moskau ganz zu schweigen, wo jede Beteiligung an den Ergebnissen von München, zu dem Rußland nicht hinzugezogen worden war und das es deshalb als Affront ansah, als feindlichen Akt betrachtete.

Trotzdem war Hitler nicht zu bewegen, die polnische Frage auch nur zu diskutieren. Sein ganzes Trachten und Sinnen ging darauf, die restliche Tschechoslowakei mit immer neuen Erpressungen auszuhöhlen. Er schien seine ganze Perfidie und Brutalität in dieser Richtung spielen lassen zu wollen. Daß dabei auch alle in München getroffenen Abmachungen sowohl der Form wie dem Inhalt nach gebrochen wurden, schien nur ein weiterer Gegenstand der Genugtuung für ihn zu sein. Für dieses sein erstaunliches, ja widersinniges Verhalten sind nachträglich militärische Gründe angeführt worden. Er habe das Risiko einer ernstlichen Spannung, ja eines militärischen Konfliktes mit Polen nicht laufen können, solange die Tschechoslowakei noch mit einer größeren Anzahl von Divisionen in der rechten Flanke der deutschen Armee stand. Diese These erscheint mir unglaubhaft. Es ist sehr fraglich, ob die tschechoslowakische Armee, die den Schock von München nur mühsam überstanden hatte und innerhalb deren die slowakischen Elemente unzuverlässig geworden waren, überhaupt zu einer Aktion imstande war. Jedenfalls konnte sich Deutschland dagegen stets durch eine Abmachung mit Ungarn sichern, dessen bewaffnete Neutralität unter allen Umständen ausgereicht hätte, um die Tschechoslowakei zum Stillhalten zu veranlassen. Schließlich aber ist das Risiko, das Hitler in einem solchen Falle gelaufen wäre, ein Nichts im Vergleich zu den Abenteuern, in die er sich bei anderen Gelegenheiten leichten Herzens gestürzt hat.

Die Behauptung also von den angeblichen militärischen Gründen für Hitler's Verhalten gegenüber Polen scheint mir einer jener zahlreichen Fälle zu sein, in denen ein irrationales, um nicht zu sagen vernunftwidriges Verhalten Hitler's von seinen unentwegten Bewunderern mit logischen Gründen gerechtfertigt wurde. Meine Auffassung, für deren Richtigkeit ich mich natürlich auch nicht verbürgen kann, ist eine andere: für diese wie für sehr viele andere seiner Ideen und Handlungen wird man die Gründe in seinen Jugendjahren suchen müssen. So ist seine Vorliebe für Richard Wagner oder die Baukunst der italienischen Renaissance wohl damit zu erklären, daß dies die ersten Beispiele einer großen Musik und Baukunst waren, denen er begegnete. In der gleichen Weise ist seine Stellung zum polnischen und tschechischen Volk aus Eindrücken herzuleiten, die er im kaiserlichen Wien zwischen 1907 und 1912 empfangen hat. Damals gehörten die Polen zu den loyalsten Untertanen der Donaumonarchie, während die Tschechen nicht nur das Haus Habsburg, sondern das Deutschtum als solches bekämpften. Ich glaube daher, daß die bei Hitler bis 1939 zweifellos vorhandene Sympathie für Polen ebenso auf seine Jugendjahre zurückgeht, wie sein Haß gegen die Tschechen. Dieser Haß ist nicht dadurch gemildert worden, daß er selber ein halber Tscheche ist. – Um mich aber von dem Gebiet der Vermutungen und psychologischen Erklärungsversuche wieder auf dasjenige der Tatsachen zurückzubegeben: fest steht jedenfalls, daß Hitler vom Herbst 1938 an sowohl seine völkischen Ideale wie die natürlichen Interessen des deutschen Volkes beiseite geschoben hat, um gegenüber der Tschechoslowakei eine rein imperialistische, auf Ländergier und Rachsucht gegründete Politik zu betreiben.

Inzwischen gewann unser Kreis weiter an Bedeutung, weniger durch Zustrom neuer Anhänger, die wir aus Sicherheitsgründen nur in beschränktestem Umfang zuließen, als durch geistige Vertiefung. Je länger das Naziregime seinen atomisierenden Einfluß nicht nur auf die staatliche, sondern auch auf die soziale Sphäre ausübte, je weniger also von den alten Einrichtungen und Gesellschaftsformen übrig blieb, desto mehr und ernsthafter mußten wir uns mit den politischen und sozialen Zukunftsplänen beschäftigen. Auch von militärischer Seite wurde uns immer wieder die Frage vorgelegt, was geschehen solle, wenn Hitler einmal beseitigt sei. Die Wehrmacht sei nicht in der Lage, sich ein Bild von den Problemen des zivilen Sektors zu machen. Wir mußten uns also, schon um den Soldaten jeden Vorwand zu neuem Ausweichen und Vertagen zu nehmen, darauf vorbereiten, gewisse politische Grundsätze, sowohl theoretischer wie auch praktischer Art aufzustellen, die als Notprogramm und Leitfaden in der ersten Zeit nach einem Regime-Wechsel dienen konnten. Abgesehen von allem anderen war es uns aber auch ein psychologisches Bedürfnis, unsere Tage, Monate und – leider – Jahre nicht mit untätigem und immer wieder enttäuschtem Abwarten der Entscheidung zu verbringen, sondern uns geistige Klarheit zu verschaffen, uns zu schulen und die Umrisse einer möglichen Zukunft abzustecken. Die Initiative hierzu ergriff Yorck, der uns sein kleines, aber höchst kultiviertes Dahlemer Haus für unsere Zusammenkünfte zur Verfügung stellte. Es war eine kleine Gruppe, die sich dort traf, an einzelnen Abenden erweitert um Persönlichkeiten, die zwar nicht eigentlich zu unserem Kreis gehörten, wohl aber mit ihm sympathisierten und ihm ihr Fachwissen auf Spezialgebieten willig zur Verfügung stellten. Diese Institution hat mit einzelnen Unterbrechungen, hervorgerufen durch die Mobilisierung von Yorck und anderen Freunden, die Jahre überdauert. In späterer Zeit fanden längere Arbeitstagungen auf dem Lande statt. Ich selber habe nur das Anfangsstadium und später einige Beispiele dieser Aktivität miterlebt, da ich ins Ausland ging und somit als regelmäßiger Teilnehmer ausscheiden mußte. Immerhin wurde ich auch dann über die grundsätzlichen Ideen und Entscheidungen in vorbildlicher Kameradschaft auf dem Laufenden gehalten und in allen Fragen, die das Gebiet der Außenpolitik betrafen, wurde mir auch weiterhin eine Stimme zugebilligt. Ich würde nicht wagen, den geistigen Reichtum und den sittlichen Ernst dieses Kreises auch nur zu erwähnen, wenn ich nicht darin gleichzeitig eine den Tod der meisten Beteiligten überdauernde Gewähr für die Zukunft unseres Vaterlandes sähe.

Eines der ersten Referate bei jenen Zusammenkünften hatte ich selber zu halten, und zwar über das Thema »Ideen über eine zukünftige Verfassung des Deutschen Volkes«. Die mir damit gestellte Aufgabe war an sich nicht zu lösen, es kam mir in der Hauptsache darauf an, durch Aufstellung bestimmter Thesen den Umfang des Problems darzutun und Anregungen für eine klärende Diskussion zu geben. Was ich damals im einzelnen gesagt habe, ist durch die Entwicklung überholt.

Um die Jahreswende 1938/39 konnte kein Zweifel mehr daran bestehen, daß Hitler die restliche Tschechoslowakei zu zerschlagen und die böhmischen Lande in der einen oder anderen Form zu annektieren beabsichtigte. Ich traf mich während meines Winterurlaubs in der Schweiz mit einem österreichischen Freund, der in London lebte, und besprach dies Thema mit ihm. Er war sehr erschrocken und erklärte, der Einzug in Prag und die Annektion nichtdeutschen Gebietes werde das Ende jeder Verständigungsmöglichkeit zwischen England und Deutschland bedeuten. Ich sagte ihm, meine Freunde und ich seien uns hierüber klar. Es genüge aber nicht, wenn England sich in den Schmollwinkel zurückziehe, vielleicht eine Pressekampagne ausbreche, im übrigen aber erneut alles vor Hitler zurückweiche. Mit dieser Taktik entmutige man alle vernünftigen Elemente in Deutschland, trage zu der von den Nazis betriebenen Verdummung der breiten Masse des Volkes bei, unterstütze direkt und indirekt Hitler und mache also den Krieg unvermeidlich. Wir berieten lange, wie es von England aus möglich sei, Hitler zur Vernunft zu bringen und das deutsche Volk über die Gefahr, in der es schwebte, aufzuklären. Wir kamen überein, es sei das beste, einen englischen General mit einer Botschaft des Königs zu Hitler zu entsenden, einen General, der sich weder in Gespräche einlasse noch Drohungen ausstoße, sondern nur ganz kühl und trocken im Namen der britischen Krone feststelle, jeder weitere Schritt Hitler's auf dem bekannten Wege bedeute das Ende - von da an werde England im anderen Lager stehen. Diese Prozedur, die wir bis Kriegsausbruch den Engländern bei jeder sich bietenden Gelegenheit nahegelegt haben, hätte nach meiner Überzeugung Aussicht auf Erfolg gehabt. Auch bezüglich einer Einwirkung auf das deutsche Volk waren mein Freund und ich uns einig, daß es darauf ankomme, alles zu vermeiden, was den Patriotismus und das Ehrgefühl des Durchschnittsdeutschen verletzen könnte. Obwohl er selber im Ausland lebte, verurteilte er die Haßgesänge gewisser Emigranten, ihre Greuelpropaganda - auch dann, wenn ihr Tatsachen zugrunde lagen - und die in pharisäischem Ton vorgetragenen intellektuell-demokratischen Expektorationen von Leuten wie Thomas Mann. Obwohl mein Freund über gute Beziehungen in England - u.a. zu Chatham House - verfügte, obwohl wie gesagt von den verschiedensten Seiten und bei jeder Gelegenheit ähnlich lautende Ratschläge nach England gegeben wurden, blieb alles beim alten: die Regierung appellierte und bat, die Presse begann allmählich zu hetzen, kurz es wurde genau das Gegenteil von dem getan, was wirksam sein konnte. Es entstand daher bei vielen Deutschen, die keineswegs bösen Willens oder fanatisch waren, der für eine begrenzte Zeitdauer auch nicht ganz irrige Eindruck, daß England nicht kämpfen, sondern die Gouvernante spielen wolle - und das ist die schlechteste Methode zur Erhaltung eines gefährdeten Friedens. Was gar das Radio anbetrifft, so geriet dies bei Kriegsausbruch erst recht in die Regie der Emigranten, die alles verdarben. Auch die leidenschaftlichsten England-Freunde, und deren gab es in den gebildeten Schichten eine Unzahl, die im ersten Kriegsjahr trotz aller mit hohen Strafen belegten Verbote das englische Radio Nacht für Nacht abgehört hatten, vermochten die für Deutschland bestimmte Sendung späterhin weder dem Ton noch dem Inhalt nach zu ertragen. Von den zahllosen Beispielen eines völligen Fehlgreifens der britischen Rundfunk-Propaganda sind mir zwei im Gedächtnis geblieben: die eine Meldung sprach davon, die deutsche Kriegsflotte sei zu feige, um aus den Häfen auszulaufen. Nun wußte jedermann, daß dies nicht den Tatsachen entsprach - aber selbst wenn es der Fall gewesen wäre, hätte eine geschickte Propaganda betonen müssen, es sei gut, daß die tapferen deutschen Seeleute und die kleine, aber hervorragende Flotte nicht in einem aussichtslosen Kampf für eine schlechte Sache geopfert werde. Das zweite Beispiel betrifft Kaiser Wilhelm II., der nach mehr als zwanzigjährigem Exil in Holland starb. Statt sich dem Toten gegenüber ritterlich zu erweisen und zu erklären, er sei ein Gentleman gewesen, der vielleicht gefehlt, aber im Grunde das Gute gewollt und jedenfalls schwer gebüßt habe, wurde er als eine Art ungeschickter Vorläufer, ja Spießgeselle Hitler's hingestellt. Es gibt in Deutschland zur Zeit nur sehr wenige Menschen, die eine Wiedereinführung der Monarchie für praktisch möglich halten. Dagegen gibt es in allen Schichten der Bevölkerung, vor allem auf dem Lande, unter den noch aktiven Offizieren des Ersten Weltkrieges und in der Beamtenschaft eine große Anzahl von Männern, die einen Angriff auf Wilhelm II. oder die Monarchie nicht nur als geschmacklos, sondern als ehrverletzend empfinden.

17. Mit Neurath nach Prag*

Bei meiner Rückkehr vom Urlaub erfuhr ich, die Aktion gegen die Tschechoslowakei stehe unmittelbar bevor. Wie sie allerdings vor sich gehen sollte, war noch nicht bekannt. Tatsächlich wurde wenige Tage später, während schon von uns inszenierte Aufstandsbewegungen in der Slowakei losbrachen, der tschechische Staatspräsident Hacha zu Verhandlungen nach Berlin eingeladen. Er traf abends in Berlin ein und wurde aufgefordert, sich direkt vom Zug aus in die Reichskanzlei zu begeben. Dort machte ihm Hitler klar, daß von Verhandlungen keine Rede sein könne, sondern lediglich von der Annahme eines Ultimatums. Die deutschen Truppen würden bei Morgengrauen die tschechische Grenze überschreiten, es handele sich also nur noch dar-

* Siehe hierzu auch Anhang, S. 261 ff. und 283 ff.

um, unnötiges Blutvergießen zu vermeiden, da jeder Widerstand nutzlos sei. Es ist behauptet worden, man habe auf Hacha einen körperlichen Zwang ausgeübt, ihn betäubt oder vergiftet, um ihn gefügig zu machen. Ich war zwar bei jener nächtlichen Zusammenkunft nicht zugegen, habe mir aber ihren Verlauf von mehreren Zeugen schildern lassen. Danach kann von einem körperlichen Zwang, Betäubung oder Vergiftung, keine Rede sein. Allerdings hat der alte weißhaarige Herr, als er von Hitler das Schicksal seines Landes eröffnet bekam und merkte, daß er in eine Falle geraten war, einen Herzanfall bekommen. Er erhielt darauf von einem in der Reichskanzlei diensttuenden Arzt eine Stärkungsspritze. Wenn also auch kein körperlicher Zwang auf den tschechischen Staatsmann ausgeübt worden ist, so war doch alles mit den Methoden einer Räuberbande auf Erpressung angelegt. Als der fürchterlichste Augenblick dieser Nacht ist mir von allen Beteiligten geschildert worden, wie Hitler, nachdem Hacha sich nach geleisteter Unterschrift in den ersten Morgenstunden zurückgezogen hatte, in eine Art Freudentaumel geraten sei und, im Zimmer auf- und ablaufend, sich laut lachend wie über einen gelungenen Scherz auf die Schenkel geschlagen habe. Napoleon, der die spanischen Bourbons nach Bayonne lockte, angeblich um zwischen dem König und seinem Sohn zu vermitteln, dann aber die ganze Familie gefangen nahm und bekanntgab, das Haus Spanien habe aufgehört zu regieren, ist mit dieser Methode ein Vorläufer Hitler's gewesen. Immerhin liest man über derartige Vorgänge lieber in Geschichtsbüchern nach, verlegt ihren Schauplatz lieber in ein fremdes Land, statt sie in seiner eigenen Zeit und bei seinem eigenen Volk mitzuerleben. Die Erfahrungen, die Napoleon aufgrund dieses Vorgehens mit Spanien machte, hätten im übrigen keinen Anreiz zu seiner Nachahmung darstellen dürfen. Es wäre jedoch verfehlt, anzunehmen, daß Hitler dieses geschichtliche Ereignis gekannt hat.

Der Einmarsch unserer Truppen in Böhmen und Mähren verlief reibungslos und forderte auf beiden Seiten fast keine Opfer, die Slowakei sagte sich von Prag los, wenige Stunden nach seinem Gespräch mit Hacha konnte Hitler von der Burg in Prag verkünden, Böhmen und Mähren seien dem Reich als Protektorat angegliedert. Er hatte also einen neuen »glänzenden« Coup landen können, ohne auf Widerstand zu stoßen. Die Regierungen der Westmächte protestierten, die Weltpresse tobte ein paar Tage lang – im übrigen war scheinbar nichts geschehen und nichts zu befürchten. In Wirklichkeit ebbte die äußere Erregung nur deshalb rasch ab, trat nur deshalb bald Schweigen ein, weil die Welt sich klar geworden war, daß Hitler über sein eigenes völkisch-ethnographisches Programm hinausging und sich dem nacktesten Imperialismus ergab, wenn er Gelegenheit dazu fand; und daß er ferner weder mit Verhandlungen noch mit Drohungen in Schranken gehalten werden konnte, sondern nur mit Gewalt – daß also, um es kurz zu sagen, nichts anderes übrig blieb, als sich auf einen Waffengang vorzubereiten. Das deutsche Volk, wenn man von einem Teil der Österreicher absieht, über den noch zu reden sein wird, ließ das Ereignis in völliger Passivität über sich ergehen, als ob es seine seelische Spannkraft im Herbst des Vorjahres endgültig eingebüßt hätte. Immerhin gaben in Norddeutschland einzelne Angehörige der Partei und vor allem der SS, die an ihren alten Idealen festhielten, ihr Unbehagen über die imperialistische Note, die neuerdings in Hitler's Politik gekommen sei, zu erkennen.

Ob der tschechoslowakische Staatspräsident Hacha richtig gehandelt hat, daß er in jenen Nachtstunden in der Reichskanzlei nachgab – ob er nicht, auch auf die Gefahr hin, damit seinem Volk Blutopfer und eine schließlich doch unvermeidliche Unterwerfung zuzumuten, die Unterschrift hätte verweigern und etwa Selbstmord begehen sollen – diese Frage zu entscheiden, ist Sache der Geschichte, nicht der Zeitgenossen.

Am Abend des Tages, an dem Hitler von Prag aus die Errichtung des Protektorats verkündigt hatte, rief mich Neurath an und befahl mir, für den nächsten Morgen ein Flugzeug nach Wien zu beschaffen, wo er sich mit Hitler treffen solle. Er fügte dieser Mitteilung eine Bemerkung hinzu, aus der hervorgeht, daß er zum Reichsprotektor ausersehen sei. Auf unserem Flug nach Wien am darauf folgenden Tage gratulierte ich ihm zu seinem neuen Posten, worauf er meinte, er sei noch keineswegs entschlossen, dieses Amt anzunehmen. Ich maß dieser Äußerung nur geringen Glauben bei, hätte es doch für einen verabschiedeten Außenminister, der in Gefahr stand, vergessen zu werden, einer ungewöhnlichen Seelengröße bedurft, solch' ein Amt in seiner historischen Einmaligkeit, mit seinem Prestige und mit seinem materiellen Glanz abzulehnen. Immerhin bot mir dies Kokettieren mit einem Verzicht die willkommene Gelegenheit, ihn meine Vorbehalte und Zweifel wissen zu lassen. Ich sagte ihm daher, er könne durch Annahme des Postens viel Gutes tun – nur müsse er sich natürlich Garantien geben lassen, die ein erfolgreiches Wirken ermöglichten. Insbesondere müsse er das Verhältnis des Reichsprotektors zu Himmler, zur Gestapo, zum SD, zur SS oder wie man es immer nennen wolle, grundsätzlich klären. Er müsse *vor* Annahme des Postens von Hitler eine klare Abgrenzung der Kompetenzen verlangen. Gewiß werde in Böhmen eine polizeiliche Durchkämmung erforderlich sein; er, Neurath, dürfe sich erst nach deren Abschluß nach Prag begeben, damit er für diese Aktion nicht gerade zu stehen brauche. Sei er aber einmal in Prag, so müsse es eindeutig feststehen, daß sämtliche Polizeiorgane ihm und *nur* ihm unterstellt seien und von niemandem anderen als ihm Befehle entgegenzunehmen hätten. Er müsse dies in Himmlers Gegenwart Hitler vortragen und eine schriftliche Führerweisung herbeiführen. Neurath fand diese Anregung so ausgezeichnet und lobte sie so sehr, daß mir klar war, er werde sie nicht befolgen. Ich gab mich aber nicht geschlagen. Da ich an dem Posten, den ich bei ihm inne hatte, keineswegs hing, es ihm aber sehr unbequem gewesen wäre, mich zu verlieren, weil er sich dann nach einem Nachfolger umsehen mußte, versuchte ich die einzige Methode, die mir eventuell Erfolg zu versprechen schien: ich wurde ihm lästig. Im Laufe des Tages habe ich ihm meine These sicher vier- oder fünfmal in verschiedenen Varianten wiederholt und ihm dabei klar zu machen versucht, daß jede Grausamkeit oder Greueltat, die von Himmlers Schergen in Böhmen und Mähren begangen werden sollte, auf sein Haupt zurückfallen werde. Es war ihm offensichtlich peinlich, in dieser Form gestellt zu werden. Und doch war alles vergebens – als ich ihn nach Schluß seiner langen Unterredung mit Hitler sprach, ließ er sich huldvoll zu einem neuen Amt gratulieren; als ich mich jedoch danach erkundigte, ob er sein Verhältnis zu Himmler geklärt habe, meinte er – halb verlegen, halb leichthin – er sei noch nicht dazu gekommen, werde es aber nachholen! Die erste Schlacht hatte also mit einer eindeutigen Niederlage geendet.

Wir waren schon vormittags in Wien eingetroffen und hatten im Hotel Imperial Quartier erhalten, wo auch Hitler erwartet wurde. Er kam mit seiner Umgebung in einer Autokolonne aus Prag. Ein Heuschreckenschwarm, der sich auf einen blühenden Garten stürzt, kann nicht schlimmer wirken, als das Eintreffen dieser siegestrunkenen Herde, die in dem vornehmen alten Hotel sofort alles auf den Kopf stellte und den üblichen Betrieb aufzog, bei dem sich jeder normale Mensch fragte, wozu er eigentlich diene - denn geleistet wurde gar nichts, nur geschrien, gelaufen, gestolpert, telefoniert, von einem Zimmer in das andere umgezogen und Koffer treppauf, treppab geschleppt, bis man wieder abzog. Daß trotzdem überhaupt etwas funktionierte, ist mir bei jeder derartigen Gelegenheit ein immer neues Rätsel gewesen. Es läßt sich nur so erklären, daß überall im Hintergrunde einfache, bescheidene und tüchtige Leute saßen, die im rührenden Glauben, ihrem Vaterland damit zu dienen, ihr Letztes hergaben, um die Staats- und Parteimaschinerie in Gang zu halten.

Abends saß ich mit meinen Altersgenossen aus Hitler's Umgebung, meist ebenso unangenehmen wie einflußreichen und von ihrer Bedeutung überzeugten Leuten, zusammen. Es ergab sich ein neuer Aspekt, denn ich konnte feststellen, daß ich in der ganzen großen Gesellschaft der einzige Norddeutsche war. Die meisten stammten, selbst wenn sie lange in Bayern gelebt hatten, aus Österreich und fühlten sich ganz als Sieger der letzten Tage, als die Rächer jahrhundertealter tschechischer Unbill. Aber auch eine fast unbewußte Genugtuung, daß mit der Angliederung von Prag die preußische Hegemonie im deutschen Raum gebrochen sei, spielte in ihren Empfindungen eine Rolle. Einer stellte begeistert fest, nun seien sie ja bald wieder alle unter sich, was wohl eine etwas unklare Reminiszenz an die Habsburger Monarchie darstellte. Ich erkundigte mich daraufhin, ob sie auch Schlesien für Österreich zurückerobern wollten.

Neurath gegenüber, der als selbstverständlich voraussetzte, daß ich ihn nach Prag begleiten würde, behielt ich mir die Entscheidung hierüber 48 Stunden vor - ich wollte erst noch mit meinen Freunden sprechen. Einer von diesen, der aus rührender Besorgnis um mich die Frage ausschließlich unter persönlichen Gesichtspunkten betrachtete, ließ nichts unversucht, um mich von der Übersiedelung nach Prag abzubringen. Er meinte, entweder werde ein Schatten der von den Nazis eingeschlagenen Methoden auch auf meine Person fallen, oder ich würde meine Opposition zur Schau tragen, mich also noch mehr als bisher exponieren. Ich muß zugeben, daß mich neben anderen Motiven eine gewisse Abenteuerlust nach Prag trieb, da ich nun einmal keinen besseren Posten fand und keine positive Arbeit leisten konnte. Das Spiel mit der Gefahr reizte mich allmählich, und ich vertraute darauf, es werde mir gelingen, meinen Abschied so rechtzeitig zu nehmen, daß ich mich weder nach der einen noch nach der anderen Seite allzusehr kompromittierte. Das war aber nicht das entscheidende Motiv, das mich dazu bewogen hat, Neurath zu begleiten. Wir waren uns alle einig, daß das Experiment eines Protektorats über Böhmen und Mähren zwangsläufig mit einem Fiasko enden mußte. In den Händen der Nazis bedeutete eine derartige Institution nichts anderes als ein Instrument zur Knechtung und Brutalisierung des tschechischen Volkes. Trotzdem war die Entwicklung für uns von grundsätzlichem Interesse.

Das Versagen des Völkerbundes und das Aufkommen des Faszismus und Nationalsozialismus hatten bewiesen, daß eine europäische Staatengemeinschaft nur noch auf dem Verzicht der einzelnen Staaten auf gewisse Souveränitätsrechte wieder aufgebaut werden konnte. Das im Versailler Vertrag erstmalig festgelegte, später unter der Ägide des Völkerbundes ausgebaute Minderheitenrecht, das die Souveränität der betroffenen Staaten gleichfalls, wenn auch in geringem Umfange beschränkte, hatte sich als ein Fehlschlag erwiesen, wie ich in Kattowitz und Memel zur Genüge hatte feststellen können. In Prag, wo ich nicht mehr die Rechte der sogenannten »Minderheit« - es ist dies ein irreführender, auf rein quantitativen Maßstäben aufgebauter Begriff - zu vertreten hätte, sondern auf Seiten des die Regierungsgewalt ausübenden »Mehrheits«-Volkes stehen würde, könnte ich neue Erfahrungen sammeln. Vielleicht würde mir am Ende meiner dortigen Tätigkeit, die ich, wie gesagt, von vornherein als zeitlich begrenzt ansah, manches über die Voraussetzungen für einen europäischen Staatenbund klar geworden sein. An einer solchen Erfahrung mußte mir umso mehr liegen, als ich die Epoche der zahlreichen Völkerbundstagungen mit ihrer praktischen völkerrechtlichen Schulung nur als Zuschauer erlebt hatte und es mir überhaupt schwerer fällt, auf Grund von abstrakten Thesen ein Bild der konkreten Erfordernisse zu gewinnen, als umgekehrt auf Grund der tatsächlichen Lage zu juristischen Formulierungen zu gelangen. Unter diesem Gesichtspunkt entschloß ich mich schließlich, nach Prag zu gehen, was auch von unserem Kreis gebilligt wurde. Ich fand Neurath bereit, sein Berliner Büro aufrecht zu erhalten und überredete ihn dazu, mir meinen Posten bei diesem zu belassen, auch gab ich meine Berliner Wohnung gar nicht erst auf. Dergestalt sicherte ich mir nicht nur die Möglichkeit, wenn immer es mir zweckmäßig erschien, nach Berlin zu reisen, sondern hielt mir auch alle Wege für eine endgültige Rückkehr offen.

Wenige Tage später fuhr ich nach Prag, wo unsere Militärs noch die vollziehende Gewalt inne hatten, um in Zusammenarbeit mit ihnen den Einzug Neurath's und seine Amtsübernahme vorzubereiten. Von den Soldaten gewann ich einen guten Eindruck, sie hatten kein politisches oder psychologisches Porzellan zerschlagen. Die Tschechen schienen sich bereitwillig in das Unvermeidliche schicken zu wollen. Schließlich waren sie ja auch seit Jahrhunderten an die Herrschaft einer deutschen Oberschicht gewöhnt, wogegen die Periode ihrer Selbständigkeit kaum 20 Jahre gewährt hatte. Trotz dieser positiven Anzeichen, die ein Gelingen unseres Experiments als möglich erscheinen ließen, war ich nach 6-jähriger Nazi-Herrschaft nicht mehr naiv genug, mich irgendwelchen Illusionen hinzugeben. Schon bereiteten sich auch die Sudetendeutschen einschließlich der anderen im Protektorat wohnenden Deutschen darauf vor, möglichst viele Schlüsselstellungen innerhalb der neuen Verwaltung in Besitz zu nehmen. An ihrer Spitze stand der aus der Sudetenkrise bereits weidlich bekannte Karl Hermann Frank, der von Hitler zum Staatssekretär unter Neurath ernannt und offensichtlich dazu ausersehen worden war, als Aufpasser und Scharfmacher zu wirken. Über die Sudetendeutschen kursierte ein Witz, den Konrad Henlein uns einmal selber erzählt hat: als Grenzvolk verfügten sie über den Charme der Preußen, die Zurückhaltung der Sachsen, die Liebenswürdigkeit der Bayern und das Organisationstalent der Österreicher. Man darf einen deutschen Volksstamm gewiß nicht auf Grund der aus ihm hervorgegangenen Nazi-Clique beurteilen; zu welch' ungeheuerlichen Resultaten würde das z.B. bei Bayern und Österreich führen! Wenn man jedoch die witzige Charakteristik Henlein's auf die deutsch-böhmischen Nazis beschränken wollte, so wäre sie geschmeichelt, denn tatsächlich übertrafen sie obendrein die schlimmsten Tschechen an Tücke und Verlogenheit. Ihr hervorragendster Vertreter war wie gesagt Frank. Ich habe von vornherein darauf verzichtet, in nähere Beziehungen zu ihm zu treten oder grundsätzliche Gespräche mit ihm zu führen, sondern den Verkehr auf das unumgängliche Mindestmaß beschränkt. Mit ihm und seinen Plänen mußte sich Neurath selber auseinandersetzen; tat er es, so war es gut, tat er es nicht, wie sich bald herausstellen sollte, so hatte ich jedenfalls nicht die Absicht, als Kugelfang zu wirken.

Waren demnach die Aussichten in dieser Hinsicht schlecht, so schwand auch eine Hoffnung, die ich zu Anfang gehegt hatte. Der zum Leiter der eigentlichen Verwaltung ausersehene Ministerialdirektor von Burgsdorff wurde allseitig so gelobt, daß ich in ihm eine wesentliche Stütze des gemäßigten Flügels sah und hoffte, er werde Neurath den Rücken stärken. Er traf etwa gleichzeitig mit mir in Prag ein, und ich gewann menschlich die besten Eindrücke von ihm. Er war ein wirklicher Herr und ein lauterer Charakter: vom besten Willen beseelt, stellte er die Sache über seine Person und verfügte außerdem über große Kenntnisse. Aber er war schwach und konnte sich nicht durchsetzen, weder gegenüber Neurath, dessen Fehler er erkannte, dessen Charme er aber wider besseres Wissen, wie er selber lächelnd zugab, erlag, noch gegenüber den Intrigen Frank's und erst recht nicht gegenüber der Stoßkraft der deutschen Parteistellen und der SS. Er scheiterte bereits an seiner ersten Aufgabe, der straffen Organisation des Apparates, und verlor sich infolgedessen in der ungesichteten Flut der Exposés, Vorschläge, Bittschriften und Beschwerden, die von allen Seiten auf ihn eindrangen.

Bei seinem Einzug in Prag nahm Neurath eine große Parade der deutschen Truppen ab. Er zeigte sich dabei von seiner besten Seite. Seine würdige Gestalt, sein Charme und das geschickte Auftreten, über das er bei solchen Anlässen verfügte, gewannen ihm - auch bei den Tschechen - allseitige Sympathien. Abends fand ein großes Diner auf der Burg statt, an dem einerseits Hacha und die Spitzen der Tschechischen Regierung, andererseits die deutschen Militärs und Beamten teilnahmen. Auch hierbei entwickelte sich eine angenehme Atmosphäre - und doch war ich bedrückt. Neurath würde es nicht gegeben sein, sich unter den aus allen deutschen Gauen hereingeschneiten Beamten eine feste Gruppe von Anhängern zu schaffen. Ich war der einzige, den er mitgebracht hatte und den er genau kannte, auf mich würde also alles einstürmen, an mich alles herangetragen werden.

Aber auf mich würde Neurath nur dann hören, wenn ich ihm einen kampflosen, bequemen Weg aufzeigen könnte. Das aber bedeutete, daß wir die Schlacht um die Vernunft bereits vor ihrem Beginn verloren hatten. Die Tschechen, die jetzt einigermaßen beruhigt mit uns an einer gemeinsamen Tafel saßen, würden ihr blaues Wunder erleben und auch die Vernünftigen und Gutwilligen unter ihnen würden bald nicht umhin können, uns zu verachten und zu hintergehen.

Nach Beendigung des Diners traten wir alle auf den großen barokken Ehrenhof des Hradschins heraus, von den Fackeln eines deutschen Regiments nur schwach erleuchtet – es war ein unvergeßliches Bild. Und dann setzte die Musik ein. Und während hinter uns der riesige Trakt der Burg mit seinen Erinnerungen an germanisch-slawische Geschichte, böhmische Wirren und habsburgischen Glanz sich im Nachthimmel verlor, erklangen, atemberaubend in ihrer edlen Strenge – die ersten Takte des Großen Zapfenstreichs. Preußen, herbe und begrenzt, aber von jenem höchsten soldatischen Ethos getragen, vor dem auch die Dichter sich geneigt hatten und die Denker und in den schönsten Tränen ihres Zorns sogar die liebenswerte Maria Theresia, Preußen erhob noch einmal am Abend unserer Zeit seine Stimme. Ich sah die barocke Leidenschaftlichkeit dieser Architektur, hörte den strengen Anruf dieser Musik, zitternd vor Wehmut und Bangen in einen dunklen Winkel gelehnt. Und während es leise zu regnen begann, das Licht der Fackeln mit den letzten Takten des Zapfenstreichs erlosch, rollten die Tränen mir unaufhaltsam aus den ins Dunkle starrenden Augen.

Es gibt nichts reizvolleres, als an einem schönen Frühlingsmorgen in dem kleinen Garten, der sich in Form einer Terrasse an die Südfront des Hradschin schmiegt, auf und ab zu gehen und den Blick über Prag schweifen zu lassen. Im Vordergrund sieht man auf ein Gewirr von gotischen Dächern herab, deren steile Firsten vor Alter gewellt, deren Ziegel von Ruß und Moos fleckig sind und aus deren langstieligen Schornsteinen ein wenig blauer Rauch in die stille Luft emporkräuselt. Und diese nordisch-gotische Arabeske wird dann aufgenommen von der großartigen Brücke, die Karl IV. über das helle Band der Moldau schlagen ließ, und von der Theynkirche, dem Gotteshaus der deutschen Patrizier. Aber das Stadtbild beherrscht das schwerere Grün barocker Kuppeln und die großzügige Anlage der gleichzeitigen

Adelspaläste, die mit ihren Gärten die Gedrängtheit der Altstadt sprengen. So sind Norden und Süden in jedem Augenblick, in jedem Straßenzug ineinander verwoben, aber jedes Bauwerk, ja jede Form ist obendrein durchtränkt von dem Rätsel des Ostens, der in großen Wellen in diese Stadt hineinschlägt. Und noch ein anderes Geheimnis scheint sie zu bergen, etwas Unheimliches, das sich nicht fassen läßt, das aus den Tiefen kommt und zuweilen in die Geschichte eintritt. Ich denke nicht nur an die Hussitenkriege oder an den Fenstersturz, bei dem die kaiserlichen Räte angeblich auf einem Strohhaufen landeten und somit glimpflich davon kamen - ich denke an all das, was dahintersteht und heute noch zuweilen wie ein Fluch auf dieser Stadt zu lagern scheint.

Geht man aber aus dem Garten wieder in die Burg zurück, so kommt man im Obergeschoß in einen lichten Saal mit vielen in die Rokoko-Stuckatur eingelassenen Bildern. Wie heutzutage Familienmütter, wenn sie auf Reisen gehen, in einem vielteiligen Rahmen aus weichem Leder die Photographien der Kinder und Enkel mitnehmen, so sorgte einst die großartigste Mutter, die die Geschichte kennt, Maria Theresia dafür, in jeder ihrer dauernden oder vorübergehenden Residenzen die Bilder ihrer Kinder vorzufinden. Und da die Kinder zahlreich, die Portraits lebensgroß waren, so wurde ein ganzer Saal damit heiter geschmückt und die Schwiegersöhne und -töchter konnten darin nur noch in kleinen Lünetten Platz finden. Auch in Innsbruck z.B. gibt es einen derartigen Saal, er fügt sich dort unauffällig in Atmosphäre und Stadtbild, während er in Prag's stürmischer Geschichte und der Vielfältigkeit der Strömungen wie eine Oase des Friedens, ein Rosengarten deutschen Familiensinns wirkt.

An der Nordseite der Burg erhebt sich aus der Umarmung ihrer weit auseinandergezogenen Haupt- und Nebengebäude der Veitsdom. Einem schwäbischen Meister, Peter Parler aus Gmünd, verdankt er seinen Ruhm. Das Grabmal des Przemisliden Ottokar I. von antiker Monumentalität, die gotisch-elegische Heiligenfigur des Herzogs Wenzel in ihrer von östlich-byzantischem Glanz und Geheimnis erfüllten Kapelle und die einzigartigen Büsten in der Triforiengalerie unter den hohen Fenstern des Obergeschosses: Peter Parler selbst mit dem seherisch-gütigen Blick eines deutschen Mönchs, Kaiser Karl IV., dessen froschartige Gesichtszüge von Schlauheit und Vitalität überquellen, und schließlich seine Gemahlin Anna von Schweidnitz mit den langen Locken und dem reizend-kecken Ausdruck ihres geistvollen Jung-Mädchen-Gesichts. Und in der kleinen Bildergalerie unten in der Altstadt gibt es noch einmal große Kunst zu sehen: Gotische Altartafeln, die man einem Meister von Wittingau zuschreibt, den Deutsche und Tschechen gleichermaßen für sich in Anspruch nehmen, was aber recht gleichgültig ist angesichts der Einmaligkeit seiner meteorhaften Leistung. Dieser unheimlichen Glut der Farbe und des Ausdrucks läßt sich nichts vergleichen, als ein Einzelgänger tritt der Meister gleichberechtigt neben die Sienesen und Kölner. Neben einem solchen großen Wurf wirkt Dürers Rosenkranzbild im anschließenden Saal wie das tragische Experiment eines Suchenden.

Steigt man vom Hradschin ein Stück weiter hügelan, so stößt man auf das Palais Czernin, den nie ganz vollendeten Riesenbau eines böhmischen Großen aus dem 18. Jahrhundert. Dort hatte sich das tschechische Außenministerium einzurichten begonnen, dort nahm jetzt der engere Stab des Reichsprotektors Quartier, dort war es also auch, wo sich meine Tätigkeit abspielte.

Die Art, wie wir unsere Verwaltung aufbauten, hätte sich kaum im Krieg rechtfertigen lassen, wieviel weniger also im Frieden. Da niemand die Zügel führte, entstand eine unbeschreibliche Desorganisation, und die Tschechen, deren Verwaltung einen guten Eindruck machte, erklärten nicht zu Unrecht, sie hätten zum mindesten erwartet, daß wir Ordnung halten würden. Aber nichts dergleichen. Wir von der Zentralverwaltung wußten oft wochenlang nicht einmal von der Existenz gewisser Dienststellen, da deren Leiter es nicht für nötig befanden, sich bei Neurath zu melden. Die einen wollten nicht arbeiten und die anderen schufteten sich zwar zu Tode, aber unter völlig falschen Voraussetzungen, so daß sie das Unheil nur vergrößerten. Diejenigen, die nicht arbeiten wollten, waren die Nazis, welche von zwei Motiven beseelt waren: sie wünschten zu »organisieren«, d.h. das Land mit mehr oder weniger salonfähigen Methoden auszusaugen, und sie wünschten sich gegenseitig den Rang abzulaufen. In Deutschland herrschte bekanntlich unter den Nazi-Dienststellen seit Anbeginn der Kampf aller gegen alle, jeder Nazi-Minister, Reichsleiter oder Gauleiter wollte den Vortritt vor allen anderen haben, jede dieser Behörden, wenn man ein solches Wort auf diesen zusammengewürfelten Haufen von Gefolgsleuten überhaupt anwenden darf, wollte ihre Zuständigkeit auf Kosten der anderen erweitern. Diese »N.S.-Kampfspiele«, wie der Berliner Volksmund dies Treiben bezeichnete, wurden nun nach Prag verlegt, sei es, weil die betreffenden Dienststellen im Reich bei einer Art von entscheidungslosem Stellungskrieg angelangt waren, sei es, weil die unterlegene Partei das an der Zentrale verlorengegangene Terrain an der Peripherie zurückzugewinnen hoffte. Organisationen, die in Berlin nichts mehr zu vermelden hatten, kreuzten plötzlich mit zehn oder zwanzig Leuten mit großartigen Titulaturen auf, suchten sich unter den Palais, in denen die Tschechen ihre Behörden untergebracht hatten, das pompöseste aus und nahmen es »schlagartig« in Besitz. Dann begann das Ausarbeiten von Projekten »auf weltanschaulicher Grundlage« und der Kampf gegen den Rivalen. Denn es fand sich immer ein Rivale, der gegen ein derartiges Projekt Front machte, nicht etwa, weil es meist unsinnig, oft eine Ausgeburt des Wahnsinns war, sondern weil es vom Konkurrenten stammte. So erschien eines Tages ein Vertreter des SS-Bodenamtes und erklärte, man müsse einen breiten Gürtel von deutschen Bauern zwischen das Protektorat und die Slowakei legen, um die Tschechen von ihren weiter östlich wohnenden slawischen Brüdern zu isolieren. Zu diesem Zweck sei es erforderlich, 200 000 Hektar tschechisches Ackerland in einem Korridor, der sich von Oberschlesien nach Wien zog, zu enteignen. Als er mir diesen Plan entwickelte, fragte ich ihn nur, ob er denn genügend deutsche Bauern hätte, um sie dort anzusiedeln, was er mit einer ebenso souveränen wie verlogenen Geste bejahte. Nach wenigen Tagen war das Projekt tot, der Vertreter des Reichsernährungsministeriums und der Vertreter des Reichsnährstandes, so uneins sie sonst waren, erklärten einstimmig, über einen solchen Plan hätten ausschließlich sie zu befinden und nicht das SS-Bodenamt. Endlich fand sich im Vertreter des Vierjahresplans sogar jemand, der einen sachlichen Einwand erhob, indem er erklärte, für Deutschland sei bei seiner bedrängten Ernährungslage der Getreideausfall, den eine solche Umsiedlung auf Jahre hinaus bedeuten würde, untragbar. Im Großen und Ganzen gesehen waren diese Sumpfblasen des verkommenen und verworfenen Nazi-Milieus damals weniger gefährlich als ich annahm. Seine Vertreter wurden den Prager Schauplatz meist in dem Augenblick leid, wo wirkliche Arbeit, der sie ja nicht gewachsen waren, sich unerledigt auf ihrem Schreibtisch zu häufen begann; es war dies bei vielen schon nach zwei bis drei Monaten der Fall. Sie betrieben dann ihre Versetzung als »Experten« in die Slowakei oder bereiteten sich innerlich auf den Krieg vor, der in der Luft lag und den sie herbeisehnten, ehe ihre Unzulänglichkeit bei der friedlichen Arbeit zu Tage träte.

Ganz anders lagen die Verhältnisse bei den eigentlichen Beamten, diese konnten und wollten arbeiten, ja suchten darin einen Trost für ihre Einflußlosigkeit und für ihre entwürdigende Behandlung durch die Nazis. Indessen traten hierbei zwei deutsche Erbübel zu Tage, die sich fast schlimmer auswirkten als das wilde Treiben der Parteistellen. Das eine war die völlige Lebensfremdheit dieser Bürokraten, die den bekannten Mangel an politischer Befähigung zur Folge hat; das andere jene Eigenschaft, die auch damit zusammenhängt und für die es keine bessere Definition gibt als das von Fichte allerdings in einem anderen Sinn geprägte Wort: »Ein Deutscher ist ein Mensch, der eine Sache um ihrer selbst willen tut.« Diese in vieler Hinsicht vorzüglichen Menschen arbeiteten, mit anderen Worten, um der Arbeit willen, fanden ihre höchste Befriedigung darin, am Schreibtisch zu sitzen und fremde Akten zu erledigen, sowie eigene zu produzieren. Sie taten das in ihrer hingebenden, vom Leben völlig abstrahierenden Art. Wenn ich etwa vor sie hingetreten wäre und ihnen erklärt hätte, ihr Schreibtisch stände jetzt nicht mehr in Eydtkuhnen, Badenweiler oder Oldenburg, sondern in Prag, was bedeute, daß die Arbeit neuen Regeln unterworfen werden müsse, hätten sie mich erstaunt und mißbilligend angesehen und mich für unsachlich erklärt. Die Arbeit war ihnen der Schutzwall gegen das Leben und die Politik, sie hüteten sich also, vielleicht unbewußt, aber umso konsequenter davor, über den Sinn dieser Arbeit nachzudenken; sie taten »die Sache um ihrer selbst willen«. Die verheerenden Folgen, die dieser Berufsethos haben kann, möchte ich an einem Beispiel schildern.

Als wir seit etwa 14 Tagen in Prag waren, stand ich eines Tages mit H. v. R.[65] an einem Fenster der Burg und sah auf Prag hinab. Da sagte er, der ein etwa dreißigjähriger Mann war, anständig, fleißig und begabt, plötzlich, wir müßten sobald als möglich am Rande der engen Altstadt Häuserblocks niederlegen, damit die Einwohner von Prag »in den Genuß von Grünflächen« kämen. Ich sah ihn entgeistert an und meinte, nicht recht gehört zu haben, worauf er seine Worte noch einmal wiederholte und hinzufügte, nach modernen deutschen Begriffen sei doch solch' eine Stadt ohne größere Parkanlagen unhygienisch. Nun war mir klar geworden, daß ich es mit einem typischen Fall von bürokratischer Mentalität zu tun hatte, nahm ihn freundlich beim Arm und führte ihn in ein nach Westen gelegenes Zimmer. Dort zeigte ich ihm den mit wunderbaren Bäumen im Frühlingsgrün bestandenen Laurentinsberg und erklärte ihm, das sei vielleicht keine »Grünfläche«, dafür aber ein Park, wie man ihn sich schöner und größer kaum vorstellen könne, umsomehr, als er sich fast unmittelbar in riesigen Wäldern verliere. Und dieser Park sei von jedem Punkt der Stadt aus in wenigen Minuten zu erreichen. Er war sehr erstaunt, führte aber zu seiner Entschuldigung an, er habe eben so viel zu tun, daß er noch keine Zeit gefunden hätte, sich umzusehen. Ich dachte mir im stillen, daß er jedenfalls Zeit genug habe, um unsinnige Pläne zu fassen und sie zu äußern, und redete ihm gut zu, sich etwas von dem Andrang der Geschäfte frei zu machen, um nun, wo er schon seit 14 Tagen in Prag sei, wenigstens einen summarischen Überblick über seine allernächste Umgebung zu bekommen. Schließlich versuchte ich ihm zu erklären, wir seien nicht etwa in Prag, um die Tschechen mit unseren Methoden zu beglücken, d.h. ihre Hauptstadt zu ruinieren, was uns bei allen guten damit verbundenen Absichten nur verhaßt machen werde. Wir seien überhaupt nicht in Böhmen, um das Land zu *verwalten,* sondern um die tschechische Verwaltung zu *kontrollieren.* Er hörte mir liebenswürdig und wissensdurstig, wie es seiner Art entsprach, zu – eine Stunde später saß er wieder vor Überarbeitung bleich und nervös an seinem Schreibtisch. Was ich gesagt hatte, waren ihm »böhmische Dörfer«.

Waren demnach die unteren Regionen der Verwaltung in Bürokraten und Parteifunktionäre gespalten und übertrug sich dieser latente Gegensatz auf das Verhältnis vom Ministerialdirektor von Burgsdorff zum Staatssekretär Frank, so hätte noch alles wenn nicht gut, so doch erträglich gehen können, wenn Neurath eine starke Persönlichkeit gewesen wäre. Das traf aber nicht zu. Die verschiedenen Seiten seines Charakters wirkten darin zusammen, daß er die Zügel völlig schleifen ließ. Er vertrat die in der diplomatischen Laufbahn vielfach bewährte These, daß die Zeit die meisten Probleme löse, man also nichts überstürzen solle – während in Prag nur eine Devise wirksam gewesen wäre: Principiis obsta. Daß ein Posten wie der seinige viel Arbeit, ja eine fast ununterbrochene Präsenz und einen persönlichen Kontakt mit Politikern und Beamten auch außerhalb der Bürostunden erforderte, wollte ihm nicht in den Sinn. Es mag sein, daß er dieser Aufgabe seines Alters wegen nicht mehr gewachsen war. Jedenfalls betrachtete er sich, wenn er seine 5 bis 5 ½ Stunden im Büro abgesessen hatte, anschließend völlig als Privatmann, ging auf Jagd oder verbrachte den gemütlichen stillen Abend eines schwäbischen Landedelmannes an der Seite seiner Frau, seine beiden geliebten Hunde zu seinen Füßen. Es war nichts Böses an ihm, auch bekam er einen roten Kopf, wenn er von Ausschreitungen oder Dummheiten der Nazis erfuhr, aber es war ihm nicht beizubringen, daß der Posten eines Reichsprotektors in Böhmen und Mähren keine Sinekure für einen verabschiedeten Außenminister sei. Auch während der Bürozeit konnte er seine Vergangenheit nicht vergessen. Aus dem Auswärtigen Amt gewöhnt, daß die Schriftstücke, die man ihm vorlegte, von drei oder vier Fachleuten entworfen und überprüft waren, unterschrieb er in Prag Verordnungen und sonstige Dokumente, ohne sie durchzulesen. Gewiß wachte ich im Vorzimmer wie ein Cerberus, aber er hatte es zugelassen, daß Frank sich durch einen Nebeneingang zu ihm begeben konnte. Auf Grund von etwas vagen mündlichen Abreden legte ihm Frank dann Entwürfe vor, von denen sonst niemand etwas wußte. Neurath unterschrieb sie unbesehen und ohne nachzuprüfen, ob sie seinen Intentionen entsprachen und mit den Abreden übereinstimmten. Dabei war ihm bekannt, daß Frank aus einer Mischung von Unfähigkeit und bösem Willen bestand. Zwei- oder dreimal führte das dazu, daß er nicht nur etwas unterschrieben hatte, was seinen Absichten zuwider lief, sondern etwas, was alle seine bisherigen Anordnungen und Erlasse in dieser Materie außer Kraft setzte. Es blieb ihm daher nichts anderes übrig, als seine Unterschrift unter dem Schriftstück, das vielleicht schon in den unteren Zweigen der Verwaltung die Runde gemacht hatte, öffentlich zu widerrufen. Ich habe mich gewundert, mit welch' unerschütterlichem Gleichmut er eine solche Bloßstellung der eigenen Person auf sich nahm.

Angesichts dieser Tragikomödie, die sich in meiner unmittelbaren Nähe abspielte, war ich bezüglich meines grundsätzlichen Programms sehr bald resigniert. Es hatte dies hauptsächlich in zwei Punkten bestanden: erstens Schonung des tschechischen Volkstums und seiner kulturellen Belange, also Wahrung einer weitgehenden Autonomie, zweitens Beschränkung der deutschen Initiative auf Ausübung der Souveränität im Verhältnis zum Ausland, Einsetzung von Kontrollorganen im Inland, also keine Übernahme von Verwaltungsfunktionen. Dieses Programm gebot natürlich im Gegensatz zur tatsächlichen Entwicklung einen allmählichen Abbau unseres Personalbestandes und unserer Einmischung. Ich werde später auf diesen Punkt noch einmal zurückkommen. Jedenfalls war hiervon, wie ich im übrigen schon immer befürchtet hatte, nichts zu verwirklichen. Ich beschränkte demnach meine Tätigkeit auf eine möglichst ununterbrochene Einflußnahme auf die tägliche Geschäftsführung Neurath's, auf den Versuch, Bedrängten und ungerecht Behandelten, wo immer ich konnte, zu helfen, und auf einen mit Eifer betriebenen Kampf gegen den Prager Chef der Gestapo.

18. Kampf mit der Gestapo

Dieser - ich glaube, er hieß Raschke - führte sofort die üblichen Methoden seiner Institution im Protektorat ein, eine Atmosphäre des Terrors lagerte über dem Land, die Verhaftungen mehrten sich, wobei offensichtliche Fehlgriffe, auch im Sinne der SS, häufig waren. Glücklicherweise war Herr Raschke, oder wie er sonst geheißen haben mag, ungeschickt. Er hatte Neurath gleich zu Anfang durch flegelhaftes Benehmen vor den Kopf gestoßen. Nun kam es nur darauf an, ihn einer Lüge zu überführen, denn so etwas vertrug Neurath nicht. Es mußte allerdings eine handfeste Lüge, nicht nur eine zweifelhafte Ausrede sein, um seine Wirkung zu tun. Auf einer solchen sind Gestapoleute meist schwer zu ertappen, sie hüllen sich im letzten Augenblick lieber in Schweigen. Ich brachte Neurath, der wie gesagt, schon gereizt war, dazu, Raschke mit Anfragen nach Verhafteten, Verschleppten und Vermißten zu überschütten. Endlich nach etwa 10 Wochen war es so weit, ich konnte Neurath einen schriftlichen Beweis für R.'s Verlogenheit vorlegen. Bei seiner nächsten Anwesenheit in Berlin setzte er dessen Abberufung durch. Der Nachfolger, Stahlecker[66], der später auch in der Informationsabteilung des Auswärtigen Amtes eine Rolle gespielt hat, bis er im Rußlandfeldzug fiel, war alles in allem genommen besser.

Die Tschechen erholten sich während der Wochen, die ich in Prag verbrachte, kaum von dem seelischen Schock, den die letzten Monate und unser Einzug ihnen versetzt hatten. Sie waren zuvorkommend und abgesehen von Hacha, der über eine still-bescheidene Würde verfügte, oft servil, dazu schlau. In Stadt und Land stieß man bei ihnen auf innere Reserve, oft Ablehnung, selten auf wirklichen Haß. Sie kämpften geschickt und zäh um die Bewahrung, ja Erweiterung ihrer Autonomie, dagegen habe ich trotz eingehender Beobachtung nicht den Eindruck gewonnen, daß die Wiedergewinnung der totalen Selbständigkeit und Freiheit der Mehrzahl der Bevölkerung oder auch nur einem großen Prozentsatz von ihr wirklich am Herzen lag. Völker sind schwer zu beurteilen, auch ändern sie ihre Meinung rasch - im Frühjahr 1939 hatten die Tschechen sich, glaube ich, mit einer maßvollen Beschränkung ihrer Souveränität und einer Existenz am Rande des deutschen Machtbereichs abgefunden. Es wurde erzählt, vor den Toren von Prag stehe ein Gedenkstein mit der tschechischen Inschrift »Zur Erinnerung an die 300-jährige Knechtschaft unseres Volkes«. Darunter habe ein Witzbold, gleichfalls auf Tschechisch, die Worte gesetzt: »Die Vorstellung wird wegen großen Erfolges bis auf weiteres verlängert.« Die Geschichte mag eine Erfindung sein, sie veranschaulicht aber den Geist der Selbstironie, Skepsis und Resignation, der damals überall herrschte.

Da Neurath sich zwar ungern wirklich einsetzte, aber im Grunde seines Herzens hilfsbereit und wohlwollend, ja gutmütig war, so konnte ich in seinem Schatten, auch wenn ich wußte, daß er mich nicht dekken würde, vielen Menschen meine Unterstützung leihen - oft erfolglos, zuweilen aber auch nicht. Im Grunde helfe ich lieber den einfachen Leuten, man übersieht ihre Verhältnisse besser und hat unmittelbaren Kontakt. Andererseits hat man bei den Reichen das beruhigende Gefühl, mit einer Hilfeleistung an sie auch gleichzeitig einen Kreis von Angestellten und Arbeitern zu unterstützen. Gegenüber dem böhmischen Adel in all' seinen Schattierungen, vom opportunistischen Nazi über den deutschen Patrioten zum Europäer deutscher Muttersprache, vom tschechischen Patrioten bis zum Renegaten, der die Traditionen seiner großen Familie, seinen deutschen Namen und die Sprache seiner Eltern verleugnete, habe ich mich sehr zurückgehalten. Trotzdem wurde ich nach einiger Zeit eifrig in den Prager Salons »besprochen« und bekam dabei eine so gute Note, daß sie mich in dem Beschluß, meine Zelte bald abzubrechen, noch bestärkte. Gott schütze uns vor unseren »Freunden« - vor allem, wenn sie der sogenannten guten Gesellschaft angehören -, sie loben einen ins Konzentrationslager.

Nach etwa 8 Wochen in Prag begann ich den Gedanken, mich bald von diesem Posten zu trennen, ernsthaft in Erwägung zu ziehen. Bei einigen an sich unwichtigen Zwischenfällen in Prag und Pilsen hatte Neurath so versagt, sich das Heft derartig aus der Hand nehmen lassen, daß ich auf Beteiligung an weiteren Experimenten dieser Art lieber verzichtete. Ich machte noch einen Versuch und sprach mit Frau von Neurath. Sie hatte etwas von einer gesunden alten Bäuerin, schlau, humorvoll und praktisch; man spürte bei einem Gespräch mit ihr gleich festen Boden unter den Füßen. Unsere Unterhaltung, die für mich nicht leicht zu führen war, verlief auf's freundschaftlichste. Sie versprach mir ihre Unterstützung, ich erklärte mich zu einem weiteren befristeten Versuch bereit. Anschließend verfaßte ich in gedrängter Form eine Denkschrift von 4 bis 5 Seiten, in der ich meine Ideen über eine vernünftige Politik in Böhmen niederlegte. Ich tat das in erster Linie für mich selber, um über meine Erfahrungen und ihre praktische Auswertung Klarheit zu gewinnen, formulierte sie aber so, daß sie auch für Neurath zu verwenden gewesen wäre. Als ich sie ihm vorlegte, war er entzückt, erklärte, alle Beamte auf die in ihrem zweiten Teil niedergelegten Grundsätze verpflichten zu wollen - und begrub sie in seinem Schreibtisch. Da sie nicht nur das Fazit meiner Prager Episode enthielt, sondern auch gewisse Grundregeln für das Zusammenleben von Nationen auf unserem immer enger und kleiner werdenden europäischen Kontinent, möchte ich kurz darauf eingehen unter Hinzufügung einiger Punkte, die ich damals nur mündlich vortrug, weil ihre schriftliche Fixierung zu gefährlich war:

Deutschland mußte das tschechische Volkstum in all seinen *kulturellen* Ausstrahlungen und in all seinen Stufen vom lokalen Trachten- oder Gesangverein bis hinauf zur Universität nicht nur schonen, sondern fördern. Nichts gibt dem Nationalsozialismus und Chauvinismus einen größeren Auftrieb als ein Eingriff in diese Sphäre – nirgendwo lassen sich daher diese Strömungen besser beschränken, ja zunichte machen als hier und zwar durch Weitherzigkeit. Bestärkte man von Reichs wegen die ländliche Bevölkerung darin, ihre Volkstrachten zu tragen, ihre Volkslieder zu singen und bei Festen ihre tschechischen Fahnen zu hissen, so war das nationale Problem gelöst. Aus dem gleichen Grunde: Herausgabe der Kulturdenkmäler, tschechischer Literatur und Geschichte in erstklassigen Ausgaben. Volksschulunterricht grundsätzlich auf tschechisch, nur auf Antrag zusätzlicher Deutsch-Unterricht. Errichtung von Lehrstühlen für tschechische Philologie und Geschichte an deutschen Universitäten; bei den höheren Staatsbeamten Voraussetzung gewisser deutscher Sprachkenntnisse nach einer fünfjährigen Frist; die gleiche Regelung für bestimmte Kategorien der deutschen Beamten bezüglich des Tschechischen, Veröffentlichung sämtlicher Verordnungen der Protektoratsverwaltung auf deutsch und tschechisch, wobei das Deutsche in Zweifelsfällen maßgebend; ungehindertes Erscheinen der tschechischen Presse.

Auf dem *politischen* und *wirtschaftlichen* Sektor waren folgende Maßregeln vorzusehen: Verzicht der Tschechen auf eine Außenpolitik, Befreiung vom Arbeits- und Wehrdienst, anstatt dessen Erhebung einer Wehrsteuer nach dem Einkommen gestaffelt. Abführung ihres Ertrages an Deutschland, das sonst an das Protektorat keinerlei finanzielle Forderungen stellte; lediglich die Kosten der Protektoratsverwaltung waren vom Lande selbst zu tragen. Gegenseitige Verpflichtung zur Übernahme von Arbeitslosen, wenn in dem einen Gebiet prozentual stärkere Arbeitslosigkeit herrschte als in dem anderen. Einflußnahme der Protektoratsverwaltung auf Ausgestaltung der sozialen Fürsorge, kein Rückgängigmachen der Agrarreform, keine Heranziehung des böhmischen Adels zu politischen Entscheidungen, vor allem aber keine betonte Förderung der im Protektorat ansässigen Deutschen. Schaffung von gut bezahlten Arbeitsplätzen für tschechische Arbeiter und Ingenieure in Deutschland, nötigenfalls durch Eingriff der Reichsregierung. Schärfste Maßnahmen gegen Aussaugung des Protektorats durch deutsche Stellen oder Einzelpersonen, Zoll- und Währungseinheit als Fernziel.

Innerhalb der *Protektoratsverwaltung* hätten folgende Richtlinien beachtet werden müssen: Strenge Ausrichtung auf die Person Neurath's, der sich von Hitler die Genehmigung verschaffen sollte, alle Beamten und Funktionäre in diesem Sinn feierlich zu verpflichten. Politische und sprachliche Schulung für den neuen Aufgabenkreis. Vor allem aber Festlegung auf die Parole: Kontrolle, nicht Verwaltung!

Inzwischen kündigte sich ein Ereignis an, das den Stand der Dinge klarlegen, eine eindeutige Entscheidung herbeiführen würde: Heydrich, der Chef der Gestapo, sollte nach Prag kommen, angeblich um Neurath zu besuchen, in Wirklichkeit um eine Inspektionsreise zu machen. Ich war ihm schon verschiedentlich begegnet: der erste äußere Eindruck war gut. Sah man ihn in Hitler's Umgebung stehen, so wirkte er unter diesen teils ungeschlachten, teils verkümmerten oder grotesken Gestalten wie ein Fremdkörper. Unter all' diesen Rassentheoretikern war er der einzige, dessen Gestalt von guter Zucht sprach. Sein schmaler blonder Schädel, seine schlanke Figur und seine Bewegungen vermittelten den Eindruck von angeborener Eleganz, die er auch in der Kleidung nicht verleugnete. Erst wenn man das Gesicht, das mit seiner Erscheinung in Einklang zu stehen schien, genauer ansah, erschrak man – vor allem über die Augen, aus deren Bläue eine weltenferne unbeschreibliche Grausamkeit sprach. Man stand jener höchst disziplinierten und präzisen Kälte gegenüber, die bisher nur Ernst Jünger[67] zu schildern vermocht hat. Während die Nazis eine Art von billiger Ausschußware darstellen und trotz mancher Gaben einfach schlechte Menschen sind, glich Heydrich einem umgeschlagenen edlen Wein, war ein abgefallener Engel, ein durch und durch böser Mensch. Außerdem war er, nach allem, was ich beobachten konnte oder über ihn hörte, ungewöhnlich klug und raffiniert zugleich, vielleicht einer der intelligentesten Menschen, die mir begegnet sind. Von Hitler in jedem einzelnen seiner Wesenszüge verschieden, war er wahrscheinlich der einzige, der die Fähigkeiten und wohl auch den Willen gehabt hätte, ihn eines Tages zu ersetzen. Daß er im Jahre 1940 Neurath's Nachfolger als Reichsprotektor wurde, was einer Verbannung aus dem Berliner Kraftzentrum und damit einer Kaltstellung gleichkam, beweist, daß man sein Machtstreben fürchtete. Das Attentat, dem er in Prag zum Opfer fiel, wies merkwürdige Züge auf. Ich schenke daher der Nachricht, Hitler selbst habe ihn beseitigen lassen, umso eher Glauben, als sie aus höchsten SS-Kreisen stammt. Man hielt ihn wohl sogar auf diesem Außenposten noch für gefährlich.

In den Tagen vor seinem Besuch benützte ich jede Gelegenheit, um Neurath den Rücken zu stärken: er solle sich auf nichts einlassen, es sei denn, daß Heydrich irgendeinen schriftlichen Befehl Hitler's vorlegen könne. Ich wußte, wie gern Hitler dem freien Spiel der Kräfte unter seinen nächsten Anhängern Raum gab. So sehr er Deutschland allein regierte, so wenig er in wichtigen Entscheidungen auf die einzelnen Ratgeber hörte, sondern eher auf den Zusammenklang der Stimmen, die an sein Ohr drangen, so gern sah er den Streit der Halbgötter untereinander. Wer sich dabei geschlagen gab, ohne Himmel und Hölle in Bewegung zu setzen, d.h. an ihn zu appellieren, den ließ er verächtlich fallen. Diejenigen aber, die zu kämpfen verstanden, die ihre Stärke bewiesen, zog er immer wieder ans Licht, auch wenn sie Niederlagen erlitten, ja bei ihm selber in vorübergehende Ungnade fielen. Denn er achtete darauf, daß das labile Gleichgewicht, das sich zwischen den einzelnen Großen seiner Umgebung, also etwa zwischen Göring, Himmler, Bormann, Goebbels und Ribbentrop, herausgebildet hatte, erhalten blieb und regierte sozusagen wie ein parlamentarischer Regierungschef mit wechselnden Mehrheiten.

Wenn also Neurath vor den Aspirationen Heydrich's und damit Himmler's die Segel strich, wurde er für Hitler uninteressant. Blieb er dagegen fest und verlangte eine klare Entscheidung der obersten Stelle, so fiel sie möglicherweise zu seinen Gunsten aus. Die größte Wahrscheinlichkeit sprach allerdings dafür, daß Hitler die Sache in der Schwebe lassen würde, wie er es gerne tat, um das Kräfteverhältnis genauer abzuwägen. Daß er eindeutig gegen Neurath entschied, war bei der damaligen Konstellation nicht zu erwarten.

19. Heydrich erscheint*

Eines Morgens erschien also Heydrich, begleitet von zwei ganz jungen, ausgesucht schönen Adjutanten, die beide ebenso gepflegt wie dumm und uninteressant waren und die gerade, wie sie mit Stolz er-

* Siehe hierzu auch Anhang, S. 268 f.

zählten, geheiratet hatten, d.h. wohl auf Befehl verheiratet worden waren. Es war langweiliger als Vollblutzucht, bei der doch wenigstens auf das Temperament der Pferde geachtet wird.

Nach der Unterredung, die nicht lange dauerte, war Neurath vergnügt, man hatte sich nur auf den Austausch von Liebenswürdigkeiten beschränkt, alles war auf's angenehmste verlaufen, und der alte Herr ließ eine spöttische Andeutung über meine Gespensterfurcht fallen. Heydrich wollte angeblich nur noch wenige Stunden in Prag bleiben und dann nach Berlin fahren. Auch der Nachmittag brachte nichts Neues, so daß mein Mißtrauen abklang.

Am nächsten Morgen erschien Neurath schlecht gelaunt auf dem Büro und war für mich kaum zu sprechen. Es dauerte nicht lange, bis ich erfuhr, was geschehen war. Neurath, der sehr früh schlafen zu gehen pflegte, war um ½11 Uhr abends von Heydrich aus dem Bett geholt worden, der ihm - scheinbar erregt - auseinandersetzte, er habe die schlechtesten Eindrücke von der Lage in Böhmen gewonnen und sei einem weit verzweigten Netz von Verschwörungen auf die Spur gekommen. Gleichzeitig legte ihm Heydrich ein Schriftstück vor, das die Vollmachten für die Gestapo unbegrenzt erweiterte und in seiner praktischen Auswirkung den Reichsprotektor zu einem Schattendasein herabwürdigte. Neurath hatte das Dokument widerstandslos unterschrieben, Heydrich war abgereist.

Ich nahm die nächste Gelegenheit wahr, um Frau von Neurath in aller Offenheit mitzuteilen, ich sei nach diesem Ereignis nicht mehr in der Lage, meinen Posten weiter zu bekleiden. Ein paar Tage später, als wir alle in Berlin waren, bat ich Neurath sehr offiziell in seinem Büro um meinen Abschied, da meine Interessen auf außenpolitischem Gebiet lägen, Prag aber nur noch innenpolitische Probleme biete; außerdem bekomme mir das Klima dort nicht. Er hatte dazu nichts zu bemerken, alles verlief in den liebenswürdigsten Formen, und wir verabschiedeten uns, als habe sich nichts an unserem Verhältnis geändert. Mein Bündel in Prag war rasch geschnürt - ich schied trotz einiger netter Menschen, die ich zurückließ, ohne Bedauern und nunmehr ungerührt, etwa wie ein Kriegsberichterstatter von einer Schlacht, die der General wider alle Regeln der Kriegskunst verloren hat, nach Hause fährt. Ich hatte drei Monate lang nach bestem Wissen und Gewissen gekämpft und meine Laufbahn, ja in gewissen Stunden meine Existenz, auf's Spiel gesetzt, es hatte nichts gefruchtet. Nun schüttelte ich dies gewissermaßen von mir ab und stellte fast erstaunt fest, daß ich heil geblieben war, mich in nichts Böses hatte verwickeln lassen und auf leise Manier von Neurath losgekommen war. Good bye to all that!

20. Henderson in Berchtesgaden

Es war Juni geworden, als ich nach Berlin zurückkehrte, und somit gerade die rechte Zeit, um das Drama, in dem wir schließlich alle nur Statisten waren, von Anfang an mit zu erleben. Schon im Mai hatte mir Herr von Weizsäcker, als ich ihn einmal von Prag aus besuchte, gesagt, die polnische Frage drohe in ein akutes Stadium zu treten. Der rechte Zeitpunkt, sie aufzurollen und mit friedlichen Mitteln einer vernünftigen Lösung zuzuführen, schien nach Hitler's Prager Extratour verstrichen, das Schlimmste stand zu befürchten. Denn diesmal standen sich zwei Akteure gegenüber, die beide in der Welt der Logik, des Maßes und der Vernunft nicht zu Hause waren. Ich will die Polen nicht mit Hitler vergleichen, aber ihr hemmungsloser, jeder Realität barer, höchst romantischer Nationalismus prädestinierte sie zu einem Zusammenstoß mit ihm. Das Schlimme war, daß beide Parteien sich auf das tschechische Beispiel glaubten berufen zu können: Hitler in dem Sinn, daß Brutalität und falsches Spiel zum Ziele führten; Polen mit der These, Vernunft und Maßhalten komme einer Selbstaufgabe gleich. Das Problem unserer Ostgrenze und unserer Beziehungen zu Polen in die Hände der völlig siegestrunkenen Nazis gelegt – das konnte nicht gut ausgehen. So befanden wir uns im September 1939 schließlich in einer Situation, welche die internationalen Kritiker des Versailler Vertrages schon vor zwei Jahrzehnten vorausgeahnt hatten. Hitler, gleichfalls ein Produkt des Versailler Vertrages und der französisch-polnischen Politik der 20er Jahre, würde sie für seine Zwecke ausnützen.

In jenen Sommermonaten des Jahres 1939 war es indessen die Pflicht jedes vernünftigen Menschen, jedes guten Patrioten und jedes verantwortungsbewußten Europäers, zu glauben, er könne dazu beitragen, das Unvermeidliche zu vermeiden. Die Aussichten waren allerdings düster. Polen war das einzige Land, gegen das in der breiten Masse des deutschen Volkes ein gewisser Haß bestand; die Schaffung des Korridors und die Austreibung von mehr als einer Million Deutscher aus den von Polen annektierten Gebieten hatte eine Drachensaat aufgehen lassen. Das deutsche Volk wollte gewiß keinen Krieg, aber nachdem sich Hitler's Methoden bei der Tschechoslowakei »bewährt« hatten, gab es viele, die meinten, Polen habe eine solche Behandlung erst recht verdient und man solle sie ihm ruhig angedeihen lassen. Ein Krieg werde darüber nicht ausbrechen. Aber das waren mehr dumpfe Gefühle einer Minderheit als präzise Vorstellungen oder gar entscheidende Willensäußerungen. Das deutsche Volk als solches war überhaupt kein Faktor mehr, der in der Rechnung der kommenden Monate eine Rolle spielte. Gelähmt und verängstigt lebte es in dumpfer Lethargie dahin. Jede Resonanz in der einen oder anderen Richtung blieb aus.

Unser Freundeskreis ging mit dem gleichen Mut, Eifer und Glauben an die Arbeit wie im Vorjahr. Da wir ein zweites »München« für ausgeschlossen hielten, hofften wir, diesmal werde unsere Stunde schlagen, diesmal würden wir Hitler zu Fall bringen können. Alle Gruppen wirkten zusammen, Canaris und Oster von der Abwehr aus, Helldorf mit seiner Schutzpolizei im innerpolitischen Sektor, Beck unter der Generalität, wir im Auswärtigen Amt oder in den Behörden, denen wir angehörten oder bei denen wir sympathisierende Beamte kannten. Genaue Einzelheiten vermag ich im allgemeinen nicht mehr anzuführen, nur eine Episode möchte ich wiedergeben, weil sie zugleich die erste Aktivität eines der späteren Vorkämpfer unserer Bewegung darstellt.

Aus Amerika kommend, traf im Sommer 1939 ein Freund von mir in Berlin ein: Adam von Trott. Ich hatte ihn zehn Jahre früher, ebenfalls in Berlin, kennen gelernt, wo er mit einer staatsrechtlichen Doktorarbeit über Hegel Aufsehen erregte. Er war damals noch sehr jung – Anfang 20 – und verbrachte seine Tage in einer düsteren, billigen »Studentenbude«, auf deren einzigem wackligen Tisch das »Kapital« von Marx, die Haarbürste, Hölderlin's Gedichte und ein Butterbrot ein malerisches Stilleben bildeten. Er hatte es nicht sehr gern, wenn ich ihn besuchen kam, denn er schämte sich vor den sozialistischen oder kommunistischen Arbeitern, mit denen ich ihn in endlose Diskussionen verwickelt antraf, der Bekanntschaft mit mir. Weltschmerz, russische Literatur und extrem linksgerichtete politische Ideen waren die Fahnen, auf die er schwor, doch war er jung und leidenschaftlich genug, um diese Ideale auf Stunden zu vergessen, wenn er, schön wie ein junger Gott, abends die Berliner Salons in Erstaunen versetzte. Er war ein junges Genie, sensibel und reizbar, und niemand hat den Umgang mit ihm leicht gefunden. Trotzdem verband uns alle Jahre hindurch eine höchst gespannte, ja gefährdete, aber immer wieder bewährte Freundschaft.

Bald nachdem die Nazis ans Ruder gekommen waren, ging er nach Amerika und Ostasien. Als alter Rhodes-Scholar hatte er von dieser Institution ein Stipendium zur Bereisung jener Länder und zum Studium der pazifischen Frage erhalten. Im Jahre 1939 kehrte er zurück. An ihm wie so vielen anderen hatte China Wunder gewirkt, ihn der Klarheit und Harmonie näher gebracht. Seine politischen Auffassungen stimmten, wenn man von der grundsätzlichen Ablehnung des Nationalsozialismus absieht, mit den unsrigen nicht ganz überein; er glaubte, die deutsch-englische Kluft sei ohne Sturz unseres Regimes noch einmal durch Verhandlungen zu überbrücken - vielleicht schätzte er England richtiger ein, als wir es zu jenem Zeitpunkt taten; sicher aber irrte er in Bezug auf die Möglichkeit, den Nazis mit Vernunftgründen beikommen zu können. Eine umfassende Personalkenntnis in England und Amerika, ein eingehendes Studium fernöstlicher Fragen und vor allem die Gabe, sich im Fluge die Sympathie von Ausländern zu gewinnen, machten ihn mit der Zeit zu einer unentbehrlichen Stütze für unsere Pläne.

Im Sommer 1939 führte ihn, wie gesagt, mehr sein allgemein politisches Interesse und seine Freundschaft zu mir in unseren Kreis als eine vollkommene Übereinstimmung der Ideen. Von China her war er mit General von Falkenhausen[68] gut bekannt, der nach seiner Abberufung von dem Posten eines Militärberaters bei Tschiang kai shek[69] kommandierender General in Dresden geworden war. Trott erklärte sich bereit, mich bei ihm einzuführen, und wir reisten an einem Sonntag gemeinsam nach Dresden, der Gefahr wegen natürlich ohne Anmeldung. So kam es, daß uns für das Gespräch nur eine halbe Stunde zur Verfügung stand, was aber bei Falkenhausen's Interesse für politische Fragen und seiner umfassenden Kenntnis der Welt durchaus genügte. Bereits nach wenigen Sätzen war klargestellt, daß Hitler uns einer politisch-militärischen Katastrophe entgegentriebe und entfernt werden müsse. Indessen erwartete Falkenhausen - wie so viele gleich ihm - den entscheidenden Schlag von anderen, statt ihn selber ausführen zu wollen, und verschanzte sich hinter seiner praktischen Undurchführbarkeit. Ich schlug ihm vor, Hitler zu einer Besichtigung der an der böhmischen Grenze verspätet fertiggestellten Befestigungen einzuladen, ihn in einen Bunker zu führen und dabei von seiner Begleitung zu isolieren; ihm dort zu erklären, ein politisches Testament mit seiner Unterschrift, verfertigt nach denselben Rezepten, die er bei Hindenburg's Testament angewandt habe, liege bereits vor; er übertrage darin die Exekutive auf das Heer - ihm blieben drei Minuten Zeit, zwischen Selbstmord und gewaltsamer Beseitigung zu wählen. Falkenhausen hörte diesen Plan wohlwollend an, unternahm indessen damals nichts, was er später zu bedauern hatte. Denn im Kriege erhielt er - als Reaktionär gebrandmarkt - kein Frontkommando und blieb somit aus dem eigentlichen Kräftespiel ausgeschaltet. Er hielt dauernde Verbindung zu Beck und Canaris, seine Tätigkeit als Generalgouverneur in Belgien wurde eines der wenigen Ruhmesblätter deutscher Verwaltung besetzten Gebietes - den entscheidenden Augenblick, die Rolle eines Retters seines Volkes zu übernehmen, hatte er aber versäumt.

Es ist weder meine Absicht, noch bin ich dazu in der Lage, die einzelnen vorbereitenden Phasen des deutsch-polnischen Konflikts zu schildern, die Akten werden darüber hinreichenden Aufschluß gewähren. Festzustellen ist nur, daß Hitler's teuflischer Plan, an der Danziger Frage dem polnischen Staat dasselbe Schicksal zu bereiten wie der Tschechoslowakischen Republik an der Sudetenfrage, nur deshalb gefaßt werden konnte, weil der Völkerbund aus Lässigkeit und Leichtsinn auch nicht ein einziges der zahlreichen Danziger Teilprobleme (Hafen, Zollfragen, Westerplatte usw.) ernsthaft zu lösen versucht hatte. Was nützte es jetzt, daß der vom Völkerbund eingesetzte Hohe Kommissar von Danzig, der Schweizer Carl Burckhardt, mit Gerechtigkeit, Takt und europäischem Verantwortungsgefühl die Brandstellen zu löschen suchte - im Auftrag Hitler's goß der berüchtigte Gauleiter von Danzig, Forster, täglich neues Öl ins Feuer. Auch die Polen taten nichts, um die einzelnen strittigen Fragen auf ihre lokale Bedeutung zurückzuführen. Sie fühlten sich eines Tages bemüßigt, eine drohend gehaltene Protestnote an Danzig zu richten. Bald stand das ganze Grenzgebiet von der Ostsee bis an die Beskiden in Flammen.

Inzwischen holte Hitler zu einem neuen, meisterhaft angelegten Stoß aus – er einigte sich mit Stalin. An sich hat die Geschichte gelehrt, daß ein gutes deutsch-russisches Verhältnis einer der Eckpfeiler unserer Außenpolitik und damit unseres Gedeihens ist – die Todfeindschaft auf ideologischer Basis, in die uns die Nazis gegenüber Rußland hineingetrieben haben, war eine überflüssige Hypothek. Dagegen vermochte ich die naive Begeisterung, welche manche Sachverständige über die gleichsam über Nacht in Gang gekommenen deutsch-russischen Verhandlungen empfanden, nicht zu teilen. Ich sah in dem geplanten Vertrag vom ersten Tage an ausschließlich die letzte Etappe auf dem Weg zum Kriege und bin überzeugt, daß sowohl Hitler als Stalin ihn unter diesem Aspekt angestrebt haben. Für Hitler bedeutete das Abkommen die vierte Teilung Polens, für Stalin den Krieg Deutschlands mit den Westmächten, dem er als lachender Dritter zuzusehen und bei dem er im Trüben zu fischen hoffte. Und ehe die Unterhändler Englands und Frankreichs, die damals gerade zur Vorbereitung eines gegen Deutschland gerichteten Abkommens in Moskau weilten, neue Instruktionen eingeholt hatten, ehe sich die in altmodischen Vorstellungen und Methoden befangene diplomatische Welt über die Natur des Vertrages, für dessen Verwirklichung sie sich einsetzten, klar geworden war, hatte Hitler seinen Vertrag unter Dach gebracht und holte gemeinsam mit Stalin zum Todesstoß gegen Polen aus.

Wer sich etwa auch heute noch Illusionen über die Methoden der »Staatsmänner« im XX. Jahrhundert hingeben sollte, dem sei ein auch nur flüchtiges Studium der Geschicke Finnlands, der baltischen Staaten und Polens in der Zeit vom 1. August 1939 bis zum 1. Januar 1945 empfohlen. Was Hitler nicht mit Feuer und Folter vernichtete, überlieferte England von 1941 an mit Tränen der Wehmut dem russischen Galgen oder der Verschleppung nach Sibirien.

Am 23. August begab sich Henderson im Flugzeug nach Berchtesgaden, um Hitler ein Schreiben Chamberlain's (Deutsches Weißbuch II Nr. 454[70]) zu überbringen. Er wurde von Herrn von Weizsäcker begleitet, der mich mitnahm. Da Ribbentrop zur Unterzeichnung des deutsch-russischen Paktes in Moskau weilte, bot sich für den Staatssekretär noch einmal die Gelegenheit, mit den ausländischen Diplomaten in einen vertraulichen Kontakt zu treten und auch mit Hitler selber ein persönliches Gespräch zu führen, was der Außenminister stets zu verhindern suchte. Die Zeit drängte, denn es stand fest, daß die Entscheidung über Krieg oder Frieden im Anschluß an die Rückkehr Ribbentrop's aus Moskau, die für den 24. vorgesehen war, fallen sollte. Es kam also sehr darauf an, welchen Eindruck der Brief Chamberlain's und das Auftreten Henderson's auf Hitler machen und ob sich etwa die Möglichkeit zu einem ernsthaften Gespräch zwischen Herrn von Weizsäcker und Hitler ergeben würde. Wie immer in den vergangenen Monaten bestand die Sorge, daß die britische Regierung ihre Absichten nicht deutlich genug zum Ausdruck bringen und Henderson durch sein von den besten Absichten diktiertes, aber zu vorsichtiges und entgegenkommendes Verhalten den Eindruck der Schwäche entstehen lassen würde. Als daher der Englische Botschafter reisefertig über den vom Dunst der Morgenfrühe verhangenen Flugplatz in Berlin-Tempelhof geschritten kam, ließ ich alle protokollarischen Rücksichten und alle Vorsicht fallen, eilte ihm entgegen und sagte ihm bei der Begrüßung, er müsse heute sehr energisch sein. Er quittierte diese Bemerkung mit einem freundlich-fragenden Blick. Erst nachher entdeckte ich, daß der ihn begleitende Herr nicht ein Engländer war, wie ich angenommen hatte, sondern der deutsche Dolmetscher von Loesch, der aber von meiner Bemerkung keine Notiz nahm. Im Flugzeug gab Henderson dem Staatssekretär das Schreiben Chamberlain's zu lesen; auch ich konnte hineinsehen. Der entscheidende Punkt, daß England sich durch das deutsch-russische Abkommen nicht davon abbringen lassen werde, Polen im Kriegsfall zu unterstützen, kam in dem Dokument mit genügender Deutlichkeit zum Ausdruck. Eine knappere Fassung des Schriftstückes wäre vielleicht noch wirkungsvoller gewesen, immerhin konnte es, von Henderson mit dem entsprechenden Kommentar überreicht, die gewünschte Wirkung erzielen. Bezeichnend war, daß, während wir den Brief studierten, zwei Nazis aus Ribbentrop's Umgebung, die zufällig das gleiche Flugzeug benutzten, eine große Karte von Europa entfalteten und, mit den Fingern auf ihr herumfahrend, sich zukünftige Eroberungen und neue

Grenzen ausmalten. Wir landeten auf einem Flugplatz zwischen Salzburg und Berchtesgaden und verteilten uns in die bereitstehenden Autos. Da Herr von Weizsäcker und Henderson einen Kraftwagen für sich allein hatten, konnte der Staatssekretär dem Botschafter seine Auffassung ungestört mitteilen und ihm zureden, jeden Eindruck der Schwäche zu vermeiden. Insbesondere solle er sich nicht der deutschen Sprache bedienen, sondern die Hilfe des Dolmetschers in Anspruch nehmen. Henderson hatte nämlich, um seinen guten Willen zu beweisen, die Angewohnheit, bei derartigen Anlässen deutsch zu sprechen, das ihm zwar durchaus geläufig war, das er aber doch nicht völlig beherrschte, so daß er bei Gesprächen mit Ribbentrop oder Hitler in Bedrängnis kam und oft einen Eindruck von Unsicherheit oder Schwäche hinterließ.

Die Autofahrt von der Ebene in die Berge hinein war von ergreifender Schönheit. Es war einer jener Spätsommertage angebrochen, an dem die ganze Natur den Atem anzuhalten scheint, bevor sie sich dem Gleiten der Jahreszeit in den Herbst hinein überläßt. Jeder Baum schien noch einmal seine ganze Fülle entfalten, jeder Wiesenhang die strotzende Kraft seines Grüns dartun zu wollen. In den Gärten der breit gelagerten Bauernhäuser prahlten die Dahlien mit ihrem Feuer, und gegen den wolkenlosen Himmel standen die Felsketten wie aus Alabaster geschnitten. Es war wie eine Abschiedsfeier, uns das Herz noch schwerer zu machen.

Auf dem Berghof angekommen, begab sich Henderson sofort zu Hitler. Da Herr von Weizsäcker mich nicht benötigte, ging ich auf die große Terrasse in die Sonne hinaus. Dort saßen einige Nazi-Halbgötter unter einem bunten Schirm an einem Gartentisch und blätterten oder besser wühlten in den neuesten Presse-Telegrammen. Man las in den Meldungen herum, hier einen Satz, dort zwei, riß sich die Blätter aus den Händen und legte sie enttäuscht fort und gab Kommentare von sich, bar jeden Verständnisses und voll kindischer Überheblichkeit. Typisch war ein Gespräch, das sich um Henderson's Person drehte. Er werde vom Führer die gebührende Abfuhr erhalten; dieser werde ihn »fertig machen«; wenigstens sei er anständig angezogen gewesen, nicht im roten Pullover mit der Nelke im Knopfloch. Diese Einzelheit, welche die Wut und Minderwertigkeitskomplexe der Nazis immer besonders reizte, benützte ich zu einem Eingreifen in das Gespräch. Ich behauptete einfach, Henderson habe in gutem Glauben gehandelt, denn wenn man in England vom König empfangen werde, *müsse* man eine Nelke tragen, so wie etwa ein Offizier bei der Meldung seine Mütze oder seinen Helm bei sich haben müsse. Großes Erstaunen bei den Zuhörern - dann war es also keine Nichtachtung, dann wurde also Hitler doch auf eine Stufe mit dem englischen König gestellt - dann war ja alles nicht so schlimm! Schon wußte auch einer anzuführen, er habe Henderson auf einem Empfang beobachtet, wie er sich eine Nelke aus einem Blumen-Arrangement genommen habe, um seine eigene verwelkte zu ersetzen. Dabei fiel der Ausdruck »geklaut«, es schwang Hochachtung und Sympathie bei diesem Worte mit. Schließlich machte Schaub, der Hitler's Chauffeur gewesen war und inzwischen Generalsrang in der SS bekleidete, ein völlig ungebildeter, barbarisch aussehender Mann mit einem entsprechenden Organ, dem man aber wegen okkulter Fähigkeiten großen Einfluß zusprach, die abschließende Bemerkung: »Ja, ja - andere Völker, andere Sitten.«

Als wir nach Henderson's Verabschiedung das Haus betraten, gewann ich den Eindruck, daß die Unterredung nicht gut verlaufen war (Weißbuch II Nr. 455).

Da ich Hitler in den letzten zwei Jahren - d.h. seit der Mussolini-Reise - nur ein einziges Mal wiedergesehen hatte, ließ ich mich ihm vorstellen, worauf er sagte: »Aber wir kennen uns doch, Herr von Kessel.« Diese Bemerkung ließ mich nachdenklich. In den nächsten Tagen, die ich zu einem großen Teil in seiner Umgebung verbrachte, fühlte ich bei Gesprächen mit Tischnachbarn usw. mehrmals seinen Blick längere Zeit auf mir ruhen, was umso auffälliger war, als ich doch nur eine höchst unscheinbare Figur war, die sich bewußt an der Peripherie hielt. Später fragte ich einmal einen befreundeten Offizier, der Hitler's Mentalität genau studiert hatte, ob er jedermann so prüfend anblicke. Lächelnd erwiderte der Befragte: »Nein - aber Adolf hat eben sofort gefühlt, daß Sie nicht auf ihn eingehen oder gar etwas gegen ihn haben. Wenn man so denkt wie Sie, gibt es nur ein Mittel, mit ihm dienstlich auszukommen: man tritt vor ihn hin, hebt den Arm zum Gruß, schnarrt seine Meldung herunter und macht kurz kehrt - jedes weitere Wort, jedes Verweilen in seiner Umgebung verrät einen; denn er fängt jede Schwingung auf.«

Bei Tisch - wir waren mit Hitler und Goebbels etwa 20 Personen - wurden die ersten Meldungen über den Empfang unserer Delegation in Moskau besprochen. Der Flugplatz sei mit Hakenkreuzfahnen geschmückt gewesen, die Begrüßung herzlich und großartig zugleich. Natürlich waren diese Nachrichten dazu angetan, den Nazis zu schmeicheln und sie in Begeisterung zu versetzen. Dagegen glaubte ich bei Hitler eine gewisse Nachdenklichkeit zu bemerken, und wirklich begann er mit einem Male über Bismarck's Außenpolitik zu sprechen. Er riß zwar das Gespräch nicht ganz an sich, griff das Thema aber immer wieder auf und zeigte sich unterrichtet. Seine These war, Bismarck habe nach 1878 den Fehler begangen, nicht zwischen Österreich und Rußland zu optieren. Das habe beide verstimmt - es gäbe Augenblicke, wo man wählen *müsse.* Dieser einmalige und daher umsomehr überraschende geschichtliche Exkurs schien mir ein Beweis dafür, daß Hitler bei seinem Pakt mit den Bolschewisten nicht wohl war und seine Ausführungen über Bismarck nichts anderes bedeuteten als eine Rechtfertigungsrede. Vor seiner Umgebung hätte er eine solche nicht nötig gehabt, ebensowenig hat er an die Meinung des deutschen Volkes gedacht, also muß seine antibolschewistische Einstellung wirklich echt und tiefgehend sein - was ihn nicht hinderte, sich diesmal darüber hinwegzusetzen.

Vor und nach dem Mittagessen sowie im weiteren Verlauf des Tages unterhielt sich der Staatssekretär verschiedentlich mit Hitler. Diese Gespräche wickelten sich in der üblichen Form ab, d.h. beide gingen in dem großen Raum, den ich bereits beschrieben habe, oder in dem hallenartigen Flur, der nach dem Speisesaal führte, auf und ab, während die übrigen Anwesenden sich abseits hielten. Man gewann als Beobachter den Eindruck einer sachlich ernsten Unterhaltung, bei der Hitler aufmerksam zuhörte - ein persönlicher Kontakt schien nicht zu bestehen. Wie ich später erfuhr, hatte Herr von Weizsäcker bei drei verschiedenen Gelegenheiten versucht, seinen Abschied zu nehmen, was aber von Hitler immer kategorisch abgelehnt wurde, das eine Mal mit der bezeichnenden Bemerkung: »Nein, ich brauche Sie doch noch mit Ihrer Giftküche da, dem Auswärtigen Amt.« Diese Ablehnung kam selbstverständlich einem ausdrücklichen Befehl, im Amt zu bleiben, gleich. Wollte Herr von Weizsäcker trotzdem seinen Posten aufgeben, so mußte er sich also krank stellen oder, wenn ihm das nicht geglaubt wurde, sich einsperren lassen. Ich habe es immer für richtig gehalten, daß er blieb, meine Gründe hierfür werde ich an anderer Stelle auseinandersetzen.

Im Verlauf des frühen Nachmittags zog sich Hitler auf etwa eine Stunde zurück, um seine Antwort auf den Brief Chamberlain's (Weißbuch II Nr. 456) zu entwerfen. Wie üblich verfaßte er dies Dokument ganz allein, ohne Sachverständige zu befragen. Dieses Verfahren führte bei anderen Anlässen regelmäßig zu Melancholie-Anfällen Ribbentrops, der daraus seinen geringen Einfluß auf die entscheidenden außenpolitischen Schritte Hitler's entnehmen konnte. Henderson, der inzwischen in Salzburg auf die Antwort gewartet hatte, kam gegen 5 Uhr herauf, sie entgegenzunehmen, und reiste dann nach Berlin zurück. Die Lage hatte sich eher verschärft als gebessert.

Als Henderson wieder bei Hitler erschien, war er nicht rechtzeitig angemeldet worden, und wir mußten uns ein wenig überstürzt zurückziehen. So kam es, daß ich mich plötzlich in einem kleinen Gartenzimmer unter vier Augen mit Goebbels befand. Ich benützte die Gelegenheit, ihn nach seiner Meinung über den deutsch-russischen Pakt zu fragen. Er zeigte sich weder besonders begeistert noch ablehnend, sondern erklärte, in der Außenpolitik gehe es nicht um Ideologien, sondern um Realitäten, die man nüchtern abwägen müsse. Wie immer, wenn ich ihm in kleinerem Kreis zuhören konnte, erfreute mich auch diesmal seine kultivierte Art, mit der deutschen Sprache umzugehen, die Raschheit seines Verstandes und die Geschliffenheit seiner Formulierungen. Jedoch war er, der die entwurzelten Asphalt-Literaten auf's Korn nahm, für mich nichts anderes als ein hervorragender Vertreter gerade dieser Schicht; nur hatte er rechtzeitig den Weg der revolutionären Demagogie gewählt und nicht denjenigen der Emigration. Unter Zuhilfenahme des edelsten Sprachgutes unserer Nation betrieb er zersetzende Propaganda - ich habe bei keiner Gelegenheit ein aufbauendes Wort, einen positiven Vorschlag von ihm vernommen.

Noch einen letzten Vorfall jenes düsteren Tages möchte ich erwähnen: Auf Weisung des Staatssekretärs hatte ich mit Berlin telefoniert, um die neuesten Nachrichten über die politische Lage zu erhalten. Als ich wiederkam und Hitler, der mit Herrn von Weizsäcker zusammenstand, berichtete, in Moskau herrsche bei unserer Delegation beste

Stimmung, dagegen habe die Französische Regierung die zweite Stufe der Mobilmachung angeordnet, stutzte er und war offensichtlich beeindruckt. Beim Wegtreten sagten mir die beiden Wehrmachts-Adjutanten, Major Schmund und Hauptmann Engel, welche meine Worte mit angehört hatten, die Meldung über die französischen Maßnahmen sei doch schon seit 5 bis 6 Stunden bekannt, worauf ich erwiderte, dem Führer sei sie aber offensichtlich neu gewesen, was sie mit einem Achselzucken aufnahmen. Sowohl Schmund wie Engel haben in dieser Zeit einen höchst verderblichen Einfluß ausgeübt. Hitler hatte die Gewohnheit, sich gerade mit diesen beiden Offizieren sowie mit dem Adjutanten der Luftwaffe, Hauptmann von Below, auf- und abgehend zu unterhalten und alle Fragen, auch solche, die gar nicht zu ihrem Ressort gehörten, zu besprechen. Während Below ein nett aussehender bescheidener Junge war, der wohl kaum eigene Meinungen äußerte oder besaß, hatte Schmund, ein kalter glatter Höfling, ehrgeizige Pläne und keine moralischen Bedenken. Engel, ein aufgeschwemmter bleicher junger Mann mit spärlichem Blondhaar, zeigte den Eifer und die Überheblichkeit eines törichten Klassen-Primus, stand ganz unter dem Einfluß von Schmund und hetzte gemeinsam mit ihm zum Kriege. Ich glaube, daß Gestalten wie diese jüngeren Offiziere und entsprechende junge Parteileute manche Meinungsbildung Hitler's beeinflußt haben, nicht mit direkten Ratschlägen oder Plänen, sondern dadurch, daß er seine endlosen Monologe bei ihnen absetzte, um, wie es seine Gewohnheit war, beim Sprechen Klarheit zu gewinnen, wobei ihre Reaktion ihn unbewußt mitbestimmte.

Gegen Abend fuhren Herr von Weizsäcker und ich ins Tal hinunter, wo ein paar Kilometer außerhalb von Salzburg das Hotel »Theresienschlössel« für uns und unser Büro reserviert war. Es war ein altmodisches, aber höchst gemütliches kleines Haus, ganz im Grünen liegend. Nach dem Abendessen sind wir noch lange in dem Hotelgarten auf und ab gegangen, der etwas Spießig-Verwahrlostes an sich hatte mit seinen verkümmerten Bäumen und den künstlichen Teichen und Wasserläufen, über die sich Brücken aus weißen Birkenstämmen schwangen. Was zwischen uns gesprochen wurde, wird mir mein Leben lang nachgehen – es war die graue Hoffnungslosigkeit.

Am 24. August gegen Mittag verlangte Hitler von sich aus den Staatssekretär noch einmal zu sehen, was ein etwas günstigeres

Symptom war, auch machte er einen nachdenklicheren Eindruck – doch war dies alles nicht ausreichend, um einen wirklichen Umschwung herbeizuführen. Da sich das ganze Berchtesgadener Hoflager nebst uns am Nachmittag per Flugzeug nach Berlin begab, wo gegen Abend Ribbentrop siegestrunken aus Moskau eintraf und die Atmosphäre verdarb, so endete auch dieser Tag mit einem negativen Ergebnis. Inzwischen übten die technischen Fragen einen zunehmenden Druck auf die Entscheidungen aus. Die geheime deutsche Mobilmachung gegen Polen sollte am 25. abends abgeschlossen und unsere Ostarmee angriffsbereit sein. Die militärischen Sachverständigen erklärten daher, die Entscheidung über den Krieg müsse spätestens am 25. August um 14 Uhr fallen, sonst könnten sie für einen erfolgreichen Ablauf nicht garantieren. Ihre Haltung war nicht etwa dahin auszulegen, daß sie den Krieg unbedingt wollten, sie nahmen dazu keine Stellung. Aber in der Praxis wirkte sich ihre Terminsetzung als kriegstreibend aus.

Ich glaube am 24. abends die Lage etwa folgendermaßen angesehen zu haben: Hitler ist zwar noch nicht absolut zum Krieg entschlossen, aber im Grunde neigt er ihm zu. Er glaubt immer noch, ihn auf Polen beschränken zu können. Der schlechteste Fall, den er meint in Rechnung setzen zu müssen, ist eine formale Kriegserklärung der Westmächte, und dieses Risiko ist er notfalls bereit zu laufen. Nach einer raschen Niederwerfung Polens wird sich eine Regelung mit dem Westen finden lassen, denn den »großen Krieg« will er nicht und glaubt deshalb auch nicht daran. Ribbentrop aber will den Krieg, denn er will, koste es was es wolle, Rache an England nehmen. Für ihn ist das Weltgeschehen die Begleichung seiner privaten Rechnung mit London, wo man ihn lächerlich gefunden und verachtet hat. Er weiß, daß nichts seine Ziele mehr fördert, als wenn er behauptet, England werde Polen im letzten Augenblick im Stich lassen und klein beigeben. Deshalb wiederholt er wie ein Automat seit Wochen und Monaten bei jeder passenden und unpassenden Gelegenheit, England werde keinesfalls kämpfen. Vielleicht beginnt er selber daran zu glauben, jedenfalls übt das Einhämmern dieser These seine Wirkung auf Hitler aus. Himmler treibt aus anderen Motiven zum Krieg: Nur der Kampf kann aus dem deutschen Volk die Gemütswerte und das Rechtsempfinden ausmerzen, die es daran hindern, die ihm von seinen Führern zudiktierte

Rolle eines »Herrenvolkes« zu übernehmen. Goebbels hält sich im Hintergrund; diesem schlauen Rechner sagt der Gedanke eines Krieges nicht zu, aber er weiß, daß er allein nicht stark genug ist, es mit den Kriegstreibern aufzunehmen. Göring und Heß neigen zwar auch zum Frieden, vielleicht sogar stärker als Goebbels, aber dieser kennt sie in ihrer Schwäche, ja Haltlosigkeit und geht kein Bündnis mit ihnen ein, sondern zieht sich zurück. Der Generalstab steht auf der Seite des Friedens, aber Keitel und eine ehrgeizige kleine Clique hetzen zum Krieg, und gerade sie haben Zutritt zu Hitler. Brauchitsch will alles tun, was sein Führer befiehlt. Die anderen Generäle kommen nicht zum Zuge, die Marine spielt keine gute Rolle, und die Luftwaffe fühlt sich mit einigen Ausnahmen im Gegensatz zum Heer als Exponent des Dritten Reiches. Am 25. werden die Techniker auf Entscheidung drängen, und Hitler wird sie, sich letztlich nur auf seine seherischen Eingebungen und verbrecherischen Neigungen verlassend, allein fällen.

21. Der abgeblasene Polenkrieg

Am Freitag, den 25. August, strömte gegen Mittag alles in der Reichskanzlei zusammen, wo Hitler gerade inmitten seiner Getreuen erschienen war. Die Atmosphäre war mit höchster Spannung geladen, denn noch immer war die Entscheidung nicht gefallen. Hitler hatte nämlich Mussolini über den Stand der Dinge ins Bild gesetzt und erwartete von einer Minute zur anderen dessen Zusage, sich am Krieg zu beteiligen. Nach den Vorgängen der letzten Monate war mit einer solchen Zusage keinesfalls zu rechnen; was machte das aber aus, man verschloß sich eben der Logik der Tatsachen und gab sich Hoffnungen hin. Das Mittagessen wurde in aller Hast eingenommen, dann begab man sich wieder in die Empfangsräume der Alten Reichskanzlei zurück. Auf einen Augenblick erschien auch Göring; er hatte sein Volumen in eine weiße Uniform mit viel Gold gehüllt und sah aus wie seine eigene Karikatur. Zu vermelden hatte er offensichtlich gar nichts und verschwand deshalb auch bald wieder. Die meisten anderen Nazi-Größen tauchten auch nur kurz auf oder erschienen gar nicht. Dagegen stand Ribbentrop mit seiner Behauptung, England

ben: Adolf Hitler und Benito Mussolini am Rande der Münchener Konferenz, 1938

nten: Konstantin Freiherr von Neurath als »Reichsprotektor von Böhmen und ähren« auf der Terrasse seines Amtssitzes auf dem Hradschin in Prag, 1939

Peter Graf Yorck von Wartenburg mit seiner Frau Ruth Landshoff, 1931

Links: Hans-Bernd von Haeften mit seiner Verlobten Barbara Curtius, 1930

Rechts oben: Adam von Trott zu Solz, etwa 1940

Rechts unten: Ulrich-Wilhelm Graf von Schwerin bei der Vernehmung vor dem Volksgerichtshof am 21. August 1944

Als Erster Botschaftsrat mit Dwight D. Eisenhower und Willy Brandt 1958 in Washington

Im griechischen Theater in Taormina/Sizilien, 1963

werde sich nicht am Krieg beteiligen, in höchster Gnade, ebenso Keitel.

Daß der Name des Letzteren einmal in die Geschichte dieser Zeit eingehen wird, ist eine Komödie besonderer Art. Jeder, der ihn näher kannte, mußte sich fragen, auf welche Weise dieser Mensch, der wegen charakterlicher Mängel nicht hätte Unteroffizier, wegen Dummheit nicht hätte Leutnant werden dürfen, es bis zum General gebracht habe: Speichelleckerei ist in bewegten Zeiten zuweilen ein einträgliches Gewerbe. Die mattblauen, törichten Augen weit aufgerissen, hielt er den Mund halb geöffnet, ließ die Schultern hängen, stand mit vorgewölbtem Spitzbauch breitbeinig da und fühlte sich bedeutend. Hitler zog sich mit ihm und Ribbentrop zur Beratung in ein Nebenzimmer zurück. Die Minuten vergingen in qualvoller Langsamkeit, aber wenn auch der Bescheid aus Rom auf sich warten ließ, wenn auch die wenigen anwesenden Militärs in höchster Nervosität von einem Fuß auf den anderen traten, weil die entscheidende Stunde sich nahte, eintrat und vorüberging, so wurde es doch mit jedem Augenblick deutlicher, daß die Katastrophe bevorstand. Bereits bildete sich um Herrn von Weizsäcker und die anderen Mitglieder des Auswärtigen Amtes ein leerer Raum, man wollte mit denjenigen, die für den Frieden eintraten, nichts mehr zu tun haben. Ribbentrop trat ab und zu aus dem Nebenzimmer und fragte mit dem ihm eigenen falschen Pathos, ob immer noch keine Antwort aus Rom vorliege. Schließlich verlangte er um ½3 Uhr eine Telefonverbindung nach Rom. Ich eilte, sie herzustellen, weil ich das beschäftigungslose Herumsitzen, bei dem jedes unvorsichtige Wort, ja jedes Mienenspiel gefährlich werden konnte, nicht mehr ertrug. Die fünf direkten Leitungen nach Rom waren alle besetzt, und es erforderte viel Mühe und Geduld, eine von ihnen frei zu machen. Endlich hatte ich Verbindung mit dem italienischen Außenministerium, worauf mir Ribbentrop, ehe ich das Ministerbüro verlangen konnte, den Hörer aus der Hand riß und hereinschrie: »Le Comte Ciano.« Es folgte eine Reihe von Ausrufen des Nichtverstehens und der Ungeduld und dann im Ton empörten Erstaunens: »Comment, le Comte Ciano est au bord de la mer!«, worauf unser sogenannter Außenminister den Hörer auf den Apparat knallte, sein Gesicht – er war ein guter Schauspieler – in bedeutende Falten legte und sich zu uns umwendend in markantem Ton ausrief: »Dann machen wir den Krieg ohne die Italiener!« Es dauerte wieder ein paar qualvolle Minuten, während deren die Mehrzahl der Anwesenden schon von ihrem Feldgepäck, zu beschaffenden Maschinenpistolen und Autos an die Front sprachen, dann trat Keitel aus dem Beratungszimmer und gab um 15 Uhr 5 Min. an Oberst Warlimont im Oberkommando der Wehrmacht den Befehl zum Generalangriff auf Polen durch.

Das Entsetzliche war geschehen - diesmal waren die Friedensfreunde völlig überrannt worden, es schien keine Hoffnung mehr zu bestehen. Ich hatte Mühe, die Fassung zu bewahren, und eilte, während der Staatssekretär noch von einigen der Anwesenden kühlen Abschied nahm, voraus. Am Ausgang stieß ich auf Hauptmann Engel und rief ihm zu: »Na, jetzt haben Sie ja das Geschäft übernommen – dann Waidmannsheil!« »Ja, Gottseidank!« antwortete er mit Betonung. »Und die Engländer?« fragte ich. »Die kneifen, und wenn schon, diese paar dreckigen Divisionen!« »Und die Italiener?« »Die marschieren mit uns!« worauf ich mich wegwendend sagte: »Na, dann ist ja alles in bester Ordnung, also nochmals Waidmannsheil!«

Wie sich später herausstellte, verpetzte mich Engel wegen dieses Gespräches, und ich galt von da ab in Hitler's Umgebung als Defaitist. Aber ich war nicht mehr in der Lage, meine Fassung zu bewahren, sondern stürzte wie gehetzt in mein Büro, ergriff die nächsten Bücher oder Akten und knallte sie fluchend auf den Boden. Dann verfiel ich in eine Art Lethargie. Da ich mich aber nicht in der Lage fühlte, etwas zu arbeiten, und im übrigen jede Arbeit ja zwecklos geworden war, so ging ich langsam den Gang, der von unserem Büro zu dem des Reichsministers führte, auf und ab. Plötzlich kam ein junger Attaché höchst erregt die Treppe heraufgestürzt, rief mir ein paar nicht recht verständliche Sätze zu und eilte weiter. Ich hatte nur die Worte »Antwort von Mussolini« aufgefangen und ging nun meinerseits zu meinen Freunden in das Büro von Ribbentrop. Diese versuchten gerade, aus dem Attaché, der beim Empfang der Botschaft zugegen gewesen war und ihren italienischen Text hatte ins Deutsche übersetzen müssen, etwas Genaueres herauszubekommen. Es ließ sich aber nur feststellen, daß in der Reichskanzlei große Erregung herrschte, weil die Mitteilung Mussolini's den Erwartungen nicht entsprach. Ich ging also zum Staatssekretär, erzählte ihm das wenige, das ich wußte, und schlug ihm vor, meinerseits in die Reichskanzlei zu gehen, um Näheres zu erfahren. Er aber kam gleich mit. Schon im Eingangsraum kam uns Hewel, der Verbindungsmann Ribbentrop's zu Hitler, ein Parteigänger des Friedens, entgegen und sagte: »Es ist alles abgeblasen, wir behalten Frieden!« Der Staatssekretär wurde vor Erregung fast ungeduldig und meinte, das könne doch nicht stimmen. Hewel aber konnte berichten, eine höflich übertünchte Absage Mussolini's zusammen mit der Radiomeldung, die Englische Regierung habe einen Beistandspakt mit Polen abgeschlossen, der vom Unterhaus mit großem Jubel aufgenommen worden sei, hätten Hitler in Bestürzung versetzt. Das Oberkommando der Wehrmacht werde gleich die Weisung erhalten, den Angriffsbefehl rückgängig zu machen.

Tatsächlich geschah dies wenige Minuten später, gegen 18 Uhr, und tatsächlich erreichte dieser Befehl, wenn man von einigen unbedeutenden Vorausabteilungen absieht, die verschiedenen Truppenteile noch rechtzeitig.

Das Bubenstück, einen Krieg vom Zaun zu brechen, war also vorerst aufgegeben unter dem Schock von Ereignissen, die jedermann längst hätte voraussehen können. Warum also hatte Hitler es erst so weit kommen lassen, warum bekam er es nun plötzlich mit der Angst? Was sollte das alles? Nichts bewies klarer als der Ablauf der letzten drei Stunden, daß unser Schicksal in die Hand eines Mannes gelegt war, dessen Taten mit den Maßen der Vernunft nicht zu messen waren. Vorerst aber war das wichtigste, daß der Friede noch einmal erhalten war. - Was nun?

Zuerst einmal überwog das Gefühl grenzenloser Befreiung, unbeschreiblichen Glücks. Ins Auswärtige Amt zurückgekehrt, traf ich Herrn von Hassell, der nach seiner Verabschiedung im Februar 1938 zur Opposition übergegangen war und sich eindeutig zu den Zielen der Illegalen bekannte. Ich erzählte ihm den neuesten Stand der Dinge, worauf er meinte, man müsse hoffen, daß es so gehe wie mit einer Sektflasche: wenn man die einmal geöffnet habe, könne man sie später nie mehr zum Knallen bringen. Das Beispiel leuchtete mir ein. Wir fanden uns in dem Urteil, jetzt sei so handgreiflich wie noch nie der Zeitpunkt gekommen, den Hebel an das schwankende Nazigebäude anzusetzen und es zu Fall zu bringen. Bei späteren Gesprächen mit anderen Freunden griff eine nachdenklichere Tonart Platz. Es war nicht zu vermeiden, daß das Ausland in den nächsten Tagen von der Erteilung und Zurücknahme des Angriffsbefehls Kunde erhalten und diese Kenntnis ausnützen würde. Damit aber standen wir, wenn es der deutschen Politik nicht gelang, der neuen Lage durch diplomatische Schritte ein Gesicht zu geben, vor einem Olmütz. Waren aber die Nazis, d.h. Hitler und Ribbentrop, überhaupt imstande, eine großangelegte, in den Methoden zugleich kühle und maßvolle außenpolitische Aktivität zu entfalten? Wenn nicht - ein Olmütz würde das Regime nicht überleben und deshalb lieber doch noch zum Kriege schreiten.

An jenem Abend und an den folgenden Tagen wurde es immer deutlicher, daß die oppositionellen Militärs einen grundlegenden Fehler begangen hatten in der Annahme, die Krise des Jahres 1939 werde sich nicht anders abwickeln als die Sudetenkrise. Die betreffenden Generale hatten geglaubt, sie würden wie im Vorjahr bis zum letzten Augenblick auf ihren Friedensposten bleiben und daher die Entscheidung über ein gewaltsames Vorgehen gegen Hitler bis unmittelbar vor Kriegsausbruch hinausziehen können, wenn die Stimmung im Volk für solch ein Vorgehen reif geworden sei. Sei es nun, daß Hitler von diesen Strömungen unterrichtet war, sei es, daß rein organisatorische Gesichtspunkte eine Änderung gegenüber 1938 herbeigeführt hatten, Tatsache war jedenfalls, daß die militärischen Führer der Opposition schon vor Tagen Berlin hatten verlassen müssen, um an den Grenzen des Reiches das Kommando über Truppenteile, die ihnen nicht näher bekannt waren, zu übernehmen. Sie waren damit praktisch ausgeschaltet, der Apparat der illegalen Bewegung, der gewiß rudimentär war, aber zur Vollziehung des Staatsstreiches, wenn nicht zur Ausübung einer geordneten Regierungsgewalt ausgereicht hätte, lahmgelegt.

Es stände mir schlecht an, diese Fehlrechnung beschönigen zu wollen; ihre Auswirkung läßt sich kaum überschätzen. Allein die Tatsache, daß Brauchitsch, dieses schwanke Rohr im Wind, dadurch dem einseitigen Einfluß der Nazi-Clique ausgesetzt blieb, machte sich schon am Abend des 25. August aufs verderblichste bemerkbar, wie die folgende, von Hewel[71] stammende Schilderung beweist: Hitler habe sich am Abend jenes denkwürdigen Tages von der Allgemeinheit zurückgezogen und ganz verstört - es fiel sogar der Ausdruck »gebrochen« - mit nur ein oder zwei Begleitern in einem kleinen Zimmer ge-

gessen. Dies habe Brauchitsch gehört, sei zu ihm geeilt und habe ihn auf jede Weise zu trösten versucht. Vor allem habe er ihm auseinandergesetzt, er brauche die von ihm am späten Nachmittag gefällte Entscheidung nicht als endgültig zu betrachten, die Armee lasse sich noch 8 Tage lang im Zustand höchster Angriffsbereitschaft an den Grenzen halten. Diese Äußerung, über deren Tragweite sich Brauchitsch wohl gar nicht klar gewesen ist, habe Hitler sein Selbstvertrauen wiedergegeben.

Die Erinnerung an die folgenden Tage (26. bis 31. August) ist mir verblaßt, ich muß mich daher in meiner Schilderung auf allgemeine Gesichtspunkte und Eindrücke beschränken, umsomehr, als ich selber mich wegen des »schlechten« Rufs, in den Engel[72] mich in der Reichskanzlei gebracht hatte, zurückhalten wollte und daher weniger Gelegenheit fand, Hitler und seine Umgebung zu beobachten.

Das Stimmungsbarometer ging auf und ab, zeigte aber bis zur entscheidenden Nacht vom 30. zum 31. August eine freundlichere Konstellation an als am 25. Bezüglich der in diesen Tagen ausgetauschten diplomatischen Schriftstücke verweise ich erneut auf die Akten, z.B. auf das Deutsche Weißbuch II Nr. 460 bis 65.

Was Hitler anbetrifft, so hatte er sich zwar am 26. von dem Schock des Vortages einigermaßen erholt, doch legte er weiterhin eine gewisse Unentschlossenheit an den Tag, ja machte sich sogar daran, unter Hinzuziehung von Sachverständigen des Auswärtigen Amts ein Programm für die Lösung des deutsch-polnischen Konflikts auf dem Verhandlungswege zu entwerfen. Ich besinne mich, daß diese Tatsache – die sich, glaube ich, am 28. ereignete – mich mit verstärkter Zuversicht erfüllte. Ich habe damals, zu Recht oder zu Unrecht, an eine in ihren äußeren Formen kaum tragbare, aber ehrliche Verhandlungsbereitschaft Hitler's geglaubt. Wenn man wußte, wie selten Hitler bei ähnlichen Anlässen auf die eigentlichen außenpolitischen Experten zurückgriff, so mußte man in der unmittelbaren Zuziehung eines Sachverständigen aus den Reihen des Auswärtigen Amtes ein verheißungsvolles Zeichen sehen. In der Regel erfragte er nur Ribbentrop's Meinung, der sich seinerseits an den »Kronjuristen« Gaus[73], die verächtlichste und schuldbeladenste Figur, die das Auswärtige Amt hervorgebracht hat, wandte. Die Entwürfe oder Aufzeichnungen, die Hitler daraufhin von Ribbentrop erhielt, arbeitete er in der Regel um, sofern er sie überhaupt verwandte. Diesmal dagegen waren die Grundzüge des deutsch-polnischen Verhandlungsprogramms zwar auch Hitler's Kopf entsprungen, er ließ sie aber, wie gesagt, von dem besten Sachkenner der Frage, einem Freund von mir, nachprüfen. Das Ergebnis, niedergelegt in einem Memorandum von 16 Punkten (Weißbuch II Nr. 466 Anlage 2) entsprach etwa den Ansprüchen, die man an eine vernünftige Lösung des zwanzigjährigen deutsch-polnischen Konflikts stellen mußte.

Zwischen dem Entwerfen eines solchen Programms und dem ersten Schritt zu seiner Verwirklichung lag allerdings ein Berg von Schwierigkeiten. Bei Hitler hießen sie: Brutalität in den Methoden, gesteigert durch verletzten Stolz, aber auch Angst, sein Gesicht zu verlieren, und Unkenntnis bewährter diplomatischer Prozedur. Von polnischer Seite war kein Lichtstrahl der Vernunft zu erwarten; seit man sich dort von Deutschland und Rußland in die Zange genommen fühlte, ergab man sich völlig dem Taumel der Romantik und suchte in einem übermütigen Chauvinismus das Ventil für geheime Ängste. Es wäre Englands Stunde gewesen, die Polen zu einem Mindestmaß von Raison zu veranlassen, nachdem es mit dem Beistandspakt sein ganzes Gewicht zu ihren Gunsten in die Waagschale geworfen hatte. Aber England schwieg und ließ 4–5 Tage ungenutzt verstreichen. Objektiv hat es damit eine Mitschuld am Krieg auf sich geladen - war es auch subjektiv schuldig?

Vielleicht werden die Historiker zu einer festen Meinung hierüber gelangen, ich vermag diese Frage nicht zu beantworten. Zweifellos hat Henderson über die Vorgänge vom 25. August am 26. Bescheid gewußt und seiner Regierung Bericht erstattet. Am 27. hätte also ein Druck Englands auf Warschau im Sinne der Mäßigung einsetzen müssen, soweit man aber feststellen kann, ist er gar nicht oder nicht mit der nötigen Energie erfolgt. Hatte das Kabinett Chamberlain den Wunsch zu einem friedlichen Ausgleich aufgegeben, war es über Hitler's Methoden so verbittert, daß es jetzt, koste es was es wolle, auf den Krieg zusteuerte? Ich vermag das bis zum Gegenbeweis nicht zu glauben, sondern vermute, daß dies Zeitverlieren nur ein Ausfluß des bekannten englischen Phlegmas und jener optimistischen Lässigkeit war, die nachher auch die Kriegsführung der Briten gekennzeichnet hat. Polen beizuspringen, um die völlige Zerschlagung dieses Landes und damit die Hegemonie Hitler's über Europa zu verhindern, war nach europäisch-historischen Gesichtspunkten ihr gutes Recht - zuzulassen, daß Polen diese beschränkte Zusage als Generalvollmacht ansah, Hitler's Wahnsinns-Methoden nachzuahmen, ja, was die äußere Tonstärke anbetrifft, sogar noch zu übertrumpfen suchte, hieß eine Schuld auf sich laden, die sich auch an England selber rächen würde. An den Plänen Hitler's war die sofortige Rückkehr Danzigs zum Reich objektiv berechtigt, aber aus Prestigegründen nicht leicht durchzusetzen; andererseits erhielt man die Volksabstimmung im Korridor angeboten, über deren Ausgang niemand Gewißheit haben konnte. Mit diesem Vorschlag kehrte Hitler gewissermaßen selber zu Völkerbundsmethoden zurück, und man konnte hoffen, zu einer endgültigen Liquidierung des Streits um die deutschen Ostgrenzen zu gelangen. Der Einwand, England habe über diese zeitweilige innere Bereitschaft Hitler's zu Verhandlungen nicht rechtzeitig Bescheid gewußt, erscheint mir nicht ausschlaggebend. Die Englische Botschaft in Berlin verfügte über Mittel und Wege genug, sich derartige Kenntnisse zu beschaffen, und die Aussicht auf Erhaltung des Friedens wäre das formale Opfer, solch einen Verhandlungsvorschlag auch ohne amtliche Notifizierung aufzugreifen, wohl wert gewesen. Nichts dergleichen erfolgte.

Immerhin besinne ich mich, daß ich am 30. abends das Büro verhältnismäßig früh gegen 10 Uhr verlassen konnte, was als Zeichen der Entspannung anzusehen war. Ich hegte keine besonderen Besorgnisse. Gegen 2 Uhr morgens weckte mich das Telefon aus dem Schlaf, und mein Kollege beim Staatssekretär bat mich, ihn in 10 Minuten unten auf der Straße zu erwarten. Er sei auf der Fahrt nach Hause, habe mir aber noch etwas Wichtiges mitzuteilen. Wir trafen uns wie verabredet auf der Maßenstraße im blassen Schein einer Laterne - er sagte mir, alles sei verloren, der Krieg sei beschlossen.

Was war geschehen? Henderson war auf 48 Stunden in London gewesen und hatte am Abend, unmittelbar nach seiner Rückkehr, eine Unterredung mit Ribbentrop nachgesucht, die gegen Mitternacht stattfand (Weißbuch II Nr. 466 nebst Anlagen). Der am Vorabend von Hitler an England gerichtete Appell, einen polnischen Unterhändler zur Fahrt nach Berlin zu veranlassen, wurde von der englischen Regierung abgelehnt mit der Begründung, Deutschland möge sich auf dem üblichen diplomatischen Weg mit Polen direkt in Verbindung setzen. Man kann sich fragen, ob es sich lohnte, die Chance, die in dem Appell Hitler's lag, an einer Prozedurenfrage, die man auch ihrerseits verschieden beurteilen kann, scheitern zu lassen. Aber ein Unglück kommt nie allein: entgegen allen früheren Warnungen führte Henderson sein Gespräch mit Ribbentrop wiederum teilweise auf Deutsch. Seine Instruktion ging dahin, etwa folgendes zu sagen: You must *ask* the Poles themselves to send a plenipotentiary, was er folgendermaßen ausdrückte: Sie müssen eben die Polen selbst *bitten* (statt auffordern). Als Ribbentrop das Wort »bitten« hörte, erachtete er seine Stunde für gekommen. Dieser Ausdruck konnte ihm den Vorwand zu seinem Kriege liefern, den er herbeisehnte, aber entschwinden sah, wenn über Hitler's Vorschlag verhandelt wurde. Er unterbrach also den englischen Botschafter und schrie ihn an, eine »Bitte« komme überhaupt nicht in Frage. Von da an verhinderte er, daß das Gespräch wieder in ruhige Bahnen kam. Seine Instruktion, dem Botschafter den Vorschlag Hitler's über die Regelung der Danziger Frage und des Korridorproblems (466 Anlage II) zur Kenntnis zu bringen, führte er dahingehend aus, daß er Henderson erklärte, das Angebot Hitler's sei durch den Verlauf des Gespräches überholt, und ihm dann das Dokument in solcher Eile vorlas, daß Henderson nach seinen eigenen Angaben nicht zu folgen vermochte. Auch eine Art befristetes Ultimatum für das Erscheinen eines polnischen Bevollmächtigten fügte er – offensichtlich aus eigener Initiative – hinzu. Henderson war dem allen nicht gewachsen und gab die Sache des Friedens, der er so lange gedient hatte, verloren: Ribbentrop bekam den Krieg, den er wollte.

Der 31. August stellte nur noch ein chaotisches Nachspiel mit einzelnen Augenblicken vager Hoffnung dar. Die Parteigänger des Friedens kämpften einen letzten verzweifelten Kampf. Schon war keine Verbindung mit Warschau mehr zu bekommen; selbst wenn eine der Parteien noch hätte einlenken wollen – und bis nachmittags glaubte man bei Hitler ein letztes Zögern bemerken zu können –, es wäre an technischen Fragen gescheitert.

Am 31. August wurde um 18 Uhr abends der endgültige Befehl zum Angriff auf Polen gegeben. Am nächsten Morgen verkündete Hitler in einer Reichstagsrede die vollzogene Tatsache des Krieges. Was sich dann noch bis zum 3. September, bis zur Kriegserklärung Englands und Frankreichs, abspielte, war ein Epilog ohne Bedeutung. Uns aber, die wir vergeblich gekämpft hatten, galten die Worte des alten Matthias Claudius:

> S' ist Krieg, ist Krieg! O Gottes Engel wehre
> Und rede Du darein!
> S' ist leider Krieg - und ich begehre
> Nicht schuld daran zu sein!

III. KRIEG UND KATASTROPHE

Es war also Krieg, der Marsch ins Verderben war angetreten - die Straße, die zu Anfang noch einige Kehren und Wendungen verhieß, führte ins Endlose.

Der Waffenlärm übertönte von nun an alles. Politik und Diplomatie wurden von den Nazis endgültig ad acta gelegt. Die Hoffnung, sie noch einmal nach dem Zusammenbruch Polens oder im Spätsommer 1940 zur Geltung zu bringen, erwies sich als Fehlschluß.

Damit ändert sich auch der Charakter meiner Aufzeichnungen. Bis zum Kriegsausbruch konnte ich über das politische Geschehen, das ich als Beobachter an der Peripherie mit erlebte, berichten, jetzt wurde dieses durch die militärischen Ereignisse ausgeschaltet. Über sie aber kann ich mir kaum ein eigenes Urteil erlauben. Wer im Nachfolgenden mehr davon sucht, als einige Streiflichter ohne strenge chronologische Einheit, wird enttäuscht werden.

Vollständig aber läßt sich der Wille zur Politik nicht einmal durch brutale Tyrannei, verbunden mit totaler Kriegführung, ausschalten. Er wird auf die Opposition übergehen und dort in einzelnen Persönlichkeiten leidenschaftlichen Ausdruck finden.

Und dies wird von jetzt an das Thema meines Buches sein: Das Heranreifen eines politischen Zukunftsideals der deutschen Opposition, der Versuch, durch Gewinnung entscheidender Teile der Wehrmacht die machtmäßigen Voraussetzungen für seine Verwirklichung zu schaffen, das nach zahllosen Vertagungen und kleineren Fehlschlägen endgültige Ansetzen zum Sturm im Sommer 1944 und als Abschluß die Katastrophe vom 20. Juli.

Leiden und Fatalismus des deutschen Volkes, aber auch ein Heldenmut und Opferwille werden ebenso wie das immer gewalttätigere Treiben der Nazis nur die Folie zu diesem Bild abgeben.

22. Wer hat den Krieg gewollt?

Der Krieg war also ausgebrochen. Wie das deutsche Volk darüber dachte, konnte jeder aufmerksame Beobachter, der in jenen Septembertagen durch die Straßen von Berlin ging, leicht feststellen. Die Stadt machte einen menschenleeren Eindruck, die Leute, die man auf der Straße traf, schwiegen und blickten beiseite. Wer sich trotzdem unterhielt, sprach leise und hastig über gleichgültige Dinge. Es war, als wäre den Menschen in ihrem Haus ein Angehöriger an der Pest gestorben: Trauer um den Toten, Angst davor, angesteckt zu sein, und ein schlechtes Gewissen, weil man die Seuche der Polizei verheimlicht hatte, schienen sich auf den Gesichtern zu spiegeln. – Das war das Volk, von dem man behauptete, es habe den Krieg als Mittel zur Weltherrschaft erstrebt! Ein Bild, beklagenswert und kläglich zugleich!

Die Intelligenz, vor allem in den Städten, gab den Krieg von vorneherein verloren, viele wünschten einen raschen englischen Sieg als Befreiung von der Schreckensherrschaft. Das Prestige Englands war so groß wie noch nie, man glaubte seiner Radiopropaganda auf's Wort. Das flache Land vertrat andere Auffassungen: Der Krieg sei zwar ein Unglück, ja eine Katastrophe, wahrscheinlich sei die eigene Regierung schuld daran, aber man dürfe das bedrohte Vaterland nicht im Stich lassen.

Da in der gesamten Welt heute die Meinung verbreitet ist, die deutsche Schwerindustrie, die »Ostelbischen Junker« und die Militärs hätten Hitler an die Macht gebracht, um unter seiner Führung den Kampf um die Weltherrschaft anzutreten, erscheint es angebracht, auf jenen seltsamen Mythus einzugehen.

Schwerindustrie und Hochfinanz haben durch die anfängliche Unterstützung Hitler's eine schwere Verantwortung auf sich geladen. Sie sahen im Nationalsozialismus lediglich einen Schutzwall gegen marxistische Eingriffe in die damalige Wirtschaftsordnung und glaubten voller Naivität, in der Person Hitler's jede revolutionäre Bewegung im Zaum halten zu können. Grundsätzlich empfanden sie die Politik seit jeher nur als störendes Element, als einen Faktor, der ihnen zusätzliche Spesen verursache, und widmeten ihr geringe Aufmerksamkeit. Zwar wurden sie sich ihrer Fehlrechnung bald bewußt, vermieden es aber, den Konsequenzen offenen Auges entgegenzutreten.

Sprach man ihnen von den imperialistischen Plänen Hitlers und der Möglichkeit eines Krieges, so zeigten sie ein halb erschrockenes, halb ungläubiges Gesicht. Wenn sie auch inzwischen erkannt hatten, daß der Nationalsozialismus weit schlimmer war als das schwache Regiment der Weimarer Demokraten, so waren sie doch nicht gewillt, einen festen Standpunkt zu beziehen und von ihm aus für den Bestand ihrer Welt zu kämpfen. Ihnen eine großangelegte Intrige gegen den Weltfrieden und zugunsten chauvinistischer Expansionsträume zuzutrauen, heißt sie gewissermaßen überschätzen. Nichts ist bezeichnender als die Haltung der Hanseaten. Weltoffen und anglophil aus Tradition, lehnten sie den Nationalsozialismus und seine autarkische Wirtschaftsform kategorisch ab. Die Wahlergebnisse in Hamburg waren für die Nazis eine ständige Quelle der Wut, sie blieben trotz aller Fälschungen die ungünstigsten im ganzen Reich. Trotzdem hat sich weder in Bremen noch in Hamburg eine wirkliche Opposition entwikkelt. Die Illegalen haben weder von dort noch aus den Kreisen der westdeutschen Industrie und Finanz Unterstützung oder gar Zuzug erhalten. Egoistisch, ratlos und passiv sahen die letzten Vertreter des Kapitalismus das Verhängnis heraufziehen - sie erscheinen mir des Interesses, das ihnen die gegnerische Propaganda entgegenbringt, nicht wert.

Die »Ostelbischen Junker«, d.h. der preußisch-norddeutsche Landadel, hatten seit dem Regierungsantritt Wilhelms II. (1888) mehr und mehr an Einfluß und Macht verloren. Die Weimarer Republik, der sie als Monarchisten ablehnend gegenüber standen, nahm ihnen durch Einführung des allgemeinen und gleichen Wahlrechts in Preußen den letzten Rückhalt, den sie im Abgeordnetenhaus besessen hatten. Für den Nationalsozialismus interessierten sie sich erst verhältnismäßig spät, erst kurz vor seiner Machtergreifung. Hätte dieser sein anfängliches Bündnis mit dem Stahlhelm ehrlich innegehalten, so wäre es ihm vielleicht gelungen, in diesen Kreisen festen Fuß zu fassen. Denn sie trugen schwer an der Niederlage von 1918 und waren allzu geneigt, patriotischen Parolen Gehör zu schenken. Anstatt dessen nahm die Entwicklung einen gegenteiligen Verlauf. Die Rassentheorie in ihren durch die Erfahrung widerlegten Übertreibungen erschien diesen hochmütigen Adligen als Ausfluß spießiger Minderwertigkeitskomplexe; für den Antisemitismus hatten sie, soweit es nicht um's

Heiraten ging, nichts übrig. Ihre Erfahrungen mit jüdischen Getreidehändlern und Banken waren günstiger als diejenigen mit entsprechenden »arischen« Firmen und Instituten. Das Verhältnis zu den örtlichen Parteistellen war von Anbeginn an gereizt, stand man doch sogar der Einmischung der Staatsbeamten in die eigene Sphäre unwillig gegenüber. Die traditionellen und landschaftlichen Bindungen des Adels gerieten mit den unitaristischen und zentralistischen Bestrebungen der Nazis in Widerspruch. Vor allem aber seit dem Kirchenkampf, der den Landadel sehr erregte, und seit der offenkundig werdenden Mißachtung jedes Rechtsempfindens war der innere Bruch dieses Standes mit dem Regime vollzogen. Gewiß gab es Augenblicke des Zweifels, ob Hitler etwa doch ein notwendiges Übel sei, das man aus patriotisch-nationalen Gründen in Kauf nehmen müsse – eine solche Periode war für manche bei Ausbruch des Krieges gegeben. Im ganzen aber hat, wenn man von den Geistlichen absieht, wohl kein Stand innerhalb des Volksganzen sich den nationalistischen Ideen und Methoden so völlig verschlossen wie die »Junker«. Wenn Himmler anläßlich der schlechten Wendung des Rußlandfeldzugs im Winter 1942/43 gesagt hat, der Krieg im Osten habe doch sein Gutes, denn die hohen Offiziersverluste bedeuteten die Liquidierung des preußischen Adels, so hat er dies Wort wohl kaum geprägt, weil er die Auffassung der Engländer über die Junker als eine der Hauptstützen der Nazis teilt. Innerhalb der Wehrmacht konnte man mit jedem Angehörigen dieses Standes, ohne Ansehen des Alters und Dienstgrades, über den Nationalsozialismus sprechen, ohne befürchten zu müssen, daß man denunziert werde: Man war fast immer sicher, auf Kritik, ja Ablehnung zu stoßen.

Renegaten gab es natürlich, aber so wenige, daß sie in jeder einzelnen Provinz mit Namen bekannt und stillschweigend geächtet waren. Dagegen glaubten leider einzelne Angehörige der älteren Generation, ihre zur leeren Formel erstarrte preußische Tradition trotz innerer Vorbehalte in einem unbedingten Gehorsam gegen die staatliche Autorität zu erfüllen. Zu ihnen gehört als beklagenswertes Beispiel der Reichsfinanzminister Graf Schwerin von Krosigk; eine feine, schüchterne Gelehrtennatur, die sich unter Gewissensqualen zwang, die Weisungen Hitler's widerstandslos auszuführen. Diese Menschen vergaßen, daß ihre Ahnen eher Leib und Leben auf's Spiel gesetzt hätten, als ihrem angestammten Landesherrn jenen abstrakten, notfalls auch von den Geboten des Anstands absehenden Gehorsam entgegenzubringen, den die entarteten Enkel dem tschechischen Malergesellen aus Wien zu Füßen legten. Es waren verschwindende Ausnahmen und doch wird man ihre Haltung als einen Makel auf ihrem oft mit der Geschichte des Landes verknüpften Namen empfinden. Anders steht es um die Vertreter des mittel-, west- und süddeutschen Hochadels, z.B. jene Mitglieder der Häuser Hessen, Schaumburg-Lippe und Waldeck, die sich offen zum Renegatentum bekannten. Über sie ist kein Wort zu verlieren.

Was die dritte Gruppe anbetrifft, der vom Ausland die Schuld an der abendländischen Katastrophe zugemessen wird, die Militärs, so wird ihnen insbesondere vorgeworfen, sie hätten diesen Krieg mit sinnlosem Mut, raffiniertem Können und wilder Erbitterung durchgekämpft und seien Hitler im Taumel nationalsozialistischer Gesinnung in sklavenhafter Unterwürfigkeit bis zuletzt gefolgt.

Was den ersten Vorwurf anbetrifft, der sich auf den Kampfgeist und die sonstigen soldatischen Tugenden der deutschen Armee bezieht, so kann man ihn wohl beiseite schieben. Er entspringt dem Neid unserer Gegner und ihrer Enttäuschung über eigene Mißerfolge. Er wird später einer gerechteren Wertung Platz machen. Ich bin seit jeher unbedingter Gegner europäischer Kriege gewesen, nichts aber erscheint mir verächtlicher, als sich an einem Krieg beteiligen, ohne das notwendige Maß an Kampfgeist und Opferfähigkeit aufzubringen. Ein Volk, das so handelt, verscherzt seinen Anspruch auf Achtung und Freiheit.

Gewichtiger und schwerer ist der Vorwurf, die deutschen Militärs seien von einem grenzenlosen Gehorsam gegen Hitler gewesen und hätten jeden seiner Befehle mit Unterwürfigkeit befolgt. Es ist dieselbe Erscheinung, die jeden Historiker an dem napoleonischen Frankreich in Erstaunen versetzt, wo die Söhne aristokratischer Emigranten mit der gleichen Begeisterung wie die Verfechter republikanischer Freiheiten für den Kaiserlichen Usurpator in den Tod gingen. Benjamin Constant hat dem Entsetzen des freiheitlichen und kultivierten Europäers über diese Tatsache in seiner 1813 veröffentlichten Schrift De l'esprit de Conquête et de l'Usurpation Ausdruck verliehen. Es scheint, daß soldatische Tapferkeit und Tollkühnheit nicht nur mit einer tiefen Scheu vor der Bildung einer eigenen Meinung, sondern auch mit einem gefährlichen Mangel an Zivilcourage Hand in Hand gehen können.

Die höheren Offiziere der Wehrmacht entstammten zu Beginn des Krieges wohl ausnahmslos dem 100 000-Mann-Heer der Republik, der Reichswehr. Zu Nationalsozialisten, die das politische und weltanschauliche Programm aus Überzeugung oder Opportunismus bejahten, haben sich nur sehr wenige entwickelt, z.B. Rommel, Keitel, Jodl, Warlimont und Schmund. Die überwiegende Mehrzahl zog sich auf einen rein fachmännischen Standpunkt zurück und erklärte, vom Nationalsozialismus, seinem Programm und seinen Methoden nichts zu verstehen. Das alles gehe sie nichts an, sondern sei Sache der Zivilisten und insbesondere der Politiker; ein Soldat, der Politik treibe, sei kein Soldat mehr. Bereits vor Ausbruch des Krieges mit Rußland jedoch und demnach lange vor Eintritt der ersten Rückschläge wurde dies Bekenntnis nicht mehr eindeutig formuliert. Hitler hatte sich allzu oft in rein militärische Fragen eingemischt. »Der größte Feldherr aller Zeiten« ließ es sich nicht nehmen, in eigener Person mit seinen Marschällen zu telefonieren, ihre Dispositionen umzustoßen und in eine bereits im Gang befindliche Schlacht einzugreifen. Andererseits sorgte er dafür, daß der Name des eigentlichen Befehlshabers im Heeresbericht nicht genannt wurde, er hätte zu populär werden können. Nur bei Rommel, den er verzog, machte er damit eine Ausnahme. So kam es, daß bereits im zweiten Kriegsjahr die Mehrzahl der bekannten Heerführer periodisch den Gedanken einer Revolte gegen Hitler erwog. Ich spreche hier nicht von denjenigen, deren Opposition eine grundsätzliche war und bei denen lediglich die Frage des Zeitpunktes und der technischen Durchführung des Staatsstreiches eine Rolle spielte, jenen also, die zu unserem Kreis gehörten. Die vorstehenden Ausführungen zielen lediglich auf diejenigen ab, die sich »reine Soldaten« nannten und die ich als militärische Fachleute bezeichnen möchte. Ich bin nicht in der Lage, eine vollständige Namensliste derjenigen Generale und Marschälle zu geben, die den Gedanken eines gewaltsamen Umsturzes erwogen oder mit ihm gespielt haben. Einige möchte ich jedoch anführen: Witzleben, Höppner, Blaskowitz, Kleist, Kluge, Reichenau, Manstein, Guderian, Halder, Sperle, Stumpf, Busch, Stülpnagel, Falkenhausen, Streccius, Olbricht, Brockdorff,

Küchler, Bock, Lüttwitz, Bade, Fromm, Ritter von Leeb, Thomas.[74] Von anderen, wie List und Rundstedt, wußte man, daß sie den Umsturz begrüßt hätten, sich aber, vielleicht ehrlicher als mancher andere, weigerten, selbst etwas damit zu tun zu haben. Im Grunde haben diejenigen, die mit diesem gefährlichen Gedanken spielten, aber nicht ernsthaft an seine Ausführung gingen, der Sache nur geschadet, indem sie mit ihren zögernden Antworten und halben Versprechungen auch anderen die Entscheidung unmöglich machten. Immerhin dürfte die Zahl der von mir angeführten Namen - die, wie ich nochmals betonen möchte, keinerlei Anspruch auf Vollständigkeit erhebt - genügen, um den Vorwurf, die deutsche Generalität habe kritiklos zu Hitler gestanden, zu widerlegen. Die Mehrzahl von ihnen wartete ab 1941 gespannt, ob nicht einer aus ihrer Reihe das Wagnis auf sich nehmen würde. Denn ein Wagnis blieb es, vielleicht sogar ein Akt der Tollkühnheit.

Wirkliche Verbindung mit seiner Truppe hat in der modernen Armee nur der Offizier bis zum Divisionskommandeur hinauf. Der Armeeführer und gar der Heeresgruppenführer lebt inmitten eines Stabes von Technikern und Bürokraten. Ich selber habe drei Stäbe von Marschällen kennengelernt und war als Zivilist jedesmal überrascht, nicht einer soldatischen Einheit sondern einem uniformierten Verwaltungsapparat gegenüberzustehen. Wollte daher ein Armee- oder Heeresgruppenführer mit den ihm unterstellten Truppen in einen wirklichen Kontakt treten, um sie zu einer Einheit zusammenzuschweißen, so konnte er das nur auf dem Umweg über die Divisionskommandeure. Sei es nun bewußte Vorsichtsmaßregel oder bloßer Ausfluß einer militärischen Notwendigkeit: die Divisionen wurden ständig hin- und hergeworfen, und kein Armeeführer hat je über einen festen Kern ihm bekannter Truppen verfügt. Er konnte sich daher über die Stimmung bei den Soldaten kein Bild machen, und es ist erklärlich, daß ihm unter diesen Umständen der Gedanke an eine Rebellion schwer fiel. Der Divisionskommandeur andererseits war weder machtmäßig noch technisch in der Lage, eine solche durchzuführen. Auch wurde vor allem später ängstlich darauf geachtet, Einheiten in Regiments- oder Divisionsstärke, deren Kommandeure etwa im Ruf reaktionärer Gesinnung standen, nicht in der Nähe des Hauptquartiers oder Berlins zu belassen; das immer wache Mißtrauen der

Nazis hat in diesem Punkt nur ein einziges Mal, im November 1939, versagt. Schließlich aber mußte gerade der verantwortungsbewußte Heerführer, der den Sturz des Naziregimes in Kriegszeiten betrieb, sich folgende Fragen vorlegen: Selbst unter der Voraussetzung, daß seine eigenen Truppen ihm folgten und der Umsturz gelang, wie würde die übrige Front ihn aufnehmen und welches würden seine unmittelbaren militärischen Folgen sein? Wer würde die Zivilregierung im Reich übernehmen und eine völlige Desorganisation verhindern? Wie würde das feindliche Ausland sich zu dem Umsturz verhalten? Diese Fragen aufwerfen, heißt die Tragik unserer Lage in all ihrer Verhängnisschwere beleuchten. Sie in positivem Sinn beantworten zu können, galt seit Kriegsbeginn das ganze Bemühen meiner Freunde.

Wenn ich vorstehend eine Reihe von Gründen aufgeführt habe, die geeignet sein dürften, das Verhalten der deutschen Generalität zu erklären, so möchte ich mich doch dagegen verwahren, dies Verhalten etwa generell entschuldigen oder gar billigen zu wollen. Die Lage der Heerführer war nur deshalb eine tragische geworden, weil sie nicht rechtzeitig Widerstand geleistet und durchgegriffen hatten. Nun mußte von ihnen der höchste physische und psychische Einsatz verlangt werden, wollten sie ihre Ehre retten und die nationale Katastrophe abwenden. Auf der Stufenleiter der Ämter und Würden gibt es einen Punkt, wo es nicht mehr angängig ist, sich auf ein technisches Spezialgebiet zurückzuziehen und vor allem übrigen die Augen zu verschließen. Der Marschallstab und das Kommando über ganze Armeen sind Würden, die es dem Offizier nicht mehr erlauben, wie Pontius Pilatus die Hände in Unschuld zu waschen, wenn unmittelbar hinter der Front die SS ihre Untaten begeht. Vor der Haltung des deutschen Soldaten, als er atemberaubende Siege errang und noch mehr, als er die moralische Kraft aufbrachte, eine dreijährige Folge von Rückschlägen und Katastrophen ungebrochenen Muts zu überstehen, versagen alle Worte. Aber die preußisch-deutsche Armee ist nicht mehr. Dieser Organismus, der sein Ethos der Tapferkeit und Verantwortungsfreude in allen Formwandlungen von fast drei Jahrhunderten wahrte, der ein Standesbewußtsein erzeugte, das sich nicht in technischen Berufsfragen erfüllte, sondern die Persönlichkeit formte, dieser Organismus ist zerfallen. Die Nazis, die alles Gewachsene mit der Mißgunst des emporgespülten Untermenschen hassen, die preußische Armee nicht weniger als den Jesuitenorden und die englische Aristokratie, haben in dieser Beziehung erfolgreich gearbeitet; und das deutsche Offizierkorps mit seinen Generälen und Marschällen hat, mit einigen Ausnahmen, bedauernd oder verständnislos zugesehen.

23. Zugriff der Gestapo

Unser Freundeskreis und ich selber haben uns bei Kriegsbeginn ein falsches Bild von der Lage gemacht. Wir nahmen zwar an, es werde gelingen, Polen zu schlagen, inzwischen aber würden Frankreich und England mit sofortiger Unterstützung der Vereinigten Staaten eine solche Kriegsmacht an unserer Westgrenze aufbieten, daß die erste Schlacht an dieser Front zu unseren Ungunsten ausfallen müsse. Eine Niederlage aber werde die junge Wehrmacht des Dritten Reiches nicht überstehen. Wenn gleichzeitig die erwarteten schweren Luftangriffe auf deutsche Städte einsetzten, sei der Zusammenbruch unausbleiblich. Unser ganzes Hoffen war darauf gerichtet, den Ausbruch des Kampfes im Westen und damit unabsehbares Blutvergießen zu vermeiden. Da die Furcht vor einem Feldzug im Westen unter den Militärs eine allgemeine war und weit über den Kreis der Opposition hinausging, ließ sich die Lage vielleicht nach Abschluß des Polenfeldzuges, wenn Truppen verfügbar wurden, zu einem Schlag gegen Hitler ausnützen.

Unser Kreis war im übrigen durch die Ereignisse vorübergehend gelichtet: Schwerin und Yorck mußten als Leutnants der Reserve den Polenfeldzug mitmachen, Schulenburg war Regierungsvizepräsident in Breslau geworden, Trott wurde vom Auswärtigen Amt nach Amerika entsandt, wo er zu einer Tagung des Instituts für pazifische Fragen eingeladen worden war. In Brücklmeiers Person traf unseren Kreis der erste Schlag der Gestapo, der glücklicherweise noch harmlos ausfiel.

Wie ich bereits berichtet habe, war er im Büro von Ribbentrop im Auswärtigen Amt tätig. Als im Juli 1939 seine Frau ein Kind erwartete, zog sie einen ihrer Familie seit langem bekannten Arzt zu. Dieser, einer jener verkappten österreichischen Nazis, die für ihre Tücke und Verlogenheit bekannt waren, denunzierte einige Äußerungen unseres

Freundes an die Gestapo. Von Ribbentrop war natürlich kein Eintreten für seine Untergebenen zu erwarten. Trotzdem konnte Brücklmeier sich geschickt verteidigen und blieb nur 24 Stunden in Haft; Ribbentrop aber verlangte, über das Votum der Gestapo hinausgehend, sein Ausscheiden aus dem Auswärtigen Amt. Immerhin gelang es uns, ihm eine gut bezahlte Stelle in der Wirtschaft zu verschaffen, wenn auch erst nach langem Mühen, denn viele Unternehmen waren zu ängstlich, einen Menschen, der »mit der Gestapo zu tun gehabt hätte«, einzustellen.

Wie schwer der Druck war, der auf uns lastete, wurde mir wieder klar, als Schwerin und Yorck aus dem Polenfeldzug zurückkehrten, ersterer, um bald darauf in den Stab von Witzleben an die Westfront versetzt zu werden, Yorck, um seine Tätigkeit beim Preiskommissar wieder aufzunehmen. Ich fand beide voll Tatkraft und Optimismus wie seit langem nicht. Von der Truppe hatten sie die menschlich besten Eindrücke mitgebracht. Außerdem hatten sie sich in den teilweise harten Kämpfen davon überzeugen können, daß sie selber dem normalen Ausmaß von Strapazen und Gefahren gewachsen waren; sie schöpften daraus Zuversicht für ihre Widerstandskraft in dem mit viel schrecklicheren Gefahren verbundenen Kampf gegen den inneren Feind. Von den Enttäuschungen und Befürchtungen ihrer illegalen Tätigkeit auf einige Wochen entbunden, hatten sie eine gelöste, fast heitere Frische wiedergefunden.

Auch mit mir selber war ein Wandel vorgegangen. Ich hatte mich von 1937 an absichtlich in die höheren Nazi-Sphären gedrängt, weil ich bemerkt hatte, daß die Opposition über die sich dort abspielenden Vorgänge und ihre persönlich-psychologischen Voraussetzungen zu wenig Bescheid wußte. Zur erfolgreichen Durchführung eines Kampfes aber ist die genaue Kenntnis des Gegners unumgänglich.

Ich kann in diesem Zusammenhang dem Generalstab und der Abwehr einen Vorwurf nicht ersparen. Sie waren über Hitler's und seiner Umgebung Tun und Treiben zu wenig informiert und hatten, was fast noch schlimmer war, keine präzise Vorstellung über die SS, ihre Infiltration in den staatlichen Machtapparat und ihre militärische Schlagkraft im Ernstfall. Daher schwankten sie zwischen Überschätzung und Mißachtung hin und her. Dabei hätte es doch gerade die Abwehr verhältnismäßig leicht gehabt, unter dem Vorwand des Kampfes gegen die innere Spionage ein System von Vertrauensleuten für diese Frage zu organisieren. Hierzu fehlte es jedoch Canaris und Oster an Präzision des Willens und Konsequenz der Arbeit, Mängel, die wohl mit ihrem Beruf als solchem zusammenhängen, da ich sie auch bei Spionage-Abwehrdiensten anderer Länder bemerkt zu haben glaube.

Wenn es mir auch nicht gelungen war, eine unauffällige Verbindung zur SS aufzunehmen, so war ich in den Jahren 1937 bis 1939 doch wenigstens in der Lage gewesen, gemeinsam mit zwei anderen Freunden der Opposition aufgrund unserer Erfahrungen und Beobachtungen Material zur Kenntnis von Hitler und seiner nächsten Umgebung zu liefern. Mit dem Kriegsausbruch brach ich alle diese Verbindungen ab. Ich habe nach dem 31. August 1939 Hitler nicht mehr wiedergesehen, nie mehr einen persönlichen Kontakt mit Ribbentrop gehabt. Es ging über meine Nervenkräfte, diesen beiden noch einmal freiwillig gegenüberzutreten. Gewiß war dies ein Versagen gegenüber einer mir selbst gestellten Aufgabe, das sich aber, wie ich zu meiner Beruhigung feststellen konnte, praktisch wenig auswirkte. Andere Freunde, Militärs, konnten sich jetzt unter den veränderten Verhältnissen näher an Hitler und seine Umgebung heranschieben. Ich selber wechselte innerhalb des Auswärtigen Amts wieder einmal vom Vorzimmer des Staatssekretärs zum Militärpolitischen Referat hinüber, das für unsere Zwecke eine immer größere Bedeutung gewann, da es eine entscheidende Stelle für die Koordinierung außenpolitischer und militärischer Pläne war.

24. Umsturzpläne im November 1939

Der Krieg gegen Polen nahm nur wenige Wochen oder eigentlich Tage in Anspruch und wies bereits alle Merkmale der Wildheit und Barbarei auf, welche die kommenden Jahre kennzeichnen sollten. Es begann damit, daß 5- bis 6000 Angehörige der deutschen Minderheit in Posen, Oberschlesien und dem Korridor von den Polen abgeschlachtet wurden.[75] Die normale Reaktion des Entsetzens der zivilisierten Welt blieb aus, da die Nazi-Propaganda sich des Tatbestandes annahm, die Zahl der Opfer auf Hitler's persönliche Weisung verzehnfacht wurde und damit unglaubhaft erschien. Es war dies die erste

Gruppe in der unendlichen Reihe von Ermordeten, die inzwischen der Vergessenheit anheim gefallen sind. Im zweiten Akt zog die SS hinter der kämpfenden Truppe in das unglückselige Land ein, ließ ihrer Mordlust freien Lauf und bedeckte den deutschen Namen mit Schimpf und Schande, während in Ostpolen die Bolschewisten nicht minder hausten. Was vorging, erfuhren selbst die Eingeweihten erst viele Monate später, das deutsche Volk hat von dem Ausmaß der in seinem Namen begangenen Verbrechen niemals Kenntnis erhalten. General Blaskowitz, einer der erfolgreichsten Heerführer in diesem Feldzug, verfaßte um die Jahreswende eine Denkschrift über die Greuel der SS und protestierte im Namen deutschen Soldatentums gegen derartige Methoden. Er fiel darauf in schwerste Ungnade bei Hitler und konnte von Glück sagen, daß er später noch ein unscheinbares Kommando bei der Besatzungsarmee in Frankreich erhielt. Der dritte Akt des Dramas spielte sich vor Warschau ab, das die Polen verteidigen wollten. Unsere Armee beabsichtigte daraufhin, der Stadt ein mehrtägiges Ultimatum zu stellen, sie inzwischen zu umgehen und auf diese Weise zu schonen. Hitler fuhr wütend dazwischen und befahl die sofortige Zerstörung der polnischen Hauptstadt. Die Reaktion im deutschen Volk und der Armee war stark, die Opposition machte sich diese Tatsache nebst manchen anderen zunutze, neue Möglichkeiten zeichneten sich ab.

Das deutsche Volk nahm den Sieg über Polen mit stumpfer Gleichgültigkeit zur Kenntnis. Um dieselbe Zeit konnte ein Mitglied unseres Kreises auf dem Umweg über das neutrale Ausland die Nachricht beschaffen, Chamberlain verbürge sich mit seinem persönlichen Ehrenwort dafür, daß die englische Armee an der Westfront im Falle eines deutschen Umsturzes sich ruhig verhalten werde. Nach Jahren war dies ein erstes Anzeichen, daß die Engländer wirkliches Verständnis für die Vorgänge in Deutschland aufbrachten und sich über den wahren Verlauf der geistigen Fronten in diesem Kampf klar geworden waren. Es war dies für unsere Sache ein Beitrag von unermeßlichem Wert. Zugleich war nicht mehr daran zu zweifeln, daß den Generälen die Augen über die Zukunft, der Hitler sie entgegenführen wollte, aufgingen. Aus den Divisionen, die vom Osten an die Westfront verlegt werden sollten, konnten einige Elitetruppen in der Umgebung Berlins zurückgehalten werden.

Etwa am 4. November 1939 wurde mir mitgeteilt, es sei nunmehr alles für den Umsturz vorbereitet. In den nächsten Tagen, am 7. oder 8., werde bei einer Besichtigung außerhalb Berlins ein Handstreich gegen Hitler verübt werden. Die zu diesem Zweck zusammengezogenen Truppen würden anschließend Berlin besetzen. Auch die größten Skeptiker, die bisher nie an das Zustandekommen derartiger Pläne geglaubt hatten, zeigten sich überzeugt von der Ernsthaftigkeit des Projekts; der in diesem Fall besonders kleine Kreis der Eingeweihten war voll Zuversicht. - Am 6. November früh vernahm ich, daß alles abgeblasen sei; Gründe wurden nicht angegeben, erst später erfuhr ich den Sachverhalt.

Am 5. November hatte der General, in dessen Händen alle Fäden zusammenliefen, - seinen Namen habe ich nicht erfahren und auch nicht danach gefragt - seinen üblichen Vortrag bei Hitler. Am Schluß des Vortrages fragte ihn dieser plötzlich, was er vorhabe. Der General, noch nicht stutzig, zählte ihm ruhig eine Reihe von Dienstgeschäften auf, die er zu erledigen habe. Darauf Hitler: »Nein, das meine ich nicht, ich sehe es Ihnen doch an, daß Sie sonst noch etwas vorhaben.« Der General, sich mit Mühe meisternd, heuchelt Erstaunen und Unverständnis und wird in Gnaden entlassen. Er stürzt davon und erklärt dem Generalstab, es müsse alles verraten sein. Äußerster Schrecken befällt alle Beteiligten, sofort werden die notwendigen Maßnahmen eingeleitet, um jede Spur des Plans zu verwischen, die Truppen erhalten den Befehl, an die Westfront abzurücken. Nach einigen Tagen stellt sich heraus, daß nichts verraten worden war, Hitler nichts hatte wissen können. Er hatte lediglich aufgrund seines Ahnungsvermögens einen Schuß ins Blaue abgegeben. Sein Zweck war erreicht, der notwendige Apparat aufgelöst, die schicksalhafte Stunde verstrichen.

Inzwischen fand am 9. November jenes merkwürdige Attentat in München statt.[76] Ich habe mir über seine Bedeutung nie ein Bild machen können. Von den mir bekannten illegalen Kreisen war keiner daran beteiligt. Vielleicht wird man später einmal erfahren, ob es sich um einen wirklichen Anschlag auf Hitler gehandelt hat oder um einen Propagandatrick.

Nach dem Scheitern aller unserer Hoffnungen erhoben wir Jüngeren wiederholte Vorstellungen bei der Abwehr, sie möge von sich aus ein wohlvorbereitetes Einzel-Attentat gegen Hitler organisieren. Unsere militärische und politische Lage erlaube ein solches, selbst auf die Gefahr hin, daß die innere Ordnung ein paar Tage lang gestört sei. Uns wurde erwidert, es stehe niemand für einen solchen Zweck zur Verfügung. Der Kreis derjenigen, die sich Hitler nähern könnten, sei eng begrenzt und innerhalb dieses Kreises niemand zur Tat bereit; andernfalls hätte die Abwehr ihre Mittel - etwa eine Bombe - schon längst zur Verfügung gestellt. Aufgrund dieses uns immer wieder entgegengehaltenen Arguments fand sich ein Mitglied unseres Kreises, bei dem alle erforderlichen Voraussetzungen gegeben waren, bereit, das Attentat zu übernehmen. Er begab sich zur Abwehr, worauf Canaris und Oster plötzlich den Rückzug antraten und von ihren früheren Äußerungen nichts mehr wissen wollten. - Zu den vielen sachlichen Enttäuschungen der letzten Monate trat nun auch diese persönliche.

Den ersten Kriegswinter habe ich in düsterer Erinnerung. Es war inzwischen klar geworden, daß Hitler den etwa bei ihm vorhandenen Plan, nach der Niederwerfung Polens eine Verständigung mit den Westmächten zu suchen, aufgegeben hatte. Es mag sein, daß ihm der militärische Erfolg dieses ersten Experiments den Kopf endgültig verdreht hatte. Wahrscheinlicher ist, daß die Nazis überhaupt Gefallen daran gefunden hatten, das deutsche Volk mit der Knute der Kriegsgesetzgebung zu regieren. Tatsache ist, daß von einem Ausgleich nicht mehr die Rede war. Ich hatte an eine solche Möglichkeit ohnehin nicht recht geglaubt. Revolutionen haben dies an sich, daß sie ihre Gangart beschleunigen, aber nicht verlangsamen können. Ein Friedensschluß hätte eine solche Verlangsamung bedeutet. Es wurde mir immer deutlicher, daß, wie ein Radler sich nur durch die Bewegung vor dem Sturz bewahren kann, so Adolf Hitler nur durch die Fortdauer des Krieges. Schon aus diesem Grunde erschien mir die von manchen Außenseitern aufgestellte These: »Mit den Nazis den Krieg beenden, dann sie stürzen« als ein Widerspruch gegen alle geschichtlichen und natürlichen Gesetze.

Der Winter war kalt und schneereich, die rechtzeitige Versorgung der Städte mit Kohlen und Kartoffeln war wegen der Mobilisierung unterblieben und konnte nicht mehr nachgeholt werden, man fror mehr und hatte weniger zu essen als in den beiden folgenden Wintern. Auch die Stimmung unter den beschäftigungslosen Truppen an der Westfront war offenbar schlecht. Ein gewisser Defaitismus machte sich breit. Bestand vielleicht eine Chance, durch immer neue Vertagung des Beginns der Kämpfe im Westen dem Regime ernsthafte Schwierigkeiten zu erzeugen? Wir hofften es und verlegten einen Teil unserer Aktivität darauf, unter den Militärs Stimmung gegen alle Offensivpläne zu machen. In diesem Zusammenhang fällt mir ein kleines Ereignis ein, das ich damals nur mit ärgerlichem Spott aufnahm und dessen Bedeutung mir erst später zu Bewußtsein kam. Eines abends, als ich trübe und mißgestimmt in meinem Büro saß, besuchte mich ein Bekannter und erzählte mir, Hitler habe mit aller Bestimmtheit behauptet, er werde am 15. Juni in Paris einziehen. Ich fragte, ob gefesselt als Thusnelda im Triumphzug der Alliierten? Als ein halbes Jahr später Hitler wirklich am 15. oder 16. Juni das eben eroberte Paris besuchte, kam mir seine Äußerung wieder in den Sinn. War sie ein Zufallstreffer? Ich glaube nicht, unter anderem deswegen nicht, weil eine ähnliche Bemerkung von ihm über London oder Moskau nicht überliefert ist, ich habe mich immer wieder danach erkundigt. Man muß hierbei unterscheiden: Er hat wohl vom Fall von London oder Moskau in einer abstrakten propagandistischen Form gesprochen, meines Wissens aber nie davon, *er* werde in diese Städte einziehen. Daher neige ich dazu, seine Äußerung über Paris als den Ausspruch eines Hellsehers anzusehen, der sich selber an einem Frühsommertag durch die französische Hauptstadt fahren sah.

25. Der Zusammenbruch Frankreichs – vom Genfer Balkon gesehen

Im Januar 1940 wurde ich meiner Gesundheit wegen auf einige Monate kommissarisch an das Konsulat in Genf versetzt. Die ersten sechs Wochen verbrachte ich in Crans, einem schönen Gebirgskurort im Wallis, wo ich in meinem Hotel der einzige Deutsche unter den verschiedensten Ausländern war. Obwohl diese sämtlich vom baldigen Endsieg der Westmächte überzeugt waren und nichts von den schweren Erschütterungen, denen unser Kontinent entgegenging, ahnten, kamen sie mir zumeist freundlich entgegen. Für mich war es eine psychologisch interessante Zeit und eine gute Schule. Meine Freunde und ich, die während des Krieges mit dem Ausland in Berührung kamen, haben immer die gleiche Linie vertreten: Wir ließen niemals Zweifel an unserer vaterländischen Gesinnung aufkommen und ernteten dafür Vertrauen, welches einem Menschen, der sein Vaterland im Stich läßt, niemals entgegengebracht wird. Wir gaben zu erkennen, daß wir keine Nationalsozialisten seien, eröffneten unsere wahre Gesinnung in bezug auf Hitler und sein Regime aber nur wenigen. Die Schimpfkanonaden, die manche Deutsche, kaum daß sie die Grenze überschritten hatten, losließen, entsprachen nicht unserem Geschmack; sie wirkten im übrigen auch nicht überzeugend, sondern brachten die Urheber öfters in den Ruf, Gestapo-Agenten zu sein. Was den Krieg anlangte, so entsprach es nur unserer Überzeugung, seinen Ausbruch als ein Versagen der europäischen Oberschicht in der Auseinandersetzung mit dem Problem der Masse hinzustellen; demgegenüber sein militärischer Ausgang fast als sekundär anzusehen sei. Über die militärischen Ereignisse bemühten wir uns immer mit dem erforderlichen Abstand zu sprechen, sie jeweils als nicht kriegsentscheidend zu charakterisieren und sie, gleichgültig, ob sie zu Deutschlands Gunsten oder Ungunsten ausfielen, als Episoden in der Tragödie des Abendlandes zu kennzeichnen. Auf diese Weise gewöhnten wir uns schließlich selber daran, die einzelnen Ereignisse mit geistiger Disziplin zu betrachten und uns weniger als früher von dem Ansturm unserer Wünsche und Befürchtungen beeinflussen zu lassen. Die Ausländer aber brachten uns Vertrauen entgegen, weil der Zusammenbruch Frankreichs unserer Mäßigung ebenso wenig Eintrag tat wie die Katastrophe von Stalingrad unserer Entschlossenheit.

In Genf entfaltete ich eine mehr symbolische als effektive Tätigkeit am Konsulat, während ich mich im übrigen eifrig unter den dortigen Menschen umsah. Das Konsulat selber war alles andere als eine Behörde: Unter der Leitung des menschlich hervorragenden Generalkonsuls Krauel, dem ich ein dankbares Gedächtnis bewahre, auch wenn unsere Wege später auseinandergegangen sind, hatte sich eine Gemeinschaft liebenswerter und teilweise recht origineller Menschen zusammengefunden, die durch Anstand und Menschlichkeit der deutschen Sache gute Dienste geleistet haben.

Genf wurde mein liebster Auslandsposten, fruchtbar und angenehm in jeder Beziehung. Ich habe vieler Menschen in besonderer Dankbarkeit zu gedenken, auch haben die Stadt als solche und die

Landschaft mich sehr angesprochen. Außerdem hätte ich keinen in Kriegszeiten interessanteren Aufenthalt mir wünschen können.

Obwohl der Völkerbund seine Pforten geschlossen hatte und das Internationale Arbeitsamt seinem Beispiel bald folgte, lag ein Wissen um das Weltgeschehen immer noch in der Luft. Die Schweiz mit ihrer reichhaltigen Presse und ihren vielen Auslandsbeziehungen war im Kriegswirbel wie ein Balkon, von dem aus man die Fahrt der großen Schiffe ins Weite verfolgen konnte. Interessant waren weniger die vertraulichen Einzelheiten, die sensationellen Gerüchte, die kolportiert wurden, als der atmosphärische Druck, auf den man nur zu achten brauchte, um orientiert zu sein. Immer wieder, wenn ich in den folgenden Jahren von Genf aus nach Berlin berufen wurde, um für einige Wochen die Vertretung meines Kollegen im Büro des Staatssekretärs zu übernehmen, konnte ich anhand des mir dort zugänglichen Materials feststellen, daß mir in Genf zwar manche Einzelheit unbekannt geblieben war, das Gesamtbild der Lage aber, das ich mir gemacht hatte, zutraf. Als Referent im Auswärtigen Amt und später an der Botschaft beim Vatikan tappte ich im Vergleich dazu im Dunkeln.

Von jenem ersten Genfer Aufenthalt ist mir vor allem eine Erkenntnis im Gedächtnis geblieben, weil ich damit anfangs bei unserem Berliner Kreis auf starken Widerspruch stieß: die Erkenntnis von der Schwäche Englands. Wenn ich von Erkenntnis spreche, so ist das eigentlich ein falsches Wort. Es war mehr ein Gefühl, das mich plötzlich überkam und das ich erst nachträglich mit der britischen Haltung im finnisch-russischen Winterkrieg und sonstigen Beobachtungen vor mir selber begründete. Bewahrheitete sich diese Prognose, so erhielt das außenpolitische Fundament, auf dem das Wirken der Opposition aufgebaut war, einen starken Stoß. Als ich Ende März auf ein paar Tage nach Berlin fuhr, und bei dieser Gelegenheit meine Zweifel vorbrachte, erweckte ich teilweise heftige Ablehnung. In einem extremen Fall hatte ich mich sogar gegen den Vorwurf zu verteidigen, ich sei offenbar nationalsozialistisch beeinflußt. Mein Gesprächspartner, der sich später um die Verbreiterung der innerpolitischen Basis der Opposition besondere Verdienste erworben hat, war ein Fanatiker und als solcher überzeugt, daß die Tatsachen sich seinen Wünschen anbequemten. Seine Wünsche aber liefen auf die möglichst rasche Niederlage Deutschlands und seine anschließende Aufnahme in das britische Commonwealth hinaus. Er erklärte mir daher, England habe auf Grund seiner Seeherrschaft den Krieg bereits praktisch gewonnen, unsere Schwäche habe sich als noch größer offenbart, als er vorausgesehen habe. Ich ließ mich zu einem gereizten Widerspruch hinreißen – es war dies ein Auftakt zu vielen Schwierigkeiten, denen unser Kreis entgegenging. Später versuchte ich immer zu vermitteln.

Inzwischen gingen auf den Straßen Berlins merkwürdig viele Alpenjäger spazieren, und kaum war ich nach Genf zurückgekehrt, so erfolgte unsere Landung in Norwegen.[77] Meine erste Reaktion war eine tiefe Empörung über unseren Überfall; nachdem ich aber realisiert hatte, daß wir den Westmächten, die das gleiche Projekt bereits in die Wege geleitet hatten, lediglich um einige Tage zuvorgekommen waren, beschränkte sich meine Entrüstung auf die brutalen Methoden gegenüber dem norwegischen König und seinem unschuldigen Volk.

Ende April/Anfang Mai war die norwegische Expedition mit einem vollen Erfolg für Deutschland abgeschlossen. In Genf herrschte politische Windstille und schönstes Frühlingswetter; alles begab sich infolgedessen auf Reisen, Herr Krauel[78] nach Berlin, andere Konsulatsmitglieder nach dem Tessin und Italien. Eines morgens schlenderte ich ahnungslos auf das Büro und fand dort die Männer in höchster Aufregung, die Frauen in Tränen: der Krieg im Westen war losgebrochen, Holland und Belgien in den Strudel mit hineingerissen. Ungeheuerliches zeichnete sich ab. Rasch griff auch in der Schweiz die Panik um sich, Baseler flohen nach Lausanne, Genfer nach Luzern, vollgestopfte Autos mit Matratzen und flatterndem Bettzeug auf dem Dach flogen durch die Landschaft; man rechnete mit dem Einbruch der Deutschen und Franzosen, mit Schlachten auf Schweizer Boden, überall zogen Posten auf und richteten Straßensperren ein. Nach drei Tagen, nachdem wir glücklicherweise bereits einen Teil der Akten verbrannt oder an die Gesandtschaft nach Bern geschafft hatten, konstatierten die Schweizer zu ihrer eigenen Überraschung, daß ja eigentlich nichts vorgefallen sei, und begannen über sich selber zu lachen. Auch ich atmete, was meine Obliegenheiten anbetraf, auf. Vom flanierenden Tagedieb hatte ich mich plötzlich zum kommissarischen Leiter einer über Nacht wichtig gewordenen Behörde, von deren Aufgaben ich wenig Ahnung hatte, aufschwingen müssen. Aber es war gut, daß ich viel zu tun hatte, so kam ich nur wenig dazu, meinem

Kummer und Entsetzen nachzuhängen. In der ersten Nacht, während ich auf dem Konsulat Wache hielt und unnötigerweise Fliegeralarm gegeben wurde, hing ich lange am Radio. Während ein neuer Abschnitt der abendländischen Katastrophe abrollte, sendeten wie auf Verabredung die Stationen Paris und Lyon, Berlin und Wien Musik von Mozart in die verhängnisschwere Nacht hinaus. Alles Heitere und Tiefe, Süße und Schwere, das in dieser lieblichsten Blüte europäischer Kunst seinen Ausdruck findet, suchte über Geschützdonner und Motorenwirbel seinen Weg durch den Äther zu dem Ohr eines einsamen Lauschers.

Und dann kam ohne Unterbrechung ein Sieg unserer Armeen nach dem anderen. Der Stolz über unsere Soldaten paarte sich mit ratlosem Bangen – denn wo sollte das alles hinführen? Frankreich, das beim ersten Stoß zermalmt dahinsank, riß die europäische Welt von gestern im Sturz nach sich. Es war nicht mehr daran zu denken, sie auf den Fundamenten von 1938 wieder aufzubauen. Ich konnte dieses Sieges nicht froh werden, und gleich mir erging es großen Teilen des deutschen Volkes. Auf der Fahrt nach dem eben eroberten Paris fragte der Chef des deutschen Generalstabes, General Halder, aus langem Nachdenken aufblickend, einen Bekannten von mir: »Und was ist der Sinn von diesem allen, wo soll das enden?« Worauf mein Bekannter antwortete: »Bei der Einigung Europas.« – »Das wäre auch die einzige Rechtfertigung!« An der Pforte eines atemberaubenden Sieges solch' eine melancholische Frage aufzuwerfen, das werden nicht viele Generalstabschefs der Geschichte getan haben. Die Einnahme von Paris erlebte ich in Berlin mit. Ich hatte die Nachricht schon vorher vernommen und saß mittags in einem Restaurant, als die Sondermeldung des O.K.W. durch Lautsprecher verbreitet wurde. Wie damals üblich, erhoben sich die Gäste, sie hörten schweigend zu und setzten sich mit eisernem Gesicht wieder an ihren Tisch – kein Bravoruf, kein Hurra – nichts.

Die Erfolge in diesem Feldzug schrieb Hitler auf sein persönliches Konto; er bestieg damit die Stufe, von der er das deutsche Volk in den Abgrund des Elends und der Verzweiflung herabstürzen sollte, er wurde zum »größten Feldherrn aller Zeiten«. Eine sachliche Kritik seiner Leistungen wird folgendes feststellen müssen: er hat, soweit bekannt, in zwei entscheidenden Augenblicken persönlich eingegriffen, das eine Mal bei dem massierten Einsatz von Panzerdivisionen auf Sedan, womit die gegnerische Front endgültig in Stücke schellte. Es war dies ein vielleicht entscheidender Beitrag zum Sieg über Frankreich. Das zweite Mal hielt er zum Entsetzen der Soldaten den von Süden kommenden Stoß der Armee Kleist auf Dünkirchen um etwa 48 Stunden zurück. Man kann dies nur dahin auslegen, daß er den Trümmern der englischen Armee das Entkommen aus Dünkirchen erleichtern wollte, um daraufhin mit England Frieden schließen zu können. Mit diesem Beitrag hat er den Grundstein zum Verlust des Krieges gelegt.

Was nach der Kapitulation von Frankreich in den Köpfen der Naziführer vor sich ging, spottet jeder Beschreibung. Ein paar Wochen lang sollten die nördlichen Departements nebst Flandern annektiert, Wallonien unter dem König der Belgier ein Vasallenstaat werden. Dann wieder hieß es, nur Burgund müsse von Frankreich abgetreten werden, um dort die Südtiroler anzusiedeln! Es gab kein Projekt, unsinnig genug, um nicht erwogen zu werden. Bereits wurde in Schweden Stein zur Aufführung eines riesigen Siegesdenkmals bestellt, man entwarf Pläne zur Ausgestaltung von Münster, das für den Zusammentritt des Friedenskongresses ausersehen war, »der die Schmach des dort vor 300 Jahren geschlossenen Friedens auslöschen sollte.«

Noch eine kurze Kritik der Haltung Italiens: Botschafter Attolico hatte sein mutiges Eintreten für den Frieden, die Konferenz von München und die unbedingte Neutralität Italiens mit dem Abschied büßen müssen, er wurde Anfang 1940 durch den ehemaligen Propagandaminister Alfieri, einem gutmütigen schwachen Mann ohne wirkliches Verantwortungsbewußtsein, ersetzt. Die italienische Politik gegenüber Berlin vegetierte von einem Treffen der Diktatoren, von einem Besuch Ciano's zum anderen. Die Besuche Ciano's aber waren von uns gefürchtet. Ich habe während des Mussolini-Besuchs 1937 diesen eitlen jungen Flegel oft beobachten können: er war schlauer und weniger hysterisch als Ribbentrop, den er offenbar haßte, charakterlich aber stand er mit ihm auf der gleichen Stufe. Auch er war völlig bedenkenlos, sah sich einerseits als Heldentenor und ersten Liebhaber in der dramatischen Oper, die auf der politischen Bühne aufgeführt wurde, andererseits als Begründer einer Dynastie von italienischen Hausmeiern. Aus gekränktem Geltungsbedürfnis deutschfeindlich, aus

Snobismus anglophil, waren ihm Krieg oder Frieden nebensächliche Fragen. Zuweilen sandte ihn Mussolini mit der Weisung, einen mäßigenden oder retardierenden Einfluß auf die Nazis auszuüben, nach Berlin. Er aber setzte sich darüber hinweg und hetzte Hitler und Ribbentrop geradezu zu Abenteuern auf, wenn es ihm in sein Konzept paßte. Und meistens paßte es ihm, so daß seine Besuche immer neues Öl auf's Feuer der Nazis gossen. Er dachte mit doppeltem Spiel alles zu erreichen, redete in Berlin, wo man noch schwankte, zu, die Offensive gegen Frankreich, Belgien und Holland zu wagen, und verriet wenige Wochen später beim Neujahrsempfang in Rom dem Belgischen Botschafter die deutschen Pläne. Gegen alle Regeln der Vernunft legten die Nazis in den ersten Kriegsmonaten größten Wert auf die Beteiligung Italiens am Krieg, obwohl die italienische Neutralität für uns politisch und versorgungsmäßig von größtem Nutzen gewesen wäre. Noch bei Beginn der Westoffensive richtete Hitler einen Appell an Mussolini, sich zu beteiligen, und stieß, wie schon so oft, auf höfliche Ablehnung. Dann aber, als wir vor Paris standen und Hitler ebenso höflich abwinkte, trieb Mussolini sein Land in den Krieg. Eine besondere Belastung wurde anschließend das den Italienern gewährte Mitspracherecht in der französischen Frage. Es gab ja sogar unter den Nazis viele, die eine ehrliche Verständigung mit Frankreich wünschten und Hitler in diesem Sinn zu beeinflussen suchten. Jedesmal aber, wenn es den Anschein hatte, daß eine solche Politik in Gang kommen könne, fuhren die Faschisten mit neuen Forderungen gegen die »Lateinische Schwester« dazwischen, verhinderten durch ihren Anspruch auf Tunis eine deutsche Garantie des französischen Kolonialbesitzes, verlangten Nizza und Korsika, erhoben Ansprüche auf die französische Flotte und hetzten, von ihrer Schlauheit überzeugt und gewohnheitsmäßig zum doppelten Spiel getrieben, gleichzeitig in Paris oder Vichy gegen das »barbarische« Deutschland. Im Spätsommer 1940, als Hitler deutsche Panzerdivisionen für Afrika anbot, erklärte Mussolini stolz, mit eigenen Kräften den Sieg erringen zu können. In einem Punkt wenigstens wollten die Nazis einsichtig sein, in der Respektierung der Neutralität Serbiens, Griechenlands und Bulgariens. Da brachte Ciano aus eitlem Ehrgeiz durch den Raubüberfall auf Griechenland und seinen kläglichen Ausgang die Lawine auch auf dem Balkan ins Rollen. Man war geschickter als die Nazis und ließ die

Greuel auf dem Balkan nicht durch die faschistische Miliz ausführen, sondern durch bezahlte einheimische Banden. Man produzierte nicht selber, auch wenn man es gekonnt hätte, sondern ließ es sich von den dummen Verbündeten, den man mit Betteleien überschüttete, liefern. Während man in Berlin sich am Rande des Hungers fortbewegte und mit zusammengebissenen Zähnen der glanzvollen Tragödie ins Auge sah, feierte man in Rom Feste und machte sich über die eigenen Niederlagen lustig. Das arme Volk aber litt in Italien nicht weniger schuldlos als das deutsche Volk.

Während ich mich in Genf noch mit der Panik und allerlei wilden Gerüchten herumschlug, rief mich ein dringendes Telegramm nach dem anderen nach Berlin zurück. Wie sich herausstellte, hatte einer meiner nächsten Freunde im Militärpolitischen Referat sich Ribbentrop's Ungnade zugezogen. Die Ursache bestand in einer Nebenfrage, die Weiterleitung eines Telegramms an das OKW bezw. Keitel. Mein Freund hatte zwar auf Grund der bestehenden Vorschriften völlig korrekt gehandelt, Ribbentrop aber verlangte nicht Korrektheit von seinen Untergebenen, sondern von sachlichen Erwägungen ungetrübtes Eintreten für sein Prestige und seine Zuständigkeit als Außenminister. Um Schlimmeres zu verhindern, mußte er sofort ins Ausland versetzt, d.h. verbannt werden. Wie immer, wenn es galt, einem alten Mitglied des Auswärtigen Amts, vor allem, wenn er zur Opposition gehörte, zu helfen, griff der Staatssekretär ein und ließ meinen Freund nach Genf versetzen. Andererseits mußte die dadurch im Militärpolitischen Referat entstandene Lücke möglichst rasch geschlossen werden; die Arbeit drängte, und es sollte kein Nazispitzel in diesen Sektor Einblick gewinnen. Die Wahl fiel auf mich als Sachkenner der Materie. Sobald Herr Krauel aus Berlin zurückgekehrt, die Leitung des Konsulats wieder übernommen hatte, tauschte ich mit meinem Freund den Platz.

Aber die harmonische Zusammenarbeit mit dem damaligen Leiter des Referats dauerte leider nur wenige Wochen. Auch er mußte, wo Ribbentrop's Mißtrauen einmal geweckt war, einem fanatischen und tückischen Nazi Platz machen. Wieder erreichte der Staatssekretär, daß er als Botschaftsrat nach Madrid kam; ich aber mußte nun unter einem viel jüngeren »Vorgesetzten« arbeiten, der seiner Aufgabe keineswegs gewachsen war und ihr auch kein Interesse entgegenbrachte, dafür aber sämtliche Militärs durch sein überhebliches Auftreten vor den Kopf stieß. Die Personalabteilung hatte mir schon bei Eintritt des Personenwechsels eine baldige Versetzung zugesagt. Ich beschränkte mich daher darauf, den neuen Referatsleiter einzuarbeiten. Vor allem aber löste ich die bisherige Verbindung des Referats zu verschiedenen oppositionellen Militärs und legte sie auf andere Linien um. Nach 8 Monaten waren diese Aufgaben gelöst, und ich ging wieder ins Ausland, auf meinen eigenen Wunsch nach Genf zurück.

So sehr mich Genf lockte, der Abschied von Berlin kam mir doch wie eine Art Fahnenflucht vor, und ich habe lange mit mir gerungen, ob ich es verantworten könne, während des Krieges wiederum ins Ausland zu gehen und meine Berliner Freunde allein zu lassen. Diese redeten mir allerdings zu. Sie fanden die Verbindungen, die ich in Genf angeknüpft hatte, und die Orientierung über die Weltlage, die ich ihnen von dort aus zukommen lassen konnte, ebenso wichtig wie meinen Verbleib in Berlin. Neben gesundheitlichen Motiven gab vor allem die Entwicklung im Auswärtigen Amt selbst den Ausschlag für meinen Abschied von Berlin.

26. Ribbentrop will epurieren

Der Sieg über Frankreich hatte Ribbentrop endgültig den Kopf verdreht, er betrachtete die Niederlage Englands nur noch als ein harmloses Nachspiel. Der Frieden, »sein« Frieden würde jede Außenpolitik im alten Stil überflüssig machen und damit auch eine verspätete Rache an der ihm unterstellten Behörde erlauben. Sachverstand, Kameradschaftlichkeit und vornehme Gesinnung, das waren Begriffe, die auf diesen gestrandeten Weinreisenden wie ein rotes Tuch wirkten; jetzt wollte er endlich das Auswärtige Amt zu seinem Werkzeug erniedrigen, zu seiner persönlichen Adjutantur. Seine erste Maßnahme war daher, die Namen von etwa 100 alten Beamten des Auswärtigen Dienstes zu einer Liste zu vereinigen, die er Hitler mit der Bitte, die sofortige Entlassung dieser Beamten zu genehmigen, vorlegen wollte. Den Namen von Herrn von Weizsäcker hatte er nicht aufzunehmen gewagt, weil er wußte, daß Hitler ihn hielt, nicht etwa aus Sympathie, sondern als Gegengewicht zu Ribbentrop selber. Dafür war sonst eine Auswahl getroffen, die einer Auflösung unserer Behörde gleichkam und alle Altersklassen und Dienstgrade umfaßte. Auch ich zählte zu den Bevorzugten. Wie ich später erfuhr, wurde mir nicht etwa Mangel an nationalsozialistischer Gesinnung vorgeworfen, sondern mein Auftreten, welches das eines »Vorkriegsdiplomaten« sei. Ich hatte mir den Unwillen Ribbentrop's und seiner Frau wahrscheinlich 1938 bei der Italienreise Hitler's zugezogen. Aber Ribbentrop hatte wieder einmal zu früh losgeschlagen. Er stieß bei Herrn von Weizsäcker auf schärfsten Widerstand, den er aber ebenso wenig beachtete, wie dessen Abschiedsgesuch. Darauf benützte der Staatssekretär mit Erfolg einen Seitenkanal zu Hitler, der, als Ribbentrop ihm die Angelegenheit vortrug, dahin entschied, er wolle für die Dauer des Krieges nichts von solchen Änderungen wissen. Das Auswärtige Amt blieb also noch einmal vor dem Schlimmsten bewahrt. Allerdings hat keiner aus dem alten Kreis der Oppositionellen sich über 1941 hinaus in Berlin zu halten vermocht; andere traten an ihre Stelle.

Herr von Weizsäcker war seit München den dornenvollen Weg von einer Enttäuschung zur anderen gegangen. In den verschiedenen entscheidenden Phasen waren seine Entlassungsgesuche ebenso beiseite geschoben worden wie seine schriftlichen Warnungen und Proteste. Hätte er auf seinem Abschied bestehen sollen, er, der die Konsequenzen eines solchen Schrittes für seine Person sicher niemals in Rechnung gestellt hat? Wenn die Frage seines Abschieds gelegentlich auftauchte, sprachen sich meine Kameraden sowohl unter den Zivilisten wie unter den Militärs von 1938 bis 1941 immer dagegen aus und verlangten, er solle auf seinem Posten ausharren und die Stellung bis zum Umsturz oder Frieden halten, umsomehr als sein Ruf im Ausland intakt geblieben war, weil er sich dem Regime nie ausgeliefert hatte. Allerdings setzte 1941 eine radikale Strömung innerhalb der Opposition ein, und es tauchte die Frage auf, warum Herr von Weizsäcker noch auf seinem Posten bleibe. Doch war diese Einstellung von kurzer Dauer, denn je ernster die Lage wurde, desto mehr begriffen auch die Fanatiker, daß es unbedingt erforderlich war, unser Kapital an Auslandsbeziehungen und -prestige zu erhalten und den alten Stab des Auswärtigen Amts in bessere Zeiten herüber zu retten. Daher wurde auch sein Fortgang aus Berlin im Jahre 1943 als das Ende des

Auswärtigen Amtes bezeichnet. Ich konnte dagegen einwenden, daß es Herrn von Weizsäcker inzwischen gelungen sei, alle Exponenten unseres Kreises im Ausland unterzubringen, wo sie die Stürme überdauern konnten, um im entscheidenden Augenblick zur Verfügung zu stehen.

Militärisch war die zweite Hälfte des Jahres wiederum mit Spannung geladen. Der Termin für eine Landung in England, welche die Militärs für durchführbar hielten - mit Recht, wie sich später herausgestellt hat -, wurde von einer Woche auf die andere verschoben. Dafür setzte der barbarische Luftkrieg gegen die britischen Inseln ein. Ich war mir nicht klar, ob es den Engländern, an deren moralischer Widerstandskraft ich nicht zweifelte, physisch möglich sein würde, in ihrem wehrlosen Zustand die nach damaligen Maßstäben furchtbaren Bombardements zu überstehen. Nicht, als ob ich an ein baldiges siegreiches Kriegsende geglaubt hätte, aber eine Aufgabe der Inseln und eine Fortführung des Krieges von Kanada aus hielt ich, und mit mir unser Kreis, immerhin für möglich. Warum Hitler schließlich und endlich die Landung in England nicht gewagt hat, ist mir unklar geblieben. Die Nazis freuten sich ihrer Vernichtungsorgie, das Volk aber, soweit es sich zu äußern wagte, sprach in jenen Wochen nur voll Mitleid von den »armen Engländern«. Viele der deutschen Flieger unterzogen sich ihrer Aufgabe, wie ich in Gesprächen feststellen konnte, nur mit Widerwillen. Als Hitler einem von ihnen das Ritterkreuz verlieh und ihn dabei fragte, ob er noch einen persönlichen Wunsch habe, antwortete dieser, er bäte im Namen seiner Kameraden, die deutsche Presse möge davon absehen, die englischen Flieger mit Schimpfnamen wie »Banditen« usw. zu belegen. In beschränktem Umfang hatte er mit dieser Bitte Erfolg.

Auf dem politischen Sektor trug sich in jener Periode folgendes zu: Hitler hatte, vielleicht stärker denn je, den Wunsch, sich mit England zu einigen. Ob er damals schon den Gedanken an einen Krieg mit Rußland nährte oder ob seine Haltung den Briten gegenüber nur auf seine grundsätzliche Anglophilie zurückging, vermag ich nicht zu sagen. Sicher ist nur, daß er zutiefst enttäuscht war, nicht zum Ziel zu gelangen. Was Frankreich anbetrifft, so betrachtete er es in erster Linie als Handelsobjekt. Eine Zeitlang wollte er sich mit Spanien auf Kosten des französischen Kolonialbesitzes in Afrika einigen. Franco sollte

Gibraltar erobern. Dieser Plan scheiterte an den übergroßen Forderungen der Spanier auf Lieferung von Getreide und schweren Waffen. Auch nach diesem Fehlschlag wollte er jedoch den Franzosen keine Zusage machen, weil er gedachte, sich bei einer Aussöhnung mit England an französischem Gebiet schadlos zu halten. Im Grunde aber war es so, daß seine Gier es nicht zuließ, einmal Errafftes wieder aus den Fängen zu lassen; diese Einstellung machte natürlich jede konstruktive Politik von vornherein unmöglich. Insofern habe ich das Interesse, das nicht nur manch' gemäßigter Deutscher, sondern auch erstaunlich viele und kluge Ausländer der sogenannten »Neuen Ordnung« in Europa entgegenbrachten, nie zu teilen vermocht. Ich selber war zwar der erste, der eine solche »Neue Ordnung« für unumgänglich notwendig hielt, denn der Vorkriegszustand Europas war weder ideal gewesen, noch ließ er sich wieder herstellen. Aber es kam auf Form und Inhalt dieser »Neuen Ordnung« an. Und zu glauben, daß die Nazis etwas anderes wollten als eine schlecht getarnte Knechtung der europäischen Völker, oder daß sie durch vernünftige Argumente von ihrer Beute- und Zerstörungslust fort auf die Bahn eines organischen Aufbaus geführt werden könnten, hielt ich für eine Illusion und Zeitverschwendung. Ich vertrat das Programm derjenigen Berliner, die eines nachts folgende Inschrift auf das Pflaster am Wittenbergplatz aufgemalt hatten:

Wir wollen keine fremden Reiche –
Wir wollen Adolf Hitler's Leiche.

Um mich selber stand es schlecht, denn ich verzweifelte an der Zukunft und an meiner Berechtigung, das deutsche Volk zu vertreten. Was die Zukunft anbelangte, so war mir der Gedanke an eine auch nur zeitlich begrenzte Konsolidierung des Nazisystems nicht nur, wie früher in Deutschland, sondern jetzt über ganz Europa unfaßlich und unerträglich, nur um ein geringes besser als die totale Bolschewisierung des Abendlandes. An meiner Berechtigung, im Namen meines Volkes im Ausland aufzutreten, zweifelte ich deshalb, weil meine Prognosen über die Entwicklung und meine Einschätzung der Reaktion des deutschen Volkes sich als falsch erwiesen hatten. Was die Engländer anbetrifft, so hatte ich sie richtig beurteilt; bezüglich Frankreichs Widerstandskraft hatte ich mich zu sehr auf das Urteil der militärischen Sachverständigen verlassen, was verzeihlich war. Aber das deutsche Volk, dem ich angehörte und dem meine ganze Liebe galt, entwickelte mit der Dauer des Krieges Eigenschaften - gute und schlechte -, die alle meine Prognosen über den Haufen warfen. An seine Lethargie und Angst im Verhältnis zur Gewaltherrschaft der Nazis hatte ich mich grollend gewöhnt. Nun aber taten sich ungeahnte Quellen der Tapferkeit, des Schwungs, der Opferbereitschaft und Leidensfähigkeit auf, deren Vorhandensein ich bewundern, deren praktisches Ergebnis ich fürchten, ja verdammen mußte. Ich wußte nicht mehr recht, woran ich war, weder mit mir selber, noch mit meinem Vaterland. Der Konflikt, in dem ich mich befand, löste sich nicht, wie ich gehofft hatte, durch die Beseitigung des Regimes, welche die Möglichkeit geboten hätte, diese großartigen Kräfte für ein gutes Ziel einzusetzen, sondern durch die Gefahren und Nöte, in die unser Land hineingetrieben wurde und die meine Fragen müßig erscheinen ließen.

27. Die Opposition 1940/41 - Aktivisten und Theoretiker

Ehe ich zu einer Schilderung meines Genfer Aufenthaltes übergehe, möchte ich ein zusammenfassendes Bild der Opposition geben, welches ihre Lage in den Jahren 1940/41 war und wie sie sich personell zusammensetzte.

Die deutschen Truppen standen in Norwegen bis zum Nordkap hinauf, schoben sich in Polen bis an Brest Litowsk heran, hielten Belgien und Holland, sowie den größeren Teil von Frankreich bis an die Pyrenäen besetzt. Die Armee konnte damit, schon aus geographischen Gründen, nicht mehr als einheitlicher Faktor gewertet werden. Es war deshalb davon auszugehen, daß nur der eine oder andere Heerführer und nicht die gesamte Wehrmacht für eine Aktion gegen Hitler in Frage käme. Andererseits waren wir sicher, daß die Beseitigung Hitler's genügen würde, um das ganze Regime zu stürzen. Seine Person war, wie ich darzutun versucht habe, sowohl an Gaben wie an Prestige und Stellung so überragend, der gesamte Staatsapparat dermaßen auf ihn zugeschnitten, daß er unmöglich zu ersetzen war. Die von den Nazis verbreitete Version, bei seinem Ausfall werde sofort ein anderer, etwa Himmler, einspringen, war Propaganda zu dem Zweck, etwaige

Attentäter im voraus zu entmutigen. Gewiß war es möglich, daß Himmler, wenn es nicht gelang, ihn gleichzeitig zu beseitigen, in Teilen des Reiches vorübergehend die Macht an sich reißen konnte, aber sicher nur auf kurze Dauer. Die anderen Diadochen wären ihm nicht gefolgt, mit der Gestapo und dem SD allein konnte er nicht viel ausrichten. Andererseits bestand die Waffen-SS bereits damals zu einem erheblichen Prozentsatz aus Rekruten, die auf dem althergebrachten Wege eingezogen waren und mit dem SS-Mythos und der Nazischulung nichts mehr zu tun hatten, Himmler also nicht bedingungslos ergeben waren. Obendrein war dieser einer der bestgehaßten Leute in Deutschland. Das Entscheidende aber war, daß die gesamte Wehrmacht, d.h. Heer, Luftwaffe und Marine, beim Tode Hitler's von dem Eid, dem viele immer noch Bedeutung zumaßen, freigekommen wäre und sich sicher nicht noch einmal in den Dienst eines Tyrannen gestellt hätte. Derjenige höhere Offizier also, dem es gelang, sich nach Hitler's Beseitigung von einer Zentralstelle aus, etwa dem OKW oder dem Hauptquartier, mit Aufrufen und Befehlen an die Armee zu wenden, konnte bestimmt damit rechnen, daß ihm der größte Teil sofort, der Rest binnen weniger Tage gehorchen würde, wenn es klar geworden war, daß sie nur zwischen ihm oder einem Nazi-Diadochen zu wählen hätten. Trotzdem haben die Illegalen natürlich die notwendigen Vorkehrungen getroffen, um nach Beseitigung Hitler's auch seine bedeutendsten Helfershelfer dingfest zu machen.

Mußte so die veränderte militärische Lage Rückwirkungen auf die Pläne zur Durchführung der Aktion selbst haben, so wurden unsere außenpolitischen Erwägungen durch den Sieg über Frankreich nicht wesentlich beeinflußt. Natürlich war es ein Aktivum in unseren Berechnungen, daß uns keine feindliche Armee mehr gegenüberstand, die eine vorübergehende Verwirrung in Deutschland zu einem Schlag hätte ausnützen können. Andererseits waren die ersten lockeren Fäden, die wir zu Chamberlain besessen hatten, bei seinem Sturz abgerissen; auch war England völlig mit sich selbst und seiner düsteren Lage beschäftigt. Das außenpolitische Programm der Opposition aber hatte durch den Sieg über Frankreich – und ich empfinde das als einen Ruhmestitel – keine Änderung in chauvinistischem Sinn erfahren; es lautete nach wie vor: »Deutschland in seinen ethnographischen Grenzen« und »Zusammengehen mit England«. Natürlich war, was die gesamt-europäische Lage anbetraf, eine automatische Wiederherstellung des Zustandes von 1938 nicht mehr möglich. Aber wir hofften, die von uns vorgesehene unverzügliche Räumung der besetzten Gebiete werde eine gute Atmosphäre schaffen, um die anderen Völker gemeinsam mit uns die ersten vorsichtigen Schritte in Richtung auf eine Einigung Europas tun zu lassen.

Im Hinblick auf eine zukünftige Regierungsbildung auf breitester Grundlage wies die Zusammensetzung des illegalen Führungskreises damals noch große Lücken auf. Es wurde eine der gefahrvollsten und dornigsten Aufgaben der kommenden Jahre, mit Vertretern der Arbeiter- und Linksopposition in Verbindung zu kommen. Sie war weniger festgefügt als wir und stärker überwacht. Mit den Kommunisten traten meine Freunde, wie ich gleich hier betonen möchte, niemals in direkten Kontakt, sie wurden auch nicht bei den Regierungskombinationen berücksichtigt. Waren sie später zur loyalen Mitarbeit bereit, umso besser, aber keinesfalls wollten wir die Diktatur der Nazis gegen eine Diktatur von anderer Seite eintauschen.

Der enge Kreis der illegalen Führer hatte sich seit 1938 konsolidiert: Über die Person Beck's, der als Staatsoberhaupt mit dem Titel »Reichsverweser« ausersehen war, ist niemals eine Diskussion entstanden. Er seinerseits hielt hartnäckig an Goerdeler als Kandidaten für den Posten eines Reichskanzlers fest. Dieser war erst Oberbürgermeister von Leipzig und später Preiskommissar gewesen. Aus seiner Opposition gegen die Nazis hatte er niemals ein Hehl gemacht, sie war im In- und Ausland bekannt. Daß ihn die Nazis nicht längst verhaftet hatten, war im Grunde unerklärlich, vielleicht glaubten sie bei ihm wie bei Hassell, daß Hunde, die bellen, nicht beißen. Das war eine Fehlrechnung. Dieser große breitschultrige Mann mit Schlapphut, wehendem Mantel und Knotenstock – in unserem engeren Kreis, wo wir aus Vorsichtsgründen gern Decknamen benutzten, hieß er der »Wanderprediger« – war gleichzeitig überall und nirgends. Seine zuversichtliche Tatkraft reichte fast an seinen Mut heran, für den es anscheinend keine Grenzen gab. Er hatte einen raschen Verstand, war schlagfertig und hatte sich als Verwaltungsbeamter vorzüglich bewährt. Um seine Person gab es lange Auseinandersetzungen. Die »Theoretiker« unter uns Jüngeren und später die Vertreter der Arbeiterschaft erklärten ihn für schwer tragbar. Er galt ihnen als Repräsentant eines hochkonservativen Systems mit kapitalistischem Einschlag. Dieser Vorwurf war nach meiner Kenntnis der Dinge vielleicht nicht ganz unberechtigt. Aber war er ausschlaggebend? Die »Aktivisten« unter den Jüngeren fanden das nicht und die Arbeiterführer ließen mit sich reden. Die Übernahme des Reichskanzlerpostens nach dem Sturz der Tyrannei erforderte weniger ein geschlossenes System politischer Überzeugungen als ein ungewöhnliches Maß an Tatkraft, Optimismus und Loyalität, und diese Eigenschaften waren Goerdeler zu eigen. Gewiß wäre es auch nach meiner Auffassung besser gewesen, wenn er seine konservative Haltung mit sozialistischen Methoden gepaart hätte, statt mit kapitalistischen Reminiszenzen. Aber konnten wir auf eine solche Idealgestalt warten? Ich war dafür, die Diskussionen zu unterlassen und dafür zu sorgen, daß Goerdeler die geeigneten Kollegen und Mitarbeiter erhielt, die nötigenfalls ein Gegengewicht gegen ihn bilden könnten.

Zum Außenminister war Herr von Hassell ausersehen. Schlank und hochgewachsen, blauäugig und ungemein jugendlich wirkend, trug er als Gipfel der Romantik eine Kugel aus dem vorigen Weltkrieg im Herzen. Auch gegen ihn setzte zeitweise ein gewisses Sperrfeuer der »Theoretiker« ein: er sei derselbe Typus wie Goerdeler, nur sei seine ultrakonservative Haltung nicht kapitalistisch, sondern schwarz-weiß-rot gefärbt, außerdem sei seine Konzeption von der Zukunft nicht präzise genug, schließlich sei er im gegenwärtigen Augenblick zu unvorsichtig. Diese Kritik bog Hassell mit der ihm eigenen humorvollen Überlegenheit ab und zeigte sich sachlichen Einwänden, von welcher Seite sie auch kommen mochten, zugänglich, so daß der Gegensatz gegen ihn bald nachließ. Bei der Aufgabe, die er übernehmen sollte, war es fast wichtiger, wie er *war,* als was er sagte und tat. Wir konnten seiner Wirkung auf das Ausland sicher sein. Denn in Gesellschaft übte sein Charme einen unwiderstehlichen Zauber aus, im Gespräch mit Männern schuf seine Aufrichtigkeit und Vornehmheit eine Atmosphäre des Vertrauens. Obendrein vermochte er die Sprache der Soldaten zu sprechen; es war kein Zweifel, daß sie ihn verstanden, wenn er ihnen etwas erklärte oder sie, wenn nötig, in ihre Schranken wies. Und das war von größter Wichtigkeit, denn wir konnten aus außenpolitischen wie aus innerpolitischen Gründen kein Generalsregiment brauchen.

In dieser wie in jeder anderen Beziehung war es erfreulich, daß Generalfeldmarschall von Witzleben zum Kriegsminister ausersehen war, der die Ansprüche, aber auch die Grenzen seines Amtes kannte. Sollte einer der anderen Marschälle, etwa Manstein oder Kluge, den entscheidenden Schlag führen, so war für ihn der Posten eines Oberbefehlshabers der Wehrmacht vorgesehen.

Über die Vervollständigung dieses Direktoriums zu einer wirklichen Regierung auf breiter innerpolitischer Basis wird später zu reden sein. Ich möchte hier erneut betonen, daß meine Namensangaben niemals Anspruch auf Vollständigkeit erheben. Nichts wäre falscher, als auf Grund meiner Darstellung anzunehmen, daß es sich bei unserer Bewegung um 20 bis 30 Männer gehandelt habe, die auf gut Glück einen tollkühnen Handstreich versucht hätten - »eine kleine Clique von verräterischen Offizieren«, wie Hitler später sagte. Neben und hinter jedem einzelnen, dessen Namen ich hier nenne, standen andere; ganze Sektoren kann ich überhaupt nicht beleuchten, weil ich nicht darüber Bescheid wußte und auch nicht wissen wollte. In unserem Fall war ja Wissen nicht Macht, sondern Gefahr, nicht nur für den Betreffenden selber, sondern auch, wenn er etwa unter Foltern zusammenbrach, für seine Kameraden. Mir genügte es deshalb, für den engsten Führungskreis Bescheid zu wissen und in großen Zügen über die wichtigsten Grundlagen und Pläne orientiert zu sein, im übrigen aber die erforderlichen außenpolitischen Gesichtspunkte berücksichtigt zu sehen.

Was den Kreis der Jüngeren anbetraf, so wies er, wie ich bereits angedeutet habe, zwei Tendenzen auf, die ich etwas summarisch als die aktivistische und die theoretische bezeichnen möchte. Zu den Aktivisten zählten insbesondere Schwerin, Brücklmeier und Schulenburg. Ihr Bekenntnis läßt sich etwa dahin formulieren, erst einmal müsse, koste es, was es wolle, Hitler beseitigt werden. Was nachher komme, lasse sich schwer voraussehen, man werde dann in vielen Einzelpunkten improvisieren müssen. Die Theoretiker, zu denen insbesondere Yorck, Pastor Gerstenmeier vom Außenamt der Evangelischen Kirche und H[elmuth James Graf von]. M[oltke]., der Großneffe des F[eld].M[arschalls]., gehörten, legten in ihren Plänen das Hauptgewicht auf die Zeit *nach* dem Umsturz, auf Schaffung einer tragfähigen Regierung und vorherige Festlegung ihres Programms. Beide Gruppen ergänzten sich also, und ihre Auseinandersetzungen waren im Grunde höchst fruchtbar. Es mußte nur verhindert werden, daß man sich auseinander lebte. Zwei Tendenzen wurden von den Theoretikern mit Leidenschaft in den Vordergrund geschoben: Sozialismus und Christentum. Wir Jüngeren waren samt und sonders auf diese beiden Prinzipien festgelegt, ihre radikale Auslegung aber erweckte den Widerspruch der Aktivisten. Das sozialistische Programm, das in erster Linie von Yorck vertreten wurde, war nicht nur sehr weitgehend, sondern auch in seinen Einzelheiten so fest umrissen, daß es manchen Konflikt mit den Älteren hervorrief. Zeitweise drohten diese innerpolitischen Fragen die Atmosphäre zwischen den beiden Generationen zu gefährden. Später erwiesen sich die eigentlichen Arbeitervertreter als gar nicht so intransigent. Die Aktivisten, welche die Einzelheiten grundsätzlich nicht so wichtig nahmen, vermittelten laufend, um die Gegensätze zu überbrücken. Ein ernsthafter Bruch hat niemals gedroht, und wenn ich auch die endlosen Diskussionen zeitweise gefährlich fand, so kamen doch dabei so viel Wissen und Ernst zum Vorschein, daß ihr Ergebnis Früchte trug. Vor allem aber wurde, und das war wohl das entscheidende, vermieden, daß nur über ein negatives Programm, nämlich »kein Nationalsozialismus«, Einigkeit bestand, während alles weitere im Unklaren blieb. - So entstand auf Grund von Kompromissen ein positives Fundament.

Der zweite Programmpunkt »Christentum« übte auch seinerseits eine gewisse Sprengwirkung aus, diesmal zwischen den beiden Gruppen der Jüngeren. Wiederum war es so, daß über das Bekenntnis zum Christentum Einigkeit bestand, es aber bei den Theoretikern eine besondere Ausprägung erfuhr. Yorck, einer tief religiösen Familie entstammend, neigte zu schwermütigen Betrachtungen. Der Verlust zweier Brüder in Polen bezw. Rußland hatte diese Neigung noch verstärkt und sein großes humanistisches Bildungsgut in den Hintergrund gedrängt. Er gelangte dadurch zu einer apokalyptischen Auffassung des Christentums wie sie etwa in den Schriften von Berdjajeff niedergelegt ist. Bei M[oltke]. lagen die Voraussetzungen anders. Ein starker Einschlag angelsächsischen Blutes machte ihn zum puritanischen Fanatiker; sein logischer Verstand und seine Tätigkeit als Rechtsanwalt gaben ihm etwas richterliches. Wenn Yorck dazu neigte, seinem Volk und sich selber wegen begangener Sünden den Untergang zu prophezeien, so brach M. aus den gleichen Gründen über uns alle den Stab. Beide neigten periodenweise dazu, die Niederlage Deutschlands als ein gottgesandtes Schicksal hinzunehmen, beide wollten zu anderen Zeiten durch Erweiterung der Machtsphäre der Kirchen und Übernahme christlicher Institutionen und Prinzipien in das politische Leben eine Art Gottesstaat schaffen. Gerstenmeier lieferte ihnen das theologische Rüstzeug, doch bewahrte ihn sein urwüchsiges Schwabentum und sein tief verankerter Humanismus leichter vor Extremen; vor allem aber lehnte er aus der Erfahrung heraus die Verquickung von Politik und Christentum bezw. Staat und Kirche als gefährlich ab.

Die Haltung der Aktivisten zu diesen Tendenzen war negativ. Auch sie betrachteten sich in allem Ernst als Christen, von einer Apokalypse, einem göttlichen Gerichtstag und einer theoretischen Vorwegnahme der Niederlage als einer gerechten Strafe des Himmels wollten sie jedoch nichts wissen. Ein zu weitgehender Einbau christlicher Elemente und Prinzipien in das Staatsleben führte nach ihrer Ansicht die Gefahr herauf, die religiöse Substanz weiter zu säkularisieren. Theologie war für sie eine Angelegenheit von Fachleuten. Schulenburg stürzte sich mit einem Stoßgebet in die Schlacht, Schwerin verkörperte die preußische Verbindung von Stoizismus und schlichter Frömmigkeit.

Man mochte im einzelnen zu den religiösen Ideen der Theoretiker stehen wie man wollte, so bedeuteten sie doch eine ungemeine Bereicherung unseres geistigen Lebens. Es hob uns dies alles über die halb dumpfe, halb lächerliche Atmosphäre gewöhnlichen Verschwörertums weit hinaus in eine Region, wo die Häscher der Gestapo nur noch unseren Leib antasten konnten.

Um jene Zeit bildete sich im Auswärtigen Amt die durch unser aller Fortgang verwaiste Gruppe der Illegalen aufs neue. Die Zahl der mit uns Sympathisierenden war gerade in diesem Haus zu allen Zeiten besonders groß gewesen. Das lag an der erleichterten Orientierung über politische Vorgänge und an der mit unserem Beruf zusammenhängenden Schulung, aus Einzelheiten ein Gesamtbild zu formen, ein geistiger Prozeß, der im Hinblick auf das Naziregime nur ein negatives Urteil zeitigen konnte. Die aktive Beteiligung an Umsturzplänen jedoch hatte sich immer auf wenige Mitglieder unseres Dienstes beschränken müssen. Diese Aufgabe übernahmen ab 1941 Trott und Hans von Haeften. Ersterer war kürzlich aus Amerika zurückgekehrt. Er wurde anfangs als Wissenschaftlicher Hilfsarbeiter in unserer Behörde beschäftigt, später als Legationsrat endgültig übernommen. Haeften war bisher Gesandtschaftsrat in Bukarest gewesen; ich lernte ihn erst damals kennen. Schlank, blond und blauäugig, wirkte er ungemein zart an Leib und Seele, doch lebte in ihm ein ebenso disziplinierter wie feuriger Wille. Wenn er von sich selber sagte, er hätte eigentlich Pfarrer werden sollen, wenn man sah, wie seine kindliche Reinheit vor dem bösen Anhauch dieser Zeiten zusammenschrak, so wußte man damit, welche Motive ihn bei seinem unbeirrbaren und meisterhaft durchgeführten Kampf gegen die Nazis bestimmten. Innerhalb unserer Gruppe übernahmen Trott und Haeften gemeinsam mit mir die Rolle von Vermittlern zwischen den verschiedenen divergierenden Tendenzen.

28. Nicht »Neue Ordnung«, sondern Recht und Humanität

Vom Februar 1941 bis zum Juli 1943 habe ich in Genf gelebt. Das Privileg, welches in dieser Tatsache lag, wurde noch dadurch erhöht, daß ich regelmäßig zu Vertretungen oder dienstlichen Besprechungen nach Berlin gerufen wurde, so daß ich in jedem Jahr mehrere Wochen oder gar Monate in der Heimat verbringen konnte und niemals den Kontakt mit ihr verlor.

Das Leben, das immer Überraschungen für uns bereithält, bot mir noch einmal eine gute, ja heitere Zeit, die ich umso mehr genoß, weil sie ebensowenig Dauer versprach wie ein sonniger Oktobertag. In sorglosen Stunden fühlte ich mich wie ein junger Student, der die hochgelegene Genfer Altstadt mit der strengen Kälte ihrer Patrizierhäuser und dem schon südlich-bunten Treiben der Althändler, Obstläden und Antiquariate ebensogern durchstrich wie das großstädtische Leben in den modernen Vierteln um den See. Wehte dort oben noch etwas von der eisigen Luft des Calvinistischen Gottesstaates, so herrschte unten am See die sorglos breite Atmosphäre des bürgerlichen Jahrhunderts. Und rasch war diese kleinste aller Großstädte durchschritten bis dahin, wo in einer englischen Parklandschaft, die allmählich in Weinberge übergeht, französische Landhäuser aus dem 18. Jahrhundert stehen, während auf dem dazugehörigen Wirtschaftshof ein Pächter aus dem Berner Oberland seine Kühe mit liebevoller Gründlichkeit pflegt. Wurde mir aber die Stadt und Republik Genf ein zu umzäuntes, gescheuertes und asphaltiertes Idyll, so fanden sich immer Freunde oder Kameraden, die mich auf zwei bis drei Tage ins Wallis begleiteten. Im Rhônetal, wo bei südlicher Dürre und Herbheit nur künstliche Bewässerung den Weinbergen und Obstgärten ihre Früchte entlockt, zogen wir im Frühjahr und Herbst entlang, von einem der Felsblöcke, die dort unvermittelt aus dem Schwemmland des Stromes aufsteigen, zum anderen, von der Burgruine der Bischöfe von Sitten bis zur hoch über der Talmitte schwebenden gotischen Kirche in Raron, an deren Außenmauer Rilke begraben liegt. Und wenn im Hochsommer der Reisende nur die dramatischen Höhepunkte von Zermatt und Saas Fee besucht, so stießen wir in die einsamen Hochtäler vor, wo die Bauern noch ihr geheimnisvoll gebundenes Leben führen und ihren an das Provençalische anklingenden Dialekt sprechen wie vor Jahrhunderten.

Der Zusammenbruch Frankreichs hatte auch in Genf tiefen Eindruck hinterlassen. Die Patrizier verbargen ihre verächtliche Mißbilligung des geschlagenen Nachbarvolkes nur schlecht, andererseits fühlten sie sich als die letzten Bannerträger des in ihren Augen wahren, d.h. engen und chauvinistischen Franzosentums und schworen auf de Gaulle. Die zahlreichen Franzosen jedoch, die seit jeher in Genf lebten oder auf der Flucht vor den Kriegswirren dort gestrandet waren, gingen den Problemen meist ernsthafter auf den Grund und unterzogen sowohl de Gaulle wie Laval ihrer Kritik. Für mich, der ich mit dem französischen Kulturkreis bisher fast ausschließlich in abstrakter Form in Berührung gekommen war, war die persönliche und in mehreren Fällen freundschaftliche Begegnung mit Franzosen eine große Bereicherung. Dagegen setzte mich eine Fülle von Besuchern verschiedenster Nationalität, die auf unserem Büro erschienen, weil sie ein plötzliches Interesse für den Nationalsozialismus empfanden, in Verlegenheit und zwar desto mehr, je gutgläubiger und ernsthafter sie waren. Um meinen Freund und mich bildete sich eine kleine Gruppe von Deutschen, welche die Anschauungen unseres Kreises vertraten. Wir hielten Kontakt nach allen Seiten, und wenn wir auch keine großen politischen Aktionen unternehmen konnten, so schien unser Wirken gemeinsam mit demjenigen unserer Freunde in Bern doch Ausstrahlungen über den Rahmen der Schweiz hinaus zu haben. Die Entscheidung mußte innerhalb Deutschlands fallen, wir aber wollten im Auftrag des Berliner Kreises schon jetzt der Welt klar machen, worum es uns ging: Beschränkten sich die Kriegsgegner Deutschlands darauf, die Zauberformel »Demokratie«, ohne andere Umschreibung als die einer technisch-mechanischen Regierungsmethode, in die Debatte zu werfen, so war unser Streben darauf gerichtet, diesem Wort eine konkrete Bedeutung zu geben. Für uns sollten der Sturz Hitler's und eine vernünftige Liquidierung des Krieges nicht ein Endziel sein, sondern Stationen auf dem Weg in die Zukunft. Diese sollte im politischen Bereich eine Epoche europäischer Zusammenarbeit heraufführen, im gesellschaftlichen eine neue soziale Gerechtigkeit, zu der Deutschland auf Grund der durchlebten Erschütterungen und der dabei gesammelten Erfahrungen einen entscheidenden Beitrag liefern konnte. Vor allem aber sollte diese Zukunft die von der Barbarei und Willkür eingerissenen Festen der Gesittung wieder aufbauen und die höchsten ethischen Werte des Abendlandes zu neuer Geltung bringen, als da sind: Recht und Humanität!

Für dieses Programm wollten wir um Verständnis und Anhängerschaft werben. Zwei Genfer Institutionen waren ihrer Natur nach für seine ethisch-sozialen Seiten besonders empfänglich: das Internationale Komitee vom Roten Kreuz und der Ökumenische Rat der Christlichen Kirchen. Es gibt in der Gegenwart keine Einrichtung, deren ich mit solch dankbarer Bewunderung gegenüberstehe wie dem Rotkreuzkomitee. Von Privatleuten geleitet, die den Schwung des Amateurs mit schweizerischer Tüchtigkeit und europäischem Einfühlungsvermögen verbinden, hat diese Institution eine weltumspannende Organisation aus dem Boden gestampft mit dem einzigen Ziel, ein in seiner Unbedingtheit und Schlichtheit ergreifendes Programm zu verwirklichen, nämlich Gutes zu tun. Und wenn heutzutage ein Programm verwirklicht wird, so ist es dieses. Ich habe aus der mir gebotenen Gelegenheit, mit diesen Menschen zusammen zu arbeiten und auch meinerseits zur Verwirklichung ihrer Ziele beitragen zu können, eine tiefe Genugtuung geschöpft.

Der Ökumenische Rat der Christlichen Kirchen, unter seinem englischen Titel »Life and Work« vielleicht besser bekannt, geht auf den schwedischen Bischof Söderblom zurück und stellt eine Art Vermittlungszentrale der Protestantischen Kirche in aller Welt dar. In Kriegszeiten war seine humanitäre Zusammenarbeit mit dem Internationalen Komitee vom Roten Kreuz und dem Christlichen Verein Junger Männer, einer gleichfalls vorzüglichen Organisation, eine sehr enge. Darüber hinaus war und blieb er ein Zentrum geistiger Strömungen, nicht nur religiöser, sondern auch allgemein-menschlicher Natur. Mit seinen Exponenten verschiedenster Nationalität konnten wir, ohne auf rein politische Fragen eingehen zu wollen, die fruchtbarsten Gespräche führen und ihr Ergebnis mit dem Programm der Berliner Theoretiker abstimmen. Mit dem deutschen Vertreter in diesem Gremium verbindet uns eine enge Freundschaft. Die Rolle, die er in jenen Jahren gespielt hat, wird einstmals, wenn die Wellen des unterschiedslosen Hasses verebbt sind, noch ihre Früchte tragen. Unter dem Schutz von Oster und Trott hat er in den besetzten Westgebieten vielfältige Beziehungen mit christlich bestimmten Holländern, Belgiern, Franzosen aufgenommen, ihnen unsere Bestrebungen zur Kenntnis gebracht, über eine gemeinsame europäische Plattform mit ihnen diskutiert und sie, wo immer möglich, mit beispielhaftem Wagemut vor den Nachstellungen der Gestapo zu schützen gesucht. Für Norwegen hatte H. M. in Verbindung mit einem dort stationierten Offizier die gleiche Rolle übernommen. Leider ist es uns dort, wo es am notwendigsten gewesen wäre, helfend einzugreifen, in Polen, nie gelungen, einen Gesinnungsgenossen in die Verwaltung einzubauen oder Emissäre hinzuschicken. Später trat unser Kreis in den besetzten Balkanstaaten im gleichen Sinne mit Vertretern der orthodoxen Kirche in Fühlung.

Mit dem Frühjahr des Jahres 1941 eröffneten sich neue Kriegsschauplätze, zuerst der Balkan auf Grund der griechischen Erfolge gegenüber den Faschisten, Ende Juni die russische Front.

29. Die Hess-Episode

In die Wochen kurz vor Ausbruch des Rußland-Krieges fiel die Heß-Episode, die verständlicherweise großes Aufsehen erregte, wenn sie auch nichts weiter gewesen ist als ein Dummerjungenstreich. Über ihre Hintergründe glaube ich deswegen unterrichtet zu sein, weil ein Mitglied unseres Kreises, A. H[aushofer]., aus gemeinsamer Jugendzeit mit Heß gut bekannt war und diese Tatsache benützte, um ihn in außenpolitischer Beziehung zu beeinflussen. Im Mai kam A. H. uns in Genf besuchen. Im Verlauf der Gespräche waren wir uns einig, daß es unmöglich sein werde, Hitler von dem Gedanken des Rußlandkrieges abzubringen. Auf meine Frage, ob Heß nicht in der Lage sei, etwas Nützliches zu leisten, erhielt ich die Antwort, dazu sei er erfahrungsgemäß zu willensschwach und nicht klug genug. 14 Tage nach diesem Gespräch war Heß in England gelandet und unser Kamerad verhaftet. Es wurde ihm vorgeworfen, er habe ebenso wie die übrige Umgebung von Heß diesen in defaitistischem Sinn beeinflußt. Erfreulicherweise kam A. H. trotzdem nach einigen Wochen frei.

Auf Grund meiner Kenntnisse zweifle ich nicht daran, daß Heß seine Eskapade ausschließlich auf eigene Initiative unternommen hat. Er war anglophil und ein Gegner des Krieges, dessen Ausgang er pessimistisch gegenüberstand. Auf Grund seiner Erfahrungen mit Hitler, den er wie einen Halbgott verehrte, überzeugt, daß es ihm nicht gelingen werde, sich Gehör zu verschaffen, beschloß er auf eigenes Risiko zu handeln. Töricht und naiv, wie er war, glaubte er, seine geliebten Engländer würden ihn mit offenen Armen empfangen, und er werde nach wenigen Gesprächen mit ihnen in der Lage sein, dem vergötterten Hitler den deutsch-englischen Vorfrieden als eine Überraschung auf dem Präsentierteller zu überreichen. Diese Version, so einfach sie ist, setzt gewiß ein ungewöhnliches Maß von Dummheit bei Heß voraus, ist aber die einzige, die durch Tatsachen und Symptome belegt wird.

30. Krieg mit Russland

Der Krieg mit Rußland hatte sich bereits im Winter abgezeichnet und endlose Diskussionen hervorgerufen. Ob dieser Krieg ein präventiver war oder ein reiner Überfall, wird sich wohl nie feststellen lassen. Auch gewissenhafte Beurteiler vertraten die These, Stalin sei zum Krieg mit Europa, d.h. also in erster Linie mit Deutschland, fest entschlossen. Er wolle ihn jedoch erst dann beginnen, wenn Deutschland und England sich müde gekämpft hätten und das Unternehmen für ihn nur noch ein militärischer Spaziergang sei. Deshalb sei es vom deutschen wie vom europäischen Gesichtspunkt aus besser, seinen Plänen zuvorzukommen und sie zu zerschlagen, solange wir noch in voller Kraft dastånden. Obendrein sei es im europäischen Sinn vorzuziehen, die deutsche Kriegsmaschinerie zur Vernichtung des Bolschewismus zu verwenden als zur Zerstörung Englands. Es hat indessen nicht viele Anhänger dieser Präventiv-Krieg-Theorie gegeben; unsere Botschaft in Moskau bekämpfte sie mit allen Mitteln und warnte obendrein vor den unabsehbaren Gefahren des Feldzugs. An die Seite der Botschaft trat wie immer, wenn es um die Erhaltung des Friedens ging, Herr von Weizsäcker. Der Generalstab hielt den Krieg für militärisch durchführbar, verwarf ihn aber aus ethischen Motiven. Ribbentrop war bei dem Plan nicht wohl zumute, vielleicht sah er darin eine Ablenkung von der von ihm ersehnten »Rache« an England. Hitler aber steuerte unbeirrbar auf die militärische Auseinandersetzung mit seinem ideologischen Todfeind los. Aber nicht einmal bei dieser Gelegenheit vermochte er seine Eroberungsgier zu bezähmen. Anstatt ausschließlich dem Bolschewismus den Krieg zu erklären und Rußlands territoriale Integrität zu garantieren, der einzigen Möglichkeit, die Erfolgsaussichten bot, vertrat er unter der Inspiration Rosenberg's die These einer Zerschlagung und Aufteilung Rußlands. Legte er damit den Grundstein zu unserer militärischen Katastrophe, so ergriff er auch sonst alle Maßnahmen, sie unvermeidlich zu machen. Auf Grund seines angeblich im Westfeldzug bewiesenen Feldherrngenies diktierte er dem Generalstab die Rolle eines nur noch beratenden Organs zu und schuf sich für seine eigenen Zwecke im OKW einen »Führungsstab«. Dieser, in dem die berüchtigten Nazi-Militärs Jodl und Warlimont die ausschlaggebende Rolle spielten, sollte ihm bei der persönlichen Durchführung des Rußland-Feldzuges zur Seite stehen. Er entblödete sich also nicht, das berühmteste Gremium von militärischen Sachverständigen, das auf der Welt existiert, praktisch auszuschalten, um diese Unternehmung, an der sogar das Genie Napoleons gescheitert war, auf Grund seiner dilettantischen Eingebungen durchzuführen.

Den Ausbruch des Rußlandkrieges und seine ersten Tage erlebte ich in Berlin mit. Alles schien ausgezeichnet, ja besser als erwartet, zu verlaufen; auch mir kamen in rein militärischer Beziehung keine Bedenken. Wir gingen damit samt und sonders in eine Falle. Immerhin hätte alles noch gut abgehen können, wenn man den Plänen des Generalstabes gefolgt wäre, kraftvolle Stoßteile gebildet und genügend operative Reserven in der Hand behalten hätte. Hitler befahl das Gegenteil: eine kontinuierliche Offensive auf der ganzen, sich immer mehr ausdehnenden Front und ständigen Einsatz sämtlicher verfügbarer Truppen - alles wurde vom russischen Raum verschluckt. Im Dezember bereits trat der Fehlschlag offen zu Tage. Von jenem Zeitpunkt an kam die Auseinandersetzung der Heerführer mit Hitler über eine Verkürzung der Front zwecks Bildung einer operativen Reserve und über die Vermeidung von Offensiven, die jene Reserve wieder aufbrauchen könnte, niemals zur Ruhe. Hitler hat diesen Kampf glänzend gewonnen, die Heerführer einen nach dem anderen abgesetzt, die deutschen Armeen der Vernichtung ausgeliefert und dem Feind die Pforten Deutschlands geöffnet. Er hat dafür im Gegensatz zu Napoleon immerhin 3 ½ Jahre gebraucht - so tapfer war der deutsche Soldat, so widerstandsfähig gegen den moralischen Schock von Niederlagen!

Währenddessen trug sich die Opposition mit neuen Umsturzplänen. Witzleben, der Oberkommandierender im Westen geworden war, Falkenhausen, seit einem Jahr Generalgouverneur in Belgien, und Stülpnagel[79], Militärbefehlshaber in Frankreich, bildeten ein Dreigestirn, mit dem fest gerechnet werden konnte. Dagegen waren im Osten die Verhältnisse noch im Fluß, die dortigen Heerführer ihrer Einstellung nach nicht genau bekannt, außerdem rein örtlich kaum greifbar, da mit ihren Stäben im ständigen Vorrücken. Die Termine, die vor allem von der Abwehr immer auf's neue für eine Aktion gegen Hitler vorgesehen waren, schwebten darum sozusagen in der Luft.

Wichtiger waren auf lange Sicht die Ereignisse auf dem innerpolitischen Sektor unserer Bewegung. Yorck und K. M.[80] gingen daran, für unseren Kreis Stützpunkte in anderen Landesteilen zu schaffen. Es begann damit jener sich über drei Jahre erstreckende Aufbau, an dem bald alle Freunde und Kameraden mitwirken sollten. Mit der örtlichen Beschränkung auf Berlin fiel auch die politische Beschränkung, die, wenigstens herkunftsmäßig (Militärs, Beamte, Landadel), auf unserem Kreis gelastet hatte.

31. Reise nach Paris

Im Herbst 1941 unternahm ich von Genf aus eine Reise nach Paris, und zwar zu einem doppelten Zweck: einerseits wollte ich Schwerin, der seit 1 ½ Jahren im Stab von Witzleben Dienst tat, besuchen, andererseits durch Augenschein ein Urteil über die Zustände in der französischen Hauptstadt gewinnen. Im allgemeinen vermieden wir Genfer es aus Gründen des Takts und der Menschlichkeit, als deutsche Zivilisten aus dem Land der Fülle, der Schweiz, in das von unseren Truppen besetzte, mit Versorgungsschwierigkeiten ringende Frankreich herüberzufahren. Eine dieser Fahrten jedoch, die mein Freund und ich Pfingsten 1941 mit dem Auto in das benachbarte Burgund unternommen hatten und die uns über Bourg en Bresse und Tournon nach Autun und Dijon mit ihren herrlichen Kirchen führte, möchte ich an dieser Stelle kurz erwähnen. Sie bewies uns erneut, wie schwer es vor allem in Kriegszeiten und bei geschlossenen Grenzen ist, sich ein richtiges Urteil über die Zustände im Nachbarland zu machen. Aus der Presse sowie aus den Erzählungen gewisser Genfer Kreise hatten wir den Eindruck einer großen Not und einer einheitlichen Deutschfeindlichkeit gewonnen – beides entsprach in dieser Form nicht der Wahrheit. Gewiß machten die französischen Städte, vor allem, wenn man aus der wohlgeordneten, noch im Überfluß schwelgenden Schweiz kam, einen etwas verwahrlosten und ziemlich ausgekauften Eindruck. Angesichts der Genußfreundlichkeit des Franzosen mochte er daher seine augenblickliche Lage als drückend empfinden. Objektiv und in der Gesamtheit betrachtet war aber damals die Not in Frankreich sicher geringer als in Deutschland. Nur war sie nicht so gleichförmig über das Volksganze verteilt wie bei uns. Mangelndes Organisationstalent, vor allem aber ein völliges Fehlen sozialer Solidarität, bei Völkern lateinischer Rasse anscheinend verbreiteter als sonst, brachten jedes Rationierungssystem zum Scheitern und förderten eine ungeahnte Blüte des Schwarzen Markts. Mit diesen Methoden lebte das im Grunde immer noch wohlhabende und im Improvisieren so begabte französische Volk in seiner Mehrheit besser als das deutsche. Eine Minderheit allerdings litt große Not und wurde obendrein noch mit einem verächtlich-bedauernden Achselzucken bedacht: »ils ne savent pas se débrouiller.«

Was die Deutschfeindlichkeit anbelangt, so erlebten wir eine Überraschung. Wer mit den üblichen deutschen Parteistellen, die leider, vor allem in Paris, wie Pilze aus dem Boden schossen, zu tun gehabt hatte, war natürlich für den Gedanken einer deutsch-französischen Verständigung verloren, es sei denn, daß er selber zu den erstaunlich zahlreichen Renegaten gehörte. Spannungen aber mit dem deutschen Militär gab es nur bei offensichtlichem Versagen des lokalen Befehlshabers. Das Gros der französischen Bevölkerung, das ausschließlich mit dem durchschnittlichen deutschen Soldaten zu tun hatte, zog andere Schlüsse. Für sie waren diese gutmütig-täppischen Jungens, welche die alte Welt aus den Angeln gehoben hatten, eine reizvolle menschliche Kuriosität, mit den Schilderungen der Propaganda nicht im entferntesten zu vergleichen. Warum also nicht mit ihnen zusammengehen? Die Engländer hatte man nicht besser verstanden und noch weniger gemocht. Die Vorkriegsepoche, wo die französischen Politiker nach der Volksmeinung nur Marionetten in der Hand der Londoner Regierung gewesen waren, hatte keine Erfolge gezeitigt und keine wirklich selbständige französische Politik erlaubt.

Mein Eindruck eines großen »Potentials« an Deutschfreundlichkeit in Frankreich wurde durch die Reise nach Paris und den dortigen Aufenthalt noch verstärkt. Es mag dies heute unglaubhaft erscheinen, doch hatten die Gestapo, Laval[81] und die französischen Nazis ihr Zerstörungswerk damals noch nicht begonnen. Als Zivilist stand ich gewissermaßen außerhalb des Treibens und konnte die Gesichter der Franzosen beobachten, ihre Gespräche öfters überhören, im Zug, auf der Untergrundbahn, in Restaurants und auf den Straßen; ich habe, so sehr ich darauf vorbereitet war, kaum ablehnende oder gar feindselige

Blicke auf deutsche Soldaten aufgefangen. In den einfachen Schichten herrschte eine gegenseitige Atmosphäre der Menschlichkeit, bei den gebildeten Franzosen ein blitzhaftes Unterscheidungsvermögen zwischen »Deutschen« und »Nazis« und eine auffällige, aber präzise Differenzierung in ihrer Behandlung. Eines Abends in einem Restaurant wurde mir dies an einem praktischen Beispiel vorgeführt: die Art, wie Schwerin, der in Uniform war, sehr preußisch wirkte und nur mäßig französisch sprach, einem gewandten, sich einschmeichelnden und die Sprache beherrschenden Nazifunktionär in Zivil vorgezogen wurde, wie man ersteren geduldig – hilfreich anhörte, hinter dem Rücken des letzteren Gesichter schnitt, erschien mir wie eine erstklassige Theateraufführung. Paris selbst wirkte ohne die Fremden und ihren auffälligen Luxus ernst, aber würdig und keineswegs von Not zerrüttet. Es machte einen weniger internationalen und darum sehr französischen Eindruck, elegant noch immer trotz aller Einschränkungen, und die Frauen vor dem von Schwierigkeiten und Ungewißheit beschatteten Hintergrund reizvoll-zauberhafter denn je. Wenn man daneben die deutschen Soldaten in dem vergeblichen Versuch, mit ihren schweren Stiefeln leise aufzutreten, wie Kinder in Andacht und Staunen versunken durch Notre Dame ziehen sah, so fühlte man diese seltsame Begegnung zweier Welten geschaffen, sich nicht zu finden, aber sich zu ergänzen. Witzleben hatte sein Quartier in St. Germain aufgeschlagen. Aus einem langen Gespräch mit ihm nahm ich wieder das Gefühl von Abgewogenheit und Verantwortungsfreude auf der Basis eines hohen menschlichen Ethos mit. Anschließend ging ich mit Schwerin auf der großen Terrasse von St. Germain in der Herbstsonne auf und ab. Er war im Gegensatz zu seinem sonstigen Realismus recht zuversichtlich und glaubte, Witzleben werde demnächst in Aktion treten. Ich wollte seine Hoffnungen nicht zerstören, konnte mir aber nicht recht vorstellen, wie dieses »in Aktion treten« praktisch vor sich gehen solle. Hitler würde nicht nach Frankreich kommen, das militärisch uninteressant geworden war; Witzleben konnte mit den wenigen Divisionen, die ihm belassen waren, nicht ins Hauptquartier nach Ostpreußen oder in die Ukraine marschieren – wie sollte er also den Teufel fangen? Er hätte mit den Engländern eine Konvention von Tauroggen schließen können – wo aber war die englische Armee, mit der man hätte paktieren können? Zweieinhalb Jahre später, als sie erschien, war Witzleben abgesetzt, vor allem aber hatte sie selber die Formel von der bedingungslosen Kapitulation auf ihre Fahnen geschrieben, um so die bedingungslose Katastrophe des Abendlandes sicherzustellen. Ohne dieses Ausmaß des Unheils vorauszusehen, vermochte ich bei aller Bereitwilligkeit nicht, mich an der Zuversicht Schwerin's zu erwärmen. Umso schöner und beschwingter war das sonstige Zusammensein mit ihm: von leiser Ablehnung in der Kindheit waren wir über gemeinsame Schul- und Studentenjahre als Männer in eine derartige Atmosphäre des Wissens umeinander, der Ergänzung und des heiteren Vertrauens hineingewachsen, daß derartige Tage uns trotz des melancholischen Untergrundes wie eine einzige Feier erschienen.

32. Mit Himmler gegen Hitler?

Um die Jahreswende 1941/42 erlebte ich in Berlin unseren ersten militärischen Rückschlag in diesem Krieg, die gelungene Gegenoffensive der Russen beiderseits von Moskau. Hitler's unentwegtes persönliches Eingreifen verursachte ein unbeschreibliches Durcheinander. Generäle wurden ab- und wieder eingesetzt, Brauchitsch erlebte das verdiente Ende seiner Laufbahn, Guderian, gleichfalls verabschiedet, erklärte in einem Wutanfall vor vielen Zeugen, Hitler müsse nun endlich entfernt werden. Reichenau[82], einer der schärfsten Nazis in der gesamten Wehrmacht, erlebte um diese Zeit sein Damaskus und wurde ein ebenso scharfer Gegner des Regimes, leider ohne die nötige Vorsicht und ohne das bei den anderen Marschällen verscherzte Vertrauen wieder zu gewinnen. Immerhin war er eine Erscheinung, die Interesse verdiente. Er starb sehr überraschend - »an einem Herzschlag«. Unter gewissen Militärs in Berlin brach wegen der Vorgänge an der mittleren Ostfront ein Anfang von Panik aus, einzelne sahen die Russen schon vor den Toren Berlins. Wir hatten verschiedentlich Zusammenstöße mit den Vertretern dieser Auffassung, weil wir von ihnen verlangten, sie sollten, statt Gespenster an die Wand zu malen, nunmehr endlich Hitler's Beseitigung ernsthaft betreiben.

Die Truppe hielt sich, obwohl nicht nur von dem russischen Gegenstoß, sondern auch bei mangelnder Bekleidung und Ausrüstung von den Härten des Winters überrascht, glänzend.[83] Mit der Zeit bildete sich unter den Soldaten der Ostfront eine Welt für sich heraus an Geist, Kampfkraft und Auffassungen, mit viel Abstand zu der Heimat und ihren Problemen, hart und fatalistisch zugleich. Dieser Geist ergriff mit der Zeit auch die an der Front stehenden SS-Kampfverbände, die sich als Teile der Wehrmacht fühlen lernten und nichts mit dem fürchterlichen Treiben der Gestapo hinter der Front zu tun haben wollten. Daraus entwickelte sich im Laufe des Jahres 1942 eine schleichende Krise der Himmler'schen Machtposition. Ob er an Hitler zu zweifeln begann oder ob sich seine Kritik an ihm nur auf Einzelhandlungen erstreckte, war nicht festzustellen. Jedenfalls fühlte er, daß seine Frontverbände ihm entglitten, daß die Gestapo zwar unentwegt zu ihm stand, ihn aber zuviel Prestige kostete und daß die ihm von Hitler gestellte Aufgabe, die besetzten russischen Gebiete durch Terror annexionsreif zu machen, unlösbar war. Er ließ deshalb immer wieder Bemerkungen fallen, er habe die Ausrottung der Juden gar nicht gewünscht, sondern auf Hitler's ausdrückliche Weisung vornehmen müssen, eine Behauptung, die bezüglich Hitler's Befehlen zweifellos zutrifft.[84] Die Schuld an der Entwicklung des Ostfeldzuges aus einem Kampf gegen den Bolschewismus zu einem Eroberungskrieg gegen Rußland schob er mit einiger Berechtigung auf den Einfluß Rosenberg's auf Hitler ab. Vor allem aber spielte er sich als den Patrioten auf, der angesichts der schweren Lage auf Gedeih und Verderb mit dem Heer zusammenarbeiten und die Streitaxt begraben wollte.

Ein Mitglied unseres Kreises, Rechtsanwalt L[angbehn]., war mit Himmler durch die Schulkameradschaft der beiderseitigen Töchter bekannt geworden und hatte diesen Zufall zur Befreiung verschiedener seiner Klienten aus dem Konzentrationslager benutzt. Als er von dem Kokettieren Himmler's mit der Wehrmacht hörte, schaltete er sich ein, um diese Entwicklung zu fördern. Ein auch nur versteckter Bruch zwischen dem ersten und zweiten Mann im Staat hätte unabsehbare Folgen haben und uns auf Umwegen ans Ziel unserer Wünsche bringen können. Denn Hitler konnte sich ohne den Schutz der Gestapo ebenso wenig halten wie Himmler mit seiner Gestapo ohne die Deckung durch Hitler's Prestige. Wie man die Aussichten einer solchen Entwicklungsmöglichkeit einschätzen sollte, war schwer zu sagen, wir mußten eben auch auf die geringsten Chancen achtgeben. Von L. gefördert kam es zu Besprechungen zwischen dem Chef des

Heimatheeres Fromm[85] und dem Beauftragten Himmler's Jüttner.[86] Unter dem Vorwand, Fragen des Mannschaftsersatzes zu besprechen, tastete man sich auf beiden Seiten vorsichtig an das Kernproblem heran. Aber das Mißtrauen überwog, Fromm war von Natur aus immer äußerst vorsichtig, Jüttner besaß wohl gar nicht das volle Vertrauen seines Herrn. Die Gespräche L.'s mit Himmler bezw. seinem nächsten Vertrauten Wolff[87] und Fühlungnahmen zwischen Fromm und Jüttner zogen sich über das ganze Jahr 1942 hinweg und schliefen dann ein. Himmler erklärte eines Tages - wohl an L. - die Generäle seien alles »Krautköpfe«, wenn sich einer gefunden hätte mit dem Mut, die Karten aufzudecken, so hätte er - Himmler - mitgespielt. Ich persönlich halte diese Äußerung für eine Falle, denn ich glaube nicht, daß Himmler über die Entschlußkraft zu einem solchen Spiel verfügt hätte - bei Heydrich wäre das etwas anderes gewesen. Plötzlich im Sommer 1943 wurde L. verhaftet, anscheinend auf Himmler's persönliche Weisung - er war ein zu gefährlicher Mitwisser geworden.

Neben diesem Sonderversuch, die Positionen aufzulockern und dadurch eine Krise des Regimes herbeizuführen, liefen unsere Bemühungen um die Militärs an der Ostfront weiter. Nachträglich gesehen ist nichts niederdrückender als die endlose Reihe der enttäuschten Hoffnungen, der fehlgeschlagenen Versuche, die Marschälle zu einem Entschluß zu bewegen; damals aber hielt uns eine immer neue Zuversicht aufrecht. Denn von einem Monat zum anderen, vom verflossenen Jahr zum kommenden, spann sich ein ununterbrochener Faden: Hier wurde ein Armeeführer nachdenklich, dort bat sich ein anderer Bedenkzeit aus; heute wollte ein Marschall die kommende Jahreszeit abwarten, morgen mit seinem Nachbarn an der Front Fühlung aufnehmen. Aber selbst wenn er schon halbe Zusagen gemacht hatte, kamen ihm wieder Bedenken: Die Lage an der Front sei zu gespannt, die Gefahr für das Vaterland doch zu groß, das Unternehmen aus technischen Gründen nicht durchzuführen - es würden sich mit der Zeit bessere Chancen bieten. Unsere Argumentation, die Operation möge lebensgefährlich sein, werde aber durch Verschieben nur schwieriger, und es sei der Zeitpunkt abzusehen, wo der Kranke - also das deutsche Volk - zu schwach sein werde, sie zu ertragen, sodaß er überhaupt nicht mehr gerettet werden könne, fand theoretisch Gehör, praktisch keine Beachtung. Es wäre in manchen Stunden fast leichter zu ertragen gewesen, auf ein glattes Nein zu stoßen, als auf diese ständigen Vertröstungen. Sogar die Erkenntnis, daß unsere Gesprächspartner unter der Generalität uns mit ihren halben Zusagen nur hatten hinter's Licht führen wollen, wäre in gewisser Beziehung ein heilsamer Schock für uns gewesen. Aber auch das war nicht der Fall; der subjektive gute Wille war bei ihnen vorhanden, was fehlte, war die Einsicht, daß niemand ihnen die Entscheidung abnehmen, niemand als sie selber einen kühnen Entschluß fassen konnte. Im Grunde hatte sich seit den Septembertagen des Jahres 1938, als über der Sudetenfrage der Krieg auszubrechen drohte, nichts geändert, weder die Positionen, die unser Kreis bezog, noch die Defensivstellung, in welche die Generalität auswich - nichts geändert, als daß wir, unser Volk und das Abendland eine gewaltige Wegstrecke in Richtung auf die endgültige Katastrophe zurückgelegt hatten.

Hitler hatte inzwischen, d.h. seit 1940, sein Verhalten gegenüber der Außenwelt grundlegend geändert. Er, der früher überall zu sehen war, zwar immer von SS-Männern und Geheimpolizisten bewacht, sich aber doch verhältnismäßig frei und kühn in der Öffentlichkeit, ja unter der Menge bewegte, begann sich zu verbergen oder sich im eigentlichsten Sinne des Wortes zu verschanzen. Nur in aller Heimlichkeit und nur auf wenige Tage im Laufe eines Jahres kam er nach Berlin. Sogar Berchtesgaden suchte er selten auf, eigentlich nur zu Besprechungen mit ausländischen Staatsmännern. Da er in Berchtesgaden ebenso abgeschirmt war wie im Hauptquartier, so mußten es wohl die Gefahren der Reise sein, die er scheute. Machte er sich einmal auf den Weg, so wurde über seine Pläne und seinen Verbleib der Schleier dichtester Geheimnisse gezogen. Selbst Menschen, die am Vortag einer solchen Reise im Hauptquartier geweilt hatten, vermochten nicht anzugeben, ob die Reise wirklich stattfinden werde und welches ihr genaues Ziel sein solle. Sein Hauptquartier im Sommer 1942[88] in der Westukraine, später ständig in Ostpreußen[89], war zu einer Festung mit phantastischen Absperrungen ausgebaut worden. Drei Kordons, für deren jeden man besonderer Ausweise bedurfte, mußte man passieren, um überhaupt in seine Umgebung zu gelangen. Bevor man ihn selber zu Gesicht bekam, mußte jedermann bis hinauf zum Feldmarschall die Waffen ablegen, so lautete seit 1941 der Befehl, dessen Durchführung auf's schärfste kontrolliert wurde.

Diese technischen Einzelheiten waren für uns naturgemäß von Bedeutung. Die Verheimlichung seiner Reisepläne erschwerte die Vorbereitung von Attentaten außerhalb des Hauptquartiers. Ich meine zu wissen, daß ein oder zwei Attentate, von einer kleinen Gruppe auf eigene Verantwortung veranstaltet, an diesem Umstand gescheitert sind, der Zug war umgeleitet worden, das bereitgestellte Flugzeug wurde nicht benutzt und die darin untergebrachte Bombe mußte im letzten Augenblick entfernt werden. Die Möglichkeit, bei einer Besprechung Hitler einfach mit einem Revolver niederzuschießen, war auch ausgeschaltet, es mußten also neue Möglichkeiten ersonnen werden.

33. Stalingrad und Casablanca

Der Sommer 1942 brachte auf deutscher Seite noch einmal eine ungeheure militärische Machtentfaltung. Gegen den Widerspruch der Militärs wurden alle irgend verfügbaren Reserven in Südrußland zu einer großen Offensive eingesetzt. Diese Operation wies wieder alle Merkmale der Hitler'schen Maßlosigkeit auf. Bei Woronesch gingen unsere Truppen über den Don, um Moskau von Süden zu umfassen, im Zentrum dieses Frontabschnittes wurde ein Stoß auf Stalingrad angesetzt, um den Russen dieses wichtige Industriezentrum zu entreißen und die Wolga als die größte natürliche Verkehrsader Rußlands lahmzulegen. Auf dem rechten Flügel stürmten unsere Truppen gegen den Kaukasus vor, um die Russen von der dortigen Ölbasis abzuschneiden und womöglich sogar über den Kaukasus hinweg an die türkische Grenze vorzustoßen. Dieses Programm erweckte von vorneherein den Widerspruch der Soldaten, der sich binnen weniger Wochen, als sich bei Stalingrad Schwierigkeiten abzeichneten, zum offenen Konflikt steigerte. Die beteiligten Heerführer und der Generalstab verlangten die Zurückstellung der Kaukasus-Pläne bis zur endgültigen Bereinigung der Lage bei Stalingrad. Hitler wollte wie üblich das eine tun und das andere nicht lassen, setzte den Feldmarschall von Bock ab und verabschiedete den Generalstabschef Halder.

Mich selber begann um jene Zeit das militärische Problem mehr als bisher zu beschäftigen, denn es drohte unmittelbare politische Folgen nach sich zu ziehen. Bis zum Sommer 1940 hatte ich eine *militärische* Niederlage Deutschlands als *politisch* tragbar angesehen; sie hätte uns das Naziregime vom Hals geschafft und bei der offensichtlichen Mäßigung der Westmächte den Abschluß eines vernünftigen Friedens ermöglicht. Nach dem Zusammenbruch Frankreichs, Belgiens und Hollands sah ich die Lage mit anderen Augen an. Bei unseren Gegnern machten sich radikale Strömungen bemerkbar; sie würden eine deutsche Niederlage voraussichtlich auch ihrerseits zu chauvinistischen Experimenten ausnützen. Vor allem aber war folgendes zu bedenken: wenn zu dem Zusammenbruch Polens und unserer westlichen Nachbarn auch derjenige Deutschlands hinzukam, so entstand in dem ganzen Gebiet von Brest Litowsk bis an die Pyrenäen, und bei der Schwäche Spaniens wahrscheinlich darüber hinaus, ein machtpolitisches Vakuum. War ich bis 1939/40 der Auffassung gewesen, ein auf Deutschland begrenztes Vakuum könne durch Zusammengehen mit England immunisiert werden, so glaubte ich diese Hoffnung mit Rücksicht auf den Umfang der gefährdeten Gebiete und angesichts der offenbaren Schwäche der Engländer nicht mehr hegen zu dürfen. Es stand daher zu befürchten, ja zu erwarten, daß in dieses Vakuum erst das soziale Chaos und später der Bolschewismus einströmen würde. Eine militärische Niederlage Deutschlands drohte also nicht nur schweres Unglück über Deutschland, sondern auch über den gesamten Kontinent heraufzuführen. Diese Gedankengänge, die bald auch von meinen Freunden geteilt wurden, belasteten uns mit einer schweren Verantwortung vor der europäischen Geschichte, wenn wir, um die Tyrannei Hitler's zu beseitigen, uns darauf beschränkt hätten, die militärische Widerstandskraft Deutschlands zu untergraben. Durch den Kriegseintritt Rußlands trat diese Problematik unserer Lage noch deutlicher hervor.

Unter diesem Gesichtswinkel betrachtete ich die militärische Lage im Jahre 1942 und maß aufgrund meiner Genfer Eindrücke dem afrikanischen Kriegsschauplatz größere Bedeutung zu, als es gemeinhin in Berlin geschah. Die Zweite Front, von der die gegnerische Propaganda bereits damals sprach, würde nach allgemeiner Ansicht vom afrikanischen Kontinent ausgehen; mußten wir uns nicht gegen Überraschungen aus dieser Himmelsrichtung sichern? Rußland konnte man, das stand um jene Zeit bereits fest, niemals völlig besiegen, sondern lediglich seine Armeen immer weiter zurückdrängen. Warum nicht im Osten vorsichtiger operieren und einen Teil der brutalen Energie, die gewiß auch mit den so schwierigen Nachschub-Problemen über das Mittelmeer und der wegen unserer Einmischung verletzten Eitelkeit der Italiener fertig geworden wäre, auf Afrika ablenken? Die Sperrung des Suezkanals und damit die Ausschaltung Englands aus dem Mittelmeer lag im Bereich unserer militärischen Kräfte.

Die Tatsache aber, daß derartige Konzeptionen, die sich jedem Beobachter Englands aufdrängten, in Deutschland zwar diskutiert, jedoch von keiner Seite wirklich ernsthaft erwogen wurden, zeigt, wie sehr wir im Grunde eine Kontinentalmacht geblieben waren, für deren Vorstellungen das Meer trotz der neuzeitlichen Technik eine unüberwindliche Schranke bildete.

Inzwischen vollzog sich bei herannahendem Winter als Ergebnis der »strategischen« Einfälle Hitler's die Katastrophe bei Stalingrad, das Vorspiel der Apokalypse, der wir entgegengingen. Wohl niemals in der Geschichte ist eine Armee von einem Staatsoberhaupt so leichtfertig und nur, um der eigenen Rechthaberei zu frönen, geopfert worden. Die Blüte der deutschen Jugend verschwand im Rachen des Todes oder im undurchdringlichen Dunkel der russischen Gefangenschaft. Kein Familienkreis, kaum ein Haus blieb vom Verderben verschont - es war, als ginge ein tiefes Stöhnen und Zittern durch das ganze Land.

War damit nicht auch die Stunde der großen inneren Wende gekommen? Unzähligen, bisher mit Blindheit Geschlagenen fielen die Schuppen von den Augen, den Gelähmten fuhr ein heilsamer Schrekken durch die Glieder, die Lauen überkam Entschlossenheit, die Lässigen trafen Zurüstungen - der Sturz Hitler's erschien nur noch als eine Frage von Wochen.

Doch wieder griff das Schicksal mit unerbittlicher Härte, ja Grausamkeit in die Entwicklung ein. War in den zwanziger Jahren der Nationalsozialismus als eine Art Abfallprodukt des Versailler Vertrages entstanden, so konnte er in den dreißiger Jahren seine ersten Krisen nach der Machtergreifung durch die außenpolitischen Erfolge überwinden, welche ihm England und Frankreich nur allzu willig auf eigene Kosten gönnten. Jetzt aber, in den ersten Monaten des Jahres 1943, schien Hitler's Untergang unvermeidlich. Da ließen die Staatsmänner

Englands und Amerikas es sich nicht nehmen, ihn noch einmal zu retten, um ihn dem deutschen Volk und der Welt zu erhalten: auf der Konferenz von Casablanca erfanden sie die Formel von der bedingungslosen Kapitulation Deutschlands.

Hätten Churchill und Roosevelt erklärt, sie wollten Gesamt-Deutschland annektieren, so hätte dieses Programm den Vorzug eines materiellen Inhalts gehabt, an den feste Vorstellungen anknüpfen konnten. Was aber hieß bedingungslose Kapitulation? Eine Festung kann bedingungslos kapitulieren, ihre Besatzung geht dann in Gefangenschaft, bis der Krieg zu Ende ist. Sollte in Analogie hierzu das gesamte deutsche Volk sich auf begrenzte Zeit als Gefangener betrachten oder gar für immer als Sklave? Und als wessen Sklave, denn auch dieser kann nur einem Herrn dienen? Als Sklave des Engländers, des Amerikaners oder des Russen? Wenn aber Sklaverei nicht gemeint war, warum teilte man das dem deutschen Volk nicht mit? Wenn man dem deutschen Volk aber etwas mitteilte, dann war es ja keine bedingungslose Kapitulation mehr! Somit wurden Churchill und Roosevelt Gefangene ihrer eigenen Formel, und bis heute, zwei Jahre nach ihrer Aufstellung, ist keine einzige der oben gestellten Fragen beantwortet.

Der Versailler Vertrag ist letztlich an zwei Bestimmungen zerbrochen: an der ehrenrührigen Klausel über die alleinige Kriegsschuld Deutschlands und an der Nichtfestsetzung einer Gesamtsumme für die Reparationen, welche die Inflation, die Wirtschaftskrise, die Arbeitslosigkeit und schließlich den Nationalsozialismus zur Folge hatte. Welches werden die Auswirkungen der Nichtbekanntgabe der Waffenstillstands- oder Vorfriedensbedingungen sein? Eine von ihnen ist heute bereits eingetreten – die Verlängerung des Krieges um mehrere Jahre; den weiteren sehen wir mit entsprechenden Gefühlen entgegen.

Die Wirkung der Formel von Casablanca auf Deutschland brauche ich nicht mehr zu schildern. Drei Tage nach ihrer Bekanntgabe war unser kleiner Kreis alles, was von der aktiven Opposition gegen Hitler übrig blieb. Die Aufbauarbeit von sechs Jahren schien in Frage gestellt, wenn nicht vernichtet.

Etwa um die gleiche Zeit fanden die ersten schweren Angriffe der englischen und amerikanischen Luftflotte gegen deutsche Städte statt. Ich hatte unseren Luftkrieg gegen England aus grundsätzlichen Motiven schärfstens verurteilt und mit einer Vergeltung gerechnet. Was jetzt eintrat, war weniger durch das Ausmaß als durch die Methode überraschend. Ich hatte nicht erwartet, daß die Angelsachsen sich bereit finden würden, das barbarische Vorgehen der Nazis bis zu einer solchen Stufe der Vollendung zu steigern. Sie überflogen nachts die Wohnquartiere der deutschen Städte und gossen brennenden Phosphor herab, der in die Häuser und Luftschutzkeller floß, den Asphalt der Straße zum Glühen brachte, die Flüsse mit einer feurigen Schicht bedeckte und die flüchtende Bevölkerung in lebendige Fakkeln verwandelte. Das Ergebnis kann man, da die Aktion offensichtlich auf das Umbringen von möglichst zahlreichen Menschen abgestellt war, nur als höchst erfolgreich bezeichnen: in Hamburg kamen, wie es scheint, im Laufe von drei oder vier Nächten rund 100 000 Menschen um[90], in Wuppertal binnen zwei Stunden etwa 40 000, natürlich meist Greise, Frauen und Kinder. Ich muß meiner Verwunderung Ausdruck geben, daß eine konservative Regierung wie die englische, die an der Spitze eines in geordneten Verhältnissen lebenden, gesitteten Volkes steht, keine Bedenken trug, ein derartiges Vorgehen einzuschlagen. Von unseren Verbrechern und Desperados, die ein aus dem Gleichgewicht gebrachtes, seelisch und materiell zerrüttetes Volk beherrschten, war weder Anstand noch das Gefühl einer Verantwortung gegenüber der Zukunft zu erwarten - ich begann mich als Europäer für die Engländer zu schämen.

Die deutsche Bevölkerung ertrug die Luftangriffe mit einem Heldenmut und einer gegenseitigen Hilfsbereitschaft, die viele ihrer Schwächen wieder gut machten. Das politische Ergebnis der Bombardements war negativ. Niemand fand mehr die Zeit, sich Gedanken über die Lage zu machen; das Dach über dem Kopf, die Rettung der verbliebenen Habe, die Sicherstellung der notdürftigen Ernährung waren Probleme geworden, die alle anderen Erwägungen verdrängten. Und wenn auch das deutsche Volk auf Grund einer verbreiteten Kenntnis der in Rußland herrschenden Zustände sich, jedenfalls bis ins Jahr 1944 hinein, gegen die bolschewistische Ideologie als immun erwies, so wurden doch durch die Bombardements wirtschaftliche und soziale Zustände geschaffen, die eine weitgehende faktische Annäherung an den Bolschewismus bedeuteten.

34. Umstellung der Opposition: General Olbricht und die Arbeiterführer

Was die Aktivität unseres Kreises anbelangte, so trat sie mit dem Jahre 1943 in eine neue Phase. Wie ich bereits zu Beginn (Seite 25 [jetzt S. 70]) angedeutet und oben wiederholt habe, belastete die von Roosevelt und Churchill ausposaunte Formel von der bedingungslosen Kapitulation jede Umsturzbewegung mit dem Makel des Vaterlandsverrats. Wir mußten uns daher von jetzt ab damit abfinden, daß die Heerführer an der Ostfront sich lediglich zu einer wohlwollenden Duldung unserer Vorbereitungen herbeiließen. Sie machten sich stark, die Front auch im Falle eines Umsturzes und bei vorübergehenden Wirren im Innern des Reiches zu halten, und gaben zu erkennen, sie würden sich demjenigen General, der die Revolution durchgeführt habe, unterordnen. Unter den gegebenen Umständen bedeutete diese wohlwollende Neutralität nicht wenig, aber sie zwang uns zu einer Revision unserer Pläne.

Diese Entwicklung, das muß ich hinzufügen, trat natürlich nicht von einem Tag zum anderen mit voller Deutlichkeit hervor. Mit den Marschällen Manstein und Kluge – mit letzterem über einen Mittelsmann und verdeckt, mit Manstein dagegen in aller Form – liefen noch bis in den Herbst 1943 hinein Besprechungen im alten Stil weiter. Manstein, der vielfach als der bedeutendste Heerführer gilt, den der Krieg auf deutscher Seite hervorgebracht hat, stand auf dem Boden unserer Bewegung, erklärte sich aber durch die ihm gestellte verzweifelte militärische Aufgabe so absorbiert, daß er nichts unternehmen könne. Während nämlich die Marschälle samt und sonders darauf gedrungen hatten, die Ostfront durch einen Rückzug auf die Linie Odessa–Narwa zu bereinigen und zu verkürzen, befahl Hitler, mit den allerletzten Reserven eine Offensive bei Kursk zu unternehmen, die nach einem Anfangserfolg eine Gegenoffensive der Russen und den Zusammenbruch der gesamten deutschen Front nach sich zog.

Im Grunde stellten die Besprechungen mit Manstein[91] und Kluge[92] nur noch einen Epilog dar: wir mußten uns mit der wohlwollenden Neutralität oder besser gesagt »Kobelligerenz« der Heerführer zufrieden geben und andere Wege suchen. Da trat, wie durch eine Schicksalsfügung gesandt, eine andere Persönlichkeit in unseren Gesichtskreis, welche die Umstellung auf Innerdeutschland nicht nur ermöglichte, sondern als beste Lösung erscheinen ließ: der stellvertretende Chef des Ersatzheeres, General Olbrich[t].

Die Frage, inwieweit der Chef des Ersatzheeres selbst, Generaloberst Fromm, von der Aktivität seines ersten Mitarbeiters Kenntnis hatte, vermag ich nicht zu beantworten. Tatsache ist jedenfalls, daß wir in der Person Olbricht's eine zentrale Verbindung zu den in der Heimat stehenden Truppen und ihren Offizieren gewannen. Er selber zog als Verbindungsmann zu uns Zivilisten und als eine Art von außenpolitischem Berater Brücklmeier heran, für dessen weitere Freistellung vom Wehrdienst er Sorge trug. Als seine militärische rechte Hand wählte er den Oberst Graf Klaus [Claus] von Stauffenberg. Ich selber habe Olbricht nur einmal kurz gesprochen, kann also keine Schilderung von ihm geben, hatte aber einen erfreulichen Eindruck von seiner kühlen Energie. Unser Kontakt zu ihm war ein direkter, die Abwehr trat damit als Aktionszentrum in den Hintergrund.

Wurden die militärischen Pläne unseres Kreises von der Front mehr und mehr auf den inneren Sektor verlegt, so fand auch auf dem politischen Gebiet eine Wendung statt, die man am besten als Ruck nach Links kennzeichnet.

Der seit Jahren vorhandene Wunsch meiner Altersgenossen war endlich in Erfüllung gegangen: Es gelang mit Arbeitervertretern Verbindung aufzunehmen. Yorck und M[oltke]. hatten diese Beziehungen angeknüpft, später schalteten sich auch andere ein, namentlich Brücklmeier. Auf Seiten der Arbeiter handelte es sich in erster Linie um den bekannten Gewerkschaftsführer Wilhelm Leuschner und Mierendorf[f], einen jüngeren Sozialisten, den meine Freunde besonders schätzten, der jedoch bereits im Dezember 1943 einem Luftangriff auf Leipzig zum Opfer fiel. Ich selber habe weder Leuschner noch Mierendorf[f] kennen gelernt, da diese schwer zu bewerkstelligende Begegnung Verdacht auf unseren Kreis hätte lenken können und ich mich während meiner zahlreichen, aber meist nur kurzen Berliner Aufenthalte im gemeinsamen Interesse zurückhalten mußte.

Zwischen den beiden Sozialisten und meinen Freunden wurde der Kontakt nicht nur ein enger, sondern auch vertrauensvoller. Dabei waren die Voraussetzungen für derartige Gespräche keineswegs einfach. Wir mußten einem oberflächlichen Betrachter als aristokratisch, reaktionär und militärisch erscheinen, letzteres vor allem deswegen, weil ja Schwerin, Yorck und Schulenburg im Krieg Uniform trugen. Andererseits hatten Leuschner und Mierendorf[f] für den gleichen Beobachter den Umstand gegen sich, daß sie im Namen einer Schicht sprachen, über deren Gestaltung und politische Auffassungen kein klares Bild zu gewinnen war. Aber anfängliche Vorbehalte in der gekennzeichneten Richtung schwanden auf beiden Seiten rasch dahin. Nichts ist dafür bezeichnender, als daß einer der Sozialisten eines Tages Yorck lachend zur Rede stellte, warum er aus Angst, es könne nicht »Links« genug regiert werden, so gern eigene Wege gehe. Er brauche sich in dieser Beziehung keine Sorgen zu machen, eher sei zu befürchten, daß man zu weit nach links gerate. Und Brücklmeier gegenüber erklärte Leuschner, in Deutschland sei im Gegensatz zu den meisten anderen Ländern die soziale Frage im Grunde gelöst; es komme nur darauf an, wieder Güter und damit Reichtum zu produzieren, über die Verteilung mache er sich angesichts des bei der Mehrheit des deutschen Volkes vorhandenen Sinnes für soziale Gerechtigkeit geringe Sorge.

Die praktischen Auswirkungen dieses Zusammengehens zwischen den Sozialisten und meinen Freunden machten sich bald bemerkbar; denn die Arbeiterführer stellten, wie es ihr gutes Recht war, Forderungen, welche zu erfüllen wir Jüngeren gern bereit waren, während die ältere Generation, was auch verständlich ist, sich zögernd verhielt. Das vierköpfige »Direktorium« Beck - Goerdeler - Hassell - Witzleben sah sich plötzlich Ansprüchen gegenüber, auf die es nicht gefaßt war, Ansprüchen, die sich zwar in mäßigen Grenzen hielten, dafür aber von einigen meiner Freunde in sehr kategorischer Form vorgebracht wurden. Die Diskussionen nahmen zeitweise einen erregten Charakter an.

Zur Klärung der einzelnen innerpolitischen Streitpunkte vermochte ich von Genf aus nichts beizusteuern. Ich mußte mich darauf beschränken, zu erklären, eine starke Tendenz nach links schiene mir angesichts der Folgen des Regimes, der Kriegswirtschaft und vor allem der Luftangriffe unbedingt erforderlich; man müsse in manchen Punkten bis hart an die Grenze des Kommunismus gehen. Eine Regierung, die dies verkenne, werde der Probleme nicht Herr werden, bald weggefegt sein und sich in Wahrheit als Vorläuferin des Kommunismus erweisen, den wir gerade vermeiden wollten. Fange man dagegen weit genug links an, so würden die in unserem Volk zweifellos vorhandenen konservativen Strömungen das Regierungsschiff mit der Zeit automatisch wieder nach rechts abdrängen. Gerade diese Tendenz müsse aber vom Volk selber ausgehen und nicht von der regierenden Schicht.

Da ich mit diesen Ansichten Anklang auch bei meinen radikalen Altersgenossen fand, andererseits den Zusammenhalt unserer ganzen Gruppe zwecks Beseitigung Hitler's als das erste und vorläufig einzige Ziel immer wieder in den Vordergrund stellte, so fiel mir, wann immer ich in Berlin war, die Rolle eines Vermittlers und Friedensstifters zu. Ich war glücklich, auf diese Weise doch noch einen Beitrag zu unserer Arbeit leisten zu können. Da Hassell mir sein Vertrauen schenkte, Schwerin in gleichem Sinn auf Beck und Witzleben einwirkte, so konnten wir manche Wogen glätten. Andererseits war ich, was Brücklmeier, Schwerin, Yorck und Trott anbetrifft, mit jedem einzelnen länger und näher befreundet, als die Betreffenden untereinander, war also auch hier der gegebene Vermittler. Es war dies angesichts der Menschen, um die es sich dabei handelte, eine schöne Aufgabe. Es wird selten einen Kreis gegeben haben, in dem höchster Einsatz und leidenschaftlicher Wirkungsdrang mit einem so völligen Verzicht auf Befriedigung des persönlichen Ehrgeizes Hand in Hand gingen. Allerdings waren wir Jüngeren darin durch die Natur der Dinge vor den Vertretern der älteren Generation bevorzugt; wir brauchten uns an dem Versuch einer Regierungsbildung nicht persönlich zu beteiligen. Bei den Älteren dagegen ging es ja nicht darum, Leuschner aus persönlichen Motiven einen Posten streitig zu machen, sondern darum, ob es erforderlich sei, den Sozialisten neben dem Innenministerium und dem Arbeitsministerium auch noch den Posten eines Vizekanzlers zur Verfügung zu stellen. Mit der Zeit ließen sich alle Gegensätze überbrücken, Goerdeler blieb weiterhin Kandidat für den Posten eines Reichskanzlers, die Sozialisten andererseits konnten sich mit der ihnen zugesagten innerpolitischen Schlüsselstellung zufrieden geben. Ohnehin war ja beabsichtigt, die Regierung so bald als möglich nach Vollziehung des Umsturzes vom Volkswillen sanktionieren zu lassen.

Nicht weniger wichtig aber war es, die moralischen, rechtlichen und kulturellen Fundamente unseres Daseins wieder herzustellen bezw. von dem nationalsozialistischen Schutt, unter dem sie teilweise nur verborgen lagen, zu befreien. Im Gegensatz zu Außenstehenden, vor allem Ausländern, hielten wir die Gefahr eines Fortlebens von nationalsozialistischen Ideologien und Theorien für geringer als die Gefahr des Umsichgreifens eines geistigen Nihilismus. Dem mußte so bald als möglich entgegengewirkt werden. Zu diesem Zweck auf die beiden christlichen Kirchen zurückzugreifen, war eine Lösung, die sich aufdrängte. Yorck und M[oltke]. hatten seit längerer Zeit Fühlung mit katholischen Kreisen in Süd- und Westdeutschland und dabei eine völlige Übereinstimmung der beiderseitigen Ideen feststellen können. Auch eine Reise nach Rom hatte stattgefunden, um einen Vertreter des Vatikans von unseren Plänen und Zielen vorsorglich zu unterrichten. Im praktischen Bereich sollten Vertreter der katholisch bestimmten Volkskreise das Justiz- und Erziehungsministerium übernehmen und damit entscheidenden Einfluß auf die Wiederherstellung der religiösen, moralischen und rechtlichen Grundlagen unseres Lebens ausüben. Es war dies ein Programmpunkt, der nirgends auf Widerspruch stieß, am wenigsten bei dem Protestantischen Aktionszentrum. Dieses hatte sich in Stuttgart um die Person des Bischofs Wurm gebildet und von dort aus eine fruchtbare Tätigkeit auf allen Lebensgebieten entfaltet, die sich nicht nur auf das Inland erstreckte, sondern auch über Genf mit den evangelischen Kreisen des feindlichen Auslandes in Fühlung blieb.

Aber auch nach Österreich reichten die Beziehungen unseres Kreises. Der Großdeutsche Gedanke war durch die Art, wie die Nazis den Anschluß vollzogen und nachher in den österreichischen Landen gehaust hatten, gefährdet. Wir durften uns dadurch nicht beirren lassen, trugen doch weder wir noch die Österreicher Schuld an dieser unglücklichen Entwicklung. Es mußte Vorsorge getroffen werden, sofort nach Vollziehung des Umsturzes dem österreichischen Stamm eine weitgehende Autonomie einzuräumen und ihm nach Rückkehr der Soldaten aus dem Krieg die Entscheidung über seine weitere Zukunft anheimzustellen. Die Schaffung eines unabhängigen Österreichs ohne gefühlsmäßige Verankerung in der eigenen Bevölkerung und ohne Sicherstellung seiner wirtschaftlichen Existenz hätte nicht nur eine Versündigung gegen das gemeinsame Erbe von Volkstum und Geschichte bedeutet, sondern auch einem neuen großdeutschen Irredentismus und damit der Gefahr internationaler Konflikte Tor und Tür geöffnet. Diese von uns vertretene Auffassung fand im Süden ein überraschendes Echo. Nicht nur, daß wir über General Streccius, der lange Zeit kommandierender General in Wien war, sehr positive Beziehungen zu entscheidenden österreichischen Kreisen aufnehmen konnten. Im Jahre 1943 erklärten sowohl der ehemalige sozialistische Oberbürgermeister von Wien Seitz wie der ehemalige Bundeskanzler Schuschnigg sich mit uns konform. Schuschnigg war bereit, in der von uns geplanten Regierung den Posten eines Ministers für Österreich zu übernehmen.

So bedrückt, ja verzweifelt wir waren, daß es immer noch nicht zum Vollzug des Umsturzes gekommen war, so konnte die Opposition doch andererseits mit Befriedigung auf die geleistete politische Vorarbeit zurückblicken. Eine nationale Koalition, die alle Richtungen, Stände und Landschaften einschließlich Österreichs umfaßte und von der lediglich die Nazis und die Kommunisten ausgeschlossen blieben; die Einigung über ein Programm, das nicht nur als negativen Punkt die Ablehnung des Nationalsozialismus enthielt, sondern im Positiven die Fundamente des Neuaufbaus fest umriß.

36. Selbstverwaltung und Föderalismus

Was die Regierungsform anbelangte, so bestand hierüber völlige Einigkeit. Die Schreckensherrschaft Hitler's und der totale Staat ließen sich nicht unmittelbar durch eine parlamentarische Demokratie mit ihrem allen Wechselfällen des Tages ausgesetzten Mechanismus ersetzen. Nur eine autoritäre Regierung konnte hoffen, der Anfangsprobleme Herr zu werden. Im fundamentalen Gegensatz zur Tyrannei aber mußte sie sofort den Rechtsstaat wiederherstellen und eine Habeas-Corpus-Akte proklamieren, gleichzeitig jedoch dem Recht mit aller Strenge und ohne Ausnahme Geltung verschaffen. Andererseits mußte sie, auch hier im schärfsten Gegensatz zum Nationalsozialismus, die Grenzen des staatlichen Einmischungsrechtes neu festlegen und wieder »staatsfreie Sphären« zulassen, in denen das Individuum, die Familien und die religiösen Gemeinschaften vor jedem Eingriff gesichert blieben. Die Verwirklichung dieser Grundsätze erschien uns als der erste und wichtigste Schritt zum Wiederaufbau; daneben aber wollten wir keinen Zweifel aufkommen lassen, daß wir demokratisch gesonnen waren, d.h. im Auftrag und mit dem Volk für das Volk regieren wollten. Allerdings war bei der Atomisierung, Nivellierung und Auflösung des staatlichen und sozialen Lebens durch die Nazi[s] nicht etwa daran zu denken, die üblichen demokratischen Institutionen, wie Parteien und Parlamente, einfach wieder aufleben zu lassen. Eine neuerliche Kompromittierung der demokratischen Idee und das politische Chaos wären die Folge eines solchen Versuchs gewesen. Der Aufbau mußte auf der untersten Stufe und anknüpfend an traditionell deutsche Ausdrucksformen des Volkswillens beginnen, bei der Selbstverwaltung der Gemeinden. Die Nazis haben wohl niemals einen erfolgreicheren Schlag gegen das moralische, gesellschaftliche und politische Gefüge unseres Volkes geführt als mit der Auflösung der Selbstverwaltung. Diese hatte vor allem in Preußen eine unbeachtete, aber entscheidende Rolle gespielt und seit 120 Jahren als Ausdruck landschaftsgebundenen Volkswillens das demokratische Element in diesem Staatswesen dargestellt. Gemeindewahlen ließen sich noch vor Rückkehr der Soldaten aus dem Feld, also unverzüglich, veranstalten. Der Aufgabenkreis, der dieser Stufe der Selbstverwaltung zurückzugeben oder neu zuzuweisen war, ließ sich leicht bestimmen. Die Gemeindevertretungen wiederum konnten aus ihrer Mitte Vertreter in die Landesparlamente entsenden, da sich auf dieser Stufe ebenso wie auf der höchsten, dem Reichstag, indirekte Wahlen als Übergangslösung empfahlen.

Brauchte die Selbstverwaltung der Gemeinden im Grunde nur in ihre alten Rechte wieder eingesetzt zu werden, so drängten sich bezüglich der Neuordnung des Reiches wesentliche Reformen auf. Der Bundesstaat Bismarck's hatte auf dynastische Traditionen Rücksicht nehmen, stammesmäßige und wirtschaftliche Gegebenheiten außer Acht lassen müssen. Die Weimarer Republik war zentralistisch eingestellt gewesen, wagte sich aber an eine Neugestaltung der Länder, die sie nur als notwendiges Übel empfand, nicht heran, sondern beschränkte sich darauf, ihre Stellung zugunsten des Reiches zu schwächen. Der Nationalsozialismus verfiel wie jede Tyrannei in ödesten Zentralismus; dieses durch seine Vielgestaltigkeit seelisch noch so junge und reiche Land wurde in eine tote Steppe verwandelt, über der die Nazis wie Geier kreisten.

Demgegenüber lautete die Parole der Opposition: Dezentralisierung und Föderalismus. Die ehemaligen dynastisch bestimmten Landesgrenzen waren sinnlos geworden und wenigstens für die Angehörigen der jüngeren Generation aller gefühlsmäßigen Werte entkleidet. Das ungebrochene Stammesgefühl und die Gegebenheiten der wirtschaftlichen Struktur drängen sich daher als Kriterien einer Neuaufgliederung des Reiches auf. In diesem Sinne gehören z.B. Ost- und Westpreußen zusammen, bilden Brandenburg, Pommern und Mecklenburg eine Einheit, während Schlesien im ostelbischen Raum eine isolierte Stellung einnimmt. Niedersachsen, jetzt in verschiedene Länder und Provinzen aufgeteilt, bildet ein einheitliches Ganzes, während Bayern seine nördlichen Gebiete an Franken, einen Landesteil im Westen an Schwaben abzutreten hat. Ein besonderes Komitee innerhalb unseres Kreises hat sich mit diesen Fragen beschäftigt und nach langen Diskussionen auf einen gemeinsamen Vorschlag geeinigt. Schulenburg, der damals zu einer personellen Reorganisation des Reichsernährungsministeriums nach Berlin berufen worden war, ließ von dieser geplanten Neuaufgliederung des Reiches in Länder eine Karte unter der Überschrift »Vorschlag für eine Neueinteilung der Reichsnährstandsgaue« drucken und veröffentlichen. Leider ist keine derartige Karte mehr in meinem Besitz.

Welches sollten die Kompetenzen dieser Länder sein? Die Antwort lautete: Grundsätzlich so umfassend wie möglich bei selbstverständlicher Wahrung der Reichseinheit nach außen. In dieser Formulierung ist bereits zum Ausdruck gebracht, daß für uns der Föderalismus keine abstrakte Konstruktion war, sondern eine Funktion der äußeren Stellung des Reiches. Je stärker dieses gegenüber den Nachbarvölkern da steht, je weniger deshalb zentrifugale und separatistische Tendenzen zu befürchten sind, desto mehr kann sein föderalistischer Aufbau betont werden. Die Leitung der Außenpolitik und der Wehrmacht gehören zu der unabdingbaren Zuständigkeit des Reiches, ebenso Staatsangehörigkeits- und Währungsfragen. Ferner sind in der

Reichsverfassung gewisse Prinzipien und Grundrechte (der Volkswille als oberste Richtschnur der Regierungsausübung, Habeas Corpus Akte, keine Sondergerichte) festzulegen, die ein Wiederaufleben von totalitären und terroristischen Tendenzen in den einzelnen Ländern unmöglich machen.

Darüber hinaus aber sollten der Zuständigkeit der Länder so wenig Schranken wie möglich gesetzt werden, vor allem auf kulturellem Gebiet. Bei starker Stellung des Reiches nach außen bestehen gegen den Abschluß von Verträgen der einzelnen Länder mit ihren direkten nichtdeutschen Nachbarn über kulturelle und in beschränkterem Umfang auch wirtschaftliche Fragen keine Bedenken, doch ist dem Reich in jedem Einzelfall ein Vetorecht vorzubehalten. Daß sich auf diesem Wege mit der Zeit Möglichkeiten abzeichnen konnten, die auf einen Verzicht auf Ausübung der vollen Souveränität und letztlich auf engeren Zusammenschluß der europäischen Staaten untereinander hinaus liefen, war für uns ein weiterer Ansporn. Ohne Gefährdung der Substanz und Eigenständigkeit unseres Volkes die anderen europäischen Staaten von dem Alpdruck, den diese geschlossene Masse von 70 bis 80 Millionen Menschen für sie darstellt, zu befreien, war ein Ziel, das wir anstrebten.

Bezüglich der militärischen Fragen schwebte unserem Kreis die Ersetzung der allgemeinen Wehrpflicht durch einen ebensolchen Arbeitsdienst unter Aufrechterhaltung eines zahlenmäßig beschränkten Berufsheeres vor.

Wie bereits betont, konnte der Übergang zur Demokratie nur schrittweise vollzogen werden, eine Rückkehr zur reinen Parlamentsherrschaft wie unter der Weimarer Republik oder in Frankreich erschien überhaupt untragbar. Dagegen konnten etwa schweizerische oder nordamerikanische Verfassungsbestimmungen als Vorbild herangezogen werden. Indessen war die Frage, wie eine zukünftige deutsche Verfassung auszusehen habe und wie das Verhältnis zwischen Volksvertretung und Regierung im einzelnen zu regeln sei, erst auf Grund der praktischen Erfahrungen in den ersten Monaten nach dem Umsturz zu beantworten. Sollten die Landtage sowie der Reichstag anfangs auf Grund von indirekten Wahlen aus den Gemeindevertretungen hervorgehen, so würde sich späterhin wohl doch wieder das allgemeine und direkte Wahlrecht durchsetzen, wobei die Frage offen blieb, ob nicht an ein Mehrstimmenwahlrecht zu denken sei. Hatten Ehepaare mit Kindern nicht einen höheren Anspruch auf politisches Mitbestimmungsrecht an der Zukunft als alleinstehende Personen, verdiente nicht der ehemalige Frontkämpfer eine besondere Berücksichtigung? Auch dieses waren Fragen, die man aufwerfen konnte, deren Beantwortung man aber bis zu einem Zeitpunkt verschieben mußte, wo das deutsche Volk, aus dem düsteren Kerker der Naziherrschaft befreit, wieder sein wahres Gesicht zeigen würde.

Der Klärung auf innenpolitischem Gebiet stand leider eine Verschlechterung der Lage der Opposition auf außenpolitischem Gebiet gegenüber. Es war verständlich, daß England, der vergeblichen Hoffnung auf einen deutschen Umsturz müde, sich zurückhielt. Wozu aber die immer neuen Erklärungen, ein Umsturz von Militärs unternommen, interessiere gar nicht, im Grunde sei der deutsche Militarismus fast schlimmer als der Nationalsozialismus, der Gegensatz zwischen den deutschen Konservativen und den Nazis betreffe nur die Taktik, nicht die Grundsätze. War es wirklich nötig, Militärs, Konservative und Nazis ständig in einen Topf zu werfen, war die Niederwerfung Deutschlands so billig, war das deutsche Volk auch nur zahlenmäßig solch eine quantité négligeable, daß es nicht mehr lohnte, sich über die Abkürzung des Krieges mit politischen Mitteln den Kopf zu zerbrechen? Die Geschichte wird darüber Auskunft geben, wir können ihrer Antwort ruhig entgegensehen. Jedenfalls mußten wir alle, die Genfer und Berner Freunde, sowie Trott, der auf zahlreichen Reisen nach Schweden unsere Sache vertrat, das Ausbleiben jeden Echos, ja kalte Ablehnung aus England konstatieren.

In gewisser Beziehung konnte diese Entwicklung auch heilsame Folgen haben. Manche Mitglieder unseres Kreises waren allzu einseitig auf England eingestellt gewesen und vergaßen darüber unsere geographisch bedingte und geschichtlich gegebene Mittellage zwischen Ost und West. Nicht, daß sie den Unsinn gewisser Nazis mitgemacht hätten, die meinten, in einer zweiten Phase des Krieges im Bunde mit England gegen Rußland weiterkämpfen zu können und so aus dem selbst verschuldeten Dilemma herauszukommen. Aber der Blick dieser Oppositionellen war ausschließlich nach Westen gerichtet. Daß wir auch mit Rußland Frieden schließen und Politik treiben mußten, schien ihnen zu entgehen. So vertraten sie z.B. bezüglich Polens harmlos die englische These und bedachten nicht, daß sie unserem Land damit vielleicht die Todfeindschaft Rußlands zuziehen würden. Was die Wiederherstellung Polens anbelangte, konnten wir England und Rußland ruhig den Vortritt lassen, sobald unsere eigenen ethnographischen Grenzen gesichert waren. Das bedeutete nicht, daß wir die Schuld der Nazis, die in gewissem Umfang das ganze deutsche Volk und auch uns selber belastete, ableugnen sollten, aber für die Unabhängigkeit und Stärke Polens zu kämpfen, hatten nicht wir uns verpflichtet, sondern England. Unser oberstes und einziges Ziel mußte bleiben, einen ehrenvollen Frieden mit *allen* unseren Feinden zu schließen, sowohl im Westen wie im Osten. An einem englisch-russischen Krieg konnte uns in Wahrheit nichts liegen, denn wie hätten wir ihm fernbleiben, wie verhindern sollen, daß er mit deutschem Blut, ja vielleicht sogar auf deutschem Boden ausgefochten wurde? Stand England uns kulturell und damit gefühlsmäßig näher, so war Rußland für uns geographisch und wirtschaftlich interessanter. Der einseitige Blick nach Westen mußte also einem nüchternen, neutralen Abwägen zwischen Osten und Westen Platz machen, wenn wir zum Frieden gelangen und ihn erhalten wollten. Diese These, der sich meine nächsten Freunde anschlossen, fiel mit der Zeit überall auf fruchtbaren Boden. Unser letzter Botschafter in Moskau, Graf Schulenburg, ein entfernter Verwandter meines Vetters, trat in nahe Beziehungen zu unserem Kreis und sorgte dafür, daß dem russischen Problem die gebührende Achtung geschenkt wurde.

37. Mit Weizsäcker nach Rom

Im Frühjahr 1943 geriet Ribbentrop bei dem Versuch, das Auswärtige Amt völlig in seinem Sinn umzugestalten, wiederum in Konflikt mit dem Staatssekretär, der auf's neue um seinen Abschied bat. Ribbentrop hüllte sich in Schweigen, um dann plötzlich, einige Wochen später, Herrn von Weizsäcker den Befehl Hitler's zu übermitteln, er möge den Posten eines Botschafters beim Vatikan übernehmen. Da der Kampf um das Auswärtige Amt ohnehin nicht mehr fortzuführen war – Hitler hatte sein Interesse für ein Funktionieren dieser Behörde offensichtlich verloren –, lag die Übersiedelung Herrn von Weizsäckers nach Rom im sachlichen Interesse und bedeutete für ihn eine Befreiung von der schweren Bürde seines bisherigen Amts.

Leider wurde auch Genf in den Strudel der Personalveränderung mit hineingerissen. Generalkonsul Krauel sollte einen Posten in Berlin übernehmen, weigerte sich aber und blieb als Emigrant in der Schweiz. Auch ich mußte meinen Platz räumen, was ich als schweren Schlag empfand. Er wurde durch die persönliche Genugtuung, Herrn von Weizsäcker auf seinen neuen Posten begleiten zu dürfen, gemildert. Meine Freunde, vor allem Trott, erwarteten von meiner Übersiedlung nach Rom eine Erweiterung der Möglichkeiten unseres Kreises. Ich kannte diesen Posten, an dem ich 1930 bis 1932 gewesen war, zu genau, um ihre Hoffnungen zu teilen, und behielt mit dieser Prognose leider recht.

Am 20. Juli 1943 traf ich in Rom ein, 24 Stunden nach dem ersten schwereren Luftangriff auf diese Stadt. Alles machte den Eindruck völliger Auflösung. Jedermann rechnete mit dem baldigen Sturz des Faschismus und der Kapitulation Italiens. Der einzige Mensch, der gegenteilige Auffassungen vertrat, war unser Botschafter beim Quirinal, Herr von Mackensen. Sechs Tage später wurde Mussolini von seinen eigenen Anhängern gestürzt. Es war seltsam, wie dieser Mann, der auch seinen Gegnern noch vor wenigen Jahren als geschlossene, kraftvolle Gestalt erschienen war, nun im Schatten der Selbstauflösung versank. Sein Sturz zog nicht die erwarteten Konsequenzen nach sich. Die Formel von der bedingungslosen Kapitulation der Achsenmächte tat auch hier ihre Wirkung im Sinne einer Kriegsverlängerung. Das Haus Savoyen wollte weder das Risiko des Kampfes weitertragen, noch die Folgen der Niederlage auf sich nehmen; es folgten Wochen des Zauderns, dann eine ebenso unschöne wie ungeschickte Intrige, welche die eine Hälfte des Landes den Angloamerikanern auf Gedeih und Verderb auslieferte, die andere Hälfte den bisherigen deutschen Bundesgenossen. Es war leider nur zu natürlich, daß nach diesen Ereignissen auf deutscher Seite das Nazi-Element die Oberhand gewann und sich durch keine Rücksichten mehr gebunden fühlte.

Der Verrat Italiens bedeutete für unsere militärische Führung an der Südfront gegenüber den bisherigen unhaltbar gewordenen Zuständen im Grunde einen Gewinn. Die kampfesmüden italienischen

Truppen, auf die ohnehin kein Verlaß mehr war, schieden aus, dafür wurde ihnen ihr dringend benötigtes Material abgenommen, und mit diesem gelang es den wenigen, aber hervorragenden deutschen Divisionen, eine feste Front aufzurichten. Diese konnte sich erst südlich, später nördlich von Neapel rund ¾ Jahre halten und verteidigt bis heute die Po-Ebene gegen die Alliierten.

Die mit geringfügigen Kämpfen verbundene Besetzung Roms durch deutsche Truppen, die Befreiung Mussolini's und Wiedererrichtung einer faschistischen Schattenregierung, das deutsche Besatzungsregime in Rom mit der Gutwilligkeit der Militärs, der Terror der Gestapo, die Hoffnung der Römer auf »Befreiung« sowie die ersten Nachrichten über das ungeschickte Vorgehen der Alliierten im Süden waren wie ein gespenstischer Film, dessen tiefer Sinnlosigkeit ich, so sehr ich persönlich davon betroffen war, nur halbe Aufmerksamkeit zu widmen vermochte. Das waren keine Ereignisse mehr, die den Lauf der Dinge wirklich bestimmten, nur noch Symptome internationaler Zersetzung. Wenn nicht ein Wunder geschah, *das* bestimmte Wunder, auf dessen Verwirklichung meine Freunde in Deutschland hinarbeiteten, so würde der Krieg auch hier erst seine Form, dann seinen Sinn verlieren und Sieger und Besiegte auf diesem ganzen Kontinent gleichermaßen in einen Strudel der Auflösung hereinreißen. Mein Herz und meine Sinne waren in der Heimat – das angesichts der grausigen Realität oft so falsche und egozentrische Pathos in Rom ließ mich kalt.

Trotzdem gab es natürlich in den kommenden Monaten viel zu tun, und manches Wertvolle und Fruchtbringende ließ sich verwirklichen. Die Gestapo mußte nach Möglichkeit in Schranken gehalten, harmlose Opfer ihr entrissen werden – was wir in dieser Beziehung tun konnten, wirkte wie ein Tropfen auf einen heißen Stein. Dagegen gelang es, zuweilen nicht ohne Mühe, Übergriffe gegen den Vatikan zu verhindern. Und schließlich wurde, als Rom aufgegeben werden mußte, dank dem guten Willen der militärischen Führung erreicht, daß die Stadt kampflos und ohne Schäden in den Besitz der Alliierten überging. Vom rein militärischen Gesichtspunkt aus bedeutete dies für die deutschen Truppen ein Opfer, und es bestände Anlaß, ihrer Haltung auf allen Seiten Anerkennung zu zollen.

Menschlich hat mich in jener Zeit am meisten das Zusammensein mit den Frontsoldaten beschäftigt. Als die Front von Cassino nach Anzio verlief, kamen viele von ihnen auf einen Tag oder auch nur für den Abend in die »Offene Stadt« Rom, wo das Leben ungestört und höchst friedlich weiterging, ein in der bisherigen Kriegsgeschichte unerhörter Vorgang. Nach den schweren Kämpfen des Tages entspannten sich die Gesichter der Soldaten - Offiziere und Mannschaften, Altersgenossen und jüngere Leute - bei einem guten Essen und einer Flasche Rotwein. Niemals habe ich unter denjenigen, die wirklich von der Front kamen, überhebliche und laute Menschen getroffen; barsch oder beschränkt war der eine oder andere, die meisten aber von einer stillen, etwas melancholischen Heiterkeit. Und gelockert waren auch die Gespräche: Vom Krieg war fast niemals die Rede, oft dagegen mit einem ernsten Lächeln von letzten menschlichen Fragen, mit derselben Selbstverständlichkeit, mit der diese jungen Menschen eine Bibel aus Tornister oder Tasche holten. Für den Beobachter erschütternd, lastete auf den besten unter ihnen, oft mehr gefühlt als durchdacht, die innere Auswegslosigkeit ihrer Lage: ohne Nationalsozialisten zu sein, ja dies Regime hassend und vor allem verachtend, aus Vaterlandsliebe weiterkämpfen zu müssen, weil keine andere Lösung sichtbar war. Sehr bezeichnend waren die Fragen, die mir ein 26-jähriger Major, der drei Stunden früher noch im Artilleriefeuer gelegen hatte, eines Abends vorlegte. Im Kreise seiner Kameraden und Untergebenen, die oft älter seien als er, komme das Gespräch zuweilen auf das Verhältnis der Macht zum Recht; ob man, um dem Gewissen und dem Anstand zu gehorchen, die Machtlosigkeit des eigenen Landes in Kauf nehmen solle oder der Macht einen Vorrang einräumen müsse. Der junge Offizier wollte meine Antwort hierauf wissen und strahlte dabei solch ein Maß von Reinheit und Ernst aus, daß ich mir bei meiner Entgegnung recht armselig vorkam.

38. Wiedersehen im zerstörten Berlin*

Zweimal gelang es mir noch, von Rom nach Berlin zu fahren, im September und Dezember 1943. Jedesmal erschien die Reise als ein Wagnis; denn die militärische Lage blieb angesichts der zahlenmäßigen Unterlegenheit unserer Truppen dauernd auf's höchste gespannt. Mit etwas Wagemut wäre es den Alliierten ein Leichtes gewesen, unsere Front aus den Angeln zu heben: eine Landung etwas weiter im Norden, der Einsatz von Fallschirmtruppen hinter unserer Front hätten, wenn die Aktion rasch und energisch durchgeführt wurde, die deutsche Führung vor eine unlösbare Aufgabe gestellt. Als die Alliierten sich endlich im Januar 1944 zu einem solchen Versuch aufrafften und bei Anzio landeten, taten sie es in so zögernder, vorsichtiger Form, daß die entscheidende Wirkung ausblieb. Meine Reisen also, nicht ohne ein gewisses Maß von Unruhe angetreten und nicht ohne technische Schwierigkeiten durchgeführt, ließen sich wider Erwarten noch bewerkstelligen. Da ich nun einmal den Posten in Rom angetreten hatte, hielt ich es für meine Pflicht, dort bis auf weiteres auszuharren. Hätte mich aber eine militärische Wendung während meiner Reisen trotz besten Willens in die faktische Unmöglichkeit versetzt, zurückzukehren, so wäre ich darüber nicht unglücklich gewesen. Der Gedanke, bei einer Besetzung Roms durch die Alliierten der weiteren Entwicklung von der Vatikanstadt aus tatenlos zusehen zu müssen, belastete mich sehr.

Im Dezember 1943 fuhr ich also nach Deutschland. Nachträglich gesehen ist diese Reise ein Markstein in meinem Leben gewesen, da es das letzte Mal war, daß ich meine Mutter, die zehn Monate später starb, wiedersah, das letzte Mal, daß ich mein heimatliches Gut, das inzwischen den Russen in die Hände gefallen und wohl zerstört ist, besuchte, das letzte Mal, daß ich meine Freunde lebend und wirkend antraf. Aber auch damals schon, als ich an diese Schläge, die über mich hereinbrechen sollten, nicht glauben wollte, hat diese Fahrt mich tief bewegt. Für die Heimat konnte ich bei der Fülle an Arbeit, die mich in Berlin erwartete, und der Schwierigkeit der Zugverbindungen nur 12 Stunden erübrigen. Als ich mitten in der Nacht eintraf, lag leichter

* Siehe hierzu auch Anhang, S. 272 f.

weihnachtlicher Schnee auf weitem Feld, die Mähnen der Pferde waren bereift und ihre Nüstern dampften in der kalten Luft. Die alten Bäume, die unser Haus umstanden, waren stolz und geheimnisvoll lebendig wie einst, als mein kindlicher Kummer oder Traum sich bei ihnen geborgen fühlte. Beim Abschied bat mich meine Mutter unter Tränen, ich möge ihr die Gewißheit geben, daß sie Hitler's Untergang und damit den Abschluß des schmachvollsten Kapitels deutscher Geschichte noch erleben werde.

Berlin war nach den ersten schweren Luftangriffen ein Meer von Trümmern. Der alte Westen war besonders betroffen, es schien, als sollte auch die äußere Hülle, in der sich bis 1933 das geistige und gesellschaftliche Leben abgespielt hatte, ausgetilgt werden. Was blieb noch übrig von jener Epoche, von der man mit Talleyrand hätte sagen mögen: »Qui n'a pas vécu avant 1933, n'a pas connu la douceur de vivre?« Manche Straßenzüge erinnerten an Photographien aus dem umkämpften Stalingrad, an anderer Stelle waren die Häuser ausgebrannt und starrten mit leeren Fenstern drohend auf den Vorübergehenden. In Bombentrichtern stand das Wasser, stieg wohl auch noch das Gas einer angeschlagenen Leitung in Blasen empor. In Teilen des Tiergartens ragten die Bäume wie von tagelangem Trommelfeuer zerfetzt in den winterlichen Himmel. Und trotzdem war die Stadt lebendig, ja in ihrem ungebrochenen Mut, in den Millionen ordnender Hände, die sich mitten in der Katastrophe regten, über sich selbst zu einer eigenen Größe und Schönheit herausgewachsen. Der Berliner, sonst oft trokken und kühl über die Rechte der Mitmenschen hinwegsehend, entwickelte rührende Hilfsbereitschaft. Drei Tage nach dem Angriff waren Stadt- und Untergrundbahn, Licht, Wasser, Gas und in den meisten Fällen auch das Telefon wieder in Gang. Nur die Straßenbahn funktionierte noch nicht, was man aber kaum vermißte, da sich die Stadt von Hunderttausenden, ja Millionen von Menschen geleert hatte. Ein erheblicher Teil der noch ausharrenden Bevölkerung fuhr nachmittags zwischen 4 und 6 Uhr zum Übernachten in die Umgebung Berlins hinaus, etwa nach Potsdam, wo sich auch Schwerin und Brücklmeier eine gemeinsame Wohnung verschafft hatten. Meine eigene Wohnung, die ich seit zwei Jahren Brücklmeier zur Verfügung gestellt hatte, war zwar in Unordnung geraten, aber noch bewohnbar, so daß ich es vorzog, gegen Mitternacht, wenn die Hauptgefahr von

Luftangriffen vorüber war, in sie zurückzukehren, weil ich mich in diesen Räumen und inmitten der darin verbliebenen Sachen auch jetzt noch heimatlich fühlte. Wie gern hätte ich alle Paläste Roms, allen Luxus meines dortigen Daseins gegen dieses Trümmerfeld und das Lagerleben in meiner zerzausten Wohnung eingetauscht. Denn hier wurde das Unheil wieder wie einst vor der Nazizeit von einem Lächeln verklärt, stieg wie ein junger Phönix aus den Ruinen der Traum einer Zukunft und der Wille, sie zu gestalten. Im Hause Yorck fehlte die Hausfrau, die ihm edle Wärme verlieh, aber die geistigen Ahnen unseres Landes und Erdteils traten wie immer aus dem Schatten; bei Trott war die junge Mutter mit ihren Kindern auf's Land gezogen, aber ihre Harmonie verklärte auch aus der Ferne den Tatendrang meines Freundes. Und Schwerin, der mir einmal bei einem Abschied im Hinblick auf sein Wirken gesagt hatte »mehr als sterben kann man ja nicht!« wuchs in Gedanken an die Lebensfülle und das große Herz seiner Frau über seine Melancholie und sein stoisches Pflichtbewußtsein weit hinaus in eine mutige Heiterkeit. So fühlten wir uns alle aus der Ferne gestärkt und getragen von der Zuneigung und dem Vertrauen einer Reihe von Frauen, die, ohne im einzelnen unterrichtet zu werden, um unser Vorhaben wußten und bereit waren, auch ihrerseits alle Opfer zu bringen, alle Gefahren mit uns zu teilen.

Ich verbrachte noch einige schöne, ja vergnügte Abende mit meinen Freunden. Inmitten der Katastrophe, die über Berlin hereingebrochen war, verlor so manche Äußerlichkeit die frühere Bedeutung. Das Bewußtsein, in einem wohnlichen Zimmer zu sitzen und ausreichend zu essen zu haben, gab uns das Gefühl, wohlhabend und gesichert zu sein. Und wir feierten unser Zusammensein übermütig, als seien wir junge Studenten. Daneben trafen wir uns täglich zu ernsten Gesprächen, denn die Zeit drängte, nicht nur für mich, der ich binnen weniger Tage die Rückreise nach Rom antreten mußte, sondern auch für unseren Kreis, da die Entscheidung bevorzustehen schien.

39. Der Attentäter Stauffenberg

Der Aufbau des technischen Apparates für das Attentat gegen Hitler war abgeschlossen; es hieß, Hitler werde noch vor Weihnachten zu einer Besichtigung nach Zossen kommen, eine Voraussage, die sich später als irrig erwies. Dort sollte der entscheidende Schlag geführt werden. Also mußten vorher noch einige politische Einzelheiten geregelt werden. Die strittigen Hauptpunkte waren erfreulicherweise geklärt, die Auseinandersetzungen zwischen den Konservativen und Sozialisten, den Älteren und Jüngeren, den Theoretikern und Aktivisten abgeflaut. Bei einer Besprechung im Hause Schwerin-Brücklmeier lernte ich auch Stauffenberg, von dem ich schon viel gehört hatte, kennen. Obwohl er beim Tunisfeldzug ein Auge und eine Hand verloren hatte, wirkte er schön und kraftvoll wie ein junger Kriegsgott. Mit seinem gelockten dunklen Haar, dem kräftig-ebenmäßigen Gesicht, dem hohen Wuchs und der gebändigten Leidenschaft seines Wesens nahm er uns sehr gefangen. Er sekundierte, wie vorgesehen war, meine Freunde und mich außerordentlich geschickt bei einem Gespräch mit Goerdeler über die Behandlung der besetzten Gebiete, wobei sowohl Personalfragen als auch unsere Haltung gegenüber dem belgischen wie dem dänischen König eine Rolle spielte. Goerdeler's hohe und breite Gestalt, die den Lehnstuhl völlig ausfüllte, strahlte Energie und Zuversicht aus; er erwies sich unseren Vorschlägen überraschend zugänglich. Jetzt, wo nach jahrelangen Enttäuschungen die Stunde der Entscheidung zu nahen schien, fiel alle Nervosität und Bedrückung von den Anwesenden ab. Goerdeler, Schwerin, Brücklmeier, Stauffenberg, Schulenburg und ich haben an den Gesprächen jenes Abends teilgenommen - ich bin der einzig Überlebende. Zwei Tage später fuhr ich nach Rom zurück und zitterte täglich um die Entscheidung - sie blieb aus; Hitler hatte wieder einmal, durch Zufälligkeiten oder undefinierbares Mißtrauen bestimmt, sein verschanztes Quartier nicht verlassen.

Im Januar 1944 landeten die Alliierten mit großen Kräften bei Anzio, 40 km südlich von Rom. Wir fühlten uns ihnen ausgeliefert und erwarteten fast stündlich das Eintreffen ihrer Panzer. Denn zwischen der Landungsstelle und der Stadt gab es weder Truppen noch ausgebaute Verteidigungsstellungen. Aber wieder einmal verscherzten sich die Angloamerikaner eine ausgezeichnete Gelegenheit und unternahmen in den ersten drei Tagen gar nichts. Dann waren unsere eilig zusammengerafften Divisionen eingetroffen, leisteten ihnen Widerstand und gingen zeitweise sogar zur Gegenoffensive über. In Rom hörte man ständig Geschützfeuer. Der Krieg reichte buchstäblich bis an die Tore der Stadt, denn feindliche Tiefflieger machten alle Landstraßen unsicher, innerhalb Roms aber spielte sich unser Leben völlig ungestört ab. Im März nutzte ich diese Stabilität der Lage aus und fuhr mit einem Schweizer Bekannten im Auto bis Lugano, von dort zum Besuch meines Freundes nach Genf. Es folgten schöne und reiche Tage, in denen ich mich frei und glücklich fühlte. Die politischen Eindrücke waren weniger befriedigend. Einem zunehmenden europäischen Wirrwarr stand einerseits die phantasielose und nur auf militärische Probleme abgestellte Haltung Englands gegenüber, andererseits die steigende Einmischung Rußlands in alle politischen Fragen. Da ich Trott in Genf um wenige Tage verfehlt hatte, verabredete ich für April oder Mai, falls die militärische Lage es zulasse, ein Zusammentreffen mit ihm in Venedig. Tatsächlich verzögerte sich diese Begegnung bis in die zweite Maihälfte, konnte aber doch noch stattfinden.

Da diese Reise ein gutes Bild von den damaligen Zuständen in Italien und gleichzeitig mein letztes Zusammentreffen mit einem meiner Berliner Freunde darstellte, will ich ausführlicher darauf eingehen.

40. Abschied von Venedig*

Zwischen Rom und Florenz fuhren schon seit Monaten keine Züge mehr, auch von Florenz aus nordwärts war die Bahnstrecke unterbrochen, ich war also auf ein Auto angewiesen. Doch auch diese Fahrten waren Gegenstand ständiger Diskussionen. Tagsüber griffen feindliche Tiefflieger jeden Wagen an, den sie zu Gesicht bekamen, nachts geriet man in deutsche Nachschubkolonnen, die unter dem Schein von Leuchtkugeln, welche die Gegend weithin erhellten, gleichfalls bombardiert wurden. Überall am Rand der großen Überlandstraßen, der Flaminia, der Cassia und der Aurelia, lagen zahlreiche ausgebrann-

* Siehe hierzu auch Anhang, S. 275 f.

te Wagen und bewiesen, daß gewisse Befürchtungen nicht ohne Berechtigung waren. Doch gelang es mir jedenfalls eines Abends, die Umgebung Roms unbehelligt zu durchstoßen, ja, es fiel mir schwer, an Gefahr zu glauben; denn unmittelbar neben der wilden Zerstörung, die sich mit all ihren Schrecken über Dörfer und Städte ergossen hatte, breitete sich das Land in bukolischer Schönheit aus. Viterbo's turmbewehrte Stadtmauern, welche die Kämpfe von Jahrhunderten überdauert hatten, lagen in Trümmern, aber blühende Akazienhaine erfüllten die Gegend mit ihrem Duft, der uns lauwarm und fast körperlich umfloß; aus buschigen Tälern hallte der Schlag der Nachtigall. In Florenz, wo ich in den ersten Morgenstunden eintraf, verbrachte ich am nächsten Tag einige Stunden bei Freunden in einem Garten auf dem Berghang von Fiesole. Die Schrecken, in dieses Land von außen hereingetragen und aus ihm selber als Sumpfblase der Zersetzung aufsteigend, drängten sich in unser Gespräch; doch der Blick schweifte immer wieder zu dem holdseligen Arnotal hinunter, das sein silbernes Licht von den von einem leisen Hauch bewegten Ölbäumen zu empfangen schien. Am frühen Nachmittag setzte ich meine Fahrt fort, stand einige Stunden später in Padua erschüttert vor den Trümmern der Mantegna-Fresken der Eremitani-Kirche und traf gegen 7 Uhr in Venedig ein, wo ich Trott für den nächsten Tag erwartete.

Ich sah seinem Kommen mit Freude und Spannung entgegen. Zu Anfang machte er einen ermüdeten und niedergeschlagenen Eindruck. Zwei für die Aktion gegen Hitler im Dezember und Februar angesetzte Termine waren an seinem Nichterscheinen gescheitert. Daraufhin hatte eine gewisse Lähmung unter den Illegalen Platz gegriffen. Selbst Trott warf einmal die Frage auf, ob es angebracht sei, zu drängen, oder ob man etwa die militärische Entwicklung der nächsten Wochen abwarten solle. Er war obendrein äußerst entmutigt über seine jüngsten Erfahrungen in Schweden. Dort stand er mit entscheidenden Kreisen in Verbindung, hatte durch sie, die unserer Bewegung mit Sympathie begegneten, neuerlichen Kontakt mit England gesucht. Wie verabredet hatte er keinerlei Erklärungen oder Zusagen erbeten bis auf eine einzige, deren Bedeutung nicht über eine einfache Geste hinausging: Die Engländer sollten im Fall eines Sturzes des Naziregimes und seiner Ersetzung durch eine auf breitester Grundlage gebildete zivile Regierung von weiteren Luftangriffen auf Berlin absehen.

Obwohl eine derartige Zusage wegen ihrer örtlichen Beschränkung ohne jede militärische Bedeutung gewesen wäre und obwohl englischerseits bei Indiskretionen notfalls hätte behauptet werden können, es habe sich nicht um eine politische, sondern um eine humanitäre Geste gehandelt, hatte der von Trott unternommene Schritt ein negatives Ergebnis. Aus England kam eine schroff ablehnende Antwort.

Bestärkte ich in Trott den Vorsatz, trotzdem so energisch wie möglich auf Vollziehung des Umsturzes zu drängen, so bestärkte er mich seinerseits in meinem wieder sehr wankend gewordenen Entschluß, auch unter der alliierten Besetzung in Rom bezw. der Vatikanstadt zu bleiben. In Berlin sei unser Kreis groß genug, vielleicht aber ergäbe sich vom Vatikan aus die Möglichkeit, Fäden mit Engländern und Amerikanern anzuspinnen und so auf außenpolitischem Gebiet vorwärts zu kommen. An seinen Ausführungen überzeugte mich lediglich das Argument, wir müßten jede auch noch so geringfügige Möglichkeit ausnützen. In den Zweifeln, von denen ich hin- und hergerissen wurde, fügte ich mich schweren Herzens seinem Zureden. Diesem Entschluß, den ich kaum als meinen eigenen zu bezeichnen vermag, verdanke ich mein Leben.

Es war ein besonderer Glücksfall, daß Trott sich für Venedig 4 Tage Zeit genommen hatte; so konnte ich meinen Plan, ihn nach Möglichkeit zu verwöhnen und ihm als Gegengewicht gegen den Berliner Alltag das Leben von seiner schönsten Seite zu zeigen, verwirklichen. Und welche Stadt wäre wohl geeigneter für ein solches Beginnen gewesen, als Venedig? Um meine eigene Freude an diesem Erlebnis voll zu machen, kannte er, der die Welt umfahren hatte, diese Stadt noch nicht.

Als ich ihm nach unseren ersten gedrängten Unterhaltungen über die Zeitereignisse mein Vorhaben eröffnete, sträubte er sich und meinte, er sei zu nervös und mißgestimmt, um irgendetwas zu genießen. Nach 24 Stunden aber hatte ihn Venedig völlig in seinen Bann geschlagen. Die Museen und Paläste waren zwar geschlossen, aus den Kirchen die Bilder entfernt oder eingemauert – aber was scherte uns das alles? In dieser Umgebung wurde der Krieg unglaubhaft. Wohl flogen eines mittags silberglänzende Bombengeschwader hoch über den Markusplatz hinweg, die Flak schoß von den umliegenden Inseln und bald stand am nördlichen Himmel eine schwarze Rauchwolke von den brennenden Öltanks in Mestre. Aber auch die Tauben stiegen in rauschenden Geschwadern auf, auch der Scirocco türmte zuweilen dunkle Wolken am Horizont. Spitzen und Gläser warteten in ihrer zarten Schönheit wie immer auf die rätselhaft schönen Frauen, die früher am Arm eines nachdenklich klugen Mannes über den Markusplatz geschlendert waren. Ihr Ausbleiben wirkte nur zufällig, sie hatten auf einen Tag dem kleinen Volk Platz gemacht, und ungestört konnten die Buben ihre bunten Papierdrachen auf der Piazzetta hochsteigen lassen. Dahinter schwebte der Dogenpalast geheimnisvoll wie ein arabischer Teppich in der Luft, gestützt nur auf eine Borte venezianischer Spitzen. Sogar die deutschen Matrosen, die sich durch das tänzelnde Volk schoben, als geriete ein Erdwall in Bewegung, schienen kindlichen Gemüts dem gefährlichen Zauber der Stadt zu verfallen. Trott's innerer Widerstand schmolz rasch dahin, noch nie hatte ich ihn so entspannt und froh gesehen, es war etwas Vollendetes an ihm, so daß die Menschen stehen blieben, um ihm nachzuschauen. Zwar beschwerte er sich scherzend, ich sei ein Taugenichts, die Stunden und Tage so zu vertun, zog mich aber gleichzeitig in eine Gondel, auf deren Sitz er sich wohlig dehnte, während sie wie ein schlankes Raubtier durch die Kanäle glitt und unter dem Ruf des Gondolieres um die Ecken schoß. Wir waren uns in den 15 Jahren unserer Freundschaft noch nie so eins gewesen, er genoß an meiner Seite die Schönheit des Lebens, und mir kam es in kindischem Glück vor, als hätte ich selber diese Stadt aufgebaut, als Geschenk für ihn und alle meine Freunde, deren Sendbote er war.

Zwei Tage verbrachten wir noch gemeinsam am Gardasee, der nazihafte Trubel der dort installierten Botschaft vermochte uns nicht zu berühren. Eines Morgens nahm ich auf dem Bahnhof von Verona von ihm Abschied. Die ganze Sinnlosigkeit dieser Trennung von der Heimat, den Freunden und der Aufgabe überfiel mich. Ich glaube, es hätte nur eines Wortes von ihm bedurft, ich hätte meinen Handkoffer aus dem Auto gerissen und wäre zu ihm in den Zug gesprungen. Er aber reichte mir die Hand über die Sperre und sagte mir: »So wissen wir wenigstens, daß einer von uns in Sicherheit ist.«

Die Rückfahrt war von Florenz aus schlimm, ich dachte zeitweise Rom nicht zu erreichen. Kaum 10 Tage später hielten die Alliierten ihren Einzug in die Stadt. Am 12. Juli siedelten wir in die Vatikanstadt über. Am 20. Juli abends wurde mir zugetragen, ein Attentatsversuch auf Hitler sei mißglückt. Ich war bitter enttäuscht, das Ausmaß der Katastrophe blieb mir in dieser Nacht noch gnädig verhüllt.

41. Der 20. Juli 1944 und das Ende*

Was dann über mich hereinbrach, ist unsagbar; wofür wir sieben Jahre gekämpft hatten war mit einem Schlage vernichtet. Meine Freunde, ein Teil meines Lebens, ja meiner selbst, wurden entehrt, gepeinigt und gehängt. Für mein Vaterland und mein Volk vollzog sich in den nächsten Monaten der unaufhaltsame, entsetzliche Sturz in den Abgrund.

Tausende, ja Zehntausende rafft der Tod täglich hinweg, hüben und drüben, ehrliche Soldaten, unschuldige Frauen und Kinder. Wozu also von den wenigen sprechen, die damals das Verhängnis ereilte? Ist es nur Freundschaft für sie und die Verbundenheit des Kampfes, die mich dies alles niederschreiben läßt?

In dem Soldaten lebt eingeboren die Vaterlandsliebe, hinter ihm steht der Befehl, unbewußte Leidenschaft des Kampfes treibt ihn vorwärts; willenlos fallen Frauen und Kinder zum Opfer. Aber die Menschen, die aus bedachtem Entschluß den Fehde-Handschuh im Kampf gegen das Schlechte, Ungerechte und Grausame aufheben, von nichts getrieben als dem göttlichen Anhauch des Gewissens, wo sind sie und wieviele sind ihrer?

Meine Freunde liebten ihr Volk, darum wollten sie es aus der Hand der Räuber und Mörder, in die es gefallen war, befreien; sie bekannten sich zum abendländischen Geist, darum wollten sie ihn wiedererwekken, bei uns und unseren Nachbarn; sie beugten sich vor Gott, darum stritten sie in heiligem Zorn gegen das Böse.

Mit jener höchsten Gelassenheit, die allem Edlen eignet, sind sie ihren Weg gegangen. Sie ruhen nun, wer weiß wo, unter der mütterlichen Erde. Aber die Saat, die sie gesät, wird aufgehen, und von ihrem Wirken und Wollen werden die Menschen in Jahren oder Jahrzehnten sagen: Der Stein, den die Bauleute verworfen haben, ist zum Eckstein geworden.

Geschrieben: Vatikanstadt, September 1944 bis April 1945.

* Siehe hierzu auch Anhang, S. 278 f.

ANMERKUNGEN DES HERAUSGEBERS

Die folgenden Anmerkungen verzichten weitgehend auf genauere Angaben über die Widerstandskämpfer im Umkreis des 20. Juli 1944, über die sich viele Hinweise in den einschlägigen Werken zur Geschichte des Widerstands finden. Ich verweise dabei insbesondere auf Karl Dietrich Bracher (Hg.), Das Gewissen entscheidet, Mainz 1984 und Rudolf Lill u. Heinrich Oberreuter (Hg.), 20. Juli, Düsseldorf 1984. Ich selbst bereite die Herausgabe eines Lexikons zur Widerstandsgeschichte vor.

1 Bund der Frontsoldaten, der Mitte der zwanziger Jahre etwa 400 000 Mitglieder besaß und sich 1931 mit anderen Parteien der politischen Rechten zur »Harzburger Front« zusammenschloß. Der Gründer des »Stahlhelm« gehörte dem ersten Kabinett von Hitler als Arbeitsminister an. 1933 wurden die Mitglieder des »Stahlhelm« der SA eingegliedert oder im »Nationalsozialistischen Deutschen Frontkämpferbund« zusammengefaßt.

2 Kleine Ortschaft in Oberschlesien, in der in der Nacht auf den 10. August 1932 fünf SA-Leute einen der Sympathie für den Kommunismus bezichtigten Arbeiter vor den Augen seiner Mutter zu Tode trampelten. Die Täter wurden mit dem Tode bestraft, bereits im März 1933 aber von Hitler amnestiert und freigelassen.

3 Autorengemeinschaft um die völkisch orientierte Zeitschrift »Die Tat«, die vor allem von Vertretern einer nationalistischen bürgerlichen Intelligenz gelesen wurde und als Organ der Anhänger einer »konservativen Revolution« galt. Kennzeichen dieses Kreises war ein spezifisches Elitebewußtsein, das nicht im Einklang mit demokratischen Gleichheitsgrundsätzen stand.

4 Den Prozeß der gesellschaftlichen Selbstgleichschaltung schildert besonders eindringlich Karl Dietrich Bracher, Stufen der Machtergreifung, Berlin, Frankfurt/M. 1974.

5 Vertrag vom 15. Mai 1922, der am Ende der heftigen Volksgruppenkämpfe in Oberschlesien stand. Das oberschlesische Industriegebiet wurde endgültig geteilt, eine Reihe von Übergangsbestimmungen hatte den Schutz der Minderheiten beiderseits der neuen Grenze zum Ziel. Vgl. Ernst Birke, Schlesien, in: Georg Wilhelm Sante (Hg.), Geschichte der deutschen Länder Bd. 2, Würzburg 1971, S. 237 ff.

6 Vertrag zwischen Polen und dem Deutschen Reich vom 26. Januar 1934. Er machte den Weg für wirtschaftliche Abkommen zwischen den beiden Staaten frei.

7 Carl Severing (1875–1952), Politiker der SPD, zwischen 1920 und 1932 mehrfach preußischer Innenminister, 1928–1930 Reichsinnenminister.

8 Franz Seldte (1882–1947), Gründer des »Stahlhelm - Bund der Frontsoldaten«, 1933–1945 Reichsarbeitsminister.

9 Theodor Duesterberg (1875–1950); der Hinweis auf den bald erfolgten Tod ist offensichtlich irrig. Duesterberg trat Ende April 1933 als 2. Bundesleiter des »Stahlhelm« zurück, während Seldte seinen Beitritt zur NSDAP erklärte.

10 Axel Freytagh-Loringhoven (1878–1942), von 1924 bis 1933 Mitglied der Reichstagsfraktion der DNVP, von 1933 bis 1942 »Gast« der NSDAP im Deutschen Reichstag.

11 Vgl. hierzu Peter Reichel, Der schöne Schein des Dritten Reiches: Faszination und Gewalt des Faschismus, München 1991; Bernd Ogan u.a., Faszination und Gewalt: Zur politischen Ästhetik des Nationalsozialismus, Nürnberg 1992.

12 Vgl. Peter Steinbach, Wiederherstellung des Rechtsstaats als zentrale Zielsetzung des Widerstands, in: Jürgen Schmädeke u. Peter Steinbach (Hg.), Der Widerstand gegen den Nationalsozialismus: Die deutsche Gesellschaft und der Widerstand gegen Hitler, München 1985, S. 617 ff.

13 Joachim von Ribbentrop (1893–1946), nach Hitlers »Machtergreifung« zunächst als Leiter der »Dienststelle Ribbentrop« mit diplomatischen Sonderaufträgen betraut, 1936–1938 Botschafter in London, 1938–1945 Reichsaußenminister.

14 Vgl. dazu Einleitung, S. 25.

15 D.h. innerhalb der 1919 an Polen abgetretenen Gebiete.

16 Heinrich Sahm (1877–1939), 1919–1930 Oberbürgermeister und Senatspräsident von Danzig, 1931–1935 Oberbürgermeister von Berlin.

17 Der sogenannte »Röhm-Putsch«, in dessen Verlauf nicht nur die SA-Führung durch zahlreiche Hinrichtungen entmachtet, sondern auch Gegner der Nationalsozialisten und selbst völlig Unbeteiligte ermordet wurden. Diese Morde wurden nachträglich von Hitler für rechtmäßig erklärt.

18 Der »Dollfuß-Putsch« im Februar 1934.

19 Wilhelm Canaris (1887–1945), 1938 bis 1944 Leiter des Amtes Ausland/Abwehr im Oberkommando der Wehrmacht, unterstützte die Widerstandsbestrebungen gegen Hitler, ohne sich allerdings selbst aktiv zu beteiligen.

20 Gesetz für den Aufbau der Wehrmacht vom 16. Februar 1935.

21 Dr. Schreiber, 1932–1934 deutscher Präsident des memelländischen Landesdirektoriums. An seine Stelle wurde ein litauischer Nachfolger berufen.

22 Sogenannter »Memelprozeß«, der gegen 126 deutschsprachige Bewohner des Memellandes vor dem Kriegsgericht Kowno (Kaunas) geführt wurde. U.a. wurden vier Todesurteile verhängt.

23 SD: Sicherheitsdienst.

24 Pg: Parteigenosse.

25 Kirchenkampf zwischen den Deutschen Christen und dem Pfarrernotbund bzw. der Bekennenden Kirche, seit 1933. Der Höhepunkt dieser Auseinandersetzung lag in der Mitte der dreißiger Jahre.

26 Martin Niemöller (1892–1984), Wortführer der Bekennenden Kirche, 1937 verhaftet, 1938–1945 in verschiedenen Konzentrationslagern festgehalten.

27 Wilhelm Gustloff (1895-1936), seit 1932 Landesgruppenleiter der Schweizer Auslandsorganisation der NSDAP, wurde 1936 von einem Studenten namens Frankfurter aus Protest gegen die nationalsozialistische Rassenpolitik erschossen.

28 Entsendung der »Legion Condor«, als Freiwillige getarnte Angehörige der deutschen Luftwaffe, nach Spanien, um auf der Seite des spanischen Generals Franco gegen die - von Stalin unterstützten - Republikaner zu kämpfen.

29 Dieser Besuch dauerte vom 25. bis 29. September 1937. Ein erstes Gespräch zwischen Hitler und Mussolini fand am 25.9. in Gegenwart Neuraths statt.

30 Heinrich Himmler (1900-1945), seit 1929 »Reichsführer SS«, seit 1935 »Chef der deutschen Polizei«, 1943-1945 Reichsinnenminister, 1944/45 Befehlshaber des Ersatzheeres.

31 Martin Bormann (1900-1945), 1933 Reichsleiter der NSDAP, 1941 Leiter der Parteikanzlei, 1943 Sekretär des Führers, seit 1944 im Ministerrang. Galt 1945 als verschollen und wurde in Abwesenheit zum Tode verurteilt. Nach späteren Erkenntnissen Selbstmord am 2. Mai 1945.

32 Otto Meissner (1880-1953), 1924-1934 Chef der Kanzlei des Reichspräsidenten, 1934-1945 Chef der Präsidialkanzlei bei Hitler, seit 1937 als Reichsminister.

33 Vicco Karl Alexander von Bülow-Schwante, 1934-1938 Chef des Protokolls im Auswärtigen Amt.

34 William Lyon Mackenzie King (1874-1950), kanadischer Premierminister. Wird im Rahmen seines Staatsbesuchs am 29. Juni 1937 von Hitler empfangen.

35 Hans Frank (1900-1946), 1933-1942 Reichsleiter des Rechtsamtes der NSDAP, 1939-1945 Generalgouverneur in Krakau.

36 Ulrich von Hassell (1881-1944), 1932-1937 Botschafter in Rom, seit 1938 ein führendes Mitglied des deutschen Widerstands gegen Hitler.

37 Rudolf Heß (1894-1987), seit 1933 »Stellvertreter des Führers« in der NSDAP. 1941 Alleinflug nach England, um einen Separatfriedensschluß vorzubereiten.

38 Reinhard Heydrich (1904-1942), seit 1933 Leiter der Politischen Polizei im Ministerium des Innern, 1939 des Reichssicherheitshauptamtes, 1941 stellv. Reichsprotektor von Böhmen und Mähren, 1942 Opfer eines Attentats in Prag.

39 Hier erliegt Albrecht von Kessel einem Gerücht seiner Zeit.

40 Achse: Bündnis zwischen Italien und dem Deutschen Reich.

41 Werner von Blomberg (1878-1946), 1935-1938 Reichskriegsminister.

42 Werner Freiherr von Fritsch (1880-1939), seit 1935 Oberbefehlshaber des Heeres, 1938 im Zuge der Fritsch-Blomberg-Krise unter entehrenden Umständen seines Amtes enthoben. Ende September 1939 in Polen gefallen.

43 Walter von Brauchitsch (1881-1948), seit 1938 Oberbefehlshaber des Heeres, 1941 wegen eines Zerwürfnisses mit Hitler aus dieser Funktion entlassen.

44 Hans-Georg von Mackensen (1883-1947), 1937 Staatssekretär im Auswärtigen Amt, seit Anfang 1938 Botschafter in Rom.

45 15. März 1938.

46 Engelbert Dollfuß (1892-1934), 1932 zum Kanzler von Österreich gewählt, ruft nach dem Verbot der Kommunistischen Partei und der österreichischen NSDAP sowie der blutigen Zerschlagung der österreichischen Sozialdemokratie im Februar 1934 einen »Christlich-deutschen Bundesstaat auf ständischer Grundlage« aus und erklärt seine Partei, die Vaterländische Front, zur einzig legalen politischen Kraft. Wurde bei einem nationalsozialistischen Gegenputsch 1934 in seinem Wiener Kanzleramt ermordet.

47 Ludwig Beck (1880-1944), 1935-1938 Chef des Generalstabs des Heeres, nach seinem Rücktritt einer der entscheidenden Köpfe des deutschen Widerstands.

48 Hans Oster (1888-1945), Chef des Stabes des Amtes Ausland/Abwehr (Zentralabteilung) unter Admiral Canaris, eine der treibenden Kräfte des Umsturzversuchs und schon 1938 davon überzeugt, daß Hitler getötet werden müsse.

49 Hjalmar Schacht (1877-1970), bis 1939 Reichsbankpräsident, 1934-1937 auch Reichswirtschaftsminister, danach bis 1943 Minister ohne Geschäftsbereich.

50 Hans-Bernd Gisevius (1904-1974), 1933-1936 im preußischen Polizeidienst, seit 1933 im Widerstand gegen die nationalsozialistische Diktatur.

51 Johannes Popitz (1884-1945), seit 1925 Staatssekretär im Reichsfinanzministerium, 1933-1944 Preußischer Staats- und Finanzminister, am 21. Juli 1944 verhaftet, am 3. Oktober 1944 zum Tode verurteilt.

52 Albrecht Haushofer (1903-1945), seit 1940 Professor an der Auslandswissenschaftlichen Fakultät der Universität Berlin und ehrenamtlicher Mitarbeiter des Auswärtigen Amtes, wegen seiner Verbindungen zum Widerstand Ende 1944 verhaftet und unmittelbar vor Kriegsende ohne Verurteilung ermordet.

53 Carl Langbehn (1901-1944), wegen seiner Verbindungen zum Widerstand - insbesondere als Verbindungsmann und Vertrauter von Popitz - zum Tode verurteilt.

54 Vermutlich Hans Graf von Hardenberg.

55 Wolf Heinrich Graf von Helldorf (1896-1944), 1933-1935 Polizeipräsident von Potsdam, anschließend von Berlin. Im Zusammenhang mit dem Umsturzversuch vom 20. Juli 1944 ermordet.

56 Nicht entschlüsseltes Kürzel.

57 Fritz-Dietlof Graf von der Schulenburg (1902-1944), 1937 stellv. Polizeipräsident von Berlin, seit 1939 stellv. Oberpräsident von Schlesien, führende Kraft des Berliner Umkreises der Attentäter des 20. Juli 1944.

58 Erich Koch (1896-1959), seit 1928 u.a. Gauleiter in Ostpreußen, 1941-1944 Reichskommissar für die Ukraine, 1959 in Polen zum Tode verurteilt.

59 Der Besuch dauerte vom 3. bis 9. Mai 1938. Hitler verzichtete dabei auf den Besuch des Vatikans.

60 Otto Abetz (1903-1958), 1940-1944 Deutscher Botschafter in Paris.

61 Ludwig Beck bat am 18. August 1938 um seinen Abschied; diesem Gesuch wurde zum 1. Oktober 1938 entsprochen.

62 22.-24. September 1938

63 29. September 1938.

64 Die hier mitgeteilten Zahlen waren in Wirklichkeit erheblich geringer, denn im Laufe des Jahres 1943 waren die meisten Berliner Juden deportiert worden. Die Zahl der in der Stadt untergetauchten Juden wird auf maximal 5000 geschätzt.

65 Nicht entschlüsseltes Kürzel, eventuell Herbert von Richthofen.

66 Walter Stahlecker (1900–1942), ab 1934 Leiter der Württembergischen Politischen Polizei, danach leitende Funktion in Wien, im Protektorat Böhmen und Mähren und Norwegen. 1940/41 im Auswärtigen Amt. Seit 1941 als Leiter der Einsatzgruppe A für die Ermordung Hunderttausender von Juden verantwortlich. Vgl. zur Person von Stahlecker: Helmut Krausnick und Hans-Heinrich Wilhelm, Die Truppe des Weltanschauungskrieges: Die Einsatzgruppen der Sicherheitspolizei und des SD 1938–1942, Stuttgart 1981, S. 281 ff.

67 Ernst Jünger (geb. 1895), bedeutender Schriftsteller der »Frontgeneration«. Albrecht von Kessel spielt hier an auf die Veröffentlichung von 1939: »Auf den Marmorklippen«, ein vielgelesenes Buch der inneren Emigration.

68 Alexander von Falkenhausen (1878–1966), wurde von Hitler 1939 reaktiviert und 1940 zum Militärbefehlshaber für Belgien-Nordfrankreich bestellt. Da er 1944 der Zusammenarbeit mit dem Widerstand verdächtigt wurde, löste man Falkenhausen ab und hielt ihn bis Kriegsende im KZ Dachau gefangen.

69 Tschiang Kai-shek (1887–1975), seit 1928 Präsident der chinesischen Republik, nach dem Sieg von Mao Tse-tung im chinesischen Bürgerkrieg Flucht nach Taiwan und seit 1950 Staatspräsident von Nationalchina.

70 Zweites Weißbuch der Deutschen Regierung: Dokumente über die Entwicklung der deutsch-polnischen Beziehungen und der Ereignisse von 1933 bis zur Gegenwart, Berlin 1939.

71 Walther Hewel (geb. 1904), nach 1938 Leiter des persönlichen Stabes von Ribbentrop und dessen ständiger Beauftragter bei Hitler.

72 Gemeint ist vermutlich Hauptmann Engel, der persönliche Adjutant von Hitler.

73 Friedrich Gaus (1881–1955), Leiter der Rechtsabteilung des Auswärtigen Amtes.

74 Vgl. zu diesem Komplex Reinhard Stumpf, Die Wehrmacht-Elite: Rang- und Herkunftsstruktur der deutschen Generale und Admirale 1933–1945, Boppard 1982.

75 Albrecht von Kessel stützt sich hier auf die Zahlen, die von der Reichsregierung im November 1939 veröffentlicht wurden. Bereits drei Monate später verbreitete man zehnmal höhere Zahlen. Vgl. allg. Günter Schubert, Das Unternehmen »Bromberger Blutsonntag«: Tod einer Legende, Köln 1989.

76 Das Attentat des Schreiners Johannes Georg Elser auf Hitler im Münchener Bürgerbräukeller.

77 Die Besetzung von Dänemark und Norwegen begann am 9. April 1940.

78 Deutscher Generalkonsul in Genf.

79 Karl Heinrich von Stülpnagel (1886–1944), seit Herbst 1941 Befehlshaber der 17. Armee an der Ostfront, von 1942 bis 1944 Militärbefehlshaber in Frankreich, wegen seiner Verbindungen zum Widerstand zum Tode verurteilt und hingerichtet.

80 Gemeint ist wohl H.M. = Helmuth James Graf von Moltke.

81 Pierre Laval (1883–1945), nach 1940 stellv. Ministerpräsident der Vichy-Regierung, 1942 auf deutschen Druck zum Ministerpräsidenten ernannt, 1945 als führender Kollaborateur in Paris von einem französischen Gericht zum Tode verurteilt.

82 Walter von Reichenau (1884–1942), 1933 Chef des Wehrmachtsamtes im Reichswehrministerium, 1939 Oberbefehlshaber der 10. Armee, Ende 1941 der Heeresgruppe Süd an der Ostfront. Machte sich besonders willig zum Vertreter des Gedankens vom Rassen- und Weltanschauungskrieg gegen die Sowjetunion.

83 In Passagen wie diesen und den folgenden wird deutlich, in welchem Maße von Kessels Urteilsbildung aus dem Wahrnehmungshorizont seiner Zeit erfolgte. Gerade diese Zeitverhaftung verleiht diesem Text einen besonderen Quellenwert.

84 Diese Überlegungen lassen sich durch die historische Forschung nicht belegen, und dennoch sind sie von außerordentlicher Bedeutung, weil sie authentisch wiedergeben, wie in einzelnen Gruppen des konservativen Widerstands gedacht wurde. Darauf weist auch die Erwähnung von Langbehn hin. In diesem Zusammenhang ist daran zu erinnern, daß zu dieser Zeit Himmler das System der Vernichtungslager errichten ließ.

85 Friedrich Fromm (1888–1945), von 1939 bis 1944 Befehlshaber des Ersatzheeres. Fromm verweigert sich der Mitwirkung am Umsturzversuch des 20. Juli 1944, fordert schließlich Ludwig Beck zum Selbstmord auf und befiehlt die standrechtliche Erschießung von Claus Schenk Graf von Stauffenberg, Albrecht Ritter Mertz von Quirnheim, Werner von Haeften und Friedrich Olbricht in der Nacht zum 21. Juli 1944. Fromm wird dennoch zum Tode verurteilt und hingerichtet.

86 Vermutlich Max Jüttner (geb. 1888), nach der Ermordung von Ernst Röhm Chef des Führungshauptamtes und stellv. Stabschef der SA.

87 Karl Friedrich Wolff (1900–1984), 1933 bis 1943 Himmlers Adjutant und Verbindungsmann zu Hitler, 1943 Militärgouverneur in Norditalien.

88 Winniza.

89 Wolfsschanze bei Rastenburg.

90 Die Bombenangriffe auf Hamburg fanden zwischen dem 25. Juli und dem 3. August 1943 statt – insgesamt sieben schwere Angriffe, die fast 32 000 Menschenleben forderten. Mehr als 37 000 Menschen wurden verletzt, 900 000 obdachlos, da nahezu 300 000 Wohnungen mit mehr als 60 Prozent des Hamburger Wohnungsbestands zerstört wurden. Vgl. Erhard Klöss (Hg.), Der Luftkrieg über Deutschland 1939–1945, München 1963, S. 44.

91 Erich von Manstein (1887–1973), 1935–1938 Chef der Operationsabteilung im Generalstab des Heeres, 1941–1942 Oberbefehlshaber der 11. Armee, 1942–1944 Oberbefehlshaber der Heeresgruppe Süd an der Ostfront, wegen seiner Eigenständigkeit im März 1944 von Hitler aus dem aktiven Militärdienst entlassen.

92 Hans Günther von Kluge (1882–1944), seit Ende 1941 Befehlshaber der Heeresgruppe Mitte, wo sich um Henning von Tresckow ein Zentrum der Militäropposition gebildet hatte, dem gegenüber Kluge wohlwollende Passivität bewahrte. 1944 an die Westfront versetzt, versagte sich Kluge als Oberbefehlshaber der Heeresgruppe B dem Umsturzversuch und beging Mitte August 1944 Selbstmord.

Anhang

AUS DEM NACHLASS
ALBRECHT VON KESSELS

»DER ANFANG VOM ENDE«*

DAS PROTEKTORAT BÖHMEN UND MÄHREN

Im Sommer 1938, als er Staatssekretär war und ich dem Protokoll angehörte, berief Weizsäcker mich als zweiten persönlichen Referenten zu sich. Mit Herbert Siegfried, dem eigentlichen Referenten, ergaben sich dank seiner Vornehmheit und Klugheit keinerlei Schwierigkeiten. Da aufgrund der Sudetenkrise die Arbeit ständig wuchs, waren wir froh, ihrer gemeinsam Herr werden zu können.

Gleichwohl war ich am Ende dieser Krise und ihrer scheinbaren Lösung durch das Münchener Abkommen am Ende meiner physischen und psychischen Kräfte, letzteres vor allem deshalb, weil meine Freunde und ich von Tag zu Tag mehr davon überzeugt waren, daß Hitler das Münchener Abkommen als einen im Grunde ärgerlichen Kompromiß auf dem Wege zur totalen Unterwerfung der Tschechoslowakei betrachtete.

Weizsäcker, dem mein Zustand nicht verborgen blieb, fragte mich, ob mir nicht auf eine gewisse Zeit ein ruhiger Posten guttun würde. Neurath, seit Februar 1938 »Präsident des Geheimen Kabinettrats«, um für Ribbentrop als Außenminister Platz zu machen, wünschte, einen Vertreter des Auswärtigen Amts um sich zu haben. Weizsäcker schlug mir vor, diesen Posten anzunehmen. Ich würde kaum etwas zu tun haben und sollte mich darauf beschränken, Neurath zu größerer Aktivität anzuspornen. Insbesondere solle er seine Beziehungen etwa zu Schacht, aber auch zu Göring, dem der Gedanke an einen Krieg keineswegs geheuer war, spielen lassen, um auf die Größe der Gefahren hinzuweisen und zur Vernunft zu raten.

Ich kannte Neurath seit dem Beginn der dreißiger Jahre aus Rom, wo er unser Botschafter beim Quirinal, und zwar ein erfolgreicher, war. Nach dem Rat Talleyrands »pas trop de zèle« ließ er die Arbeit größtenteils von seinem Stab bewältigen. Er nahm sich nur der wichtigsten Fragen an und erledigte seine Aufgabe mit Gelassenheit, Charme und Bauernschlauheit. Ähnlich erfolgreich war er als Botschafter in London gewesen. Als er dagegen unter Papen Außenminister wurde, konnte man feststellen, daß die eigenständige Konzipierung einer Außenpolitik und die Leitung einer großen Behörde ihm weniger lagen.

Indessen empfand ich für diesen schwäbischen Landedelmann mit seinen Stärken und Schwächen Sympathie, die auch die schweren Kontroversen,

* Datiert: Godesberg 1971

die ich mit ihm in Prag hatte, weitgehend überstand. Daß man ihn, einen Greis, der nicht mehr im Vollbesitz seiner geistigen Kräfte war, der nichts Böses getan, sondern lediglich das Böse hatte seinen Lauf nehmen lassen, in Nürnberg als Kriegsverbrecher verurteilte, empörte mich. Das Urteil war nicht nur unhaltbar, sondern unmenschlich.

Ich ging auf Weizsäckers Vorschlag ein und siedelte in die Neue Reichskanzlei über, wo Neurath eine Reihe von Zimmern als Büro zur Verfügung standen. Ich war erschrocken, als ich ihn wiedersah. Zwar war er körperlich noch in gutem Zustand; in geistiger Hinsicht aber war seine Aufnahmefähigkeit sehr eingeschränkt, er wirkte apathisch und altersträge. Ich war nicht sicher, ob die außenpolitischen Informationen, die Weizsäcker ihm über mich zuspielte, ihn interessierten, und ob er die Dinge verstand, die ich ihm vortrug.

Am 15.3.1939 besetzte die Reichswehr kampflos die Tschechoslowakei, ein unheilschwangeres Ereignis. Denn damit griff Hitler zum ersten Mal über die Volkstumsgrenzen hinaus und unterjochte ein fremdes Volk. Am Nachmittag desselben Tages verkündete Hitler vom Hradschin aus die Schaffung eines »Reichsprotektorats Böhmen und Mähren«. Am Abend rief mich Neurath an, ich soll für den nächsten Morgen ein Sonderflugzeug bestellen: Hitler erwarte ihn in Wien. Er fügte hinzu, ich könne mir vielleicht denken, worum es sich handele. Mir war in der Tat klar, daß Neuraths guter Name dem Ausland gegenüber als Firmenschild für dieses Unternehmen dienen sollte. Am nächsten Morgen war Neurath sichtlich verstimmt, als er bei mir keinerlei Enthusiasmus feststellte. Im Flugzeug stellte er mir die Frage, ob er den Posten des Reichsprotektors annehmen solle. Natürlich war diese Frage rein rhetorischer Art. Man merkte ihm an, daß er den ihm angetragenen Posten als eine Art von »Britischer Vizekönig von Indien« ansah. Ich hatte die Antwort parat und sagte, er müsse zwei Bedingungen stellen.

1. In den ersten zwei bis drei Wochen werde die SS nebst ihren verschiedenen Unterorganisationen zweifellos eine umfassende »Säuberung« veranstalten. Während dieser Zeit dürfe er seinen Posten keinesfalls antreten, um nicht durch seine Anwesenheit diese Aktionen zu legitimieren.
2. Nach dieser Übergangszeit müsse er eine von Hitler persönlich unterschriebene Vollmacht in den Händen haben, wonach ihm alle im Protektorat tätigen Parteiformationen unmittelbar unterstellt würden und er, nur er allein, über das Weisungsrecht an sie verfüge. Aus Berlin kommende Weisungen müßten ihm zur Billigung vorgelegt werden.

Seine Antwort fiel erwartungsgemäß so aus, wie ich es schon gewohnt war. Wie immer, wenn er das Gefühl hatte, man mute ihm etwas zu, was zu tun er nicht gewillt war, brummte er etwas Unverständliches vor sich hin.

Während er bei Hitler war, bewegte ich mich unter den jungen SS-Adjutanten oder Ordonnanzen der Parteispitze. Sie waren auf den ersten Blick nicht einmal unsympathisch: muntere und ganz schlaue Lausbuben, die ihr Leben und ihre Teilnahme an weltbewegenden Ereignissen genossen. Es waren, soweit ich das ihrem Dialekt entnehmen konnte, fast ausschließlich Österreicher; auf jeden Fall war unter ihnen kein einziger Norddeutscher oder gar Preuße. Einer von ihnen trompetete: »Nun sind wir ja bald wieder beisammen!« Damit wollte er ohne jeden Zweifel sagen, ein entscheidender Schritt zur Wiederherstellung der Österreichischen Doppelmonarchie, wenn auch in republikanischer Verkleidung, sei vollzogen. Mir lag auf der Zunge zu sagen: »Dann entlaßt uns Preußen doch aus der Verantwortung für diesen Unfug!« Aber ich hütete meine Zunge, da ich nicht im KZ landen wollte.

Bei dem Rückflug nach Berlin sah ich Neurath sofort an, was vorgefallen war. Er trug, was mich immer wieder für ihn einnahm, ein schlechtes Gewissen zur Schau wie ein Tertianer, der seine Schulaufgaben nicht gemacht hatte. Als ich ihn fragte, ob er von Hitler die besprochene Vollmacht erhalten habe, erwiderte er, dazu habe er keine Gelegenheit (!) gehabt. Nach diesem Bekenntnis ging er rasch auf ein anderes Thema über: meine persönliche Zukunft. Er sah es als selbstverständlich an, daß ich ihn nach Prag begleiten würde, und war sichtlich verstimmt, als ich um eine Bedenkzeit von drei Tagen bat. Daß er mir in naiver Form die materiellen und gesellschaftlichen Vorteile meiner Übersiedlung nach Prag ausmalte, erhöhte nur meine Bedenken gegen die Art, wie er meine - und auch seine - Aufgabe in Prag ansah.

Nach Berlin zurückgekehrt, fragte ich als ersten Weizsäcker um Rat. Er meinte, diese Frage sei zu heikel und vielschichtig, als daß er sie mit einem eindeutigen Ja oder Nein beantworten könne. Dagegen könne ich mich darauf verlassen, daß er mich jederzeit als persönlichen Referenten zurückberufen werde, wenn mir die Entwicklung in Prag nicht zusage. Anschließend stellte ich das gleiche Problem einer Reihe meiner Freunde wie Haushofer, Schulenburg und Yorck zur Debatte.

Ihre Skepsis war, wie die meine, groß. Auf der anderen Seite meinten sie, gäbe es zur Zeit in Berlin keine lohnende Alternative, wir müßten nach jedem Strohhalm greifen. Wenn es gelingen sollte, die deutsche Einmischung in die internen Angelegenheiten der CSR auf ein Minimum zu beschränken, so könne man damit vielleicht einen ersten kleinen Schritt auf dem Wege zur Einigung Europas - die uns schon damals vorschwebte - tun. Natürlich müßten wir auf einer Auflösung der CSR-Armee bestehen sowie auf dem Recht, die CSR nach außen hin zu vertreten. Die tschechische Sprache müsse hingegen als zweite Amtssprache bestehen bleiben, die kulturellen Aktivitäten nicht behindert werden. Auch auf finanziellem und wirtschaftlichem Gebiet sollten wir unsere Kontrolle auf ein Mindestmaß beschränken und jede Ausbeutung des Landes verhindern. Es sei dies allerdings nur ein Strohhalm; da ich aber jederzeit ins Amt zurückkehren könne, solle ich ihn ergreifen.

Die Amtsübernahme Neuraths begann mit einer Parade, die wie alles, was die Militärs damals und später im Protektorat unternahmen, keinerlei Provokation darstellte. Den Abend des gleichen Tages aber empfand ich als erschreckend, ja gespenstisch. In einem großen Saal des Hradschin fand mit Neurath als Gastgeber ein feierliches Staatsbankett statt. Auf deutscher Seite waren in der Hauptsache hohe Militärs vertreten, auf tschechischer Seite Präsident Hacha, die Mitglieder der bisherigen Regierung und wohl noch der eine oder andere führende Politiker. Im Laufe des Abends wurde die Stimmung unter den Tschechen immer aufgelockerter. Sie mochten sich sagen, daß ihr Volk nach Jahrhunderten Habsburgischer Oberhoheit nur rund zwanzig Jahre lang einen souveränen tschechischen Nationalstaat gebildet hatte, eine Rolle, der es offenbar nicht gewachsen war. Im Blick auf Neurath, der sich bei dieser Gelegenheit als wohlwollender Grandseigneur gab - und das aus tiefster Überzeugung -, schienen sie zu glauben, daß der »Protektor« von Hitlers Gnaden nicht schlimmer sein werde als der »Landeshauptmann« als Repräsentant »Seiner Apostolischen Majestät« in Wien. Leider würden sie nur allzu schnell erfahren, daß Neurath von dem NS-Regime nur als Gallionsfigur herausgestellt worden war und sich bald, dieses mein Urteil verstärkte sich an jenem Abend, als völlig machtlos erweisen sollte.

Beim Abschluß jenes Abends trat noch etwas ein, das mich vor Schmerz und Entsetzen schaudern ließ. Nach Beendigung des Galadiners traten wir auf den Ehrenhof der Prager Burg hinaus. Eine Kapelle der Wehrmacht begann im Schein der Fackeln den Großen Zapfenstreich zu spielen. Und plötzlich überkam mich die Gewißheit, daß mit diesem Zapfenstreich nichts anderes zelebriert wurde als das endgültige Begräbnis Preußens, dem ich mich, right or wrong, my country, verbunden und verpflichtet fühlte. Und bald würde die schwarz-weiße Fahne dieses Staates, wie bei Barbaren nach einem Sieg üblich, durch den Schmutz, in diesem Falle durch den braunen Schlamm, gezerrt werden. Ich trat in den tiefsten Schatten, damit niemand gewahrte, daß ich weinte.

Am nächsten Morgen, nachdem ich endlich wieder einmal hatte ausschlafen können, betrachtete ich die Lage ohne den emotionalen Überschwang des vergangenen Abends. Ich durfte den Kampf um meine und meiner Freunde Vorstellung von der Zukunft der CSR nicht aufgeben, ehe er begonnen hatte. Und ebensowenig konnte ich Neurath im Stich lassen, war ich doch vorerst der einzige, den er unmittelbar und persönlich als seinen »Stab« auserwählt hatte.

Die »Feindlage« war eindeutig: Der Gegner, den ich bekämpfen mußte, war Karl Hermann Frank, der mit dem Titel eines Staatssekretärs von der Partei als Spion und Aufpasser dem Reichsprotektor zur Seite gestellt worden war und der Neurath sobald als möglich ersetzen wollte, was ihm jedoch mißlang. Von dem ganzen Gangster-»Milieu«, deren Mitglieder ich bei der einen oder anderen Gelegenheit kennengelernt hatte, erschien er mir als einer der widerwärtigsten. Denn seine Tücke, seinen Sadismus verbarg er unter einer schmierigen Devotheit gegenüber Neurath, der denn auch prompt darauf hineinfiel.

Ich hatte mir schon vor Neuraths Einzug die Lage unserer Dienstzimmer angesehen. Der größte, fast saalartige Raum gebührte selbstverständlich dem Reichsprotektor. Von diesem Dienstzimmer aus führte eine große Tür direkt auf den Korridor. Ich verschloß sie und nahm den Schlüssel an mich, um Neurath, wie ich ihm erklärte, vor unangemeldeten Besuchern und insbesondere Bittstellern abzuschirmen. Er akzeptierte diese Regelung sofort, entsprach sie doch seiner monarchistischen Vorstellungswelt und trug zu seiner Bequemlichkeit bei. Nur eine andere kleinere Tür war vorhanden; sie führte in den Raum, den ich mir gesichert hatte. Dies gab mir die Funktion eines Wachhundes, der genau kontrollieren konnte, wen Neurath empfing. Das Zimmer zu meiner Rechten - vom Korridor aus gesehen - ließ ich für Herrn von Burgsdorff reservieren, der zum Chef der zivilen Verwaltung ausersehen war und wenige Tage später eintraf. Er war ein vorzüglicher Verwaltungsbeamter, ein Ausdruck, der heute, wie mir scheint, zu Unrecht einen abwertenden Beiklang hat. Daneben war er ein vom christlichen Ethos geprägter Edelmann. Wir waren vom ersten Augenblick an in allen Fragen eines Sinnes. Nur in einem stimmten wir nicht überein: Er gehörte zur älteren Generation, der der Gedanke an Widerstand oder Sabotage fernlag. Daß er trotzdem seine Integrität wahrte, bestätigten ihm nach dem Krieg die Polen. Denn Burgsdorff war nach dem »siegreichen« Feldzug gegen Polen und der Errichtung des Generalgouvernements als Chef der Zivilverwaltung in Krakau eingesetzt worden. Nach Kriegsende war er von den Polen als Kriegsverbrecher angeklagt und von den polnischen Gerichten freigesprochen worden, eine Tatsache, die nicht nur ihm, sondern vor allem den polnischen Gerichten zur Ehre gereicht.

Mein Plan, Franks Kontakte zu Neurath unter Kontrolle zu halten, scheiterte nach wenigen Tagen: Frank ließ natürlich mit Zustimmung des ahnungslosen Alten Herrn eine Tür zwischen seinem und Neuraths Zimmer aus der Wand brechen. Von da an konnte er ständig mit »streng geheimen« Informationen, die natürlich entstellt waren, aufwarten und dem Reichsprotektor suggerieren, er sei auf diese Weise bestens unterrichtet. Vor allem legte Frank ihm Schriftstücke zur Unterschrift vor, die schon ihrer äußeren Form nach indiskutabel waren. So passierte es, daß Neurath eine von Burgsdorff formulierte grundsätzliche Verordnung unterschrieb und zwei Tage später noch einmal die gleiche Verordnung, die von Frank verfaßt war und dem Burgsdorffschen Text in entscheidenden Punkten widersprach. Daß der Alte Herr damit sein Gesicht vor fast allen Beamten der Protektoratsverwaltung verlor, tat mir für ihn leid. Auf der anderen Seite war ich ja auf seinen persönlichen Wunsch mit ihm nach Prag gegangen; deshalb hätte er die Ratschläge, die ich ihm, natürlich in höflichster Form, gab, nicht in den Wind schlagen sollen, bloß weil sie Unbequemlichkeiten für seine Person mit sich brachten. Vor allem aber sah ich in diesem seinem Verhalten eine tödliche Gefahr für die Politik derjenigen Deutschen, die guten Willens das deutsch-tschechische Verhältnis im Hinblick auf eine spätere gesamt-europäische Konzeption möglichst liberal und störungsfrei behandelt wissen wollten.

Nach wenigen Wochen schon konnte jeder Deutsche, der wie ich durch die Straßen Prags schlenderte, noch immer ohne Sorge für seine Person sein; das politische Klima aber war sichtlich abgekühlt. Ablehnung, ja getarnte Feindseligkeit waren deutlich zu spüren. Hier und da im Land kam es zu Zwischenfällen, die an sich unbedeutend, aber beunruhigend, weil symptomatisch waren. Eines schönen Tages randalierten Studentengruppen der Prager Universität gegen die deutsche »Besatzung«. Die deutsche Polizei, ob nun die Gestapo oder eine der anderen Formationen der SS, schritt ein. Angesichts ihrer brutalen Methoden mußte man mit Todesurteilen auch für geringfügige Vergehen rechnen. Erregt betrat ich Neuraths Dienstzimmer und berichtete, was geschehen war. Er erwiderte, er werde sich am nächsten Tag um den Vorfall kümmern; jetzt sei er aufs Land eingeladen und könne nicht so kurzfristig absagen. Als ich ihn nochmals mit großem Ernst auf die Bedeutung dieser Studenten-Demonstration hinwies, meinte er, ich solle mich doch nicht von randalierenden Studenten ins Bockshorn jagen lassen; so etwas habe es zu allen Zeiten und in allen Ländern gegeben.

Inzwischen ergoß sich eine Lawine auf die arme Tschechoslowakei. Eine Horde von »Bevollmächtigten« der Reichsministerien und NS-Dienststellen in Berlin, aber auch der an das Protektorat angrenzenden Gaue, stürzte sich wie ein Geier auf den blutenden Leichnam. Im Namen der NS-Weltanschauung wurden weite Zweige der Wirtschaft nicht etwa nur überwacht, sondern »gleichgeschaltet«, d. h. ausgeplündert, wie etwa die amerikanischen Südstaaten nach dem für die Nordstaaten siegreichen Ende des Sezessionskrieges. Natürlich soll damit keine kollektive Verurteilung der im Protektorat eingesetzten Beamten gefällt werden. Es gab auf der unteren Ebene viele Oberlandräte, die sich der altpreußischen Beamtentradition verpflichtet fühlten und nicht nur ihren Bezirk gut verwalteten, sondern auch dessen Bevölkerung gegen Übergriffe von oben, so gut es ging, zu schützen suchten. Aber diese Beamten waren nicht nur eine Minderheit, sondern nach oben hin weitgehend machtlos. Die Protektoratsverwaltung mit ihrer Spitze, Herrn von Burgsdorff, mußte dieser Entwicklung hilflos zusehen; denn sie verfügte nicht über die genügenden Vollmachten, dem wüsten Treiben ein Ende zu setzen. Da sich viele der Bevollmächtigten der Ressorts nicht einmal bei Burgsdorff zum Dienstantritt meldeten, bestand in meinen Augen der Verdacht, daß manche Bevollmächtigten im Lande herumfuhrwerkten, von deren Existenz wir in Prag keine Ahnung hatten.

Angesichts dieser Entwicklung verstärkte sich meine Neigung, »den ganzen Krempel« hinzuwerfen und nach Berlin zurückzukehren. Um die gleiche Zeit etwa, ich nehme an Mitte bis Ende Mai, kam Neurath in seiner väterlichen Gutmütigkeit auf den Gedanken, mir, der ich mich offenbar nicht sonderlich wohlfühlte, etwas Gutes zuzuschanzen. Wie ein Patenonkel eröffnete er mir, sein Flugzeug stände mir von Sonnabend mittag bis zum späten Vormittag am Montag für einen Flug nach Berlin und zurück zur persönlichen Verfügung. Ich war wieder einmal etwas beschämt, ihm ein oft sehr unbequemer Untergebener zu sein. Andererseits tat ich dies doch nur in seinem Interesse und aus tiefer Sorge um unser Volk.

Freudestrahlend bestieg ich eines Sonnabends gegen Mittag die Maschine des Reichsprotektors. Ich mußte über mich selbst lachen, als ich bemerkte, daß ich mir sehr wichtig vorkam. Und außerdem: Ein Wochenende um diese Jahreszeit in Berlin, was konnte mir Besseres blühen? Auf achtundvierzig Stunden würde ich den Prager Alptraum abschütteln können. Für den Abend war ich mit einer meiner engsten Freundinnen verabredet; wir wollten im Dachgarten des Eden-Hotels essen. Es war dies im Mai und Juni eines der schönsten Erlebnisse in Berlin. Denn der Blick schweifte weit über den Tiergarten im Frühlingsgrün, und durch die geöffneten Fenster drang der schwere Duft blühenden Flieders oder einige Wochen später der Duft der unzähligen Linden, der für mich der Inbegriff dieser Stadt war.

Beschwingt fuhr ich zum Hotel. Als aber der Aufzug auf der Dachterrasse hielt, trat mir ein bleicher, etwas fetter blonder »Jüngling« entgegen. Es war Lohse, Ribbentrops Pressereferent. Der väterlichen Abstammung nach war er, so hieß es, Jude, hatte aber den Nachweis (?) erbracht, er sei der Fehltritt seiner Mutter mit einem »Arier«. Er war mir seit jeher widerlich. Jetzt trat er mir in den Weg und fragte mich mit einer vor verhaltener Wut zischenden Stimme, warum wir, Neurath und ich, uns nicht endlich daran machten, die Tschechen umzubringen? Wir waren seit Jahren darauf trainiert, bei derlei Situationen nicht den Kopf zu verlieren. Auf diese Begegnung aber war ich ganz und gar nicht vorbereitet. Ich holte erst einmal tief Luft und erwiderte, es sei uns keine entsprechende Weisung des »Führers« zugegangen. Außerdem, fügte ich Unschuldsengel hinzu, sei es doch technisch unmöglich, mehr als sieben Millionen Tschechen zu liquidieren. Schließlich aber, so fuhr ich schärfer werdend fort, sei ich auf Urlaub und mit einer Dame verabredet und daher nicht gewillt, am heutigen Abend politische Probleme zu diskutieren. Die Partie stand 1:0 für mich, und Lohse trollte von dannen. Mir aber war speiübel zu Mute, und mein ganzes Wochenende in Berlin verdorben. Wie aber hätte ich mich anders verhalten sollen? Ihm zu sagen, er sei ein Verbrecher, der mich zum Völkermord aufforderte, wäre zwar anständiger und mutiger gewesen. Aber hätte ich damit auch nur einem einzigen Tschechen in den kommenden Jahren geholfen? Im Gegenteil: Man hätte nur erklärt, in meiner Person sei man einer internationalen Verschwörung zugunsten der Tschechen auf die Spur gekommen. Mich hätte man dem Henker nach entsprechender Folter überantwortet und meine Mutter und Geschwister kraft der Sippenhaft in's KZ verbracht. Mir den Vorwurf zu machen, ich sei nicht mannhaft, sondern feige gewesen, trifft mich daher nicht. Mir geht es damals und bis heute nur darum, ob irgend jemandem eine bessere Ausrede eingefallen wäre; ihm mich zu stellen, war ich damals bereit und bin es noch heute. Auf dem Rückflug nach Prag sagte ich mir, selbst wenn Lohses Äußerungen vielleicht übers Ziel hinausgegangen wären, so bewiesen sie doch, in welchem Geist man das deutsch-tschechische Problem behandeln wollte. Die Frage, ob ich in Prag bleiben oder meine Zelte dort so rasch als möglich abbrechen sollte, war beantwortet. Indessen kam für mich nur ein höflicher, von der Außenwelt kaum beachteter Abschied von Neurath in Frage. Ob ich Frau von Neurath schon vor meinem Ausflug nach Berlin oder, was wahrscheinlicher ist, erst nachher um eine Unterredung unter vier Augen bat, kann ich nicht mehr feststellen. Sie stimmte diesem Vorschlag sofort zu, doch war ich keineswegs sicher, wie dieses Gespräch verlaufen würde. Sie hätte mir ja schon nach dem zweiten meiner Sätze bedeuten können, wo die Tür war, durch die ich mich zu entfernen hätte. Statt dessen erwies sie sich als eine einmalige Mischung von schwäbischer Bäuerin voll gesunden Menschenverstands, verbunden mit der Haltung einer großen Dame. Ohne Umschweife erklärte ich ihr, ich hätte es als meine Hauptaufgabe angesehen, dafür zu sorgen, daß die weiße Weste ihres Mannes keinen Schaden erlitte, leider sei ich aber dabei gescheitert. Denn ihr Mann sei viel zu gutmütig und setze dem Bestreben der Nazis, ihn vorerst noch als Firmenschild zu benutzen, aber de facto von Tag zu Tag mehr zu entmachten, keinerlei Widerstand entgegen. Sie hörte mich an, ohne mir zu widersprechen; auch konnte ich auf ihrem Gesicht keinerlei Zeichen des Unmuts entdecken. Sie meinte nur, ihr Mann sei sein Leben lang zu gutmütig gewesen, und beschwor mich in einer gewinnenden Art, ihn nicht im Stich zu lassen, sondern noch etwas Geduld zu üben.

Im übrigen wurde ich bald darauf eines Großteils meiner Verantwortung entbunden. Neurath berief, ohne mich rechtzeitig und eingehend zu unterrichten, den Gesandten Völckers, den Neurath von früher her kannte und der meines Wissens bislang unser Vertreter in Cuba gewesen war, nach Prag und ernannte ihn zu seinem Kabinettschef. Unter anderen Umständen hätte ich aufbegehrt, mir nichts, dir nichts einen Mann vor die Nase gesetzt zu bekommen. Jetzt aber ermöglichte mir diese Ernennung, in meinen Entschlüssen unabhängiger zu sein.

Völckers war der Typus eines immer verbindlichen, glatten Diplomaten. Es war daher für mich leicht, mit ihm in angenehmer Form auszukommen. Ich hatte aber nicht den leisesten Zweifel, daß er der fortschreitenden Entmachtung Neuraths keinerlei Widerstand entgegensetzen werde. Ganz anders reagierte seine ebenso schöne wie kluge Frau, eine Holländerin. Sie beurteilte die Zukunftschancen im Protektorat ebenso düster wie ich. Es war mir Trost und Hilfe, mich ihr gegenüber rückhaltlos aussprechen zu können. Ab und zu kam sie in die Halle unseres Hotels herunter, und ich schüttete ihr bei einem gemeinsamen »drink« mein Herz aus, um später auf irgendein erfreulicheres Thema, etwa über die Schönheit der ihr gut bekannten Tropen, überzuwechseln.

Dann aber kam es zu der von mir seit langem erwarteten Entscheidungsschlacht: Heydrich sagte sich zu einer Art von Staatsbesuch beim Reichsprotektor an. Während meiner Tätigkeit im Protokoll hatte ich oft Gelegenheit, ihn zu beobachten, und war fasziniert: Die Spitzengruppe um den Psychopathen Hitler bestand fast ausnahmslos aus dunkelhaarigen, untersetzten Gangstern, die aus der Gosse kamen. Sie stammten zu einem großen Teil aus dem bayerisch-österreichischen Raum, womit keine geographische Kollektivschuld zurechtgeschneidert werden soll. Wäre Hitler Norddeutscher gewesen, hätten sich auch dort brutale Gesellen um ihn geschart. In der Gruppe der Austro-Bajuwaren bildete lediglich der rheinische Jesuitenzögling Goebbels eine Ausnahme, den man nach seinem Aussehen und seiner Dialektik für einen jener »jüdischen Asphalt-Literaten« hätte halten können, deren Ausrottung er mit grellem Schreien forderte.

In ihrer Mitte wirkte Heydrich als Fremdkörper. Hochgewachsen, blond und blauäugig verwirklichte er das nordische Ideal, das die anderen durch Massenmord und Zuchtwahl erreichen wollten. Er war, in Halle geboren, der einzige Beinahe-Ostelbier in der Führungsspitze und entstammte offensichtlich dem gehobenen, kultivierten Bürgertum. Schaute man näher hin, so entdeckte man, daß er in seiner Eiseskälte ein Genie an Intelligenz und gezielter Grausamkeit war, während ihm die populäre NS-Ideologie und die primitiven Massenmorde nur ein verächtliches Lächeln entlockt hätten. Er betrachtete sich, das war mein Eindruck, den offenbar auch einige Mitglieder der NS-Spitzengruppe teilten, als den erkorenen Nachfolger Hitlers. Ohne den Ausbruch des Zweiten Weltkrieges wäre er zweifellos als Torero in der Arena aufgetreten.

Als er sich ansagte, warnte ich Neurath mit allen mir zur Verfügung stehenden Überredungskünsten, ihm auch nur die geringste Konzession zu machen. Denn wenn er ihm den kleinen Finger böte, werde Heydrich die ganze Hand ergreifen. Neurath reagierte unmutig. Heydrich erschien, sah glänzend aus, trug eine elegante, feldgraue Uniform und warb mit Sonntagsmanieren für sich und seine Stellung. Begleitet wurde er von zwei Adjutanten, die in einer bedenklichen Form allzu »schön« waren. Schon nach kurzer Zeit berichteten sie mir stolz, der Obergruppenführer (Heydrich) habe ihnen den Befehl erteilt, bis zum Herbst zu heiraten. Ich stellte im Stillen fest, daß ich dies alles nicht verstände und nie verstehen würde. Heute würde man von einer total manipulierten Welt sprechen.

Am Nachmittag war Neurath strahlender Laune. Die Gespräche seien glänzend verlaufen, und er fügte mit einem leisen Unterton von Hohn hinzu, ich hätte einmal wieder viel zu schwarz gesehen. Ich erwiderte, daß niemand mehr als ich sich über diesen Erfolg freue.

Damit aber war Heydrichs Besuch leider noch nicht zu Ende. Am nächsten Morgen erschien Neurath bedrückt und mit allen Zeichen schlechten Gewissens im Büro. Es dauerte eine Weile, bis Burgsdorff und ich herausbekamen, was geschehen war: Neurath, der die Gewohnheit hatte, sich früh zur Ruhe zu begeben, wurde von Heydrich aus tiefem Schlaf gerissen. Dieser berichtete, höchste Erregung spielend, man sei einer über das ganze Protektorat verbreiteten Verschwörung auf die Spur gekommen, einer Verschwörung, von der man übrigens später nie mehr etwas hörte. Angesichts der Gefahr, in der die ganze deutsche Verwaltung schwebe, müsse er verlangen, daß die gesamte Polizei ihm persönlich unterstellt werde. Er legte eine entsprechend formulierte Vollmacht vor, die Neurath unterzeichnete.

Das Spiel war aus, ich war gescheitert. Ich habe mir oft die Frage vorgelegt, ob ich selbst mitschuldig an diesem Scheitern gewesen sei. Ich glaube das eigentlich nicht: Die Strategie der Gegenseite war von Anfang an festgelegt, meine nur taktischen Möglichkeiten konnten dagegen nichts ausrichten.

Nun galt es nur noch, meinen Abschied in möglichst höflicher und unauffälliger Form zu vollziehen. Mit Frau von Neurath verlief das Gespräch in angenehmsten Formen, dem Alten Herrn gegenüber beschränkte ich mich auf die Erklärung, das Prager Klima bekomme mir sehr schlecht. Ich bäte ihn daher, mich nach Berlin zurückkehren zu lassen, eine Bitte, der er murrend entsprach. Frau Völckers war so nett, mich auf den Flugplatz zu begleiten. Auf englisch, damit der Fahrer es nicht verstände, sagte sie, sie beneide mich. Denn sie habe das Gefühl, in einer Falle zu sitzen, was sich bei ihr persönlich gottlob nicht bewahrheitete.

»DEN TOD IM HERZEN«*

(AUSZÜGE)

... Die Nachrichten, die ich von meinen Freunden in Berlin, Genf oder Paris erhielt, waren nicht ermutigend. Ich war stets gut unterrichtet. Denn so weit Hitlers Arm reichte, das Netz derjenigen, die ihm opponierten und sich gegenseitig kannten und vertrauten, war räumlich umfangreich und personell eng gesponnen. Zwar waren nicht alle unter ihnen zum aktiven Widerstand bereit, aber hilfreich gegenüber Freunden, von denen sie dieses vermuteten. Es war deshalb grundfalsch, wenn unsere amerikanischen Umerzieher, denen ein Chor von devoten Deutschen jubelnd zustimmte, nur den aktiven Widerstand anerkannten und die Hunderttausende, ja Millionen von Oppositionellen verächtlich beiseite schoben. Dabei haben diese »Stillen im Lande« in ihrem Kreis oft ebensoviel zur Eindämmung des NS-Einflusses und zur Aufrechterhaltung von Anstand und Recht getan wie die Mitglieder des Widerstands, die sich im aktiven Kampf zermürbten.

Die Nachrichten aus Berlin lauteten wie üblich: Der Termin zu dem »großen Schlag« habe wiederum um zwei bis drei Monate verschoben werden müssen. Und auch die Begründung war die gleiche wie schon oft: Wenn wir das Unternehmen wagen wollten, waren wir auf die aktive Unterstützung einer erheblichen Anzahl von Heerführern angewiesen. Eine Mehrheit von ihnen hatte wohl irgendwann einmal mit dem Gedanken gespielt, Hitler, der für die Tragödie dieses Krieges verantwortlich war, kaltzustellen. Eine erhebliche Anzahl war sogar grundsätzlich bereit, sich aktiv am Umsturz zu beteiligen. Wenn man sie aber auf einen bestimmten Termin festlegen wollte, bekam man immer wieder die gleichen Einwände zu hören: eine deutsche Gegenoffensive sei im Anlaufen; sei sie erfolgreich, so werde unsere Verhandlungsposition gegenüber den Feindstaaten weitaus stärker sein, als wenn man schon jetzt Hitler stürze. Oder sie argumentierten, die Lage an der Ostfront sei so schlecht, daß ein totaler Zusammenbruch unvermeidbar sei, wenn es jetzt zum Umsturz komme.

Wir waren damals, und ich war es noch lange nach dem Krieg, voll Zorn über dieses Zögern, diese mangelnde Courage jener Mitglieder unserer

* 162seitiges Manuskript, entstanden vermutlich Anfang der 1970er Jahre, handschriftlich datiert: Godesberg 1973. Handschriftlich gewidmet: »Für Gogo [Gottfried von Nostitz], meinem ältesten und treuesten Freund«.

hohen Generalität, die, jeder Verblendung oder Korruption widerstehend, den Sturz des Regimes ehrlich wünschten. Jetzt, mit dem zeitlichen Abstand eines Vierteljahrhunderts, und auf Grund der Erfahrungen, die man seither mit den ausländischen Generälen und ihrem »Mannesmut vor Königsthronen« gemacht hat, ist mein Urteil abgewogener. Dadurch, daß Hitler uns in einen Krieg mit der Sowjetunion verwickelt hatte, war eine neue Lage entstanden. Eine Niederlage durch die Westmächte zu erleiden, war für die Wehrmacht unangenehm, für unser Volk als Ganzes durchaus erträglich. Ein militärischer Sieg der Sowjetunion aber bedrohte unser Volk an den Wurzeln seiner Existenz. Angesichts des ständigen Vordringens der Roten Armee die Generalität zur Rebellion aufzurufen, hieß, ihren moralischen Mut überfordern. Ich glaube, daß Ernst Jünger recht hat, wenn er schreibt, einzig und allein Rommel hätte die Kraft und die Tollkühnheit besessen, eine solche Lage zu meistern. Sein Autounfall und sein ihm diktierter Selbstmord - um wenige Wochen zu früh - setzten den Schlußstrich unter die deutsche Tragödie im Juli 1944.

... An einem Nachmittag fuhr ich hinaus nach Potsdam, wo Brücklmeier und Schwerin sich ein Ausweichquartier geschaffen hatten, um dem Bombenalarm, der ständig ihre Nachtruhe störte, zu entgehen. Ich war zu einer Besprechung eingeladen, an der neben den beiden vorgenannten Schulenburg, aber vor allem Goerdeler und Stauffenberg teilnahmen.

Goerdelers hohe Gestalt, sein Mut und seine Überzeugungskraft waren beeindruckend. Aber man sah ihn auch mit wehendem Mantel, Schlapphut und Knotenstock wie ein Wanderprediger durchs Land ziehen und viel zu viel und lautstark reden. Seine politischen Überzeugungen, schwarzweißrot und monarchistisch, waren ehrenwert, ja sympathisch. Aber nach meiner Überzeugung, die von meinen Altersgenossen geteilt wurde, konnten ihm und seiner Generation die Geschicke unseres Landes nur für eine Übergangszeit anvertraut werden. Das Rad der Geschichte ließ sich nicht zurückdrehen. Auch würden seine Altersgenossen den Anforderungen der sicher chaotischen Anfangszeit weder psychisch noch physisch gewachsen sein. Aber ihnen sollten jene Ehre und jener Respekt zuteil werden, die sie verdienten. Es freute mich, daß Goerdeler und Stauffenberg gemeinsam und anscheinend im besten Einvernehmen zu dieser Besprechung gekommen waren, hatte ich mich doch seit Jahren bemüht, wann immer ich aus dem Ausland nach Berlin kam, Spannungen zwischen der älteren und der jüngeren Generation durch gutes Zureden aus dem Weg zu räumen.

Von Stauffenberg, den ich zum ersten und - wie alle anderen in diesem Kreis - zum letzten Mal sah, war ich fasziniert. Obwohl er beim Tunisfeldzug ein Auge und eine Hand verloren hatte, wirkte er mit seinem kraftvoll-ebenmäßigen Gesicht, dem dunklen Haar und dem hohen Wuchs wie ein antiker Kriegsgott. Noch eindrucksvoller aber war seine geistige Ausstrahlung. Ich hatte auf Grund seiner Zugehörigkeit zum George-Kreis einen musischromantischen Krieger erwartet. Doch war mir nach wenigen Minuten klar, eine von der Natur zum charismatischen Politiker bestimmte Persönlichkeit vor mir zu haben, der wie selbstverständlich die Leitung des Gesprächs zufiel. Er entwickelte knapp und nüchtern seine Thesen und wirkte dabei so überzeugend, daß es Goerdeler nicht in den Sinn kam, etwaige Vorbehalte anzumelden. Nach einem kurzen tour d'horizon wandte sich Stauffenberg an mich mit folgender Frage: Da der entscheidende Punkt unsres außenpolitischen Programms die sofortige Räumung der besetzten Gebiete sei – wozu, wie ich hinzufügen möchte, selbstverständlich Elsaß-Lothringen gehörte, während im Korridor, Ostoberschlesien und Österreich nach mehrheitlicher Auffassung Volksabstimmungen stattfinden sollten –, müßten wir darauf bedacht sein, daß diese Räumung in ordnungsmäßiger Form erfolgte. Es dürften unsere Truppen bei ihrem Rückzug nicht von Partisanen überfallen noch das geräumte Gebiet der Anarchie oder einer gewaltsamen kommunistischen Machtergreifung überantwortet werden. Stauffenberg sagte, er bäte um meine Vorschläge.

Ich war auf diese Frage nicht vorbereitet, meinte aber, in den westeuropäischen Monarchien sei die Übertragung der vollziehenden Gewalt und der damit verbundenen Verantwortung nicht schwer zu bewerkstelligen. Am leichtesten sei das Problem in Dänemark zu lösen, wo der König durch sein Verbleiben im Land und seinen unerschütterlichen Mut eine unangefochtene Größe darstelle. In Italien könne und dürfe man den Papst nicht aus der Verantwortung entlassen. In Frankreich hingegen müsse man versuchen, mit einem Vertreter de Gaulle's in Verbindung zu kommen und nicht etwa mit dem extremen linken Flügel der Résistance, weil dieser wahrscheinlich auf Moskau hören werde. Keinerlei Rat wüßte ich in Bezug auf den Osten. Was nützen Abreden mit Polen, die von Moskau nicht gebilligt würden? Mit Moskau direkt zu einer Abrede zu kommen, schiene mir, jedenfalls in den entscheidenden Anfangswochen, aussichtslos. Obwohl meine Vorschläge improvisiert waren, fanden sie Stauffenbergs Zustimmung, der sich die anderen Teilnehmer anschlossen. Die letzten Worte zu unserm Thema, die Stauffenberg an mich richtete, lauteten: »Wenn es so weit ist, schicke ich Ihnen ein Sonderflugzeug nach Rom.« Selten hat mich ein Satz mit so großer Befriedigung erfüllt wie dieser. Überhaupt versetzte mich der Verlauf dieser Besprechung in eine Art von Euphorie. Endlich einmal waren von allen Beteiligten nur knappe, pragmatische Äußerungen zu hören. Die Zukunft, was immer ihre Risiken sein mochten, und ich war da, selbst im Fall eines Gelingens, auf *jede* Schwierigkeit gefaßt, schien präzise Formen anzunehmen. Endlich wurden, um mich einer volkstümlichen Redensart zu bedienen, Nägel mit Köpfen gemacht.

Einen Abend verbrachten wir im kleinen Kreis im Dahlemer Haus von Yorck, das seit Jahren ein geistiger und moralischer Mittelpunkt für uns war. Beim Abendessen – Alarm war längst gegeben, aber wurde gewohnheitsmäßig nicht beachtet – war der Motorenlärm stärker als üblich. Einer von uns bemerkte: »Da sind die Flugzeuge«, worauf ein anderer sarkastisch bemerkte: »Hattest Du mit U-Booten gerechnet?« Kaum war das letzte dieser Worte ausgesprochen, erschütterte eine Explosion das Haus, die letzten noch vorhandenen Fensterscheiben zersprangen, die Türen flogen auf. Aber das Schlimmste war überstanden, die Flugzeuge entfernten sich. Immerhin dauerte es noch lange, ehe Schulenburg und ich uns auf den Heimweg machen konnten. Wir mußten, weil alle Verkehrsmittel lahmgelegt waren, zu Fuß von Dahlem bis zum Lützowplatz gehen - anderthalb Stunden durch die brennende Hauptstadt des im Todeskampf liegenden Reichs.

Ganz makaber erschien mir aber in dieser Stunde ein unter der oppositionellen Elite kursierendes Bonmot: »Gott erhalte uns den Krieg - der Frieden wird fürchterlich!« Das in Casablanca von Roosevelt und Churchill zum Dogma erhobene Schlagwort von der »bedingungslosen Kapitulation« hatte sich bei uns Deutschen tief eingefressen und verfehlte seine Wirkung im Sinne einer Kriegsverlängerung nicht. Millionen von Menschenleben fielen ihm zum Opfer.

Nach meiner Rückkehr in den ersten Januartagen fühlte ich mich in Rom zunehmend unsicher und bedroht. Da es nur noch wenige deutsche Zivilisten gab, mußte es für Kappler ein leichtes sein, jeden einzelnen von ihnen zu beschatten. Fern davon, mich in irgendeine Widerstandsaktivität einzulassen, dies wäre damals in Rom gar nicht möglich gewesen, konnte ich doch nicht umhin, Tag für Tag meinen Besuchern im Büro oder meinen Bekannten in der Stadt einen Rat oder kleinen Hinweis zu geben. Für sich genommen war keiner dieser Ratschläge gefährlich, aber ihre Summierung mußte jede Parteistelle und vor allem Kappler, der mir ohnehin mißtraute, mit Verdacht erfüllen. Hinzu kam, daß unter den Deutschen und Italienern, mit denen ich verkehrte, keiner war, der »im Sinn unseres Führers« einen Pluspunkt für mich darstellte. Hatte man mich auch in Berlin beschatten lassen und meine Besuche bei Canaris und Oster, die schon unter Verdacht standen, und meine Zusammenkunft mit Goerdeler registriert, so schwebte ich in Gefahr. Daß mein tiefes Unbehagen, ja meine Angst nicht ein Produkt der Hysterie war, wurde mir nach dem Krieg bestätigt. Ein guter Bekannter erzählte mir, er habe große Schwierigkeiten gehabt, Kappler davon zu überzeugen, daß er mich nicht verhaften dürfe. Ich hoffte, gegebenenfalls rechtzeitig zu erfahren, wenn man mich verhaften wollte. Dann wäre ich, so war mein Plan, an die Front geflohen und hätte dort den Tod gesucht, es sei denn, der Zufall hätte mir die Chance einer regulären Gefangennahme geboten, was ich aber als unwahrscheinlich erachtete.

Undenkbar wäre es für mich gewesen, in Kriegszeiten zum Feind oder, wie ich es ausdrückte, zum Gegner überzulaufen. Ich war damals wie Zeit meines Lebens nicht im Stande, die Solidarität mit meinem Volk aufzukündigen, auch nicht auf Zeit, wie die Angehörigen einer verfolgten Minderheit, also der Juden, Sozialisten usw., es zu tun *gezwungen* waren. Es gab Bindungen, die zu lösen ich nicht vermochte, ja über die ich nicht einmal ernsthaft nachzudenken bereit war. Unter meinen Bekannten gab es einige, die mich nach dem Krieg einen Nationalisten schalten. Was ich über das deutsche Volk denke, kann man in Hölderlins Hyperion nachlesen und in dem Gespräch Goethes mit Falk im Jahr 1813. Auch bin ich im Gegensatz zu den Gaullisten drüben und hüben bereit, mit der Zeit jede »supranationale« Souveränitätsbeschränkung für Deutschland nicht nur hinzunehmen, sondern im Interesse Europas zu bejahen und zu unterstützen, sofern unsere unmittelbaren Nachbarn das gleiche tun. Die Solidarität, die unauflösliche Verbundenheit mit meinem Volk, wird aber durch diese Kritik, diese politischen Erwägungen, nicht berührt. Mein Schutzengel hat mich vor der letzten Prüfung, der Verhaftung und Folterung, bewahrt.

... Anfang Mai 1944 fragte Trott bei mir an, ob wir uns gegen Ende des Monats in Venedig treffen könnten. Er habe sich eine Dienstreise zu Rahn nach Fasano verschafft, könne sich aber vorher auf zwei bis drei Tage freimachen. Ich erzählte Weizsäcker davon, der sofort seine Zustimmung zu dieser Fahrt gab, dabei in seiner stillen, von leichter Ironie gefärbten Art durchblicken ließ, es wäre vielleicht gut, mich auf die Rückreise nach Rom zu machen, ehe die Alliierten vor den Toren von Rom ständen. Weizsäcker und Trott hatten, seit sie sich durch meine Vermittlung kennenlernten, menschlich wie politisch Gefallen aneinander gefunden: Der junge, genialische Feuerkopf, der ab und zu voreilig sein konnte, und der weise alte Diplomat, den hin und wieder das große Zaudern überkam.

Ich machte mich also wieder einmal mit dem Wagen in Richtung Adria auf den Weg. Voll Bewunderung feierte ich Wiedersehen mit dem herrischen Palazzo della Signoria in Gubbio. In Rimini besuchte ich die von Leon Battista Alberti, dem Theoretiker der Frührenaissance, erbaute Kirche. Der Dachstuhl fehlte weitgehend, doch waren die Seitenwände in ihren klassischen Proportionen und ihrer raffinierten Aufteilung unversehrt. Die Kirche, deren eigentlicher Name nur Spezialisten bekannt ist, heißt allgemein »Il Tempio Malatestino«. In der Tat hat man das Gefühl, einen heiteren antiken Tempel zu betreten. Er war errichtet zu Ehren der Malatestas, eines jener kleinen Fürstengeschlechter, die sich, abgesehen von ihren kulturellen Großtaten, die den Abschluß ihrer Geschichte darstellten, einen großen Namen gemacht haben. Es fragt sich nur, womit? Dem Vernehmen nach mit raffinierten Intrigen und ruchlosen Verbrechen. Auf einer der herrlichen Medaillen von Pisanello sieht man das Profil eines Malatesta, hinreißend arrogant, nobel und abweisend. Es war zu seiner Zeit gewiß besser, ihn nicht zum Feind zu haben.

Das Wiedersehen mit Trott in Venedig, dem ich, abgesehen von dem sachlichen Gespräch, auf Grund unserer langen Freundschaft mit so viel Erwartung entgegengesehen hatte, versetzte mir anfangs einen Schock. Noch vor nicht allzu langer Zeit war Trott ein strahlender junger Held. Jetzt hatten ihn die Zeitläufe und das enttäuschende Ergebnis seiner fast tollkühnen Auslandsreisen an den Rand der physischen und vor allem psychischen Erschöpfung gebracht. Auf seine Fähigkeit zur Regeneration vertrauend, hoffte ich, ihn in diesen wenigen Tagen in Venedig und Fasano, wohin ihn zu begleiten von Weizsäcker angeordnet worden war, durch Verwöhnung und Entspannung »gesund« pflegen zu können. Doch erst stürzten wir uns, unserem Temperament entsprechend, hitzköpfig in stundenlange Gespräche. Die Bilanz unserer Lage, wie er sie sah, war katastrophal. Im Osten war der Zusammenbruch nur hinauszuzögern, nicht mehr zu verhindern. In Italien vollzog sich die gleiche Entwicklung, wenn auch gemächlicher und unter geringeren Blutopfern. Die Errichtung der sogenannten »Zweiten Front« in Frankreich konnte nicht mehr lange auf sich warten lassen, nicht nur, weil Stalin - teils mißtrauisch, teils verächtlich wegen ihrer mangelnden Dynamik - sie seit Jahr und Tag den Alliierten abforderte. Es dämmerte den westlichen Demokratien wider Willen - und sie haben sich mit diesem Problem noch lange auseinandersetzen müssen -, daß ganz Europa bis zur Brennergrenze und den Pyrenäen der Sowjetunion anheimfallen würde, falls die Westmächte nicht endlich das Risiko einer Landung in Frankreich durchzustehen bereit seien. Militärischer Zusammenbruch also im Osten und Süden. Im Westen ein Großangriff, dem die Wehrmacht auf Grund der technischen Überlegenheit zu Wasser (meerbeherrschende Flotte), zu Lande (zahlenmäßige Überlegenheit an Panzern und panzerbrechenden Waffen) und vor allem in der Luft (absolute Beherrschung des Luftraums) nur auf wenige Wochen Widerstand leisten konnte.

Trott ergänzte dies düstere militärische Bild durch entsprechende Informationen auf politischem Gebiet. Es bestehe auch nicht das leiseste Anzeichen, daß die westlichen Demokratien zu irgendwelchen Verhandlungen mit einer nach dem Sturz Hitlers gebildeten deutschen Regierung bereit sein würden. Sie beharrten auf unsrer bedingungslosen Kapitulation, was immer auch sie sich unter dem für jeden Historiker und Politiker absurden Begriff vorstellen mochten. Meine schlimmsten Befürchtungen, die ich immer vor mir hergeschoben hatte, fanden sich also bestätigt. Am Schluß unsrer stundenlangen Debatten, die Tag für Tag wieder auflebten, stellte mir Trott die konkrete Frage, ob wir nicht angesichts der verzweifelten Ausgangslage unsre Initiativen einstellen und uns aufs »Überwintern« beschränken sollten. Meine Antwort war, wenn wir nichts unternähmen, würde kein Deutscher auf ein halbes Jahrhundert Ausländern vor die Augen treten können, der deutsche Name befleckt und die deutsche Kollektivschuld bewiesen sein. Auf der anderen Seite werde ein Umsturz in Deutschland die Nebel der Haßpropaganda zerreißen und eine völlig neue weltpolitische Lage schaffen. [...]

Ich stehe noch heute zu meiner damaligen Beurteilung der Lage. Und doch quält es mich seit 25 Jahren, daß ich im Mai 1944 nicht ausgewichen bin, sondern Trotts Fragen - wahrscheinlich in dem von ihm erwarteten und erhofften Sinn - beantwortet habe. Es war leichtfertig, ja unverantwortlich von mir, einen solchen Rat zu geben, der ich in Rom binnen kurzem im sicheren vatikanischen Refugium sitzen würde. Allerdings rechnete ich fest mit dem Gelingen des Attentats auf Hitler und sah mich auf Grund der Zusage Stauffenbergs, mir ein Flugzeug zu schicken, schon in Berlin, um dort gemeinsam mit meinen Freunden den Versuch zu machen, der Probleme, natürlich unter Lebensgefahr, einigermaßen Herr zu werden.

Doch bewahrheitete sich auch an Trott und mir die Weisheit Homers: Wenn wieder einige Fahrtgenossen des Odysseus von der wilden See verschlungen worden waren, vergossen die Überlebenden Ströme von Tränen. Dann aber brieten sie Schafe und Rinder und hieben kräftig drein, bis sie der Schlaf übermannte.

Immer noch bot Venedig, wenn man sich, wie ich, etwas auskannte, Gelegenheit, an den damaligen Maßstäben gemessen, vorzüglich zu essen und zu trinken. Wir nahmen sie wahr. Darüber hinaus war Trott von Venedig verzaubert. Er war noch nie in Italien gewesen und entdeckte immer wieder Ähnlichkeiten zwischen den Bewohnern Venedigs und Pekings, wo er glückliche und entscheidende Jahre zugebracht hatte. Zwar waren die Museen geschlossen, aber die Kanäle, die kleinen und großen Plätze, die Kirchen und nicht zuletzt der Dogenpalast bereiteten ihm gelöste, heitere Stunden. Dieses Zusammensein in Venedig war die Krönung unsrer nicht immer wolkenlosen, aber tiefen Freundschaft.

Nach zwei oder drei Tagen fuhren wir mit meinem Dienstwagen weiter nach Fasano am Gardasee. Schon auf der Hinreise hatte ich festgestellt, daß die Scrovegni-Kapelle in Padua mit den Giotto-Fresken unversehrt war. Dagegen lagen unweit davon die Fresken von Mantegna in großen Bruchstücken zuhauf. Anschließend durchfuhren wir Vicenza, das in der Nacht zuvor von einem schweren Luftangriff getroffen worden war. An manchen Stellen verglühte noch das Gebälk der halb zerstörten Häuser. Zu meiner Erleichterung jedoch waren der Palazzo Infinito und die anderen Palladio-Bauten, an denen wir vorbeikamen, unversehrt. Aber würde das so bleiben oder würden all diese Städte wie Padua, Vicenza, Mantua und Verona, von Hofmannsthal als der Kronreif Europas bezeichnet, in wenigen Monaten in Trümmern liegen? Schon um dies und ähnliches in Deutschland zu verhindern, mußten wir, darin waren wir uns bei der Fahrt durch Vicenza einig, dem verbrecherischen Spuk des Dritten Reichs so rasch wie möglich ein Ende setzen.

Beim Betreten des Botschaftsgebäudes in Fasano erhielten wir einen Schlag in die Magengrube. Denn in der Pförtnerloge stand ein stattliches blondes Weib und schrie mit kreischender Stimme in den Telefonhörer: »Der muß erschossen werden!« Worum es ging, wußte ich nicht, auch war ich sicher, daß dieser hysterische Appell keine praktischen Folgen haben würde. Aber ich war verbittert, nicht in die Loge eindringen und ihr rechts und links eine »kräftig langen« zu können, ohne eine Denunziation zu riskieren, was die Angelegenheit nicht wert war. Aber welch ein Empfang auf einer deutschen Behörde! An fünf Worten, ins Telefon gebrüllt, konnte man ermessen, wie tief wir gesunken waren.

Zu Trotts und meinem Kummer fiel Rahn praktisch aus: Er war vor 48 Stunden am Blinddarm operiert worden und lag reduziert im Bett. Immerhin begrüßte er uns väterlich-freundschaftlich und fragte: »Na, wie geht's Euch Gaullisten?« Wir verbrachten angenehme Stunden in einem sonnigen Frühlingsgarten mit Rahns »junger Garde«, mit Möllhausen, Overbeck, Heyden, Gumpert und zwei oder drei anderen. Am nächsten Morgen brachte ich Trott in aller Herrgottsfrühe nach Verona an den Berliner Schnellzug. An der Sperre übermannte mich noch einmal die ganze Fragwürdigkeit meiner römisch-vatikanischen Zukunft. Ich sagte, jedes Bedenken und alle Vernunft über Bord werfend: »Wenn Du mir jetzt auch nur die kleinste Ermutigung gibst, brenne ich alles hinter mir ab und springe zu Dir in den Zug nach Berlin!« Trott, sonst meist feuriger als ich, antwortete: »Du mußt hierbleiben, wir wollen nicht alle Eier in einen einzigen Korb legen!« Mit dieser angelsächsischen Redensart brachte er mich widerwillig zur Besinnung: Ich durfte Weizsäcker nicht verlassen. Darüber hinaus konnte ich aber auch nicht plötzlich ohne jede Weisung in Berlin auftauchen. Man hätte mir Fahnenflucht vor dem Feind vorgeworfen, vielleicht nur als Vorwand, mich zu verhaften und, da ich jedenfalls bei Kappler in Rom unter Verdacht stand, wochen- oder monatelangen Verhören zu unterwerfen. Trott hatte mit seinen wenigen Worten ins Schwarze getroffen und obendrein meinen späteren Lebensweg entscheidend beeinflußt. Ich war ein übrig gebliebenes »Ei aus diesem Korb«.

... In die Vatikanstadt zurückgekehrt, stellten wir wie jeden Abend unsre Radios an und hörten, daß das Attentat auf Hitler gescheitert sei - es war der 20. Juli. Ich hatte es immer für möglich, ja wahrscheinlich gehalten, daß die meisten von uns, die wir uns an den Vorbereitungen eines Umsturzes beteiligten, früher oder später über die Klinge springen würden. Aber ich war von der Voraussetzung ausgegangen, daß das diesmal so wohl vorbereitete Attentat gelingen und Hitler aus dem Weg geräumt sein werde, ehe wir den Versuch machten, die Hauptschuldigen zu beseitigen und die Ehre unsres Volkes durch unsern Opfergang von den schlimmsten Flecken reinzuwaschen. Wenn möglich, wollten wir ein Regime errichten, an dessen Rechtlichkeit kein Zweifel bestehen konnte. Was immer unsre Gegner in Ost und West geäußert haben mochten, mit einem solchen Regime würden sie, das war, wenn ich den Ausdruck gebrauchen darf, meine überzeugte Hoffnung, vielleicht nicht offiziell verhandeln, so doch sprechen. Aus diesem Gespräch, so meinte ich, würden sich, wenn wir unsre miserablen Karten offen auf den Tisch legten und nicht versuchten, den Westen gegen den Osten auszuspielen, Verhandlungen entwickeln. Diese Verhandlungen würden sich erst mit uns und bald über uns ergeben, wobei die Verhandlungen über uns den drei Jahre später unter ganz anderen Umständen zu Tage tretenden Gegensatz zwischen Washington und Moskau hätten virulent werden lassen. Solch eine Entwicklung würde sich dann zugunsten nicht nur Deutschlands, sondern aller mittelosteuropäischen Völker und Staaten ergeben. Von all dem blieb nach diesem katastrophalen Fehlschlag nichts mehr übrig. Die hoffnungslose militärische Lage würde sich zur totalen Niederlage entwickeln und mit dem absurden Kriegsziel der Alliierten, der bedingungslosen Kapitulation, enden. Fast noch schlimmer war die Tatsache, daß es nun unmöglich war, die uns beherrschenden Verbrecher *in eigener Regie* zur Rechenschaft zu ziehen. Damit war, als die gegnerischen Truppen bei ihrem Einmarsch das Ausmaß der Greueltaten unsres Regimes entdeckten, der These von der Kollektivschuld der Deutschen Tor und Tür aufgetan, eine These, die im Unbewußten nicht nur vieler Ausländer heute noch weiterwirkt.

Es ist hier vielleicht der Ort, mich mit einer Frage auseinanderzusetzen, die mir seit 25 Jahren immer wieder, vor allem von Amerikanern, gestellt wird und die mich irritiert, weil ich sie als abwegig empfinde: die Frage, wieviel meine Freunde und ich über die Greueltaten der Nazis gewußt hätten. Unsre Kenntnisse waren sicher umfassender als die von 99% unserer Landsleute. Gleichwohl haben wir von den Gaskammern und Verbrennungsöfen erst kurz vor Kriegsende Kenntnis erhalten. Aber ich frage mich, was das zur Sache tut? Dem Ausmaß des Entsetzens, der Verzweiflung und Scham sind Grenzen gesetzt. Diese Grenze war bei mir schon fast erreicht, als die Nazis Anfang November 1938 in allen deutschen Städten die »Reichskristallnacht« veranstalteten, die Juden, wo sie ihrer habhaft wurden, zusammenschlugen, ihre Geschäfte plünderten und ihre Synagogen in Asche legten; und als am darauffolgenden Tag ein »Graf Schwerin von Krosigk« als Reichsfinanzminister seinen Namen unter eine Verordnung setzte, wonach die Juden auch noch eine Milliardenbuße zu erlegen hatten, weil im fernen Paris ein junger Mann jüdischer Herkunft ein Mitglied unsrer Botschaft erschossen hatte. Was ich von jenem Novemberabend an bis zum Ende des Polenfeldzugs zwei Jahre später erfuhr, überschritt bereits die Grenze meines Fassungsvermögens.

Aber dies Thema hat noch eine andere Seite: Wenn heute ein Deutscher mit Gymnasialbildung, der etwa sechzig ist, erklärt, er habe »nichts« gewußt, ist er in meinen Augen viel eher ein Nazi als manch primitiver Pg. [Parteigenosse] oder SS-Mann. Wenn er die »Reichskristallnacht« und die offiziellen oder offiziösen Verlautbarungen über die Vorgänge in Polen als ein »Nichts« empfindet, beweist er damit nur, wie es um sein moralisches und rechtliches Empfinden bestellt ist. Wer sich auf diese Weise herausredet, klagt sich selber an.

Um aber zum Ausgangspunkt, dem Scheitern des Umsturzversuchs, zurückzukehren, so war ich damals wie heute der Auffassung, daß gerade mir, der ich mich – unfreiwillig – im sicheren Port befand, eine kritische Analyse schlecht anstände. Dieser Aufgabe hat sich inzwischen eine Heerschar von

Historikern und Publizisten - mehr oder weniger seriös - gewidmet. Erlaubt sei mir allerdings die Bemerkung, daß wir Deutsche, denen Recht und Ordnung über alles geht - und sogar Goethes Lebensgefühl ging in dieser Richtung -, für eine Verschwörung denkbar unbegabt sind.

Daneben hatten meine Freunde und ich nicht nur alle moralischen und rechtlichen, alle politischen und gesellschaftlichen Probleme von 1936 an bis zur Erschöpfung durchdiskutiert. In praktischer Hinsicht hatte man zwar die erforderlichen militärischen Maßnahmen vorbereitet, im Hinblick aber auf die Technik und ihre entscheidende Bedeutung versagt. Revolutionen werden heute nicht mehr mit wehenden Fahnen auf Barrikaden gewonnen, sondern schon in den ersten Stunden durch eine unauffällige Besetzung von Rundfunkstationen, Fernsprechzentralen, Kraftwerken und Flugplätzen.

Diese Erwägungen stellte ich allerdings erst später an; anfangs war ich nur benommen. Denn für mich stellte das totale Scheitern des Umsturzplanes eine Katastrophe auch im persönlichen Bereich dar. Freundschaft ist für mich von Jugend an der vielleicht wichtigste Pfeiler meiner Existenz. Und nun verlor ich auf einen Schlag und unter den entsetzlichsten Umständen die Mehrzahl meiner männlichen Freunde: meine Vettern Schwerin und Schulenburg, Yorck sowie Halem, der schon früher hingerichtet wurde, von Schulzeiten her und aus dem Auswärtigen Amt Brücklmeier, Haeften und Trott, um nur die wichtigsten Namen zu nennen.

... Ein Merkmal unseres Lebens im Goldenen Käfig der Vatikanstadt war ein Übermaß an freier Zeit. Denn die von uns spontan übernommenen oder später an uns herangetragenen Pflichten beschäftigten uns nur einige Stunden täglich. Wenn wir diese freie Zeit aber nicht in Gestalt von Langeweile totschlagen wollten, mußten wir uns etwas einfallen lassen. Versuche, etwas gemeinschaftlich zu unternehmen, schlugen fehl. Wir sahen ohnehin genug voneinander.

So bildete sich bald die Gewohnheit heraus, daß jeder seinen eigenen Liebhabereien nachging. In den Vatikanischen Gärten spazierengehend, entdeckte man, wenn das Klima es erlaubte, in einem verborgenen Winkel Weizsäcker. Auf einem kleinen Gartenhocker sitzend malte er still versonnen nach englischer Art ein Aquarell. Daß er selber, gleichfalls nach englischer Art, diese Bilder ohne Prätention und künstlerischen Ehrgeiz schuf, machte ihren kultivierten Reiz aus.

Um die gleiche Tageszeit trafen [Sigismund von] Braun und ich uns zuweilen und kratzten, auf einer Marmorbank sitzend oder auf einem sanft sich senkenden Rasen liegend, die Reste unseres Schullateins zusammen. Wir versuchten, die Äneis des Vergil zu übersetzen, und gelangten bald zu einer gewissen Übung. Aber gerade dieser Erfolg ließ uns nach einiger Zeit erlahmen. Wir waren uns mit der Zeit einig, die Äneis auf sich beruhen zu lassen und uns den Annalen des Tacitus, einem politisch-brisanten Text, zuzuwenden. Indessen erwiesen sie sich auf weite Strecken als eine zu harte

Nuß für unsere altphilologisch schwachen Zähne. Immerhin machten wir eine Entdeckung, die bewies, wie grundlegend - aber leider nicht zu unseren Gunsten - sich die politischen Verhältnisse seit dem Beginn unseres Jahrhunderts geändert hatten. Als Eselsbrücke benutzten wir eine deutsche Übersetzung der Annalen. Sie entstammte der Feder eines Altphilologen von internationalem Ruf. Aber nur zu bald konnten wir feststellen, daß dieser liberale Gelehrte, in einem Rechtsstaat lebend, keinen Schimmer davon hatte, welcher Finten sich derjenige bedienen, welche perfiden Zweideutigkeiten er in den Text einschmuggeln muß, der sich erdreistet, über politische Gegebenheiten und Ereignisse zu berichten. - Auch die Amerikaner, diese Zwischenbemerkung sei gestattet, sind erst jetzt dabei, von dem Standpunkt des deutschen Professors abzurücken und den bitteren Tatsachen unserer Zeit illusionslos ins Auge zu schauen.

Weizsäcker legte seine die Vergangenheit und die Zukunft behandelnden Ideen in ebenso knappen wie nuancenreichen Aufzeichnungen nieder, die er später vernichtete. Hätte er sie in versiegeltem Umschlag gegen Quittung im Staatssekretariat oder in einem Tresor der Vatikanischen Bank hinterlegt, wäre dies von entscheidender Bedeutung für den gegen ihn angestrengten Prozeß in Nürnberg gewesen. Aber wer dachte schon an eine solche Absurdität?

Braun widmete sich seiner Frau und seinen beiden Kindern. Daneben lernte er, sprachbegabt wie er war, Russisch. Ich selber zog mich meist nach dem Abendessen in mein großes Zimmer zu ebener Erde zurück und begann in der absoluten nächtlichen Stille zu schreiben.

Als erstes verfaßte ich eine Art von Denkschrift, in der ich meine persönlichen Erlebnisse in den Jahren 1933-44 zu schildern suchte. Es war nie mein Ehrgeiz, damit eine Geschichte jener elf Jahre zu schreiben. Es sollte nur ein »document humain«, ein menschliches Dokument, ein Bericht über meine Hoffnungen, meine Qualen und mein endgültiges Scheitern sein. Dieser Bericht ist heute bis auf einzelne Partien, z.B. meine erste Begegnung mit Hitler, überholt. Er wies schon damals bewußte Lücken auf. Denn ich wagte nur die Namen derjenigen Freunde und Kameraden zu nennen, von denen ich wußte, daß sie hingerichtet seien. Manch anderen Namen ließ ich aus, um ihre Träger, falls sie noch frei waren, nicht dem Henker zu überantworten. Denn ich war, wie alle anderen unseres Kreises, derart von Mißtrauen, ja einer Art von Verfolgungswahn besessen, daß ich fürchtete, selbst diese in der Vatikanstadt verfaßte Denkschrift könnte den Nazis irgendwie in die Hände fallen.

Kurz vor der Kapitulation erlaubte ich den Mitgliedern des amerikanischen Geheimdienstes, die Denkschrift zu photokopieren. Später hörte ich gerüchteweise, dieses photokopierte Dokument sei für diejenigen Emigranten, die sich nach wie vor als Deutsche fühlten - und es gab deren, vor allem bei der Elite, eine große Anzahl -, von großer Bedeutung gewesen. Sie seien dadurch in die Lage versetzt worden, sowohl dem Dogma einer deutschen

Kollektivschuld sowie dem Morgenthau-Plan entgegenzutreten. - Die Angelegenheit hatte aber noch ein tragikomisches Nachspiel. Ein an sich sympathischer Amerikaner schlug mir vor, diese Denkschrift dem »Time and Life«-Verlag zum Abdruck in Form einer Artikelserie anzubieten; ich könne damit 50000 Dollar verdienen. Ich hätte mit dieser Summe, die für unsere deutschen Begriffe astronomisch war, meiner durch die Vertreibung total verarmten Familie ein immenses Startkapital verschaffen können. Gleichwohl lehnte ich dies Angebot ab. Mit der den Alliierten zugespielten Denkschrift über das Wirken und den Henkerstod meiner Freunde wollte ich kein »Geld machen«. Sekundär, aber keineswegs entscheidend, spielte bei meinem Entschluß ein tiefgehendes Mißtrauen eine Rolle: Würden die Amerikaner mir nicht mit der Rechten 50000 $ übergeben und es mit der Linken sofort als »Feindvermögen« beschlagnahmen? Die damals - und hoffentlich heute nicht mehr - bei den Amerikanern vorhandene Neigung, jedes Ereignis unter dem Gesichtspunkt zu behandeln, ob man daraus Geld machen könne, schockierte mich.

Um die gleiche Zeit bedrängte mich Ludwig Curtius, der Archäologe, ich müsse meine Kindheitserinnerungen schreiben. Denn die Welt, in der ich als Kind auf einem schlesischen Landgut aufgewachsen wäre, sei auf Nimmerwiedersehen versunken. Aber diese Art von Erinnerungen, in denen es dann heißt: Mit vierzehn Jahren zog ich zum ersten Mal voll Stolz lange Hosen an, erschien mir läppisch. Doch ließ mich die Anregung nicht ruhen, und ich machte mich schließlich daran, fünf Tage eines Jahres auf einem schlesischen Gut, gesehen mit den Augen eines Zwölfjährigen, zu schildern. Am Schluß fand ich, es sei mir dies eigentlich ganz gut gelungen, ein Gefühl, das sich selten bei mir einstellt. Und obendrein hatte ich die Freude, daß meine Neffen und Nichten später dies kurze Manuskript mit großem Wohlwollen aufnahmen, womit es seinen entscheidenden Zweck erfüllte. Auch wenn ich nicht schrieb, waren diese stillen Abende und Nächte in meiner Klause ein Geschenk des Himmels. Denn ich konnte mich dann mit den Gespenstern des Entsetzens und der Trauer in aller Ruhe, wie ich es gern habe, auseinandersetzen.

ZUSAMMENSTELLUNG VON MATERIAL FÜR EINE EIDESSTATTLICHE ERKLÄRUNG ÜBER DIE PERSON UND POLITISCHE AKTIVITÄT DES EHEMALIGEN REICHSAUSSENMINISTERS KONSTANTIN FREIHERR VON NEURATH*

1) Wenn ich, Albrecht von Kessel, geb. am 6. XI. 1902 in Oberglauche, Schlesien, zuletzt Gesandtschaftsrat an der Deutschen Botschaft beim Vatikan, wohnhaft zur Zeit in Rieden b. Murnau, Obb. zu der Person und politischen Aktivität von Konstantin Freiherr von Neurath an Eidesstatt die nachfolgenden Erklärungen abgebe, so tue ich das in dreifacher Eigenschaft:
a) als Angehöriger des Auswärtigen Amts, der Herrn von Neurath im Jahre 1930 kennenlernte, als dieser Deutscher Botschafter in Rom war, und in den Jahren 1933-1938 ihm, dem nachmaligen Reichsaußenminister, unterstand;
b) als unmittelbarer Untergebener und persönlicher Referent bei Neurath in seiner Eigenschaft als sogenannter »Präsident des Geheimen Kabinettsrates« in der Zeit vom Oktober 1938 - März 1939 und in seiner Eigenschaft als »Reichsprotektor in Böhmen und Mähren« vom April - Juni 1939;
c) als Mitglied der Deutschen Widerstandsbewegung gegen das Hitler-Regime von 1937 an. Ich gehörte zu einer Gruppe jüngerer Aktivisten, die später als »Kreisauer Kreis« bekannt geworden ist. Dieser Kreis, dessen Anfänge bis in das Jahr 1936 zurückreichen, hat sich an allen Staatsstreichen und Attentatsplänen ab 1938 führend beteiligt. Die Mehrzahl seiner Mitglieder fand nach dem 20. Juli 1944 den Tod durch Henkershand, ein Schicksal, dem ich auf Grund der Tatsache entgangen bin, daß ich damals als Mitglied der Deutschen Botschaft in der Vatikanstadt dem Zugriff der Gestapo entzogen war. Die einschlägigen Werke über die deutsche Widerstandsbewegung (Hassell, Gisevius, Pechel und Allan W. Dulles »Germany's Underground«) geben über meine Aktivität Aufschluß.

2) Allgemeine Gesichtspunkte, unter denen Freiherr von Neurath's politische Aktivität zu beurteilen ist.
a) Kein Nationalsozialist.
Meine Freunde und ich wußten aus eingehender Kenntnis der Verhältnis-

* Vorbereitet als Material für eine Zeugenaussage im Zusammenhang mit dem Nürnberger Prozeß gegen die Hauptkriegsverbrecher 1945/46, in dem von Neurath zu 15 Jahren Gefängnis verurteilt wurde (1954 aus der Haft entlassen).

se, daß Neurath kein Nationalsozialist war. Als Angehöriger der älteren Generation und seiner Herkunft und persönlichen Einstellung nach war ihm alles, was mit der »nationalsozialistischen Bewegung« und der Person Adolf Hitlers zusammenhing, denkbar fremd, um nicht zu sagen völlig unverständlich. Wollte man seine Einstellung in wenigen Sätzen zusammenfassen, so könnte man ihm die Worte in den Mund legen: »Der Nationalsozialismus ist Unsinn, der Wiener Anstreicher ist ein Schwadroneur, man braucht seine wilden Reden nicht ernst zu nehmen. Wir brauchen nur durchzuhalten, so werden wir das ganze Hitler-Regime überdauern.«

b) Politischer Irrtum Neuraths.

Meine Freunde und ich fanden, daß Neurath mit dieser Einstellung die Kräfte und Gefahren des Hitler-Regimes unterschätzte. Mit der Parole des *defensiven Durchhaltens* in einer Art von »Stellungskrieg« könne man Hitler nicht beikommen. Wir waren der Auffassung, daß Neurath in der Beurteilung der politischen Lage irrte.

c) Politischer Irrtum der Widerstandsbewegung.

Wir dagegen vertraten die Ansicht, man müsse Hitler mit allen Kräften *offensiv* bekämpfen und notfalls weder vor einem Staatsstreich noch vor einem Attentat gegen Hitler zurückschrecken. Wir glaubten, es könne nicht schwerfallen, ein Kräftezentrum zu bilden, vor allem auch aus Kreisen der Wehrmacht, welches das Hitler-Regime rechtzeitig, d.h. möglichst *vor* Kriegsausbruch beseitigte, um dem Irrsinn Einhalt zu gebieten und unser Vaterland zu retten. Das Scheitern zahlloser derartiger Pläne von 1938 an und der endgültige Fehlschlag vom 20. Juli 1944 beweisen, daß wir die Macht des Regimes unterschätzt haben. Wir sind also gleichfalls einem schweren Irrtum über die politische Lage verfallen, einem Irrtum, den die meisten von uns mit dem Leben bezahlt haben.

d) Politischer Irrtum nicht strafbar.

In einem Rechtsstaat jedoch, dessen Sicherung gegenwärtig unser Bestreben ist, kann ein politischer Irrtum zwar das Ende der Laufbahn für einen Politiker oder polit. Beamten bedeuten, er kann jedoch *niemals* als solcher, d.h. wenn er auf einer moralisch einwandfreien Haltung fußt, bestraft werden. Diese Erkenntnis und Praxis – man könnte geradezu von einem *»Recht auf politischen Irrtum«* sprechen – hat sich in allen zivilisierten Staaten durchgesetzt.

e) Auch Roosevelt hat schwere Irrtümer begangen.

Ein Beweis hierfür ist die Tatsache, daß in Amerika niemals jemand wagen würde zu behaupten, Roosevelt müsse bestraft werden. Dabei hat der verstorbene amerikanische Präsident, wie jetzt auch in den USA anerkannt wird, sich bis in das Jahr 1945 hinein in dem schweren Irrtum befunden, man könne darauf bauen, daß Stalin Verträge, ja sogar mündliche Abmachungen loyal durchführen werde. Dies war ein um so schwererer und, wenn man so will, unverzeihlicherer Irrtum, als das bolschewistische Regime in den damals 28 Jahren seines Bestehens das Gegenteil bewiesen hatte. Im Vergleich dazu erscheint es noch eher verständlich, daß wir uns in den wenigen Jahren des Hitler-Regimes über seine wahre Natur getäuscht haben.

3) Einzelheiten in chronologischer Folge.

a) Unter Neurath keine NS-Außenpolitik.

In den Jahren 1932 bis Anfang 1938, während deren Neurath das Amt des Außenministers bekleidete, war ich meist im Ausland; ich vermag daher keine Einzelheiten über seine Aktivität anzuführen. Da ich jedoch mit seinen beiden persönlichen Referenten, v. Kotze und v. Marchthaler, in freundschaftlichem Kontakt stand, so war ich über die Einstellung Neuraths und die Prinzipien seiner Aktivität eingehend unterrichtet. Sein Bestreben ging dahin, durch unnachgiebiges, um nicht zu sagen starres Verteidigen des Auswärtigen Amts einen Einbruch der Partei in den alten Beamten-Apparat und damit ihre Einflußnahme auf die Außenpolitik zu verhindern. Gewisse Mitglieder des Auswärtigen Dienstes haben ihm diese Unnachgiebigkeit damals zum Vorwurf gemacht.

Im Februar 1938 wurde er »schlagartig«, wie es in der NS-Sprache hieß, von seinem Posten entfernt und durch Ribbentrop ersetzt. Es verdient festgehalten zu werden, daß die deutsche Außenpolitik, solange Neurath im Amt war, sich auf eine in der Sache *gerechtfertigte* Revision des Versailler Vertrages beschränkte, wenn auch die Form infolge des persönlichen Eingreifens von Hitler nicht immer gewahrt wurde. Erst nach Neurath's Abschied wurde die deutsche Außenpolitik recht eigentlich nationalsozialistisch und artete 1939 in einen nackten Imperialismus aus.

b) Neurath hilft den Frieden retten.

Nach seinem Abschied zog sich Neurath aus dem öffentlichen Leben zurück; nur bei einer Gelegenheit ließ er es sich nicht nehmen, aktiv zu werden und höchstpersönlich einzugreifen: Das war, als es galt, im September 1938 anläßlich der Sudetenkrise den Frieden zu retten. Da ich damals persönlicher Referent des Staatssekretärs war, so weiß ich über diese Dinge aus persönlicher Kenntnis Bescheid.

Das Münchener Abkommen vom September 1938, auf Grund dessen das Sudetenland an das Reich angegliedert wurde, ist heute nicht beliebt und zwar aus der *nachträglichen* Erkenntnis heraus, daß der durch dieses Abkommen verhinderte Krieg ein Jahr später doch noch ausbrach. *Damals* im Jahre 1938 jedoch sahen sowohl die Friedensfreunde in Deutschland, wie fast sämtliche Staatsmänner und Diplomaten in England, Frankreich und den USA in der Erhaltung des Friedens eine Segenstat.

An der Erreichung dieses Zieles war Neurath maßgeblich beteiligt. Er setzte sein ganzes Können und seine ganze Überzeugungskraft ein, um gemeinsam mit dem Staatssekretär des Auswärtigen Amts v. Weizsäcker und Hermann Göring einen Kompromißvorschlag auszuarbeiten und seine Annahme bei Hitler durchzusetzen. Dieser Vorschlag war entgegen den Absichten Ribbentrops und Himmlers maßvoll genug, um Mussolini als Grundlage für seine Vermittlung zu dienen. Auch die britischen und französischen Staatsmänner waren damals der Auffassung, sein Inhalt entspreche dem Selbstbestimmungsrecht der Völker, und trugen keine Bedenken, ihn anzunehmen. Neurath gebührt also der Verdienst, an der Erhaltung eines für die Welt erträglichen Friedens maßgeblich mitgewirkt zu haben.

c) Neurath als sogen. »Präsident des Geheimen Kabinettsrates«.

Nach Abschluß der Münchener Konferenz - d.h. im Oktober 1938 - wurde ich vom Auswärtigen Amt als Verbindungsmann zu Neurath in seiner Eigenschaft als »Präsident des Geheimen Kabinettsrats« entsandt. Es geschah dies in der Hoffnung, von dieser Stelle aus etwas gegen Ribbentrops immer abenteuerlicher werdende Außenpolitik unternehmen zu können. Diese Hoffnung erwies sich bald als Illusion. Denn der Posten, den Neurath als »Präsident des Geheimen Kabinettsrats« innehatte, war eine reine Fiktion. Dieser sogen. Geheime Kabinettsrat ist niemals zusammengetreten, ja man hat sogar niemals erfahren, wie Hitler sich seine Zusammensetzung dachte! Er war in der Tat von Hitler nur als Fassade gedacht, um Neuraths völlige Kaltstellung zu tarnen. Neurath selber war sich inzwischen der »Ungnade«, in der er bei Hitler seit dem Frühjahr stand und die sich durch sein Eingreifen zugunsten der Erhaltung des Friedens noch verstärkt hatte, bewußt geworden, hielt sich völlig zurück und sah eigentlich niemanden mehr von politischer Bedeutung.

d) Neuraths humanitäres Wirken.

Dagegen war es mir dank des engen persönlichen Kontakts mit Neurath - ich war sein einziger Mitarbeiter - möglich, eine andere Seite seiner Aktivität kennenzulernen. Es war dies die Hilfe und Unterstützung, die er zahllosen, durch das Regime in Schwierigkeiten oder Bedrängnis geratenen Menschen jeder Herkunft und jeden Standes lieh. Sein Schreibtisch war alltäglich übersät mit Bittgesuchen, die zu erfüllen Neurath's ganzes Bestreben war. Mir ist nicht ein einziger Fall erinnerlich, in dem er seine Hilfe oder wenigstens den Versuch einer solchen abgelehnt hätte; seine schlichte Menschlichkeit und Güte traten dabei in schönster Weise hervor. Nach mehr als 10 Jahren ist es mir nicht mehr möglich, Einzelheiten über diese Aktivität Neurath's anzuführen. Nur ein Fall ist mir im Gedächtnis haften geblieben. Der Ministerialdirektor im Auswärtigen Amt, Richard Meyer, der als Volljude aus der Beamtenlaufbahn entfernt worden war, wollte damals mit Frau und Kindern nach Schweden auswandern. Neurath setzte es über Lammers bei Hitler persönlich durch, daß Meyer bei seiner Auswanderung keine Schwierigkeiten in den Weg gelegt wurden, daß ihm die bei der Auswanderung von Juden erhobenen ruinösen Abgaben ganz oder teilweise erlassen wurden und er seine sehr wertvolle bewegliche Habe mitnehmen durfte, ja daß er auch weiter seine Pension in Devisen nach Schweden überwiesen bekam. Es war dies eine ganz ungewöhnliche Regelung, die zu erreichen Neurath wochenlange Mühen nicht gescheut hat.

e) Neurath wird Reichsprotektor.

Im März 1939 erfuhr ich bei meiner Rückkehr von einer Auslandsreise im Auswärtigen Amt, es lägen begründete Anzeichen vor, daß Hitler einen Gewaltakt gegen die Rest-Tschechei plane, und zwar in allernächster Zeit. Man wußte aber weder das genaue Datum noch die Art von Hitlers Vorgehen. Ich eilte mit dieser Nachricht zu Neurath, und er besprach mit mir die Möglichkeit, etwas gegen diesen politischen Wahnsinn zu unternehmen. Bei den eingehenden Erörterungen gab mir Neurath immer wieder zu verstehen, sein Einfluß auf Hitler *und* auf dessen Umgebung sowie Göring sei auf dem Nullpunkt angelangt, er werde überhaupt nicht mehr empfangen.

Wenige Tage später erfolgte dann der Schlag Hitlers gegen die Tschechei. Wenn ich mich nicht täusche, war Neurath an dem Tage, als Hacha nach Berlin zitiert wurde, verreist; jedenfalls hatte er mit diesem ganzen Manöver nicht das Geringste zu tun. Am folgenden Tag zog Hitler in Prag ein und ließ wenige Stunden später Neurath die telefonische Weisung erteilen, er solle sich bei ihm in Wien melden; dabei fiel die Andeutung, Neurath sei zum Reichsprotektor ausersehen.

Unmittelbar nach Erhalt dieser Nachricht trat ich mit meinen Freunden, die der Widerstandsbewegung angehörten, in Verbindung, um die Lage zu besprechen. Wir waren uns einig, Hitlers Gewaltakt und die von ihm vorgenommene Eingliederung der Tschechei sei auf das Schärfste zu verurteilen. Was da geschehen war, widersprach allen Grundsätzen von Treu und Glauben, allen Regeln des Völkerrechts und dem Selbstbestimmungsrecht der Völker. Es stand sogar im krassen Widerspruch zu den von Hitler proklamierten völkischen Idealen, war nichts als brutale Gewalt und nackter Imperialismus.

Immerhin konnte die Proklamation Hitlers über die Errichtung des Protektorats *vielleicht* die Handhabe zu einer konstruktiven Entwicklung bieten. Unser Ideal war ein Vereinigtes Europa. Gelang es uns, die in der Proklamation den Tschechen gemachten Versprechungen in die Tat umzusetzen und die Unantastbarkeit ihres kulturellen und völkischen Eigenlebens zu sichern, so konnte damit *vielleicht* ein Beispiel für das zukünftige Zusammenleben der europäischen Völker gegeben werden. Wir waren dabei der Ansicht, daß Deutschland sobald als möglich, d.h. nach dem von uns in absehbarer Zeit erhofften Sturz Hitlers, auch seinerseits gegenüber der Tschechoslowakei auf die Souveränitätsrechte verzichten müsse, die Hitler den Tschechen entrissen hatte. Uns schwebte also eine Verschmelzung der beiden Staatswesen bei völliger Gleichberechtigung beider Staatsvölker gewissermaßen als Urzelle einer europäischen Union vor.

Wir wußten, daß die Aussichten, diese Pläne zu verwirklichen, gering waren. Sie konnten höchstens in ihrem Anfangsstadium, das der Durchführung der erwähnten Garantien gewidmet sein sollte, unter Hitler – vielleicht teilweise hinter seinem Rücken – verwirklicht werden.

Wir waren uns einig, daß es *nur* mit Neurath als Reichsprotektor möglich sein würde, die den Tschechen gegebenen Zusagen zu verwirklichen und damit den Grundstein für alle weiteren Pläne zu legen, und zwar aus folgenden Gründen: Wir befürchteten zwar, daß Hitler sich nur des internationalen Prestiges von Neurath bedienen wolle, um seinen Gewaltakt nachträglich zu beschönigen. Immerhin mußte Hitler ihm, wenn er ihn zum Reichsprotektor ernannte, auch eine gewisse Bewegungsfreiheit und Autorität in der tschechischen Angelegenheit zubilligen; diese galt es auszunützen.

Wir waren überzeugt, und diese Überzeugung erwies sich bei meinem ersten Gespräch als richtig, daß Neurath *zutiefst* entschlossen war, alle den Tschechen gemachten Versprechungen wortgetreu zu erfüllen und alle unnötigen Härten oder gar Übergriffe zu verhindern. Wir waren überzeugt, und auch das bestätigte sich bald, daß es, wenn überhaupt, *nur* der Person v. Neurath, seiner Vornehmheit, seiner Ruhe und seiner Menschlichkeit gelingen würde, den Tschechen Vertrauen einzuflößen und sie zu einer Zusammenarbeit mit den aufbauwilligen Deutschen zu bewegen.

Unter diesen Gesichtspunkten betrachteten meine Freunde die Ernennung von Neurath, wo nun einmal das ganze Unheil geschehen sei, als einen Glücksfall. Einer meiner Freunde, der nach dem 20. Juli 1944 hingerichtete Graf Peter Yorck, sagte mir bei dieser Gelegenheit: »Die Chancen sind gering, Ihr werdet es furchtbar schwer haben, Du und Dein Chef, aber vielleicht wird es sich später einmal gelohnt haben.«

Als ich Neurath auf seinem Flug nach Wien begleitete, wies er jeden Glückwunsch zu seiner Ernennung zurück und erklärte wiederholt, er sei keineswegs entschlossen, das Amt des Reichsprotektors anzunehmen. Ich bat ihn, doch unbedingt darauf zu bestehen, daß Himmler von Seiten Hitlers das Verbot auferlegt werde, sich unmittelbar, d.h. unter Umgehung des Reichsprotektors, in die böhmisch-mährischen Angelegenheiten einzumischen. Es sei äußerst wichtig, eine schriftliche Weisung über diesen Punkt von Hitler zu extrahieren. Neurath stimmte mir voll und ganz zu. Als ich ihm am Nachmittag nach seiner Besprechung mit Hitler wiedersah, war er bester Stimmung und berichtete mir, Hitler habe ihm jede nur mögliche Garantie gegeben, daß die in der Proklamation an das Tschechische Volk enthaltenen Zusagen loyal durchgeführt würden. Auch alle anderen Zweifelsfragen seien beseitigt worden. Er habe sich deshalb entschlossen, den Posten eines Reichsprotektors zu übernehmen.

Zwei Punkte an dieser Darstellung von Neuraths machten mich stutzig: Erstens die Tatsache, daß Hitler keinerlei Einwände gegen Neurath's Vorschläge gemacht, sondern all dessen Wünsche vorbehaltslos erfüllt hatte. Zweitens die Tatsache, daß, wie ich feststellen konnte, nichts schriftlich fixiert worden war. Ich befürchtete, Neurath sei in eine Falle gegangen, ähnlich wie es den ausländischen Staatsmännern in den vergangenen Jahren immer wieder ergangen war. Die Angehörigen der älteren Generation, in eine Welt mit festen Begriffen von Moral, Ehre und Anstand hineingeboren, zeigten sich, auch wenn sie dem Nationalsozialismus ablehnend gegenüberstanden wie Neurath oder mißtrauisch wie Chamberlain, offenbar außerstande, den glänzenden Wahngebilden, die Hitler vor ihren Augen entwarf und die aus nichts als Lug und Trug bestanden, zu widerstehen. Neurath war in diesen Tagen fest überzeugt, genügend Rückendeckung zu besitzen, um seine Pläne, die von den besten Motiven eingegeben waren, ohne nennenswerten Widerstand durchführen zu können. Ich selber hatte zwar gewisse Hoffnungen, war aber von Zweifeln hin und hergerissen.

f) Neurath in Prag.

In den ersten Apriltagen 1939 trat Neurath seinen Posten als Reichsprotektor an. Sein Einzug in Prag erfüllte alle Hoffnungen, die wir auf seine Person gesetzt hatten. Sein ganzes Auftreten, jedes seiner Worte erweckte bei den Tschechen sofortiges Vertrauen, die Herzen flogen ihm gewissermaßen zu. Bei den breiten Volksmassen bestand die Meinung, man habe die Periode ehrgeiziger Pläne, die zu kontinuierlichen, auf die Dauer unerträglichen Aufregungen und Erschütterungen geführt habe, mit einem landesväterlich-wohlwollenden Regiment eingetauscht, unter dem man einer Zeit stabilen Wohlstandes entgegengehen werde. Und auch die führenden Politiker atmeten auf und meinten, sie seien aufs Angenehmste enttäuscht. Die schlimmsten Tage seien vorüber, und es werde auch dem national gesinnten Tschechen nicht schwerfallen, mit einem Mann wie Neurath loyal zusammenzuarbeiten. Ich habe in diesen ersten Wochen in Prag viele direkte und indirekte Beweise dafür erhalten, daß diese Äußerungen ehrlich gemeint waren. Dazu trug bei, daß die Tschechen sich von ihren Bundesgenossen oder Beschützern, den Franzosen und Engländern und erst recht von den Polen, schmählich verlassen und verraten fühlten.

Neurath gelang es sogar, da die innerpolitisch-radikale und extremdeutschfeindliche kleine Gruppe um Benesch das Land bereits im Verlauf des Winters 1938/39 verlassen hatte, eine Art von innerpolitischem Burgfrieden durchzuführen und Gegensätze auszugleichen, die das Land seit Jahren zerrissen hatten. Er nahm sofort Beziehungen zu dem Prager Erzbischof auf, und die katholische Kirche, die trotz ihrer national-tschechischen Haltung von der Regierung Benesch aus weltanschaulichen Gründen befehdet worden war, nahm der Regierung Hacha gegenüber eine wohlwollende Haltung ein. Der grundbesitzende Adel, teils tschechischer, teils deutscher Abstammung und Gesinnung, der trotz seiner Einbußen durch die Bodenreform immer noch eine wirtschaftliche Macht darstellte und großes Ansehen bei der ländlichen Bevölkerung besaß, hatte seit Jahren im Unfrieden mit Prag gelebt. Von Neurath herangezogen, bahnte sich jetzt eine Aussöhnung zwischen ihm und der tschechischen Regierung an. So schien alles auf dem besten Wege zu sein.

g) Sudetendeutsche Nazis und Gestapo.

Inzwischen aber bahnte sich innerhalb der deutschen Protektoratsverwaltung eine Entwicklung an, die alle Hoffnungen zu Schanden zu machen drohte. Die von Hitler persönlich vollzogene Ernennung des Sudetendeutschen Karl Hermann Frank zum Staatssekretär, also zum zweitmächtigsten Mann nach Neurath, war ein Sturmzeichen. Denn Frank hatte innerhalb der Sudetendeutschen Partei immer die extreme Richtung vertreten. Er vereinigte in seiner Person perverse Rachsucht gegen alles Tschechische mit einem Ausmaß von Verschlagenheit, wie es mir nie vorher oder nachher begegnet ist. Seine Stütze fand er bei Heydrich und der Gestapo. Und diese beiden Spießgesellen einigten sich Neurath gegenüber auf ein raffiniertes Spiel. Nach außen hin von der größten Devotheit gegenüber dem Reichsprotektor, besetzten Frank und der Beauftragte der Gestapo in Prag, dessen Name meiner Erinnerung nach Rasche war, alle Schlüsselstellungen, vom Pförtner angefangen, mit ihren Vertrauensleuten, um Neurath auf diese Weise von der Außenwelt abzuschneiden.

Ich bekam sehr bald die zunehmende Isolierung, in die Neurath und die ergebenen Beamten hineinmanövriert wurden, zu spüren. Die Ereignisse spielten sich beispielsweise folgendermaßen ab: Durch loyale deutsche Beamte oder tschechische Vertrauensleute erfuhr ich, es seien verschiedene Verhaftungen in Prag, Brünn oder Pilsen vorgekommen. Von mir unterrichtet, sprach Neurath den Staatssekretär Frank oder den Gestapo-Beauftragten auf die Vorfälle an. Beide erklärten mit eiserner Stirn, es sei nichts dergleichen geschehen. Neurath, nicht gewöhnt, von seinen Untergebenen belogen zu werden, war beruhigt, beauftragte mich jedoch, auf alle derartigen »Gerüchte« zu achten und ihnen nachzugehen. Ich nahm also die Angelegenheit nochmals auf, und es gelang mir, die Namen einzelner Verhafteter festzustellen. Neurath, sehr aufgebracht, stellte den Staatssekretär erneut zur Rede. Es wurde ihm erwidert, die Betreffenden seien zwar 24 Stunden lang verhaftet gewesen, aber inzwischen längst wieder entlassen. Schließlich gelang es, den Gestapo-Beauftragten in mehreren Fällen der Lüge zu überführen; Neurath reiste daraufhin nach Berlin und verlangte die Abberufung dieses Mannes.

Sein Nachfolger, namens Stahlecker, war weniger illoyal. Doch war damit nur ein Teilerfolg errungen; denn Stahlecker enthielt sich zwar einer eigenen Initiative, dafür wurden die Befehle Heydrichs, deren Durchführung abzulehnen er sich nicht getraute, immer radikaler. Neurath wurde über die Maßnahmen der Gestapo grundsätzlich nur unterrichtet, wenn sich dies absolut nicht umgehen ließ. Die Gestapo war also auch hier wie im Reich zum Staat im Staat geworden.

Auf dem Gebiet der Verwaltung war es ähnlich. Neurath hatte sich auf den Grundsatz festgelegt, die Deutschen hätten im Protektorat nur Kontroll- und keine Verwaltungsfunktionen auszuüben. Wären seine Weisungen befolgt worden, so hätte das nicht nur eine korrekte Erfüllung der den Tschechen gemachten Zusagen bedeutet, sondern die Tschechen hätten sich darüber hinaus eines großen Maßes von staatlichem Eigenleben erfreut. Ehe jedoch Neurath überhaupt zum Zuge kam, d.h. vor seinem Einzug in Prag, hatte Frank den im Aufbau befindlichen Apparat mit seinen Leuten durchsetzt, die entschlossen waren, an den Tschechen Rache zu üben, sich zu bereichern und die Versöhnungspolitik Neurath's zu sabotieren. Wie ich bereits betont habe, war Frank nach außen hin von größter Unterwürfigkeit gegen den Reichsprotektor. Immer wieder aber stellte sich heraus, daß er dessen Weisungen nicht befolgte, ja draußen im Land durch seine Gefolgsleute in ihr genaues Gegenteil verdrehen ließ. Neurath war, durch die ersten Erfahrungen mit ihm gewitzigt, bald mißtrauisch geworden, doch erreichte dieses Mißtrauen niemals jenes Ausmaß, das nötig gewesen wäre, um hinter alle Schliche des verschlagenen und böswilligen Staatssekretärs zu kommen. Weder Neurath noch seine loyalen, aber nicht sehr zahlreichen Mitarbeiter konnten ihre Augen überall haben. Neben der Gestapo entstand daher gewissermaßen als Dritter Staat im Staat die Clique der sudetendeutschen Nazis.

Zusammenfassung.

Wem es gelang, zu Neurath vorzudringen, erhielt sein Recht; jedes seiner Anliegen wurde geprüft, und er konnte mit wohlwollendster Behandlung rechnen. Denn Neurath besaß alle menschlichen Gaben eines gütigen Landesvaters alter Prägung. Des Intrigenspiels aber und des endlosen Lügengewebes, mit dem die von Berlin gestützten Anhänger Franks und Gefolgsleute der Gestapo das Land überzogen, wurde er niemals völlig Herr. Er hätte dem Völkergemisch jener Gegenden entstammen und nicht in dem sprichwörtlich biederen Schwaben geboren sein müssen, um seinen Gegner mit den gleichen Waffen der Lüge und des Verrats begegnen zu können. In neun von zehn Fällen gelang es ihm wohl, Unheil zu verhüten und dem Recht zum Siege zu verhelfen, aber in jenem zehnten Fall, der ihm verborgen blieb, über dessen Natur er irregeführt wurde, geschah Unrecht. Und dieser eine Fall wurde uns seinerseits von den tschechischen Gegnern einer Aussöhnung aufgegriffen und aufgebauscht, um Mißtrauen und Feindseligkeit zu säen.

Gleichwohl wäre es ein schwerer Irrtum anzunehmen, daß die Zustände im Protektorat etwa unerträglich oder auch nur besonders schlecht gewesen seien, solange Neurath von Prag aus regierte. Meine Freunde und vertrauten Bekannten, auf deren Urteil ich mich verlassen konnte, berichteten mir auch nach meinem Fortgang laufend über die Zustände im Protektorat. Die Rechtssicherheit war zwar nicht gewahrt, war aber nicht schlechter als im Reich selber. Auf der anderen Seite herrschte im Protektorat in den ersten Kriegsjahren ein größerer Wohlstand als hierzulande, in Prag waren mehr

Lebensmittel und andere Bedarfsgüter erhältlich als in Berlin. Und obendrein wurden die Tschechen nicht zum Militärdienst herangezogen. Es herrschte, das muß im Auge behalten werden, weder auf deutscher Seite der Terror, noch gab es auf tschechischer Seite eine Widerstandsbewegung in der Art, wie sie sich in Polen, Jugoslawien, Frankreich und Italien bald nach der Einrichtung einer deutschen Verwaltung gebildet hatte. Daß dies ausschließlich der Verdienst von Neurath war, dafür gibt es einen schlagenden Beweis: Als Neurath von seinem Todfeind Heydrich abgelöst wurde, trat sowohl im deutschen wie im tschechischen Lager ein völliger Wandel ein. Heydrich führte ein Terrorregiment ein und fiel einem Attentat zum Opfer, und das Dorf Lidice mit Einschluß seiner Einwohner wurde niedergebrannt und wurde in der großen Welt zu einem Symbol deutscher Barbarei und Unmenschlichkeit. Mit allen diesen Vorgängen hatte Neurath nichts mehr zu tun.

Meine Abberufung aus Prag.
Anfang April 1939 war ich mit Neurath nach Prag gekommen; als Ende Mai - Anfang Juni neue Kriegswolken am Horizont auftauchten, setzten meine Berliner Freunde meine Rückberufung in das Auswärtige Amt durch, wo ich nützlicher sein könne als auf dem Prager Außenposten. Ich habe Herrn von Neurath schweren Herzens verlassen, wußte ich doch, daß ich ihn von allzu zahlreichen Feinden umgeben in einem schweren Kampf um Recht, Anstand und Menschlichkeit auf der Burg in Prag zurückließ.

PERSONENREGISTER

Bildnachweis
Familienarchiv von Kessel 1–6, 14, 15
Ullstein Bilderdienst 7–13